地方財政学

公民連携の限界責任

The Theory of Local Government Finance:
The Marginal Accountability Principles in Public-Private Partnership

中井英雄

有斐閣

まえがき

　地方財政の現場感覚からすると，コミュニティやボランタリー組織は，もろくて見えにくい存在である。しかし，その見えにくい存在に焦点を当てると，もろさという弱点こそが，変幻自在に出没できる強みであることが分かる。

　たとえば，ドイツでは，いまでもコミュニティを中心とした1万3000市町村があるが，イギリスでは，コミュニティから移行したボランタリー組織の活動が地域を越えるので，地方自治体は合併され400団体になった。日本でも，町内会やNPOなどの活動が見直されつつあるが，市町村は約3000団体から合併され，2006年度1821団体になった。また，日本やドイツの地方団体は，生活保護の事務を分担するので地方所得税があるが，イギリスの生活保護は戦後，国の事務になったので，地方所得税が導入されていない。

　このように，各国の地方財政システムは大きく異なる。本書では，その理由を「公民連携」の形態の違いに求めている。「公」は，強制的な課税権によって公共財を提供する政府部門である。これを政府プロバイダー（提供者）とすれば，「民」は，国民が自発的に公共財を提供するコミュニティやボランタリー組織のことであり，私的プロバイダーということができる。どの国でも古くから，公共財は政府部門だけではなく，コミュニティなどの私的プロバイダーも提供してきた。もちろん，私的プロバイダーは，政府部門に取って代わるというものではない。だが，各国の地方財政システムは，変幻自在の私的プロバイダーを起点として「類型化」できるのである。

　そうであるならば，政府部門と民間部門からなる従来の混合経済は，「公民連携の混合経済」のように，私的プロバイダーを加えた3部門に拡張されるが，その際，地方財政学にも，新しい分析ツールが必要になる。筆者が1992〜93年にイギリスで在外研究しているとき，送られてきた地方税の納税通知書を見て，地方財政の現場感覚から，イギリスが「地方自治の母国」である理由を痛感させられた。つまり，歳出予算と地方税がリンクし，国の標準支出を上回る自治体は，水準超過になる支出の理由を説明し，税率を引き上げているのであ

i

る。これが，自治体によるアカウンタビリティ（説明責任）の発揮である。財政のアカウンタビリティは，財政責任（public accountability）と言い換えられ，その水準超過を経済学における限界的（marginal）な受益と負担の関係に置き換えることによって，「限界責任」（限界的財政責任: marginal accountability）という新しい概念が定義されうる。

　また，住民が予算案を拒否すれば，自らが私的プロバイダーの一員として提供することを覚悟し，見えにくい部分を自覚させられる。このような公民のプロバイダー選択は，住民の税負担に影響を及ぼす可能性が高いので，「直接限界責任」と定義した。他方，地方政府組織や事務・税源配分の選択は，住民の税負担に直接影響を及ぼすとは限らないので，「間接限界責任」と定義できる。これによって各国の多様な地方財政システムが，より厳密に「類型化」できるようになる。

　地方財政学のクライマックスは，財政調整の分析にある。この分析において，「全体責任」（全体的財政責任: full accountability）は，「すべての国民がニーズに応じて最低限度のサービスを享受できること」と定義した。実際，全体責任のかなりの部分は，国の一般交付金（地方交付税）などで財源保障されている。だが，「すべての国民」としたとき，行政サービスの対象となりにくいホームレスなど未解決の問題が残されている。これに対しては，「公民連携の限界責任」において，公民のプロバイダー選択ではなく，政府部門が私的プロバイダーと協力して対処する「協調型統治」によって挑戦可能になると結論づけたのである。

　国ごとに異なる地方財政システムのもとでも，各国はともに，政府部門が私的プロバイダーと連携して公共財の受益と負担の一致をめざしながら，すべての国民に対して全体責任を確保している。この理論体系が，「公民連携の限界責任」の原理である。この原理に基づく新しい「地方財政学」を構築し，そのための分析ツールを提供することが，本書の狙いである。

　読者諸氏のご叱正を待たねばならないが，本書が，財政学の進展に少しでも役立てば，望外の幸せである。

◇ 目　　次

まえがき　i

リーディング・ガイド ─────────────────────── I

Ⅰ　地方財政学への招待 ────────────────────── I
　　固有のテーマと学際分野／図解の道しるべ／覚えるべき制度用語の範囲

Ⅱ　新しい地方財政学の原理 ───────────────────── 2
　　理論・例証・原理／直接限界責任と全体責任／間接限界責任と社会制度

Ⅲ　本書の概要：公民連携の限界責任 ──────────────── 4
　　財政責任の理論／限界責任の例証／地方財政学の原理

第1部　財政責任の理論

第1章　地方分権の直接限界責任 ────────────────── 10

Ⅰ　地方分権の財政理論 ────────────────────── 10
　1　財政連邦主義　10
　　国と地方の役割分担／リンダール均衡とサミュエルソン条件／ただ乗り問題
　2　ティブーの足による投票：移動社会　15
　　地方政府のアカウンタビリティ／住民の移動社会／ティブー均衡
　3　オーツの分権化定理：固定社会　17
　　固定社会の完全対応原理／分権化定理／最低基準と直接限界責任

Ⅱ　財政責任の理論 ─────────────────────── 20
　1　事前的な財政責任の発揮　20
　　賞賛と非難の責任／裁量権の拡大／事前的な財政責任
　2　財政責任の連関　21
　　基準型財政責任／限界的財政責任／全体的財政責任
　3　基準型財政責任の標準化原理　23
　　標準化原理／ナショナル・ミニマムとシビル・ミニマム／基準型財政責任と乖離度

Ⅲ　税率操作権の行使による直接限界責任 ───────────── 25
　1　直接限界責任の内点解　25
　　民主主義の学校／直接限界責任システム／シビル・ミニマムと自発的労働奉仕
　2　内点解と二つの端点解　27
　　内点解の3条件／ただ乗り問題とコミットメント型端点解／リバイヤサン政府と閉塞型端点解
　3　端点解の狭域化と間接限界責任　30
　　最適人口規模と地方政府組織／行政のX非効率と税源配分／準公共財と事務配分

第2章 地域連携の間接限界責任 ——33

Ⅰ 地方政府組織の選択 ——33

1 地方政府組織の類型 33
国家制度の中間政府／社会制度と基礎自治体／規模の経済と広域自治体

2 クラブ財と最適人口規模 35
地方公共財の排除性／最適施設規模のサミュエルソン条件／混雑費用とU字型の最適人口規模

3 行政組織の内部市場化 37
提供と生産の区分／NPMの購入者の視点／公民連携と民間委託の違い

Ⅱ 事務配分と所得再分配機能 ——39

1 事務配分の原則と権能付与 39
市町村優先とプロバイダー選択／行政責任の明確化と権能付与方式／効率性と権能差

2 福祉移住と給付引下げ競争 42
分権的意思決定のナッシュ均衡／固定社会の分権化定理／移動社会の給付引下げ競争

3 地方政府の所得再分配機能 45
イギリスの救貧法／ドイツの社会扶助／措置と契約

Ⅲ 税源配分と地方所得税 ——47

1 地方税の原則 47
応益課税と直接限界責任の税制／低い移動性と課税の補完性／課税の十分性と間接限界責任の税制

2 移動社会の財産税と固定社会の地方所得税 50
類似の地方税制度／移動社会の財産税／固定社会の地方所得税

3 資本逃避と税率引下げ競争 51
対称地域の資本税競争／小地域の優位性／競争と協調の地域連携

第3章 公民連携による全体責任の確保 ——59

Ⅰ 補助金の理論 ——59

1 国と地方の財政関係 59
国と地方の一般会計／特定補助金と一般補助金の制度／資本会計と建設地方債

2 特定補助金の理論 61
特定補助金と一般補助金の理論／特定補助金の死重損失／特定補助金による全体責任の確保

3 財政調整の理論 63
固定社会の財政的公平／移動社会の効率性と最適人口配分／ナショナル・ミニマムの財源保障

Ⅱ 財政調整による全体責任の確保 ——66

1 交付金総額の決定と地方財政協議会の役割 66
クローズド・エンド型／オープン・エンド型／地方財政対策

2 基礎自治体の財源保障 68
標準支出のU字型と規模の経済／ブレヒトの法則／完全二層制と権能差

3 中間政府の財政調整 72
単一国家の中間政府／州間の垂直的税源調整／州間の水平的税源調整

Ⅲ　私的プロバイダーによる全体責任の確保 ………………………………………… 75
　　1　提供者の補完性の原理　75
　　　　小集団から大集団へ／同質的な住民選好と分権化定理／三層制の社会制度
　　2　購入者のコミットメント　77
　　　　大集団から小集団へ／都市のシビル・ミニマム／コミットメントの拡大・縮小
　　3　公民連携の混合経済と端点解領域の狭域化　78
　　　　国と私的プロバイダーの全体責任／隠れた拘束力の強い集権／プロバイダー選択の強い自治

第2部　限界責任の例証

第4章　固定社会ドイツの財政責任システム ──────────── 84

　Ⅰ　社会制度のコミュニティと社会的連邦国家 ……………………………………… 84
　　1　強い市町村自治と多層制の地方政府組織　84
　　　　ポーピッツの強い集権と強い自治／自治主体と市町村の一致／郡，郡所属市町村，郡独立市
　　2　国家制度の社会的連邦国家と協調的連邦主義　86
　　　　社会的連邦国家／協調的連邦主義／連邦憲法裁判所
　　3　事務配分と税源配分　88
　　　　包括的権能付与／社会扶助と地方所得税／ブレヒトの法則とU字型の残存

　Ⅱ　基礎自治体の直接限界責任と公民連携の全体責任 …………………………… 90
　　1　州の全体責任：市町村と郡の基準交付金　90
　　　　クローズド・エンド型／需要額測定値と租税力測定値／郡基準交付金
　　2　郡の間接限界責任と市町村の直接限界責任　93
　　　　郡内の地域連携／郡独立市の直接限界責任／郡所属市町村の直接限界責任
　　3　直接限界責任の内点解と端点解　95
　　　　不動産税と営業税の税率操作権／社会扶助費の内点解と端点解／公民連携の強い市町村自治

　Ⅲ　州間財政調整と連邦の全体責任 …………………………………………………… 98
　　1　州間財政調整の誕生と振り子理論　98
　　　　当座貸しと戦後負担暫定規律法／第1期の利害の割合方式と一部要求法／第2期の共通税と単段階調整
　　2　第3期の連邦・州間財政調整の頑健性　105
　　　　垂直的税収配分と地域収入の原則／税収分割法の復活と売上税の補充的配分／水平的財政調整
　　3　連邦・州間財政調整による全体責任の確保　109
　　　　引渡しの垂直的執行／連邦補充交付金の全体責任／共同決定の直接限界責任

第5章　移動社会イギリスの財政責任システム ──────────── 119

　Ⅰ　ボランタリー部門と地方財政改革 ………………………………………………… 119
　　1　社会制度のボランタリー部門　119
　　　　サッチャーの地方財政改革／日英独のボランタリー活動／チャリティ委員会
　　2　地方政府組織の一層制と権限移譲　122
　　　　一層制団体／大ロンドンと広域議会の発足／実際支出のU字型構造

3　事務配分と税源配分　125
　　　　　限定列挙の権能付与／基礎自治体の小さい事務配分／単一地方税制
　Ⅱ　国の全体責任と直接限界責任への収斂 ———————————— 128
　　　1　レイト援助交付金と非大都市圏の低税率対策　128
　　　　　地方財政計画／オープン・エンド型と国の全体責任／レイト援助交付金の3要素
　　　2　ブロック・グラントと大都市圏の高税率対策　133
　　　　　需要要素と税源要素の統合／限界交付率／負の限界交付率への転換
　　　3　歳入援助交付金と直接限界責任への収斂　136
　　　　　限界交付率ゼロ／2003年度算定替え／選挙民への直接限界責任
　Ⅲ　公民連携による全体責任の確保 ———————————————— 138
　　　1　事業用財産税による間接限界責任の強化　138
　　　　　国税・譲与税化／久しぶりの評価替え／財政調整効果の比較
　　　2　カウンシル税による直接限界責任の発揮　143
　　　　　最後に決まる地方税／カウンシル税の超過課税／標準支出のプレヒトの法則
　　　3　歳入援助交付金時代の公民連携　145
　　　　　直接限界責任の内点解／標準支出対比表／公民のプロバイダー選択

第6章　定住化社会日本の財政責任システム ———————————— 153
　Ⅰ　多元的な私的プロバイダーと間接限界責任 ————————————— 153
　　　1　完全二層制と事務配分の権能差　153
　　　　　町内会とNPOの併存／市町村合併と権能差／都道府県の総合調整
　　　2　税源配分の間接限界責任　157
　　　　　居住地主義の住民税／事業税の分割法人と外形標準化／地方消費税の清算と偏在是正
　　　3　固定資産税による直接限界責任の課題　163
　　　　　標準税率1.4％の理由／評価替えと本則課税への復帰／税率操作権と評価の相対価格化
　Ⅱ　国の全体責任と地方交付税 ———————————————————— 167
　　　1　地方財政計画と地方財政対策　167
　　　　　オープン・エンド型の財源不足額／クローズド・エンド型の法定税率分／交付税総額と折半ルール
　　　2　市町村と都道府県の交付税構造　170
　　　　　需要額のU字型と逓減型／需要要素と税源要素／財政力指数と租税力指数
　　　3　補助金改革と財源保障　178
　　　　　第2臨調の補助金カット／地方債による財源保障／三位一体改革
　Ⅲ　直接限界責任による公民のプロバイダー選択 ———————————— 185
　　　1　都道府県の直接限界責任　185
　　　　　経常収支比率曲線／交付団体転落の財政危機／需要額対比表と標準支出対比表
　　　2　市町村のシビル・ミニマムと直接限界責任　190
　　　　　標準化原理と需要額対比表／目的税型の直接限界責任／普通税型の直接限界責任
　　　3　公民連携による全体責任の確保　193
　　　　　プレヒトの法則と世帯人員の逆U字型／家庭内社会保障と福祉支出／公民連携の社会制度

第3部　地方財政学の原理

第7章　私的プロバイダーのローテーション ———————————— 200

I　コミュニティの互恵的慣習：定住確率の条件 ———————— 200

1　互恵的慣習のインフォーマル制約　200
地方財政学と私的プロバイダー／1回限りの囚人のジレンマ／繰り返しゲームと二つのナッシュ均衡

2　しっぺ返し戦略の紳士と寛容の精神　204
しっぺ返し戦略／紳士の精神による相互協力／寛容の精神による均衡の安定性

3　地縁・血縁と住縁コミュニティの定住確率　206
地縁・血縁コミュニティの安定性／二世代限りの住縁コミュニティ／定住確率の条件

II　ボランタリー組織のコミットメント：モラルのランクアップ ———— 208

1　コミットメントのインフォーマル制約　208
私的利益の追求／互恵的慣習からコミットメントへ／J.S.ミルの自治

2　ボランタリー組織の保証ゲームと信頼の悲観確率　210
攻撃的誘因の除去／コミットメントの潔さ／信頼の悲観確率

3　厳しすぎる無条件コミットメント　213
カントの合理的コミットメント／モラルによる相互協力の支配戦略／実践的モラルの上限

III　契機的自治主体と非営利クラブの媒介項的役割：公共性のランクダウン ——— 214

1　排他的集団の営利クラブ　214
営利企業の燈台と排除性の程度／排除性による相互協力の支配戦略／民間部門の営利クラブ

2　非営利クラブの媒介項的役割　217
総純便益の最大化／メンバーシップ条件の緩和／公共性の下限

3　定住確率と契機的自治主体のローテーション　219
モラルと排除性の融合／固定・移動・定住化社会のローテーション／制度変化シフト

第8章　社会制度による類型化と定住化社会の地方行財政 ———————— 224

I　固定社会の区域別・包括的権能付与と分権化定理 ———————— 224

1　地縁・血縁コミュニティと基礎自治体の一致　224
3段階のプロバイダー選択／地縁・血縁コミュニティの区域別包括性／村落共同体の基礎自治体

2　区域別・包括的権能付与：後見的監督と多層制　226
公民のプロバイダー選択レベルと地方統制／区域別・包括的権能付与と後見的監督／郡を含む多層制

3　分権化定理：リバイヤサン政府の過大供給と内部市場化　228
地方政府組織の選択／社会扶助と地方所得税／リバイヤサン政府と内部市場化

II　移動社会の機能別・限定列挙と足による投票 ———————— 230

1　ボランタリー部門と基礎自治体のサービス提供団体化　230
地縁・血縁コミュニティの崩壊／ボランタリー部門の機能別限定性／サービス提供団体

2　機能別・限定列挙：規制型統制と一層制　231
　　　　機能別・限定列挙／一層制と規制型統制／制度変化シフト
　　3　足による投票：合理的政府のグループ化と過小供給　233
　　　　行政区域の選択／合理的な政府のグループ化／福祉移住と単一地方税制
　Ⅲ　定住化社会のねじれた権能付与と直接限界責任の発揮 ……………… 235
　　1　見えにくい私的プロバイダーの併存と基礎自治体の条件整備団体化　235
　　　　住縁コミュニティの再生／定住化サイクルと私的プロバイダーの非日常性／認識度のU字型と条件整備団体
　　2　権能付与方式のねじれと中間政府の総合調整　238
　　　　機能別・包括的権能付与／中間政府と補完型統制／完全二層制への制度変化シフト
　　3　直接限界責任の発揮：政府プロバイダーと良識的関与　240
　　　　公民連携の選択幅の拡大／税率操作権の行使／政府プロバイダーの良識的関与

第9章　公民連携の限界責任 ——————————————— 244

　Ⅰ　直接限界責任によるパレート最適への接近 ……………………………… 244
　　1　公民連携の混合経済と私的プロバイダー　244
　　　　公民連携の混合経済／狭義の公民連携／見えにくい私的プロバイダー
　　2　地方分権の直接限界責任　248
　　　　基準型財政責任／パレート最適の内点解／端点解の領域
　　3　端点解領域の狭域化　250
　　　　税率操作権の行使／コミットメント型端点解と公民連携／閉塞型端点解と内部市場化
　Ⅱ　間接限界責任による類型化 ………………………………………………… 253
　　1　社会制度と基礎自治体の類型化基準　253
　　　　一層制・多層制・完全二層制の地方政府組織／U字型の支出構造と所得再分配の事務配分／単一税制と複数税制の税源配分
　　2　国家制度の中間政府　255
　　　　単一国家と社会制度の影響／連邦国家と社会制度の影響／連邦国家の歴史的な経路依存
　　3　社会制度と国家制度による6類型　257
　　　　固定社会の単一国家／移動社会の連邦国家／固定・移動社会の混在
　Ⅲ　全体責任と公民連携の限界責任 …………………………………………… 260
　　1　上位政府の全体責任　260
　　　　特定補助金の死重損失を超える必要性／最低基準の財源保障／連邦国家の水平的と垂直的税源調整
　　2　私的プロバイダーの全体責任　264
　　　　政府プロバイダーの頑健さ／変幻自在の私的プロバイダー／公民連携による全体責任の確保
　　3　公民連携の限界責任　266
　　　　契機的自治主体のインフォーマル制約／公民連携の財政連邦主義／公民連携の協調型統治

［補論］内点解と端点解の共存：ドイツ市町村の例証 ——————— 273
　　1　直接限界責任システム　273
　　　　合理的政府の財政行動／直接限界責任システム／都市と小規模自治体

2　公共支出関数の特定化　275
　　　　ストーン・ギャリー型効用関数と損失関数／ドイツ市町村の公共支出関数／ブレヒトの法則
　3　内点解と端点解の推定方法と推定結果　276
　　　　社会扶助費と最高税率／財源保障率と最低税率／内点解と端点解の共存

参考文献 ———————————————————————— 281

あとがき：現場感覚の重要性と謝辞 ————————————— 293

索　引 ——————————————————————————— 297

リーディング・ガイド

I　地方財政学への招待

固有のテーマ と学際分野　20年ほど前，筆者が4単位（30回）の「地方財政論」の講義を始めたとき，講義の回を重ねると，どうしても地方財政の「固有のテーマ」に困ってしまうことが多かった。そこで，委任事務や土地の均衡価格，過疎・過密問題を取り上げたこともあった。しかし，これらは，それぞれ行政学や都市経済学，地域経済学のテーマであり，地方財政学にとっては学際的分野である。

　本書では，地方財政学の固有のテーマとして，直接限界責任や福祉移住・資本税競争のナッシュ均衡，ドイツやイギリスの例証，私的プロバイダー（提供者）の社会制度による類型化などを追加した。現在の学部の講義回数では，本書の詳細な内容までは語りつくせなくなった。若い研究者が4単位の「地方財政学」の講義を担当しても，筆者がかつて経験したようなテーマに困って教壇で冷や汗をかくことはないはずである。ただし，2単位（15回）の「地方財政論」では，第1部の理論を踏まえ，第6章や第9章の内容を教えるという講義だけであるとしても，時間が不足するであろう。

　なお，一般読者には，田中彰『岩倉使節団　米欧回覧実記』（1994年）を読むと，本書が「日本の選択」という意味で，ドイツやイギリスを例証した理由が分かっていただけるかもしれない。

図解の道しるべ　本書は，主要な概念をかならず「図解」しており，これを道しるべとして読み進められるように，分かりやすさを追求し

I

た。その図解も，ミクロ経済学の入門で勉強する需給曲線を除くと，①無差別曲線，②U字型の費用関数，③山形の効用関数の3種類にしぼられている。

　主要な概念は，かならず三つの概念を関連づけ，一つを思い出せば，残り二つが連想できるように，各章も各3節各3項の形式をとっている。また，各国の戦後の歴史的変化も，3期間に分け，類型化も人口分布の固定・移動・定住化社会のように3類型とした。「覚える・分かる・好きになる」の3段階において，読者が最寄りの自治体を訪問し，地方財政の現場感覚を知ったときこそ，地方財政学を好きになるチャンスかもしれない。

覚えるべき制度用語の範囲　一般読者が地方財政学に挑戦するには，まずは「花の名前」のように，主要な概念や制度（法制度）を覚えるところから始まる。これが，最も困難な作業であり，複雑・難解な地方財政システムの制度用語が，「制度の壁」として地方財政学の理解を妨げてきた。

　「覚えるべき範囲」は，各国で共通した制度用語とその国の特徴を表すものでよいと考えられる。たとえば，ドイツの基準交付金は，イギリスの歳入援助交付金や地方交付税と共通し，連邦・州間財政調整は，ドイツの特徴であるので，覚えるべき制度用語の範囲内にある。しかし，地方財政学は，制度の解説ではないため，地方交付税の「種地」や「普通態容補正」といった日本固有の詳細な制度用語までは，覚える必要はない。

II　新しい地方財政学の原理

理論・例証・原理　本書は，地方財政という同じテーマを理論・例証・原理の異なる視点から3回繰り返している。新しい「地方財政学」の原理は，図1で示された第3部のように，第7章で解説される私的プロバイダーから議論を始めることによって，「公民連携の限界責任」にあることが明らかになる。各国の異なる地方財政システムを「類型化」することによって整理し，財政理論と組み合わせたものが地方財政学であるとすれば，コミュニティなどの私的プロバイダーを加えることが，新しい「地方財政学」ということになる。換言すれば，各国の制度解説を中心とした異なる地方財政論は，類型化によって，地方財政学に統合されるのである。

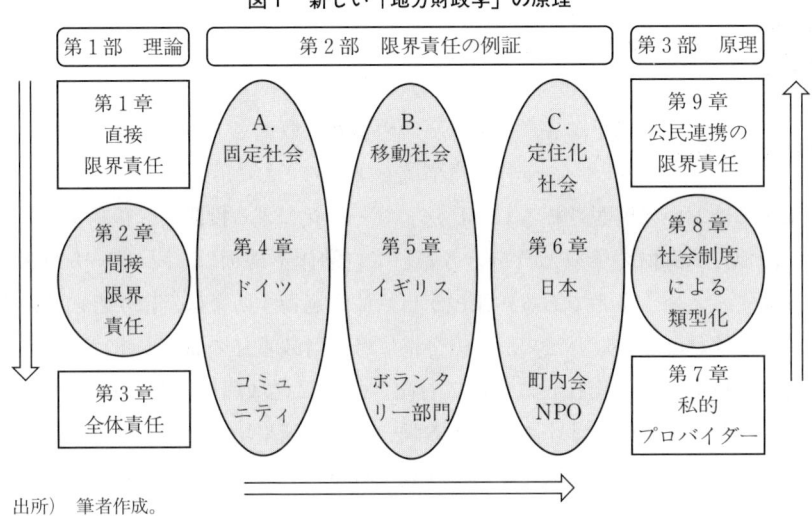

図1　新しい「地方財政学」の原理

```
┌第1部 理論─┐ ┌──第2部 限界責任の例証──┐ ┌─第3部 原理─┐

  第1章            A.         B.         C.         第9章
  直接            固定        移動       定住化       公民連携の
  限界責任         社会        社会        社会       限界責任

  第2章           第4章       第5章      第6章       第8章
  間接            ドイツ      イギリス     日本       社会制度
  限界責任                                           による
                                                    類型化
  第3章         コミュ      ボランタ    町内会       第7章
  全体責任       ニティ      リー部門    NPO        私的
                                                    プロバイダー
```

出所）筆者作成。

直接限界責任と全体責任

　3部各3章は，第1部で解説される財政責任の理論を縦糸に，第2部で明らかにされる人口分布の固定・移動・定住化社会の社会制度を横糸として構成される。「直接限界責任」による税率操作権の行使については，水準超過行政の財源を賄うという役割だけでなく，住民が公民のプロバイダー選択を通じて，もろくて見えにくい私的プロバイダーの存在を自覚することにも意義がある。このため，第1部第1章の直接限界責任と第3章の全体責任は，第3部第7章の私的プロバイダーや第9章の公民連携の限界責任とともに，図1の四隅（よすみ）に位置しており，各国で共通しているのである。

間接限界責任と社会制度

　各国の地方財政システムの模様の違いは，「間接限界責任」による地方政府組織や事務・税源配分の選択結果に依存する。実際，各国の地方財政システムは，私的プロバイダーが，人口分布が固定社会のコミュニティか，移動社会のボランタリー部門か，それとも両者が併存する定住化社会かによって，まったく異なる模様になる。この模様は，第1部第2章で示される間接限界責任を理論的根拠として，第2部でドイツとイギリスと日本について例証されれば，第3部第8章で解説される私的プロバイダーの社会制度によって類型化できるのである。

III 本書の概要：公民連携の限界責任

財政責任の理論　以下，各章ごとに三つの**主要な概念**と「専門用語」を解説しながら，全体の章構成をまとめておこう。

　第1部において解説されるC. M. ティブーの**足による投票**は，移動社会の住民が，地方公共財の受益と負担を考慮して自治体を選択し，「パレート最適」を達成するというものである。住民が自治体を選択するには，ほかとの違いを説明しなければならないため，地方分権には，財政責任の発揮が求められる。他方，人口分布の固定社会において行政ニーズに地域間格差があると，W. E. オーツの**分権化定理**では，国が定める画一的な全国平均よりも，地方が独自に意思決定するほうが，地域ごとの「受益と負担の一致」に接近しやすいとされる。このとき，国の設定水準を行政ニーズの最低基準まで引き下げれば，自治体は，「税率操作権」を行使して水準超過行政の財源を確保し，パレート最適をめざすことになる。この新しい概念が，**直接限界責任**であり，どちらの社会でも共通するので，分権化の根拠となる（第1章）。

　地方政府組織や事務・税源配分の選択は，住民の直接的な税負担に影響しないので，**間接限界責任**の対象である。地方政府組織の選択は，**クラブ財**の理論によって20万人程度の「最適人口規模」をめざすが，郡の広域行政や町村合併を行っても，1人当たり支出は，過疎・過密によって「U字型」構造を解消できないため，分権化に歯止めがかかる。移動社会の事務配分では，**福祉移住**の給付引下げ競争によって，地方が所得再分配機能を分担できないので，単一税制の税源配分になる。他方，固定社会では，地方が所得再分配機能を分担すると，経済動向に応じて安定的な財源の地方所得税が必要になるので，複数税制の税源配分になる。**資本税競争**は，どの社会でも共通するが，福祉移住の理論とともに，地方分権を「ナッシュ均衡」に置き換えて評価すると，公共財の過小供給になり，分権化のアキレス腱になる（第2章）。

　これらの分権化の長所・短所に対し，国は「すべての国民がニーズに応じて最低限度のサービスを享受できる」ように，全体責任を確保しなければならない。使途が限定された「特定補助金」は，自治体の意思決定を歪め，死重損失

をもたらすので，使途が限定されない「一般補助金」化は，効率性の観点から分権化の根拠となる。しかし，強制的な「措置」制度の一環である生活保護などでは，特定補助金が不可欠な場合もある。他方，国の全体責任は，住民がどの地域に居住してもサービスの最低基準と，「等しい税負担をすれば，等しい受益が得られる」という**財政的公平**を確保する必要がある。地方財政学のクライマックスである**財政調整**は，最低基準の財源保障と税源調整の制度に大別される。このとき，財政調整は，固定社会では財政的公平を根拠とするが，移動社会では，人口移動によって地域間の効用水準が等しくなるので，効率性を根拠とする。全体責任は，国の財源保障によってかなりの部分が確保されるが，補完性の原理に従えば，コミュニティやボランタリー部門の私的プロバイダーが対処できないとき，政府部門が対処することになる。この見えにくい**私的プロバイダー**に焦点を当てることで，公民連携の限界責任によって未解決の問題に挑戦できるようになる（第3章）。

限界責任の例証　第2部では，財政責任の理論に基づいて，人口分布の固定・移動・定住化社会別の財政責任システムを例証するが，基礎自治体の直接限界責任や国の財源保障による全体責任の確保は，どの社会でも共通している。固定社会であるドイツでは，自治主体のコミュニティが市町村と一致し，合併が容易でない。この基礎自治体がクラブ財の規模の経済を追求するためには，「郡」や広域連合が必要になり，地方政府組織が**多層制**になる。事務配分では福祉移住の可能性が少ないので，基礎自治体が「社会扶助」の所得再分配機能を果たし，その財源を確保するために「地方所得税」が税源配分され，**複数税制**となる。また，社会的連邦国家ドイツでは，州が市町村や郡に対して基準交付金を出すことでU字型の支出構造を財源保障するが，州間では**水平的な財政調整**を行っている（第4章）。

移動社会であるイギリスでは，ボランタリー部門が地域を越えて活動するので，市町村は「サービス提供団体」にすぎず，合併が容易であるため，**一層制**の地方政府組織をめざしている。しかし，人口1人当たり支出構造は，人口密度の低いスコットランドや過密のロンドンなどによって，U字型が残存する。「契約」制度の福祉サービスは拡大しているが，福祉移住の可能性が高いと，基礎自治体は，現金給付の所得再分配機能を果たせないので，「財産税」など

の**単一税制**になり，国の**歳入援助交付金**で財源保障されることになる（第5章）。

定住化社会である日本では，町内会とNPOが併存し，公民のプロバイダー選択はそれぞれ市町村と都道府県で行われるため，**完全二層制**となる。市町村の合併はドイツよりも進んでいるが，イギリスほどではない。このため，市町村の事務配分では，人口規模別に**権能差**を設けて規模の経済を追求するが，支出構造はU字型である。都道府県では，横浜・川崎の二つの「指定都市」を有する神奈川県が人口1人当たり最低支出となり，支出構造は人口規模に関して「右下がり」となる。また，都道府県や市は，生活保護の所得再分配機能を果たしているので，住民税等の複数税制になっているが，地方団体の財源不足は**地方交付税**で財源保障されている。ところが，地方財政の現場では，財源の豊かな不交付団体が交付団体に転落すると，経常収支比率が急上昇することになり，財政危機の瀬戸際に立たされる。また，財源の乏しい団体も，交付税が削減されると，厳しい財政運営に迫られる。このとき，水準超過行政の項目が，イギリスと同様の「需要額対比表」によって限定されれば，直接限界責任の発揮によって，町内会やNPOなどの見えにくい私的プロバイダーが自覚され，財政の健全化を図ることができる（第6章）。

地方財政学の原理　これらの例証を踏まえると，新しい「地方財政学」は，第3部で示されるように，私的プロバイダーから議論を始める必要がある。区域（area）を境界とする排他的集団のコミュニティは，繰り返しゲームによる互恵的慣習で成立する。他方，1回限りの保証ゲームに基づくボランタリー組織は，**コミットメント**（良識的関与）による「モラルのランクアップ」とクラブ財の排除性を導入した「公共性のランクダウン」で，公共財を私的供給できる。このインフォーマル制約に従う私的プロバイダーについては，固定・移動・定住化社会の定住確率に依存して，地縁・血縁コミュニティから，非営利クラブを媒介項としたボランタリー組織に，そして住縁コミュニティに戻るという**ローテーション**（循環）が行われる可能性がある。私的プロバイダーは，もろいが変幻自在に出没し，地方行財政の「制度変化シフト」を始動させる**契機的自治主体**である。しかし，その変化は，フォーマルな法制度に比べて，はるかに長い時間がかかるため，国ごとで異なって見えることに

なる（第7章）。

　実際，私的プロバイダーという社会制度の違いは，間接限界責任の発揮に関して地方行財政に影響を及ぼしている。固定社会における地縁・血縁コミュニティは，消防団や相互扶助など，区域内で複数の公共財を私的供給する。この自治主体と一致する基礎自治体は，**区域別**（areal）に「包括的な権能」が付与され，ドイツのように多層制の地方政府組織や所得再分配機能，地方所得税の複数税制が導かれるのである。他方，移動社会におけるボランタリー部門は，各組織が単一の公共財しか提供できない。サービス提供団体にすぎない基礎自治体は，権能が**機能別**（functional）に「限定列挙」され，イギリスのように一層制団体となり，資源配分機能だけを分担し，単一地方税制となる。両者の中間に位置する定住化社会では，住縁コミュニティとボランタリー組織とが併存する。このとき，基礎自治体は機能別であるが，包括的に権能付与されるため，ね̇じ̇れ̇が生じる。このねじれは，「中間政府」が**総合調整**するため，日本のように完全二層制となり，所得再分配機能も分担し，地方所得税の複数税制が導かれるのである（第8章）。

　以上のような各国の異なる地方財政システムは，社会制度と国家制度によって類型化できる。少なくとも，例証した国々の基礎自治体では，税率操作権を行使する直接限界責任と，上位政府が全体責任を確保する「財源保障制度」は共̇通̇し̇て̇い̇る̇。各国の違いは，制度変化の契機的主役である私的プロバイダーという**社会制度**を起点とした地方政府組織や事務・税源配分の間接限界責任に起因している。また，**国家制度**の中間政府は，単一国家では社会制度の影響を受け，基礎自治体と同様の財政調整制度で全体責任が確保されるが，連邦国家の州間では，標準化原理が適用できないので，「税源調整」にとどまる。このように，全体責任のかなりの部分は，政府部門によって確保されるが，完全ではない。政府部門が，直接限界責任を発揮して見えにくい私的プロバイダーを自覚したとき，両者が協力して対処する「公民連携の限界責任」，すなわち**協̇調̇型̇統̇治̇**によって，公共財のパレート最適と全体責任の確保をめざし，未解決の問題に挑戦できるのである（第9章）。

第1部
財政責任の理論

第1章　地方分権の直接限界責任
第2章　地域連携の間接限界責任
第3章　公民連携による全体責任の確保

第 I 部　財政責任の理論

第1章

地方分権の直接限界責任

　直接限界責任とは，地方政府が税率操作権を行使することである。地方分権の財政理論には，伝統的にティブーの「足による投票」とオーツの「分権化定理」があり，第Ⅰ節でこれらの理論を解説する。第Ⅱ節で解説される財政責任の理論を踏まえると，直接限界責任が，伝統的理論から導かれ，地方分権に不可欠なことが明らかになる（第Ⅲ節）。

Ⅰ　地方分権の財政理論

1　財政連邦主義

国と地方の役割分担　　財政上の地方分権とは，手段であって，目的ではない。それは，国と地方の歳入・歳出両面にわたる意思決定の分布において，地方の役割を増大させるという政策手段とその実態にすぎない。政治学的には，連邦主義は権力の分割である。これに対し，オーツは，「財政連邦主義」（fiscal federalism）を経済学的に定義した。それは「国と地方の両方が，それぞれの行政区域内住民の需要によって公共財の選択を意思決定する状態」とし，国と地方の「意思決定の分布」に着目したものである（Oates, 1972: 17-18，邦訳: 16-17）。経済社会の目的が，効率性を重視するとき，分権的意思決定が，公共財の受益と負担の一致（パレート最適）に接近しやすいならば，地方分権は推進されるべきである。
　しかし，政策目的が，公平性を重視する場合もある。公平性は，国民が等しく，最低限度（ナショナル・ミニマム）の行政サービスを享受できることであ

る。このときは，効率性を多少犠牲にしてでも，地方分権を押しとどめる必要がある。現状は，どの国でも，効率と公平のバランスが問われている。このため，どこまで分権化すべきかという「理論」と地方財政システムという「制度」の結節点を見出すことが，本書の課題の一つである。

　混合経済（mixed economy）は，政府と民間の役割分担を意味しており，そのうち政府の財政活動には，資源配分，所得再分配，経済安定の三つの機能がある（Musgrave, 1959）。これに対し，財政連邦主義は，国と地方の役割分担を意味し，地方の役割としては，公共財の最適供給をめざす資源配分機能の意思決定が中心となる。年金や医療保険といった所得再分配は，全国的な統一性や画一性が求められ，またインフレや不況対策といった経済安定も，おもに国全体の経済問題であるので，中央政府が分担している。

　ただし，地方は，所得再分配や経済安定にまったく関与しないというのではない。実際，日本では，生活保護の認定などの再分配政策や，経済安定にかかわる公共事業の多くが，地方政府を通じて実施されている。ところが，これらの機能は，通常，地方自治と称される分権的な地方財政システムを通じたものとはいえない。なぜなら，財政活動の意思決定（計画・立案）が国によって行われ，地方は単なる行政の実施機関にすぎないためである。このような国と地方の関係は，「集権的」な地方財政システムと呼ばれる。

　これに対して，分権的なシステムとは，少なくとも特定分野の財政活動に関して，地方が国と独立に意思決定し，行政運営を実施できることをいう。このため，国と地方の役割分担は，公共財の供給に関する計画と実施をどの段階の政府が行うべきか，という問題に置き換えられる。最初の手がかりとして，公共財の便益の及ぶ範囲を考えることができる。国防などのように，便益が国全体に及ぶものは，中央政府が分担せざるをえない。ところが，実際には警察，教育，保健・衛生，治山・治水など，便益の範囲が地域的に限定される公共財のほうが圧倒的に多い。これらは「地方公共財」と呼ばれている。

　地方公共財の存在自体が，ただちに地方分権を必要とするのではない。国の地方出先機関が実施することも不可能ではないし，国が計画して地方が実施する集権的システムでも提供できるためである。地方分権の優位性を主張するには，それが地方公共財の最適供給に不可欠なことを明らかにする必要がある。

第1部 財政責任の理論

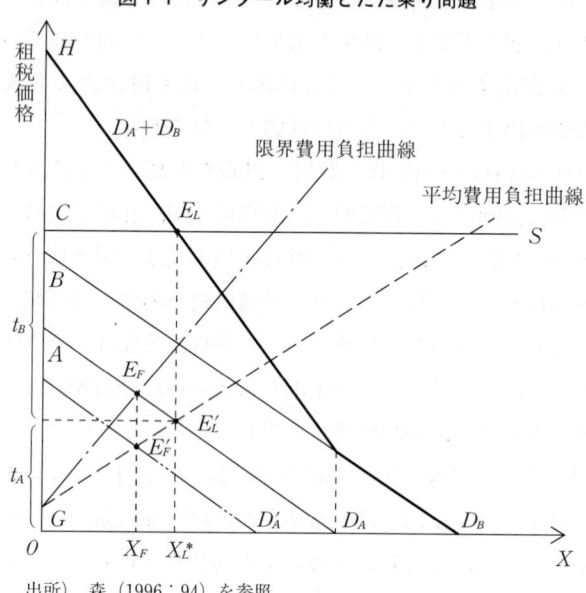

図1-1 リンダール均衡とただ乗り問題

出所）森（1996：94）を参照。

リンダール均衡とサミュエルソン条件

　以下では，地方分権の優位性とその検証を理論的に行っていこう。純粋公共財（pure public goods）は，私的財（private goods）とほぼ正反対の性質をもつ。第1に他の人の使用を排除できない「非排除性」，第2に共同消費で競合性のない「非競合性」，第3に個人の消費が他の個人の効用にほぼ等しく影響を及ぼす「消費の外部性100％」という性質がある。純粋公共財に対する選好が異なるA，B2人の社会において，最適な供給条件を考えてみよう。

　需要曲線D_A，D_Bは，図1-1のように，それぞれの租税価格（t_A, t_B）を縦軸，純粋公共財の数量（X）を横軸にして，限界効用逓減の法則に従う「右下がり」の直線で表される。需要曲線の高さ（MB_A, MB_B）は，各人が純粋公共財の限界的（追加的）1単位に対する限界効用を限界便益（最高支払い許容額：willingness to pay）として選好表明したものである。個人間で共同消費される純粋公共財の1単位当たり政府税収は，限界便益として選好表明された2人の租税価格の合計である。このため，社会全体の需要曲線（D_A+D_B）は，図1-1の太線のように2人の需要曲線をタ̇テ̇に加えたものとなる。

12

表 1-1　私的財と純粋公共財のパレート最適条件

	私 的 財	純粋公共財
①パレート最適条件	$MB_A = MB_B = P^* = MC$	$MB_A + MB_B = MC$
②需給一致の数量	$X_A + X_B = X^*$	$X_A = X_B = X_L^*$
③Aの費用負担	$P^* X_A$	$t_A X_L^* : t_A = MB_A$
Bの費用負担	$P^* X_B$	$t_B X_L^* : t_B = MB_B$

出所）筆者作成。

　純粋公共財の限界費用（MC）を一定とすれば，供給曲線（S）は，図 1-1 の水平な直線で描けるので，社会全体の需要曲線と交差する点 E_L で需要と供給が一致する。これが「リンダール均衡」である（Lindahal, 1919）。純粋公共財が X_L^* のもとでは，社会全体の消費者余剰（三角形の面積 HCE_L）が最大になるため，リンダール均衡はパレート最適を達成している。なお，「パレート最適」とは，「ある人の厚生を引き上げるには，他の人の厚生を引き下げざるをえない」という最も効率的な状態のことである。

　リンダール均衡は，表 1-1 のように，私的財の条件と比較すれば，その特徴が分かりやすい。第 1 に，私的財は，市場の均衡価格（P^*）を通じて，各人の限界便益が限界費用に等しくなる。これに対し，リンダール均衡では，限界便益の総和が限界費用に等しい［$MB_A + MB_B = MC$］。これが，パレート最適の「サミュエルソン条件」である。第 2 に，私的財の需給一致の数量は，各人の所有権が消費の排除性を生むので，各人の需要量の総和が社会全体の供給量に等しい。他方，非排除性によって共同消費される純粋公共財は，各人の需要量が社会全体の供給量に等しくなる［$X_A = X_B = X_L^*$］。第 3 に，私的財の費用負担は，同じ均衡価格のもとで各人の数量（X_A, X_B）が異なるが，純粋公共財では異なる租税価格のもとで数量が等しい（$t_A X_L^*$, $t_B X_L^*$）。ただし，それぞれの租税価格が各人の限界便益に等しいという「受益と負担の一致」［$t_A = MB_A$, $t_B = MB_B$］を条件としている。

　以上のように，純粋公共財のパレート最適は，私的財と正反対の条件である。リンダール均衡は，その条件を満たしているため，効率性の視点から，パレート最適という「社会の目標」（社会合理性）となりうるのである。

ただ乗り問題 しかし，サミュエルソンは，リンダール均衡がパレート最適を達成できないどころか，合理的な個人が集団としての社会を深刻な袋小路，すなわち「囚人のジレンマ」に陥らせると悲観論を展開した (Samuelson, 1954)。実際，リンダール均衡は，A，B2人の個人が純粋公共財に対して「真の選好を表明するならば」という重大な前提のもとで達成できるケースであった。リンダール均衡を「個人合理性」から検討するために，個人Bが真の選好を表明したと仮定し，個人Aの行動を分析しよう（森，1996: 94）。

いま，A，Bの需要曲線をそれぞれ，$t_A = a_A - bX$，$t_B = a_B - bX$（ここで，$a_A > 0$，$a_B > 0$，$b > 0$）としよう。Bが真の選好を表明し，それを変更しないならば，Aの平均費用負担は，限界費用からBの費用負担を除いた残りとして，図1-1の破線のような曲線で表される。

$$\text{平均費用負担：} t_A = (MC - a_B) + bX \qquad (1\text{-}1)$$

Aが真の選好を表明して，その需要曲線と平均費用負担曲線の交差する点 E_L で純粋公共財の数量を決定するならば，再びリンダール均衡が達成できる。

ところが，Aが個人合理性に従って，効用極大（消費者余剰の最大化）をめざすならば，リンダール均衡が達成できない。なぜなら，(1-1)式は，あくまでも平均費用負担であり，効用極大は，限界費用負担で決まるためである。この限界費用負担は，総費用負担 $[t_A X = (MC - a_B)X + bX^2]$ から導かれ，図1-1の1点鎖線のように表される。限界費用負担曲線は，以下のように平均費用負担曲線と同じ切片をもつが，傾きはその2倍大きい。

$$\text{限界費用負担：} d(t_A X)/dX = (MC - a_B) + 2bX \qquad (1\text{-}2)$$

効用極大の行動結果は，いまやリンダール均衡にはない。個人Aは，真の選好を表したときの需要曲線 D_A と限界費用負担曲線の交点 E_F で，純粋公共財の限界便益と限界費用負担が一致し，最大の消費者余剰（三角形の面積 AGE_F）を獲得できる。このとき，個人Aは真の選好表明の需要曲線 D_A ではなく，点 E_F を通る2点鎖線の需要曲線 D'_A の過小な需要を表明し，純粋公共財の数量は X_F に低下する。その結果，個人Bの消費者余剰は，リンダール均衡に比べて減少し，効用の損失を被る。社会全体でも，純粋公共財の過小供給により，リンダール均衡に比べて効用損失（厚生損失）が生じることになる。

個人合理性（効用極大）と社会合理性（パレート最適）との矛盾は，これで終

わるわけではない。真の選好を表明していた個人Bは，個人Aの過小表明によって効用損失を被ることが分かれば，自己防衛のために個人Aと同様の過小表明に踏み切る可能性が高い。このとき，孤立的な個人合理性の結果は，社会合理性のパレート最適からますます乖離することになる。この「囚人のジレンマ」の状態は，純粋公共財の「ただ乗り」(free riding) 問題と呼ばれ，サミュエルソンの悲観論としても有名である。

2　ティブーの足による投票：移動社会

地方政府のアカウンタビリティ　サミュエルソンの悲観論に対して，ティブーは，この問題を「足による投票」(voting with the feet) で解決しようとした (Tiebout, 1956)。地方公共財は便益の範囲が一定地域に限定されるので，個々の地方政府が，独自の支出と負担のパターンについて「アカウンタビリティ」(説明責任) を発揮すれば，住民は自分の行政ニーズにあった地域を選択できる。このように，足による投票は，住民の地域選択によって，公共財の真の需要を表明させようとしたのである。このため，足による投票の理論は，転入・転出を繰り返す大都市のような「移動社会」を前提とし，公共財の範囲も地方公共財に限定される。だが，公共財のパレート最適が，足による投票で達成できるのであれば，分権化の意義は大きい。以下，その理論的な内容を解説していこう。

住民の移動社会　行政ニーズが異なるAとBの2人が，図1-2のように，それぞれ二つの地域に住んでいたとしよう。D_A^1 と D_A^2，D_B^1 と D_B^2 は，それぞれ同じ需要曲線で描かれるが，地域全体の需要曲線は，地域1が $(D_A^1+D_B^1)$，地域2が $(D_A^2+D_B^2)$ となる。このとき，それぞれの地域は，リンダール均衡と同様に，ただ乗り問題に直面する。

地域1の地方政府が「サービス水準は低いが，税金も安い」，地域2が「サービス水準は高いが，税金も高い」というマニフェストを発表したとしよう。行政ニーズの選好が低いAタイプの住民は，地域2から地域1に引っ越し，選好がより高いBタイプの住民は，地域1から地域2に引っ越すことで，受益と負担を一致させようとする。タイプの異なる住民は，このような地域選択によって入れ替わり，同じタイプの住民からなる地域1と地域2が形成される。

第 I 部　財政責任の理論

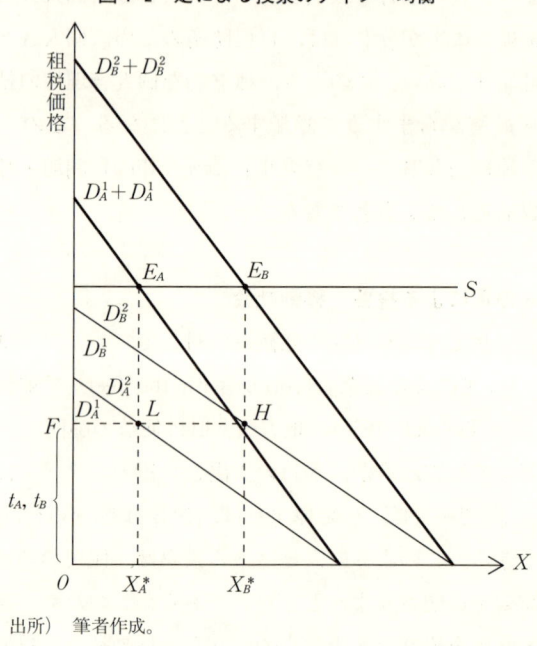

図 1-2　足による投票のティブー均衡

図 1-2 のように, 地域 2 に住んでいた A タイプ住民の需要曲線 (D_A^2) は, 地域 1 に転出したので D_A^1 となる。移動後, 地域 1 全体の需要曲線は, 2 人の D_A^1 をタテに加えた ($D_A^1 + D_A^1$) である。

同様に, 地域 1 に住んでいた B タイプ住民の需要曲線 (D_B^1) も, 地域 2 に転出したので D_B^2 となり, 地域 2 全体の需要曲線は ($D_B^2 + D_B^2$) となる。各地域の「ティブー均衡」は, 地域全体の需要曲線が供給曲線 (S) と交わる点 E_A, 点 E_B で表すことができる。

ティブー均衡　　表 1-2 のように, ティブー均衡は, 第 1 に, それぞれの地域で「限界便益の和 (または 2 倍) が限界費用に等しい」状態である。これは, サミュエルソン条件を満たし, 消費者余剰を最大にしているので, パレート最適である。第 2 に, 行政ニーズが相対的に低い A タイプ住民は, 地域 1 のサービス水準 (X_A^*) を享受し, これは B タイプの水準 (X_B^*) よりも低い [$X_A^* < X_B^*$]。第 3 に, 各地域で「受益と負担の一致」[$t_A = MB_A$, $t_B = MB_B$] を満たす税負担額は, 地域 1 が図 1-2 の OX_A^*LF の面積, 地域 2 が OX_B^*HF の面

表 1-2 ティブー均衡のパレート最適条件

	地域 1	地域 2
①パレート最適条件	$MB_A^1 + MB_A^1 = MC$	$MB_B^2 + MB_B^2 = MC$
②需給一致の数量	$X_A^1 = X_A^1 = X_A^*$	$X_B^2 = X_B^2 = X_B^*$
③A, Bの費用負担	$t_A X_A^*$: $t_A = MB_A$	$t_B X_B^*$: $t_B = MB_B$

出所) 筆者作成。

積で表される。こうして,各地方政府は,それぞれ「サービス水準は低いが,税金も安い」,「サービス水準は高いが,税金も高い」というマニフェストを実現するのである。

足による投票は,地方公共財の最適供給や選好の異なる住民間での「グループ化」について,議論の余地がまったくないわけではない(本間,1982: 199-204)。ティブー理論では,①住民の完全移動性,②歳入・歳出の完全情報,③所得稼得に地域制限がないこと,④地方政府の多様性,⑤下水道の便益が川下の自治体に及ぶ場合のような行政区域を越える便益の「スピルオーバー効果」がないこと,⑥第2章で解説されるクラブ財の理論が示す「最適人口規模」の存在,⑦地域住民数の調整,といった七つの仮定をあげている。

たとえば,公共財の生産面で「規模の経済」に着目し,地方政府が⑥最適人口規模を維持しようとすれば,⑦地域住民数の調整が不可欠である。これは,①住民の完全移動性に矛盾し,住民選好の不適合が生ずる可能性が高い。また,引越し費用や郷土愛などを考慮すれば,①完全移動性それ自体の仮定が強すぎることや,③所得稼得の地域制限に関する仮定の非現実性についても,批判は避けられない。しかし,住民の行政ニーズが異なるとき,分権的な地方財政システムが優位性をもつことを示したティブー理論の功績は大きい。

3 オーツの分権化定理:固定社会

固定社会の完全対応原理　オーツは,足による投票のようなヒトを動かす代わりに,人口分布の固定社会において住民の行政ニーズに応じて地方政府組織を動かす「完全対応」(perfect correspondence)の原理を導入した(Oates, 1972, 邦訳: 38)。完全対応とは,多層制の地方政府組織が地方公共財の種類に応じて柔軟に改編できることである。このとき,中央政府の画

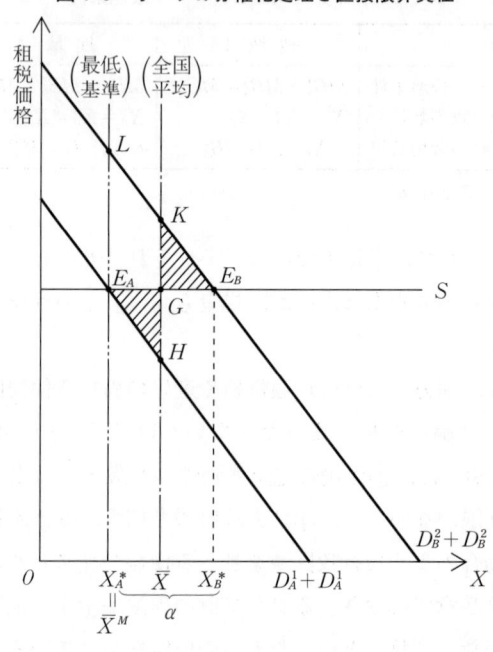

図1-3 オーツの分権化定理と直接限界責任

出所）Oates（1972, 邦訳：63）より，筆者作成。

一的なサービス水準よりも，各段階の地方政府が，行政ニーズの違いに応じて提供するほうがパレート最適に接近しやすい。これがオーツの分権化定理（decentralization theorem）である。以下，その内容を解説しよう。

分権化定理　いま，地域1にAタイプが2人，地域2にBタイプが2人居住しているとしよう。地域全体の需要曲線は，図1-3のように，それぞれ $t=2a_A-2bX$，$t=2a_B-2bX$ で表される。これは，ティブー均衡の結果であり，地域ごとで公共財のパレート最適を達成している[1]。

中央政府の集権的意思決定とは，二つの地域に対して画一的なサービス水準 $\bar{X}$ を強制することである。このときティブー均衡から見ると，地域1と地域2は，図1-3のようにそれぞれ斜線の三角形 $\triangle E_A GH$ の面積 $[=b(X_A^*-\bar{X})^2]$ と，$\triangle E_B GK$ $[=b(X_B^*-\bar{X})^2]$ の厚生損失（welfare loss）が発生する。中央政府も，これらの厚生損失をできるだけ避けたいので，二つの厚生損失の合計 $[\varDelta W=\triangle E_A GH+\triangle E_B GK]$ を最小にするような画一的水準（$\bar{X}$）を選択する

であろう。この画一的水準 ($\bar{X}$) は，$[d(\varDelta W)/d\bar{X}=0]$ によって，以下のように二つの地域の全国平均になる。

$$\bar{X}=\frac{(X_A^*+X_B^*)}{2} \tag{1-3}$$

しかしながら、中央政府が厚生損失の合計を最小化しても、全国平均を基準に用いたときの厚生損失は，以下のように，避けられないのである。

$$\varDelta W=\frac{b(X_B^*-X_A^*)^2}{2} \tag{1-4}$$

これが，集権に対する分権化の優位性を指摘した「分権化定理」である。

最低基準と直接限界責任 これらの理論を次節の「財政責任の理論」から見たとき，国が地方行政に対して，何らかの基準を設定することは必要なことである。いま，国がナショナル・ミニマムの最低基準 ($\bar{X}^M$) として，全国平均 ($\bar{X}$) の代わりに地域1のAタイプの水準 $[\bar{X}^M=X_A^*]$ を選択するとしよう。これで，少なくとも地域1はパレート最適を達成し，厚生損失がゼロになる。他方、地域2の厚生損失は，三角形△$E_A E_B L$の面積 $[\varDelta W=b(X_B^*-X_A^*)^2]$ で，社会全体でも全国平均の基準設定に比べて大きくなる。

ところが、地域2の地方政府が、税率操作権を行使し、最低基準からの限界便益を住民の追加的負担に求めれば、$\alpha(=X_B^*-X_A^*)$ の乖離が徐々に減少し、パレート最適に接近する可能性がある。これが，後で述べる足による投票や分権化定理から着想した「直接限界責任」である。

また、ティブーやオーツの理論では、α の乖離を住民選好（住民ニーズ）の違いとして見てきた。しかし、ヨーロッパ地方自治憲章の補完性（subsidiarity）や公民連携（PPP: public-private partnership）の原理では、コミュニティなどの活動も視野に入れている。このとき、住民選好は、すべての地域で同じでも、地域1のコミュニティが、α の乖離部分を私的供給していたとすれば、行政ニーズ（＝住民ニーズ－私的供給）は、両地域の間で異なってくる。このとき、地方政府が税率操作権を行使すれば、地域2の住民は、最低基準との乖離 α を、コミュニティを通じて自らが私的供給するか、地方政府に任せてシビル・ミニマムとするかを選択できる。これが、公民連携（公民の役割分担）を通じて、パレート最適に接近できる「限界責任の原理」である。

19

II 財政責任の理論

1 事前的な財政責任の発揮

賞賛と非難の責任　責任という言葉は，その後に続く述語によって正反対の意味になる（足立，1992: 241）。たとえば，「彼は責任を果た・した」とは，賞賛を意味し，「彼に責任がある・・」という場合には，非難することになる。

行政学における責任とは，4局面に分かれている（足立，1992: 243-48）。最初は，主権者（本人または委任者: principal）が，行為者の能力を考慮して選任した受任者（代理人: agent）の①受託責任（stewardship）に始まる。これが，②応答責任（responsibility），③説明責任（弁明責任: accountability）に発展する。最後に，弁明者の行為が基準に合致していないときに，④被制裁責任（liability）を負う・としている。

したがって，非難を意味する④被制裁責任を除くと，最初の3局面はすべて，賞賛を意味するので，「責任の明確化」ではなく，「責任の発揮」としなければならない。

裁量権の拡大　最初の3局面は，裁量権の程度の違いであり，順に裁量権が拡大する。たとえば，①受託責任は，生活保護の法定受託事務のように国が委任者である。受任者の地方には，被保護者の認定と給付事務が任される。しかし，扶助水準などの決定に関しては，裁量権がほどんどない。

これに対し，②応答責任は，自治事務に対応し，法定受託事務に比べて裁量権が大幅に拡大する。自治事務の命令者は，住民を代表した議会であり，受任者の首長（知事や市町村長）を始めとする行政に，議会の意思に沿った遂行を要求する。このとき，議会の命令者は「要求者」に転化し，行政の側に②応答責任が発生する。議会の意思に沿った遂行かどうかは，通常，決算等の事後的な成果（outcome）で検証される。

この事後的成果の応答が不十分なとき，議会の要求者は行政を咎める「問責者」に，行政は「弁明者」に転化する。③説明責任は「弁明が数量的計算によるとき，問責者は最もよく納得する」（足立，1992: 248）とし，数量的計算の

有無によって②応答責任と区分される。

　最後に、弁明者の行為が、基準を満たしていないとき、問責者は、非難し制裁する。問責者は制裁者、弁明者は被制裁者となる。「責任を負う」とは、非難や制裁を甘受することである。これが、④被制裁的責任である。

事前的な財政責任　　財政責任（public accountability）は、財政問題にかかわる③説明責任を意味するが、その内容は上記のような受動的ものだけではない。それは、より能動的であり、「自発的積極的に裁量し、最も賢明なる行動を選択すること」（西尾，2001: 400）まで含まれる。

　したがって、行政側の財政責任（財政の③説明責任）は、予算等の事前的な提案を含むものである。その裁量権は、事後的な②応答責任に比べて格段に拡大する。事前的な提案は、当面の議会の意思に反する場合もある。このため、その提案が、結果的に議会で否決されても、行政側は、④被制裁的責任を負う必要がない。事前的な財政責任は、「責任を果した（発揮した）」という賞賛を意味し、非難につながる「責任を負う（明確にする）」とは、厳密に区分しなければならない。

2　財政責任の連関

基準型財政責任　　財政責任の理論は、基準型財政責任（standard accountability）を出発点に、限界的財政責任（marginal accountability：以下、限界責任）を経て、全体的財政責任（full accountability：以下、全体責任）に至る。

　基準型財政責任とは、図 1-4 のように、地方政府が、ナショナル・ミニマムなどの基準で行政内容を説明することである。ナショナル・ミニマムは、義務教育の 40 人学級制のように、全国一律の最低基準である。これが地域の事情で 35 人学級制が必要ならば、地方政府が独自にシビル・ミニマムを設定し、ナショナル・ミニマムとの限界的（追加的）な行政内容を説明しなければ、その財源を確保できない。

　また、基準型財政責任は、健康で文化的な生活を最低保障する「生存権」に対応する。たとえば、生活保護の扶助基準は、ナショナル・ミニマムを意味し、高等学校の授業料に対する生活保護世帯の減免制度は、地域住民の生存権とし

図1-4　財政責任の連関

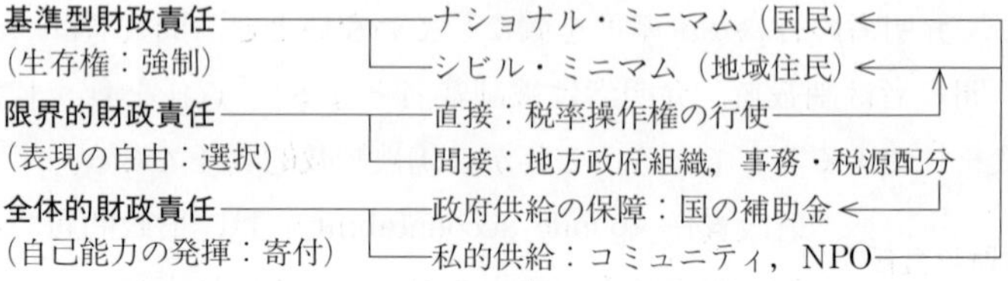

```
基準型財政責任 ──┬─ ナショナル・ミニマム（国民）←──┐
（生存権：強制）  └─ シビル・ミニマム（地域住民）←──┤
限界的財政責任 ──┬─ 直接：税率操作権の行使          │
（表現の自由：選択）└─ 間接：地方政府組織，事務・税源配分─┘
全体的財政責任 ──┬─ 政府供給の保障：国の補助金←─
（自己能力の発揮：寄付）└─ 私的供給：コミュニティ，NPO──
```

出所）筆者作成。

てシビル・ミニマムに相当する。国民や住民の生存権（権利）を確保するためには，あえて表現の自由（選択の自由）を侵害し，強制（義務）を伴うことがしばしばある。

限界的財政責任　　限界責任は，「表現の自由」（選択）を意味する。その内容は，家計や企業の税負担に影響を及ぼす直接レジーム（以下，直接限界責任）と，家計や企業の税負担に直接影響しない間接レジーム（以下，間接限界責任）に区分される。

「直接限界責任」は，地方公共財のパレート最適をめざすものである。地方政府が，地域の行政ニーズと最低基準との乖離を説明し，その財源を税率操作権の行使によって賄う提案を行うことによって，地域住民は，政府供給と私的供給との「公民連携」（公民のプロバイダー選択）が可能になる。シビル・ミニマムの水準は，図1-4の矢印のように，コミュニティやボランタリー部門（NPO）などの私的プロバイダー（提供者あるいは担い手）が崩壊したときに上昇し，それらの再生によって引き下げられる。

これに対し，「間接限界責任」には，郡などの広域連合や市町村合併による①地方政府組織の選択，国と地方の②事務配分や③税源配分における選択がある。この間接限界責任は，図1-4の矢印ように，国の全体責任の範囲に影響を及ぼす。

これまでは，各国を国別に分析するにとどまっていたが，本書では，人口分布が固定した社会のコミュニティや移動社会のボランタリー部門に起因して，各国が，まったく異なる地方政府組織や地方財政システムを選択するという「理論体系」（原理）を明らかにしていくことになる。

全体的財政責任　全体責任の確保とは，生存権の水平的公平に基づいて，「すべての国民がいつ，どこにあっても，最低限度の公共サービスをニーズに応じて享受できる」ことである。このため，中央政府は，地方政府が間接限界責任によって選択した地方財政システムのもとで，ナショナル・ミニマムを確保する標準支出や標準税収の「基準」を設定する。中央政府は，地方政府が標準税収で標準支出を賄えないとき，一般交付金を含む広義の「補助金等」によって不足額を財源保障する。こうして，政府部門は，全体責任の範囲を決定する。

　どの国でも，たとえばホームレスなど「行政サービスの対象になりにくい人」がいるように，政府部門における全体責任の範囲外で，公共サービスが要求されることがある。また，行政サービスは，課税権をもつ頑健な政府部門（政府プロバイダー）によって提供されるが，議会の合意を必要とするので，臨機応変に対処するには時間がかかりすぎる。

　これに対し，コミュニティやボランタリー部門（NPO）の私的プロバイダーは，もろいが，変幻自在である。それらが，地域ニーズに応じて公共サービスを提供できるならば，議会の合意が得られなくても，「行政サービスの対象になりにくい人」まで対象を拡大できる。コミュニティの自発的な労働奉仕やボランタリー部門への寄付は，個々人の「自己能力の発揮」を意味し，全体責任の確保に不可欠である。しかし，その持続可能性は低いので，私的供給が不十分であることを住民が確認すれば，より頑健な政府プロバイダーに移管することができるかもしれない。このとき，「公民連携」による全体責任の確保は，再び，図 1-4 の矢印のように，基準型財政責任の基準改定に戻ることになる。

3　基準型財政責任の標準化原理

標準化原理　既定の基準で歳出内容を説明することは，政府部門が先導的に社会契約への動機を説明する財政責任の文脈において，「基準型財政責任」といわれる（Stewart, 1984: 18）。政府部門による国民や住民に対する関与は，コミュニティやボランタリー部門など私的プロバイダーの持続可能性に依存する。関与の程度は，ナショナル・ミニマムやシビル・ミニマムの基準（standard）によって，具体的に見ることができる。また，現実には，過去に

定められた既定の基準がある。その基準は，地方政府の行動結果である実際支出を回帰分析などで推定すれば，グループ化された集団の平均値として標準化できる。この設定方法を「標準化原理」(standardization principle) としよう。

標準化原理に基づく既定基準は，地域間の異なる行政ニーズを「程度の差」はあっても同じ「共通要因」で，より集約的に説明したものである。換言すれば，基準からの乖離は，各地方政府の「固有要因」，すなわちコミュニティの社会状態に依存した私的供給の水準を反映したものとなる。

ナショナル・ミニマムとシビル・ミニマム　都市と農村自治体との間で，私的供給の水準が等しい公共財は，ナショナル・ミニマムの最低基準で行政内容を説明できる。このため，基準となる標準支出（需要額）と実際支出との乖離は，ほとんど生じない。これを「ナショナル・ミニマム型公共財」としよう。

他方，都市化の進展は，コミュニティなどの私的供給システムを崩壊させるので，政府部門に移管せざるをえない公共財もある。このような行政ニーズは，都市化に応じて増加する。これを「シビル・ミニマム型公共財」としよう。このタイプの公共財は，実際支出がナショナル・ミニマムの最低基準を上回るので，乖離が生じる。この乖離は，私的供給の行政移管として，都市自治体がシビル・ミニマムの基準で説明する必要がある。

基準型財政責任と乖離度　中央政府が，私的供給の最も大きな農村自治体をナショナル・ミニマムの基準にすれば，各地方政府は，それとの「乖離」によって，公共財をナショナル・ミニマム型と，シビル・ミニマム型に分類できる。たとえば，義務教育などは前者に分類できる。他方，ゴミ処理のほか，児童保育や高齢者介護などは，コミュニティや家庭内社会保障の持続可能性に依存するので，シビル・ミニマム型に分類できる。

都市自治体は，図1-5の網かけ部分のように，シビル・ミニマム型公共財をナショナル・ミニマムとの「乖離度」によって，確認することができる。なぜなら，農村自治体では，ゴミ処理などの公共サービスを家庭内やコミュニティで私的供給している。これに対し，都市自治体では，旧来のコミュニティが崩壊したので，都市住民は，ナショナル・ミニマムを超える政府部門の関与が必要になる。

図1-5 シビル・ミニマム型公共財の私的供給格差

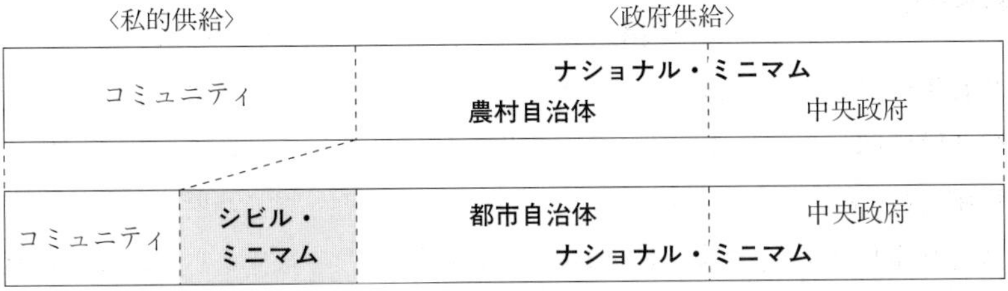

〈私的供給〉		〈政府供給〉	
コミュニティ		ナショナル・ミニマム	中央政府
		農村自治体	
コミュニティ	シビル・ミニマム	都市自治体 ナショナル・ミニマム	中央政府

出所）筆者作成

　シビル・ミニマムを確保するための追加的行政コストは，実際のコストが，ナショナル・ミニマムの標準コストを上回る「乖離額」として特定化できる。この乖離額の特定化によって，都市住民は，私的供給の行政移管に伴う追加負担の金額を知ることができる。

III　税率操作権の行使による直接限界責任

1　直接限界責任の内点解

民主主義の学校　　直接限界責任の意義は，公民連携の原理に従って，コミュニティやボランタリー部門などの私的プロバイダーが対処できないとき，新たな社会契約への動機を説明することにある。それは税率操作権の行使を伴うので，公共財の追加的な政府供給の増大（減少）に対する税負担の引上げ（引下げ）を意味する。

　しかし，直接限界責任は，公共財の受益と負担の一致（パレート最適）をめざした行政側の提案にすぎない。この提案が議会で否決されても，提案者である首長（市長や知事）が辞任に追い込まれるような被制裁責任（liability）を負う必要はない。提案の否決は，住民自らが，コミュニティなどの「私的プロバイダーの一員」として対処すると意思決定し，その対処を覚悟することである。また，住民は，自ら試みた私的供給が持続可能でないことを自覚したとき，一度は否決した提案に今度は賛成するであろう。このプロセスが民主主義であり，地方自治が「民主主義の学校」といわれるのは，このためである。以下，直接限界責任の理論を解説しよう。

直接限界責任システム

いま，地方税は，簡単化のために人頭税とし，その実際税率を t とする。また，地方政府の人口は，1人当たり費用が最小になる最適人口規模の N 人とする。この地方政府が，すべての公共財に関してナショナル・ミニマムを確保できるように，中央政府は，標準税率（$\overline{t}$）を設定するとしよう。シビル・ミニマム型公共財（X_j）は，1単位当たり単価 P_j のもとで，標準化原理に基づくナショナル・ミニマムの水準（$\overline{X_j}$）を上回る。このとき，地方政府の直接限界責任システムは，以下のように，その追加的財源を地方税の超過課税に求めることである。

$$(t-\overline{t}) = \frac{P_j}{N}(X_j - \overline{X_j}) \tag{1-5}$$

このシステムは，中央政府が標準化原理によって基準を設定しているので，多くの地方公共財（X_i）が，ナショナル・ミニマムの水準（$\overline{X_i}$）に近似的に等しいという仮定 $[X_i - \overline{X_i} = 0, \ i=1, \cdots, n, \ i \neq j]$ に基づいている。このため，直接限界責任の対象は，シビル・ミニマム型公共財（$\overline{X_j}$）に限定される[2]。

シビル・ミニマムと自発的労働奉仕

都市自治体を代表する住民（代表家計）は，中央政府の関与がない場合，図1-6 の私的財（Y）と公共財（X_j）の予算線 AB に直面する。しかし，中央政府は，線分 HK で表されるナショナル・ミニマムの制約 $[X_j \geq \overline{X_j}]$ を課すので，予算線は，その最低水準を超える線分 KB に縮減する。この代表家計は，点 K で屈折する予算制約式のもとで，シビル・ミニマム型公共財と私的財を選択し，点 E で効用極大を達成する。この均衡点は，無差別曲線（i_1）が予算制約の線分 KB の内点で接するため，「内点解」（inner solution）としよう。このとき，地方税の実際税率（t）が標準税率（$\overline{t}$）を上回り，都市自治体は，$(t-\overline{t})$ の超過課税で $(X_j^* - \overline{X_j})$ のシビル・ミニマムを確保できる。

他方，農村自治体では，住民が，たとえば消防団の活動のように，自らの労働時間を削減し，「自発的労働奉仕」でシビル・ミニマム型公共財を α_j の水準まで私的供給するとしよう。この代表家計の所得水準は，労働時間の削減で線分 OB から $O'B$ に低下する。ここで，私的供給は，予算線の傾き（P_j/N）やナショナル・ミニマムの水準（線分 $H'E$）を変えないと仮定する。このとき，農村自治体の代表家計が効用を極大にすれば，都市自治体と同様に，点 E で

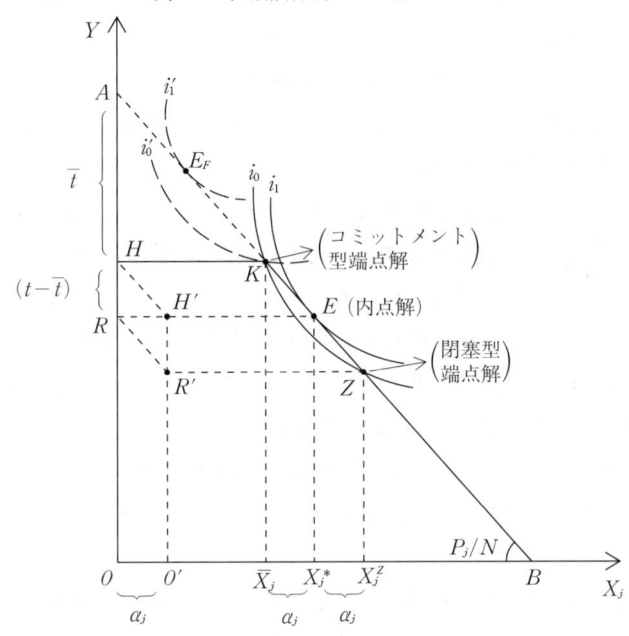

図1-6　直接限界責任の内点解と端点解

出所）中井（2000）より，筆者作成。

内点解を達成できる。

2　内点解と二つの端点解

内点解の3条件　都市と農村自治体の内点解では，以下のように，私的財と公共財の無差別曲線の傾きである限界代替率（MRS：marginal rate of substitution）と予算線の傾き（P_j/N）が一致している。

$$MRS(X_j^*) = MRS(\alpha_j + \overline{X}_j) = \frac{P_j}{N} \tag{1-6a}$$

この内点解は，ナショナル・ミニマムの制約が「隠れた拘束力」になり，「限界代替率の和［$N \times MRS(X_j^*)$］が限界変形率（P_j）に等しい」というパレート最適のサミュエルソン条件（Samuelson, 1954）と言い換えることもできる。

ただし，この内点解には，代表家計の「①真の需要表明」，中央政府のナショナル・ミニマムが「②私的供給」に配慮した最低基準，人口1人当たり費用

負担が最小になる「③最適人口規模」の地方政府という三つの条件が必要である。この3条件が同時に満たされなければ，ナショナル・ミニマムを上回る追加的な行政ニーズに対して，地方政府が直接限界責任を発揮しても，パレート最適の内点解を達成できない。このような内点解からの離脱は，公共財の過小供給と過大供給の両局面で生ずる。

ただ乗り問題とコミットメント型端点解

代表家計が個人合理性を追求すれば，公共財の需要を過小表明する誘因が働く。「①真の需要表明」を前提できなければ，リンダール均衡に対するサミュエルソンの悲観論のように，パレート最適を達成できない。公共財に対する需要の過小表明は，図1-6のように，破線の無差別曲線（i'_1）で描かれる。代表家計は，限界代替率 $[MRS'(X_j)]$ が，点 E_F で費用負担（P_j/N）に一致し，効用極大を達成する。他の家計がこの行動を知れば，同様のただ乗り行動を引き起こすであろう。その結果，社会全体では，公共財の過小供給という「囚人のジレンマ」(prisoners' dilemma）に陥る。

このように，個人合理性の追求は，パレート最適から大幅に乖離する危険性がある。このとき，政府部門は，過小表明しやすい代表家計に対し，無差別曲線を i'_1 から i'_0 に低下させてでも，最低限度のナショナル・ミニマムを強制しなければならない。この最低水準の点 K において，真の無差別曲線（i_0）の限界代替率 $[MRS(\overline{X}_j)]$ は，以下のように，費用負担（P_j/N）よりも大きいが，過小表明の限界代替率 $[MRS'(\overline{X}_j)]$ はそれよりも小さいので，過小供給の端点解になる。

$$MRS(\overline{X}_j) > \frac{P_j}{N} > MRS'(\overline{X}_j) \qquad (1\text{-}6b)$$

アマルティア・センは，囚人のジレンマなどに対するコミットメント（良識的関与）を，「他人に配慮して，利用可能な他の選択肢よりも個人的な厚生水準が低くなる行為を，自分自身も分かった上で選択する」(Sen, 1982: 92, 邦訳: 134）と定義している。過小表明しやすい代表家計は，ただ乗り現象を自覚すれば，政府部門の強制に合意する可能性がある。中央政府によるナショナル・ミニマムの制約は，過小表明の無差別曲線で示された個人主義的な厚生水準（効用水準）を低下させる。このとき，地方政府が，直接限界責任を発揮して

第1章 地方分権の直接限界責任

も，住民にはシビル・ミニマムに合意するインセンティブ（誘因）がないので，都市も農村自治体も「コミットメント型端点解」になりやすい。

リバイヤサン政府と閉塞型端点解　他方，コミットメントのような関与は，それが行きすぎると，「閉塞的」(lock-in) になる。この閉塞状態は，生活保護の受給額が勤労収入の手取り所得を上回るとき，受給者が生活保護の状態から抜け出せなくなるという「貧困のワナ」に等しい。この状態を示す「閉塞型端点解」は，「自らがパレート最適をめざす意思があっても，過剰な関与がそれを許さないこと」と定義できる。

たとえば，中央政府は，「②私的供給」システムが崩壊した都市の供給水準 (X_j^*) をナショナル・ミニマムの基準に設定するとしよう。このとき，農村自治体の供給水準は，私的供給を合わせると，$(\alpha_j + X_j^*)$ $[= (2\alpha_j + \bar{X}_j)]$ の過大供給となる。代表家計は，図1-6の予算線 $R'ZB$ に直面し，点 Z の選択を余儀なくされる。その限界代替率 $[MRS(2\alpha_j + \bar{X}_j)]$ は，人口1人当たり費用負担 (P_j/N) よりも小さいので，以下のように閉塞型端点解になる。

$$\frac{P_j}{N} = MRS(\alpha_j + \bar{X}_j) > MRS(2\alpha_j + \bar{X}_j) \tag{1-6c}$$

ここまでの政府行動は，国民や住民の効用を最大にする「合理的政府」(benevolent: 慈悲深い) を前提にしてきた。しかし，ブレナンらは「政府は税源のいかんを問わず憲法で利用が認められている税源から収入を最大化するものと仮定し」，政府行動は，税収最大化の「リバイヤサン政府」になりやすいとしている (Brennan and Buchanan, 1980，邦訳: 34)。リバイヤサン政府は，コミットメント型端点解と同じ効用水準 (i_0) のもとで，閉塞的端点解の点 Z まで過大供給する可能性がある。この可能性は，中央政府がナショナル・ミニマムを点 Z の水準に設定する場合もあれば，地方政府が点 K のナショナル・ミニマムのもとで，点 Z まで超過課税する場合もある。

だが，いずれにしても，起こりうる公共財の提供水準は，コミットメント型と閉塞型端点解の間の「領域」にある。当面，社会の目標は，この領域を狭域化することで，パレート最適である内点解への接近をめざすことになる。

3 端点解の狭域化と間接限界責任

最適人口規模と地方政府組織
農村のような小規模自治体は，人口（N'）が少ない［$N' < N$］ので，「③最適人口規模」の条件を満たすことが困難になる。とくに離島や中山間地域などでは，町村合併などで地域連携を図っても，面積が広すぎて規模の経済を追求できないことがある。このとき，人口1人当たり費用負担は，費用最小化の条件を満たすことができない［$P_j/N' > P_j/N$］。小規模自治体では，地方税だけではナショナル・ミニマムを確保できないので，中央政府は，コミットメント（良識的関与）として，地方交付税などで財源保障する。

小規模自治体の予算線は，図1-6では省略したが，点Kを通り，線分ABよりも高い傾き（P_j/N'）の直線で表される（中井，2000）。このとき，私的財のY軸において，点Aを上回る部分は，交付税で財源保障される。しかし，小規模自治体が，直接限界責任を発揮したとしても，予算線の傾きが高いため，超過課税の合意は得られにくい。その結果は，点Kのコミットメント型端点解になりやすい。この端点解から内点解への接近は，町村合併等による地方政府組織の再編よりも，すでに指摘したようにコミュニティによる私的供給に依存せざるをえない。

行政のX非効率と税源配分
他方，都市自治体でも，公立施設の直営部門（公的生産）だけで公共財を提供すれば，たとえば公立保育所の経費が民間保育所の3倍以上もかかっているように，政府部門の生産性が民間部門に比べて著しく低下する。政府部門の生産性の低下は，労働組合との賃金交渉や終身雇用・年功序列賃金など，さまざまな要因が考えられるが，これらを総称して「X非効率」といわれている。

直営部門の1単位当たり単価をより高いP_j'（$>P_j$）とすれば，人口1人当たり費用負担（$P_j'/N > P_j/N$）も高くなる。直営部門による行政サービスの提供は，小規模自治体と同様の予算線で表されるため，それぞれ以下のような点Kの端点解の条件が導かれる。

$$\frac{P_j'}{N} = \frac{P_j}{N'} \geqq MRS(\bar{X}_j) > \frac{P_j}{N} \tag{1-6d}$$

また，税収最大化をめざすリバイヤサン政府の行動は，中央政府だけでなく，

地域間競争がなければ，地方政府にも当てはまる。たとえば，法人関係税などの大幅な自然増収が，単年度の予算均衡主義のもとで，地方歳出や公務員給与を引き上げるならば，その結果は過大供給の閉塞型端点解と同じである。地方政府が，自らの財政規律に従って計画的な行財政運営を行う保証がないならば，少なくとも大幅な自然増収をもたらすような税源は，地方に配分すべきではない。

準公共財と事務配分 確かに，純粋公共財のただ乗り問題は，財政の理論上，きわめて深刻な問題である。しかし，財政問題をより現実的な事例に引き戻すとき，鈴村は「純粋公共財という概念を再吟味する必要がある」と指摘している（鈴村，1982: 227）。たとえば，サミュエルソンは，純粋公共財の事例として燈台をあげたが，コースは，イギリスの燈台が水先案内協会によって私的供給されていたことを指摘している（Coase, 1988, 邦訳: 214-19）。

また，国防，警察，消防といった純粋公共財が，政府部門の活動に占める比重にも，配慮が必要である。最近では，教育や福祉サービスなど排除性のある「準公共財」のほうが，圧倒的に高い比重を占め，地方の役割を増大させている。このような国と地方の事務配分は，地方政府組織や税源配分の選択と並んで，次章の間接限界責任の分析対象である。

注
1) オーツの分権化定理は，本来，国全体の個々人の行政ニーズに対して，中央政府が設定した「全国平均との乖離の総和」を，「①各地方政府が設定した地域平均との乖離の総和」と，「②全国平均と地域平均との乖離の総和」に分解し，②の乖離の総和が集権的意思決定による厚生損失（効用損失）であることを示したものである（Oates, 1972, 邦訳: 63-66）。したがって，①の地域平均と個々人の行政ニーズの乖離がゼロである必要はない。しかし，論点を明確にするため，①の分権的意思決定による地域平均と個々人の行政ニーズとの乖離がゼロの状態を仮定している。
2) 第 i 公共財（X_i）やナショナル・ミニマムの水準（$\bar{X}_i$），1単位当たり単価（P_i），地方政府の最適人口規模（N）のもとで，代表家計の所得を M，私的財（Y）の価格を1とすれば，予算制約式は $[Y + \sum (P_i/N) X_i = M]$ で表される。また，中央政府が標準税率（$\bar{t}$）を $[\sum (P_i/N) \bar{X}_i = \bar{t}]$ のように設定し，第 j 公共財（X_j）を除く第 i 公共財（X_i）がナショナル・ミニマムの水準に近似するという標準化原理の仮定 $[X_i - \bar{X}_i = 0, i=1, \cdots, n, i \neq j]$ を考慮すると，シビル・ミニマム型公共財

(X_j) だけの制約式（図1-6の線分 KB）は，以下のようになる。

$$Y + \sum \frac{P_i}{N} X_i - \sum \frac{P_i}{N} \overline{X}_1 = Y + \frac{P_j}{N}(X_j - \overline{X}_j) = M - \overline{t}$$

また，代表家計の私的財と n 種類の公共財からなる効用関数［$U(Y, X_1, \cdots, X_n)$］は，標準化原理の仮定により，私的財とシビル・ミニマム型公共財だけの関数［$U(Y, X_1, \cdots, X_n) = U(Y, X_j)$］になる。なお，限界代替率（$MRS$）は，以下のように表すことができる。

$$MRS(X_j) \equiv \frac{\Delta U / \Delta X_j}{\Delta U / \Delta Y} \equiv \frac{U_X}{U_Y}$$

第2章

地域連携の間接限界責任

　間接限界責任とは，直接，家計や企業の税負担に影響を及ぼさない選択である。第Ⅰ節の地方政府組織の選択は，クラブ財の理論に基づいて，固定社会と移動社会で異なることを解説する。第Ⅱ節の国と地方の事務配分では，福祉移住の可能性によって，所得再分配機能に関する地方の役割が決まり，これが第Ⅲ節の税源配分に影響することを明らかにする。

Ⅰ　地方政府組織の選択

1　地方政府組織の類型

国家制度の中間政府　　第1章では，地方政府という用語を「地方」の総称として用いてきたが，各段階の地方政府を厳密に定義しよう。地方政府（subnational government）は，マクルアーによれば，図2-1のように中央政府レベルよりも下位のすべての政府段階を意味している（McLure, 1999: 23）。中間政府（middle）または第2階層政府は，地方政府の最も上位の政府であり，地方団体（地方自治体: local authority）は，中間政府よりも下位のすべての政府を意味する。ただし，地方政府の各段階の名称は，国によって異なり，また日本語表記が同じであっても，内容が大きく異なることもある。

　中間政府の州と県は，連邦国家と単一国家という憲法で規定された「国家制度」に依存する。ドイツやアメリカ，カナダ，オーストラリアは連邦国家であるため，中間政府が州（state）になるが，その権限や財源は国ごとに大きく異なる。これに対し，日本やフランス，イギリスは，「単一国家」であるため，

図 2-1　地方政府組織のタイプ

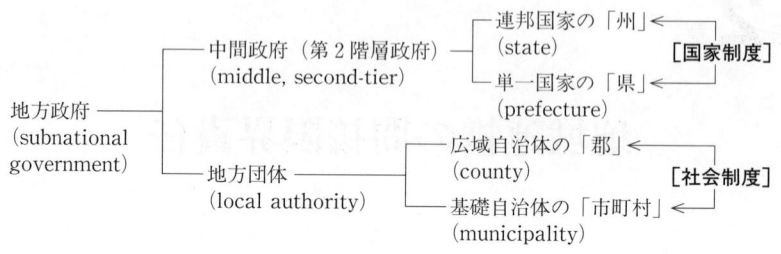

```
地方政府 ─┬─ 中間政府（第2階層政府）─┬─ 連邦国家の「州」←─┐
(subnational │  (middle, second-tier)    │   (state)           ├ [国家制度]
government)  │                           └─ 単一国家の「県」←─┘
             │                               (prefecture)
             │
             └─ 地方団体 ─┬─ 広域自治体の「郡」←─┐
                (local    │   (county)              ├ [社会制度]
                authority)└─ 基礎自治体の「市町村」←┘
                              (municipality)
```

出所）McLure（1999: 23）より，筆者作成。

中間政府は，図2-1のように，それぞれ都道府県（prefecture）や州（région），広域議会（スコットランドやウェールズ）である。このうち，州（région）や広域議会の財政活動はきわめて小さい。

社会制度と基礎自治体　中間政府を除く地方団体は，広域自治体の郡と基礎自治体の市町村に分かれる。市町村は，コミュニティやボランタリー部門など法制度以外のインフォーマルな「社会制度」に依存しやすい。

たとえば，人口分布が固定社会であるドイツでは，基礎自治体であるゲマインデンが，自治主体のコミュニティと一致するので，その約1万3000団体は，合併が容易に進まない。これに対し，移動社会であるイギリスでは，コミュニティの教区（parish）が行政組織でなくなっており，地域を越えるボランタリー部門が自治主体になる。このため，基礎自治体のディストリクトは合併が容易であり，イングランドの約1800団体は，1972年の地方自治法の改正で500程度に合併された（高橋，1978: 43）。

規模の経済と広域自治体　イギリスは，さらに1990年代後半，広域自治体のカウンティを廃止し，スコットランドやウェールズではディストリクトを合併して一層制団体（unitary authority）を形成した。イングランドでも，2005年度までに46の一層制団体が誕生し，34カウンティと238ディストリクトが残っているが，「一層制」の地方政府組織をめざしている。

他方，ドイツの小規模な基礎自治体では，規模の経済を追求できないので，広域自治体の郡が必要になる。このため，市町村は，郡に所属する自治体と所属しない郡独立市に区分され，前者は少なくとも，基礎自治体，郡，州の「多層制」の地方政府組織になる。

これらに対し，日本は，都道府県と市町村の「完全二層制」である。広域自治体の「郡」がないので，約3200市町村は，規模の経済を追求することになり，2006年度には合併されて1821団体になった。

2　クラブ財と最適人口規模

地方公共財の排除性　地方政府が提供する「地方公共財」は，便益の範囲が一定地域の住民に限定されている財・サービスである。たとえば，住民が消防署から遠く離れたところに住むと，火事があったとしても，消火が間に合わないので「排除性」がある。この便益が及ぶ範囲の排除性を考慮して，多くの先進国では，中央政府が防衛，州や県の中間政府が警察，基礎自治体が消防を分担している。

また，教育サービスは，財の性質上，校門や教室で利用を排除できるので，本来は私的財である。しかし，国民の誰もが，一定の教育を受けていなければ，社会的な意思疎通が困難になるだけでなく，「格差社会」への引き金にもなりかねない。とくに，義務教育は，消費の外部性や所得再分配による国民全体の利益を考慮し，ナショナル・ミニマムとして政府部門が関与する「準公共財」に区分される。この準公共財には，保育や高齢者介護の福祉サービスも含まれる。

最適施設規模のサミュエルソン条件　便益が及ぶ範囲の排除性に着目すれば，地方公共財は，ブキャナンのクラブ財に置き換えて，行政効率と地方政府組織の関係を検討することができる（Buchanan, 1965）。

クラブ財の理論は，マクガイヤーによれば，N人の代表的メンバー（人口）の効用$U(X, Y)$が，クラブ財（X）と私的財（Y）の消費で増加するなかで，クラブ財の1人当たり費用関数 $[C(X, N)/N]$ や個人所得（M）の予算制約 $[M = Y + C(X, N)/N]$ のもと，ラグランジュ式 $\{\mathscr{L} = U(X, Y) + \lambda[M - Y - C(X, N)/N]\}$ の最大化として表される（McGuire, 1974）。

$$\text{最適施設規模}: MRS(X^*) = \frac{C_X}{N} \tag{2-1}$$

$$\text{最適人口規模}: C_N = \frac{C}{N} \tag{2-2}$$

クラブ財の理論は，コーンズらのように，純粋公共財の最適施設規模に，最

適人口規模の条件を加えたものであり，これらを同時に満たす必要がある(Cornes and Sandler, 1996; 米原，1977)。最適施設規模は，施設の規模を拡充したとき，各住民の限界代替率 $[MRS(X^*) \equiv U_X/U_Y]$ が，住民1人当たり限界費用 (C_X/N) に等しいことを条件とする。施設拡充の限界費用 (C_X) は，第1章で説明した第 j 公共財 (X_j) の1単位当たり単価 P_j のことである。このため，最適施設規模は，「各住民の限界便益（限界代替率）の合計が限界費用に等しい」（N×限界便益＝限界費用）というサミュエルソン条件によって決定される。

混雑費用とU字型の最適人口規模

以下，簡単化のために，サミュエルソン条件が満たされた最適施設規模のクラブ財 (X^*) を考えることにしよう。この施設の人口1人当たり費用 (C'/N) は，図2-2の破線で描かれた直角双曲線のように，住民数に応じて逓減する。たとえば，1億円の施設を，住民1人が負担すれば1億円，2人ならば0.5億円，3人ならば0.33億円等々の負担となる。この施設に「混雑費用」が生じないならば，住民1人当たり便益 (B/N) は，図2-2の水平な実線のように，人口が増加しても低下しない。このとき，1人当たり便益から費用を引いた「純便益」 $[=(B/N)-(C'/N)]$ は，全国規模で最大になるので，たとえば天気予報の事務は，国の役割となる。

これに対し，人口増加で施設利用に混雑費用（図の↓）が生じるならば，1人当たり便益 (B'/N) は，図2-2の1点鎖線のように，人口数に応じて低下する。1人当たり便益が低下しないようにするには，混雑を解消する費用がかかる。この混雑費用（↑）を直角双曲線に加えた1人当たり費用 (C/N) は，人口規模に関して「U字型」で表される[1]。1人当たり便益 (B/N) が一定の下で，純便益 $[=(B/N)-(C/N)]$ は，U字型の最低点に対応する最適人口規模 (N^*) で最大になる。換言すれば，地方団体が1人当たり便益 (B/N) を一定に保ちながら，1人当たり費用 (C/N) を人頭税で財源調達すると，住民にとっては人頭税の最も低い人口が最適規模になる。

また，U字型の1人当たり費用 (C/N) は，図2-2のように，混雑解消の限界費用 (C_N) がその下に位置するとき逓減し，その上にあるとき逓増する。このため，U字型の最低点の条件は，ミクロ経済学の「企業の理論」（平均費

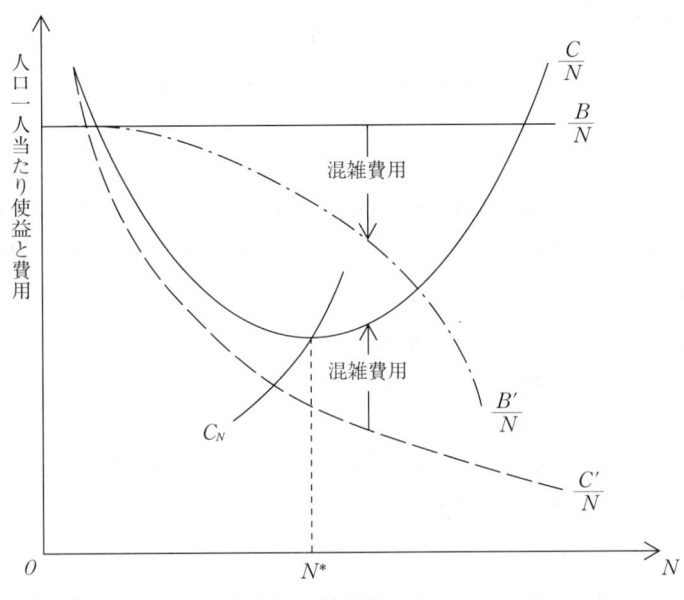

図 2-2　クラブ財の最適人口規模

出所）McGuire（1974）より，筆者作成。

用は限界費用と交わる点で最低になる）の数量を人口に置き換えた（2-2）式の $[C_N=C/N]$ となる。

3　行政組織の内部市場化

提供と生産の区分　　オーツは，分権化定理による小規模自治体のサービス水準の多様化と，地方公共財（クラブ財）の規模の経済による費用節減効果との矛盾が，ある場合には提供（provison）と生産（production）の区分で解決できるとした（Oates, 1972: 45，邦訳: 45）。

分権化とは，地方団体がその地域の公共財の提供水準を決定することであり，地方団体自身の生産を意味するのではない。実際，小規模自治体は，たとえばドイツのように広域自治体の郡に納付金を支払って，望ましい水準の公共財を購入（purchase）している。また，民間部門が，公共財の生産面で規模の経済を追求できるならば，その生産を民間委託してもよい。

NPMの購入者の視点 最近の「新しい行政管理」（NPM: new public management）は，ベイリーによれば，契約によって購入者と生産者を分離した「内部市場化」にその核心があるとしている（Bailey, 1999: 273）。

たとえば，政府部門が，旧来の行政管理のように購入者の視点に立たない場合，契約関係がないので，直営部門の生産者を分離できない。その結果，政府の直営部門が，公共財の提供を独占すれば，利潤動機がないため，民間企業に比べて生産性が著しく低下する。これに対し，政府部門が，購入者の視点に立って，直営部門や民間企業と強制競争入札で契約すれば，それぞれ内部契約（contract-in），外部契約（contract-out）として生産者を分離できる。このとき，住民への提供水準は政府購入に等しいが，直営部門の公的生産とは一致せず，民間委託による私的生産を加えたものになる。地方団体は，地域住民から付託された購入者として財源を確保し，直営部門や民間の営利・非営利企業の生産者と契約して公共財を購入する。地方団体は，合併や郡を通じた「地域連携」が困難な場合でも，規模の経済が発揮される民間委託で行政コストを引き下げることができる。

外部契約の民間委託は，受託企業の独占・寡占化による弊害を伴うので，その拮抗力として直営部門の役割を看過してはならない。この直営部門の拮抗力が有効に機能しないとき，コミュニティやボランタリー組織の非営利部門が，その役割を果たす可能性がある。また，行政コストは，「一方的に低ければよい」というものではない。このため，NPMは，単なる民間委託論ではなく，費用対効果や費用対成果（outcome）を勘案した住民のベスト・バリューをめざすものである（本間・齊藤，2001）。

公民連携と民間委託の違い 公共財に関する公民のプロバイダー（提供者または担い手）には，「公」の政府プロバイダーだけでなく，「民」のコミュニティやボランタリー部門による私的プロバイダーも含められる。これらは，第1章で述べたように，補完性や公民連携の原理に従って，独立に公共財の提供水準を決定する「意思決定者」である。したがって，狭義の「公民連携」すなわち公民のプロバイダー選択は，地方政府が税率操作権を行使する直接限界責任の対象になる。

これに対し，民間委託は，直営部門と営利・非営利部門の生産者の選択に際して，個人や企業の負担を伴わないので，間接限界責任の対象である。したがって，民間委託は，狭義の公民連携（公民のプロバイダー選択）ではない。だが，私的プロバイダーが，第1章で述べた直営部門の X 非効率や営利部門の供給独占に対し，非営利部門の生産者として拮抗力の役割を果たすとき，広義の公民連携（提供者の選択と生産者の選択）としてその意義は大きい。

ただし，コミュニティの自発的労働奉仕やボランタリー部門への寄付は，政府部門の強制的な課税権による頑健性と異なり，私的プロバイダーを「もろい」(fragile) 存在にさせる。だが，私的プロバイダーは「もろい」からこそ，提供者と生産者の両方の役割を果たすというように「変幻自在」であり，その役割を終えたら消滅するのである。

II　事務配分と所得再分配機能

1　事務配分の原則と権能付与

市町村優先とプロバイダー選択

1949年のシャウプ勧告は，戦後日本の税制を基礎づけたが，同時に「地方自治の理想」を具体化した。このため，その適用範囲は，当時の日本だけに限定されるものではない。シャウプ勧告は，国と地方の事務配分（divison of functions: 機能配分）の原則として，①市町村優先，②行政責任の明確化，③能率性（効率性）の三つの原則をあげている（神戸都市問題研究所，1983，邦訳: 169）。なかでも，市町村優先の原則は，「人々の日常生活に密接に関連した事務はなるべく市町村の事務にすべき」としており，市町村ができないことは，中間政府が分担することになる（米原，1977: 15）。したがって，この原則は，今日の「補完性の原理」を意味している。

しかし，この市町村優先の原則は，政府部門の内部にとどまっている。ヨーロッパ地方自治憲章の補完性の原理とは，本来，政府プロバイダーにとどまらず，「個人ができないことは家族が提供し，家族が成しえないことを隣人やコミュニティ，ボランタリー組織などが補完する」ように私的プロバイダーも含まれている。したがって，国と地方の事務配分は，市町村優先の原則と同時に，

公民のプロバイダー選択が行われる政府レベルを考慮して，各段階に事務を配分する必要がある。

たとえば，消防団（非常備消防）が，コミュニティの活動として存在するならば，消防署の常備消防は，市町村が担当する。他方，ボランタリー部門の私立学校は，児童・生徒が市町村の行政区域を越えるので，その認可と助成は，公立学校の現状に配慮し，中間政府の都道府県が行うことになる。

行政責任の明確化と権能付与方式　行政責任の明確化とは，一つの事務に複数段階の政府が関与するのではなく，「計画から実施に至るまで一段階の政府にすべてを任せる」というものである。しかし，この原則は，権能付与（事務配分）の方式や地方政府の規模に依存しており，日本では実行されなかった。

地方行政調査委員会議（議長：神戸正雄）の神戸(かんべ)勧告は，1950年12月，シャウプ勧告に基づいて出され，国の事務を除く「包括的な権能」が地方に付与されることになった（米原，1977: 16）。これは，地方議会が認めれば，独自の単独事業が，法令になくても実施できるというものである。その後，日本の地方政府は，国民経済の急速な発展に伴って，行政需要の拡大化傾向と行政処理の広域性・均等性が要請され，他の先進国に例を見ないほど，多くの事務を引き受けることになった。その結果，1964年9月の第一次臨時行政調査会の答申は，行政責任の明確化という原則から，国，都道府県，市町村がそれぞれの機能に応じて計画と実施を分担し，相互に協力するという「機能分担」の考え方に転じている。たとえば，小・中学校の義務教育は，ドイツの州と同様に，中間政府の都道府県が教員給与を支払い，基礎自治体の市町村が学校施設を整備して，機能分担している。

これに対し，イギリスの地方団体は，国が「限定列挙」した事務しか処理できない（山下ほか，1992）。その代わりに，合併で広域化した基礎自治体（一層制団体）やカウンティは，たとえば教員給与や学校施設整備の全体を担い，義務教育に関する「行政責任の明確化」が図られている。

効率性と権能差　行政の効率性（efficiency: 能率性）の原則は，第1に規模（人口と地域的な広がり），第2に能力（事務を執行する技術的な能力），第3に財源に関して，最も効率的な政府レベルに割り当てるべきと

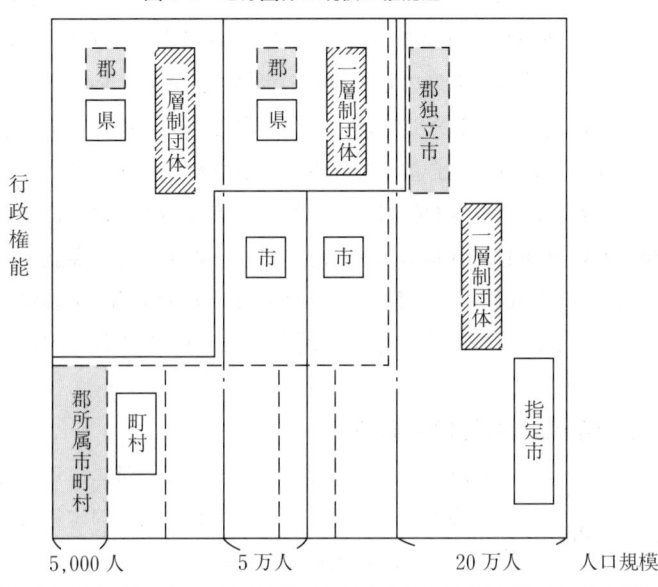

図 2-3 地方団体の規模と権能差

```
行
政
権
能
         郡        郡              郡
                 一              一  独
         県       層              層  立
                 制      郡       制  市
                 団      県       団
                 体              体
                                     一
                                     層
                                     制
                         市   市      団
                                     体
         郡
         所      町
         属      村                   指
         市                           定
         町                           市
         村
        5,000人   5万人         20万人   人口規模
```

注）点線で示されたドイツは，六つの郡所属市町村（たとえば人口 5000 人）が，それぞれ二つの郡に所属し，郡独立市（20 万人）との「行政権能の違い」（権能差）をカギ型の点線で表している。1 点鎖線で示されたイギリスは，三つの一層制団体（20 万人）で表されるため，団体間の権能差がない。実線で示された日本は，指定市が県の行政機能をもつため，三つの町村（5000 人）や二つの市（5 万人）との権能差を階段型の実線で表している。
出所）筆者作成。

している。このため，市町村を優先するシャウプ勧告は，「市町村が学校，警察，その他の活動を独立して維持することが困難な場合には，比較的隣接地域と合併することを奨励すべきである。（中略）このようにすれば，小規模な行政による不利益を克服できるであろう」（神戸都市問題研究所，1983，邦訳: 171，傍点は筆者）とした。驚くべきことに，ブキャナンが発表した「クラブ財の理論」より 15 年も早く，行政が規模の経済を追求すべきと指摘していたことになる。

しかし，規模の経済を追求する方法は，町村合併だけではない。確かに，移動社会であるイギリスは，基礎自治体の合併が容易であるため，広域自治体のカウンティを廃止し，図 2-3 の 1 点鎖線のような人口 20 万人程度の「一層制団体」を形成しつつある。ところが，固定社会であるドイツでは，コミュニテ

ィ単位の市町村が合併することは容易でない。このため，たとえば人口5000人程度の郡所属市町村（図の点線）が，40団体集まって人口20万人程度の広域自治体である「郡」を形成し，規模の経済を追求している。

大正時代に郡を廃止した日本は，都道府県と市町村の「完全二層制」であるため，小規模な市町村の合併を繰り返してきたが，イギリスほど合併は容易でない。このため，小規模な町村は，図2-3の実線のように，たとえば生活保護の事務を県に移譲し，人口5万人以上の市（一般市）と「権能差」をつけた。また，人口50万人以上（実際は100万人前後）の指定市（大都市）には，府県の事務を移譲し，人口規模に応じた権能差で行政の効率性を追求している。

2　福祉移住と給付引下げ競争

分権的意思決定のナッシュ均衡　地方政府が，生活保護などの現金給付による所得再分配政策を実施すべきかどうかは，移動社会と固定社会の事務配分の違いとして，重大な問題を含んでいる。このような分権的な意思決定を評価するには，地方公共財の規模の経済をクラブ財の理論に置き換えたように，「ナッシュ均衡」に置き換えて検討する必要がある。個々の地方政府が，独立して合理的に行動（私的利益を追求）すれば，この分権的意思決定によるナッシュ均衡は，パレート最適の水準に対し，「過小供給」になることが多いのである[2]。以下，この点を理論的に検討してみよう。

固定社会の分権化定理　高所得者の効用が，地域内の低所得者に対する福祉給付（現金給付）によって増加する場合，これは，高所得者の利他的効用関数と呼ばれている。この効用関数を想定すれば，地方政府による所得再分配政策は，ポウリーが指摘したように，高所得者が福祉給付の財源を拠出したとき，その効用を等量消費する「地方公共財」と見なすことができる（Pauly, 1973）。

二つの地域 i ($i=1, 2$) の高所得者（それぞれ H 人）は，ブルックナーやウェリッシュが想定したように，同じ効用関数 $[U(Y_i, w+T_i)]$ を持つとしよう（Brueckner, 2000; Wellisch, 2000: 137-46）。ここで，Y_i は地域 i の高所得者が私的財を支出する金額，w と T_i はそれぞれ，低所得者（それぞれ L_i 人）の1人当たり固定賃金と福祉給付である。高所得者には，域内総生産 M から低所

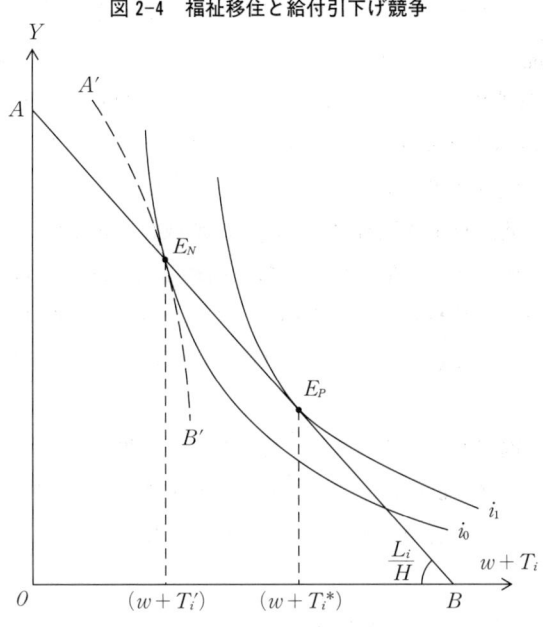

図 2-4　福祉移住と給付引下げ競争

得者への賃金総額 wL_i を引いた金額 $(M-wL_i)$ が，各人に分配されるとしよう。高所得者は，その分配所得から私的財と福祉給付の財源を支払うので，各人の予算制約は $[Y_i + T_i L_i/H = (M-wL_i)/H$，または $Y_i + (w+T_i)L_i/H = M/H]$ となり，図 2-4 の実線 AB で表される。

地方政府の福祉給付は，高所得者の利他的効用関数を最大化するように決定されるが，ここでは，低所得者が，両地域の給付格差に対して移動しない「固定社会」を想定しているので，福祉移住は生じない $[(\partial L_i/\partial T_i)=0]$。このため，ラグランジュ式 $\{\mathscr{L}=U(Y_i,\ w+T_i)+\lambda[Y_i+(w+T_i)L_i/H-M/H]\}$ の最大化条件は，以下のように，無差別曲線 (i_1) の傾きである限界代替率 $[MRS_i(w+T_i^*)]$ が，$(w+T_i^*)$ の福祉給付 (T_i^*) において，予算線 AB の傾き (L_i/H) と一致するかたちで表される。

$$MRS_i(w+T_i^*) = \frac{L_i}{H} \tag{2-3a}$$

この条件は，図2-4のように，無差別曲線（i_0）が予算線 AB で接する点 E_P で満たされ，福祉給付を地方公共財としたときに，パレート最適を達成するサミュエルソン条件である。なぜなら，高所得者の給付後所得（$w+T_i^*$）の限界代替率（限界便益）を高所得者数（H）で合計したもの [$H \times MRS_i(w+T_i^*)$] は，福祉給付の限界費用（L_i）に等しいためである。

また，高所得者に対する低所得者の割合が地域間で異なれば，地域ごとの再分配政策は，高所得者の利他的効用関数を高めることができるので，(2-3a)式では，オーツの「分権化定理」を適用できる（堀場，1999: 96）。実際，国家間で異なる再分配政策ができるのは，低所得者の福祉移住を想定する必要がないためである。

移動社会の給付引下げ競争 固定社会の代わりに「移動社会」を想定すれば，福祉給付の決定は，低所得者の「福祉移住」を考慮する必要がある。その結果，上記のラグランジュ式の最大化条件は，以下のようになる。

$$MRS_i(w+T_i') = \frac{L_i + \frac{\partial L_i}{\partial T_i}(w+T_i)}{H} \quad (2\text{-}3\text{b})$$

福祉移住とは，低所得者がより高い給付を求めて地域間を移動することである。地域 i が福祉給付を引き上げると，新規受給者の流入 [$(\partial L_i/\partial T_i)>0$] を招くであろう。新規受給者の賃金と福祉給付の総額 [$(\partial L_i/\partial T_i)(w+T_i)$] が，その地域の高所得者の追加負担になる。このような地方政府の推測は，「ナッシュ推測」と呼ばれ，図2-4の破線 $A'B'$ のように，固定社会に比べて高所得者の予算線の傾き $\{[L_i+(\partial L_i/\partial T_i)(w+T_i)]/H\}$ を引き上げる。この傾きは，$(w+T_i')$ の福祉給付（T_i'）において，無差別曲線（i_0）の傾きである限界代替率 [$MRS_i(w+T_i')$] と一致する。

その結果，ナッシュ推測は，各地方政府を福祉給付の「引下げ競争」（race to the bottom）に駆り立てる。高所得者に対する低所得者の比重が等しい「対称地域」の間では，低所得者の給付後所得（$w+T_i'$）は，図2-4のように，無差別曲線（i_0）が高所得者の予算線 $A'B'$ と接する点 E_N で決定され，固定社会のパレート最適の水準（$w+T_i^*$）よりも低くなる。なお，点 E_N が固定社会の予算線 AB 上にあるのは，対称地域を想定し，各地方政府の同じ推測によっ

て，競争後もその比重が変わらないためである。

　移動社会において，福祉給付のパレート最適を確保するには，次項で述べるイギリスのように，再分配政策を国の事務とする必要がある。現実は，そのような移動社会でないにしても，「福祉移住」の可能性が残されている。日本の地方団体は，国の事務である生活保護（福祉給付）を法定受託事務として実施している。このとき，国は，ブルックナーが指摘するように，以下の国庫負担率（θ）によって，高所得者の限界費用を引き下げる必要がある（Brueckner, 2000）[3]。

$$MRS_i(w+T_i^*) = \frac{(1-\theta)\left[L_i + \frac{\partial L_i}{\partial T_i}(w+T_i)\right]}{H} = \frac{L_i}{H} \quad (2\text{-}3c)$$

　ここで，高所得者の限界費用が，パレート最適の状態に対して $\{[L_i+(\partial L_i/\partial T_i)(w+T_i)]/L_i\}$ 倍（たとえば4倍）に上昇しているならば，限界費用に $(1-\theta)$ をかけて1倍に戻す必要がある（θ：75％の国庫負担率）。この特定補助金は，第3章で述べるように，国がナショナル・ミニマムの全体責任を確保するために不可欠な「良識的関与」である。

3　地方政府の所得再分配機能

イギリスの救貧法　　地方の所得再分配政策は，ブルックナーが指摘するように，福祉移住が不効率の原因であるので，低所得者の移動を禁止すれば，社会的に最適な給付水準が得られる（Brueckner, 2000: 512）。しかし，このような干渉政策は，自由社会では不可能である。

　実際，イングランドで1601年に施行された旧救貧法（Old Poor Law: エリザベス法）は，ブラウンらによれば，最も狭い行政区域のパリッシュ（教区）が，救貧の財政と運営の責任を担ったとしている（Brown and Oates, 1987: 323-25）。ところが，給付水準の地域間格差に伴う福祉移住は，地方財政に深刻な打撃をもたらしたので，1662年の定住法（Law of Settlement and Removal）により，この問題を「移住禁止」で対処した。各パリッシュには，自身のパリッシュ内の貧困者のみを救済する責任を与え，救貧法の対象になりそうな転入者は，元いたパリッシュへ戻すように命令された。

救貧法の歴史は，流入する貧困者の扶助を拒否したり，追放する努力の説明に終始し，定住と追放の考え方は，ベバリッジ勧告に基づく 1948 年の国民扶助法でようやく終止符が打たれた。失業者，年金受給者，単親者以外の生活困窮者は，それまでは「地方公的扶助委員会」から救貧法による扶助を受けていた（曾原，1987: 129）。これに対し，国民扶助法は「国民扶助委員会」を設置し，公的扶助が一元的な制度に統合されて中央政府の財源で賄われることになった。これが，現在の所得補助（income support）に受け継がれている。

ドイツの社会扶助 これに対し，ドイツの社会扶助（Sozialhilfe／ゾチアル・ヒルフェ）は，市町村の自治事務として税等の一般財源が充当され，社会保障の「基幹のひとつ」とされている（武田，2003: 135-37）[4]。連邦政府は，基本法（ドイツ憲法）の「生活関係の統一性」の理念によって，連邦法（連邦社会扶助法）で統一的な生活保障の詳細な規定を設けている。実際の地域的な執行者は，郡独立市と郡である。これらは，州の定める法律の範囲内で権限を有し，州ないし州の定める広域的執行者（州福祉連合など）の命令・監督のもとで業務を執行する。社会扶助に対する郡独立市や郡の裁量権は限定的であるが，法律で義務づけられた自治事務であるため，連邦や州は費用負担の責任を負わない。このため，州は，郡独立市や郡および郡所属市町村に対して，基準交付金で財源保障するのである。

措置と契約 人権とは，①生存権，②選択の自由，③自己能力の発揮の 3 段階に分かれる。生存権は，健康で文化的な「生活が成り立たない」状況の人々に生活保護などで，ナショナル・ミニマムを確保する。日本では，都道府県，市または福祉事務所を設置する町村が，生活保護を法定受託事務として実施しているが，国が 4 分の 3 を負担し，残りの 4 分の 1 は地方交付税で財源保障される。生活保護は，所得再分配機能を発揮するが，要保護者を地方が認定するとしても，その裁量権は小さい。

生活保護のような生活扶助等の現金給付（金銭給付）や医療サービスを給付する医療扶助の現物給付のほか，高齢者や児童の福祉施設への入所（利用）も，再分配効果を発揮する可能性がある。これらの施設入所には，措置と契約がある。措置とは，精神保健法の入院措置（29 条）の強制的な行為が連想されるように，「公権力の行使」として，法律等に基づく強制的な支配の行政処分であ

る (橋本, 1995: 10, 271-72)。このため, 利用者には施設の選択権はないに等しく, 利用者に対する経費は, おもに国や地方が税金を財源として負担する。

他方, 老人保健施設は, 利用者と施設開設者の「契約」によるので, どの施設に入所するかは, 利用者が決定し, 施設の選択権がある。このため, その経費は, 各医療保険を管理する保険者の拠出金と, 国・地方の公費負担で賄われる。その結果, 利用者は, 国・地方から公費負担分の現物給付を受け取るが, 医療費は, 保険者や国・地方が施設に支払っている。このような社会福祉の「契約」制度は, 公的介護保険の導入をきっかけに, 児童や学童の保育分野にまで広がり, イギリスのコミュニティ・ケアと同様に, 地方の固有事務になりつつある。

社会福祉の措置制度は, 生活保護と同様に,「①生存権」にかかわる強制的な行政処分である。しかし, 契約制度は, ある程度の再分配効果を発揮するが, 利用者の受益と負担の関係に着目した「②選択の自由」に基づく社会福祉である。措置から契約への移行は, 社会福祉の分野に「準公共財」としての資源配分機能を持ち込むため, 地方の役割が増大するのである。

III 税源配分と地方所得税

1 地方税の原則

応益課税と直接限界責任の税制　国税の租税原則は, 納税者間の税負担配分の原則を意味し, 公平, 中立 (効率), 簡素の3原則で構築される。これに対し, 地方税固有の原則は, 納税者間の問題だけにとどまらず, 政府レベル間や自治体間の税源配分 (tax assignments) のあり方も含まれる。

国税の場合, 公平の原則は, 行政サービスの個別便益ではなく, 国民全体の一般便益を対象とし, 個々人の受益と負担の関係を一旦切り離す。このため, 国税は, 個人の所得や消費, 資産に関する経済力に応じた応能課税になる。

これに対して地方税は, 表2-1のように, 少なくとも地域内の受益と負担の関係を重視するため,「応益課税」で公平を追求する。この応益課税は, 行政サービス全体の費用を受益に応じた課税で財源調達することが理想 (十分条件) となる。

表 2-1 国税と地方税の原則

国　　税	地　方　税
①公平：応能課税	①公平：応益課税（直接限界責任）
②中立：最適課税	②課税の補完性：低い移動性
③簡素：最小徴税費	③課税の十分性（固定社会）

出所）筆者作成。

　しかし，地方税が財産税の単一税制に限定されると，この収入制約が地方への事務配分を制限することにもなりかねない。このように，応益課税の十分条件を満たすことが困難な場合でも，応益課税は，少なくとも「地方政府が公共サービスの供給を拡大しようとすれば，行政サービスの限界単位はこれをすべて自主財源で賄わなければならない」(Oates, 1972, 邦訳: 159) ことが必要条件となる。この応益課税の必要条件は，限界部分での集団的意思決定が追加単位のフル・コストを考慮することになるため，第1章に関連して「直接限界責任の税制」と呼ぶことができる。

低い移動性と課税の補完性　直接限界責任の税制は，限界部分での受益と負担の一致を図りながら，公平と効率をめざすが，課税ベースの移動性が低い場合は，表 2-1 のように，国税の最適課税と同様に，課税による歪みを最小にすることで効率をめざすことになる。移動の程度は，課税ベースの種類によって異なるが，行政区域が狭くなるほど，高くなる傾向がある。このため，マスグレイブは，「下位政府ほど課税ベースの選択範囲が狭まるので，下位政府に適当な税目は，上位政府よりも下位政府に優先権がある」(Musgrave, 1983: 11) とした。マクルアーは，これを税源配分に関する「課税の補完性」(subsidiarity in taxation) と呼んでいる (McLure, 1999: 5)。

　たとえば，財産税は，日本の固定資産税が地租を前身としたように，国税として徴収することは可能である。しかし，財産税は，課税ベースの移動性が最も低いので，各国とも基礎自治体の税金にしている。

課税の十分性と間接限界責任の税制　移動社会を前提とした事務配分と税源配分のもとでは，マスグレイブが指摘するように，所得再分配と経済安定機能を分担する中央政府には，①再分配を確保する累進税，②安定化政策にふさわしい税金，③地域間で偏在化する税源，を配分すべきであ

ろう（Musgrave, 1983: 11）。このため，資源配分機能を担う地方政府は，移動性の低い応益課税に税源配分が限定される。

　これに対し，人口の固定社会を前提とすれば，事務配分の側面では，前節のように，地方が生活保護などの所得再分配機能を分担できる。また，税源配分でも，「国によっては地域的移動が起こりにくく，地方が応能課税を行っても，それからくる非効率や不公平はさほど大きくならなくてすむ」（Oates, 1972, 邦訳: 160）ことになる。このため，バードは，直接限界責任の税制とともに，地方団体のなかで「最も豊かな地方団体が本質的に財政自治が確保できるように，十分な税収が与えられるべき」（Bird, 1999: 11）とし，「課税の十分性」を主張した。

　課税の十分性は，地方の「自主財源」（own revenue）の定義に依存する。マクルアーは，「地方政府が上位政府から交付金（grants）を受けたとしても，交付金が客観的な方法で決定され，憲法や長期間継続した法律で保証されるならば，自主財源と考えてもよい。これに対し，交付金が上位政府のアドホックで，恣意的な予測できない基準などの裁量で決定され，各年度の交渉の対象であれば，この交付金は実質的に自主財源ではない」（McLure, 1999: 4）としている。

　地方所得税について，「共同税」（共通税: shared tax）は，たとえばドイツのように，所得税の税収が連邦や州，市町村の分配率によって，垂直的な税収配分を決めるので，市町村の地方所得税には税率操作権がない。「付加税」（tax surcharge）は，たとえばカナダのように，各州が連邦所得税に付加税率をかけたものを州所得税とするので，税率操作権がある。日本の住民税は，国と地方が独自に課税ベースと税率を決定するので，「独立税」ということができる。また，国が特定の地方税（たとえば，ガソリン税）を国税とともに徴収し，地方に配分するものを「譲与税」という。したがって，上位政府が地方分を徴収しても，自主財源と見なされるため，譲与税の配分方法や税収分割の方法が，地域連携による間接限界責任の課題になるのである。

2 移動社会の財産税と固定社会の地方所得税

類似の地方税制度 基礎自治体が，イギリスのように，合併によってほぼ同じ人口規模を確保できるならば，同一レベルの政府に類似の事務配分（行政権能）と歳出制度を適用することができる。しかしながら，基礎自治体の規模が大きく異なると，ドイツのように郡に所属する市町村と所属しない郡独立市では，行政権能の違い（権能差）が生じる。また，日本の政令指定都市（指定市）と町村との間の「権能差」も，無視できない。このため，事務配分の側面では，「類似の歳出制度」を確保することはできず，その必要性も税源配分の側面ほど重要ではない。

他方，歳入面では，「すべての国民がどこに住んでいても，同じ税率の地方税を負担すれば，同じ行政サービスを享受できる」という水平的公平を確保しなければならない。また，課税の効率性の面からも，個々の団体が個別の課税形態を採用すれば，課税の歪みが深刻になる。このため，オーツは，個々の団体が均一税率の必要はないにしても，「租税協調（tax harmonization）を指向する有望な手段は，同一レベルの政府が少なくともおおよそ類似の地方税制度を採用することである」（Oates, 1972，邦訳: 153）としている。

移動社会の財産税 地方所得税を基礎自治体の税源とすべきかどうかは，事務配分のあり方や課税の十分性に配慮しなければならない。また，その税源が地域間で偏在化するときには，居住地課税への税収分割や譲与税化による税源調整が必要になる。

たとえば，全国を都市中心の移動社会と想定したとき，イギリスのように，基礎自治体が規模の経済を発揮できるため，義務教育（学校施設だけでなく教員給与の支払いを含む）などの事務配分が可能となる。しかしながら，所得補助（income support）の現金給付は，福祉移住の可能性があるため，国の事務になる。他方，保育や高齢者介護などの福祉サービスが，措置から契約制度に移行し，資源配分機能の比重を高めるほど，地方の所得再分配機能が低下する。このため，基礎自治体に地方所得税を配分する必要性が小さくなる。

また，移動社会の「自治主体」（self-governing body）は，地域を越えて活動するボランタリー部門であるため，基礎自治体は，サービス提供団体にすぎない。その結果，課税の十分性は，固定社会ほど強く要請されない。実際，イギ

リスのレイフィールド報告では，1976年に地方所得税の導入が勧告されたが，実施に至らなかった（Layfield, 1976）。180年以上続いたレイト（財産税）は，戸数割のカウンシル税に移行したが，単一地方税制は維持されている。

固定社会の地方所得税 他方，全国を農村中心の固定社会と想定したとき，基礎自治体への税源配分には，地方所得税の必要性が生じてくる。第1の理由は，事務配分の側面から，福祉移住を考慮する必要がないので，ドイツの基礎自治体のように，社会扶助を分担できることにある。第2に，基礎自治体が所得再分配機能を担えば，財産税だけでは「課税の十分性」が確保できないためである。財産税は，評価替えや税率操作権を行使しなければ，税収を増やすことができないので，経済成長に対応した地方所得税が必要になる。第3に，基礎自治体の人口1人当たり税額が，農村部よりも都市部に極端に偏在するとき，比例的な地方所得税で税源の偏在を是正するためである。このとき，地方所得税による「課税の十分性」は，最も豊かな地方団体，すなわち都市において，十分な税収が得られるところを上限とする。

実際，ドイツの基礎自治体は，営業税と財産税（不動産税）の物税をおもな財源としていたが，1969年の市町村財政改革法により，地方所得税が導入された（伊東，1995: 27-30）。営業税は，日本の法人住民税や事業税と同様に，事業活動に依存して農村部よりも都市部に偏在する。このため，市町村は，営業税の一部を連邦や州に納付する営業税納付金と引換えに，連邦と州の共同税である所得税の一部を確保できるようになった。

3 資本逃避と税率引下げ競争

対称地域の資本税競争 人口の固定社会と移動社会のいずれの場合でも，基礎自治体は，事業用財産税（日本のオフィスや工場などに対する固定資産税）や営業税（法人住民税や事業税）などで，資本税を課している。ところが，基礎自治体が，資本税の税率を引き上げれば，国際社会における国の法人税と同様に，他の地域へ資本逃避（capital flight）する危険性がある。以下，ウェリッシュに従って，その点を検討してみよう（Wellisch, 2000）。

いま，資本税の効果を際立たせるために，地域iの地方公共財は，共同消費されない「準私的財」（Z_i）としよう。地域iの代表家計は，所得（M_i）のも

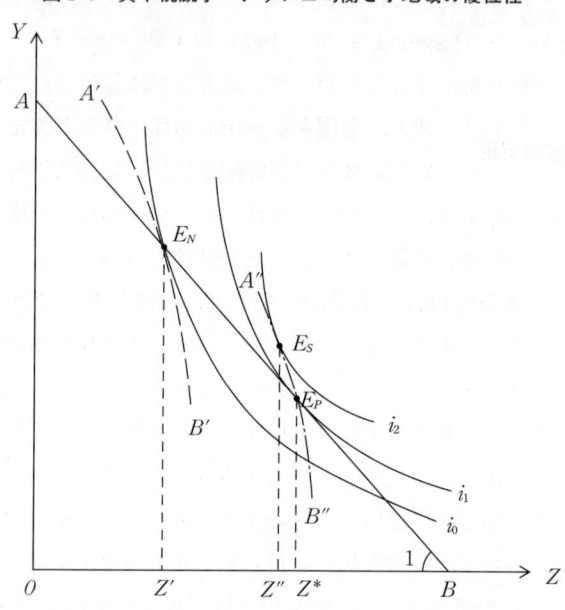

図 2-5 資本税競争：ナッシュ均衡と小地域の優位性

出所) Wellisch（2000：65, 73）より，筆者作成。

とで私的財（Y_i）と地方公共財の予算制約 [$Y_i + Z_i = M_i$] に直面する。単純化のために，各財の価格を1とする。地域 i の地方政府は，代表家計の効用関数 $U^i(Y_i, Z_i)$ を極大化するように，資本税率（t_i^K）を選択する。このとき，資本逃避が生じないならば，地方公共財のパレート最適は，図2-5の予算線 AB と無差別曲線が接する点 E_P で達成される。パレート最適は，以下のように，無差別曲線（i_1）の傾きである限界代替率（$MRS_i \equiv U_Z^i / U_Y^i$）が，予算線の傾き（絶対値で1）に等しいことを条件としている。

$$MRS_i(Z^*) = 1 \tag{2-4a}$$

しかし，資本税率の引上げは，税率が低い地域へ資本を逃避させる危険性がある。このとき，地域ごとの人口規模が等しいという意味で，同質な「対称地域」のナッシュ均衡は，つぎのように資本逃避の弾力性 [$\eta_{kt} \equiv (\Delta k_i / k_i) / (\Delta t_i^K / t_i^K)$]，すなわち税率（$t_i^K$）を1％引き上げたときの資本減少率（$\Delta k_i / k_i$）に依存する。なお，$k_i$ は資本・労働比率（K_i / N_i）である。

$$MRS_i(Z') = \frac{1}{1+\eta_{kt}} = \frac{1}{1+\tau_i^K e_i(1-l)} > 1 \qquad (2\text{-}4b)$$

ここで τ_i^K は実効税率，e_i は資本の収益率弾力性，l は1地域当たりの人口シェアであり，労働（人口）は移動しない[5]。資本逃避の弾力性（η_{kt}）は，マイナスの値（負符号）であるため，予算線 $A'B'$ の傾き $[1/(1+\eta_{kt})]$ は，図2-5の破線のように，1より大きい。対称地域のナッシュ均衡は，無差別曲線（i_0）が予算線 $A'B'$ と接する点 E_N であり，地方公共財が Z' の水準で，限界代替率 $[MRS_i(Z')]$ が予算線 $A'B'$ の傾きと一致する。対称地域のナッシュ均衡の点 E_N が当初の予算線 AB 上にあるのは，各地域が資本税競争を行っても，同じナッシュ推測のもとで結果的に均等な資本量を使用するので，代表家計の所得（M_i）が変化しないためである[6]。その結果，地方公共財は，資本逃避がないときのパレート最適の水準 Z^* から Z' に低下し，過小供給となる。

また，資本逃避の弾力性は，(2-4b) の第3式が示すように，1地域当たりの人口シェア（l）に依存する。このため，市町村数が多く，自治体の規模がきわめて小さい「小地域」（$l=0$）ほど，税率引上げに伴う資本逃避の弾力性が高くなるので，地方公共財の過小供給の程度が大きくなる。反対に，市町村が合併して規模が大きくなったり，州・県レベルの「大地域」ほど，資本逃避の弾力性が小さくなるので，過小供給の程度が小さくなる。中央政府（$l=1$）の場合，国際的な資本逃避がないかぎり，パレート最適のサミュエルソン条件を満足する[7]。

小地域の優位性　人口規模が小地域と大地域の間で異なるという意味で，異質な「非対称地域」では，ウィルソンが指摘するように，資本税競争は「小地域の厚生水準を高める」という興味深い結果が示されている（Wilson, 1991）。たとえば，中央政府に匹敵する大地域が，図2-5の点 E_P でパレート最適を達成しているとしよう。資本は，すべての国民が均等に所有し，地域間で移動可能と仮定しているので，大地域は，小地域から資本を輸入していることになる。大地域が，資本税の税率を引き上げると，税引き収益率が低下する。しかし，大地域は，市場支配力があるので，経済全体の税引き収益率を引き下げることができる。これを「交易条件」(terms-of-trade) 効果という。この税引き収益率の低下は，資本輸出した小地域の非居住者にも及ぶので，資

本税の負担を部分的に転嫁（租税輸出）したことになる。このため，資本輸入した大地域では，準私的財の過小供給の状態から，人口規模が大きくなるほど，パレート最適に接近するのである。

一方，資本輸出した小地域は，均衡状態において税引き収益率が小さくなるので，地元企業は，労働者1人当たりの資本をより多くもつことができ，賃金率が大地域に比べて高くなる。その結果，小地域は，図2-5の点 E_P を通る1点鎖線の予算線 $A''B''$ に直面し，点 E_S で効用極大を達成する。小地域の住民は，準私的財が資本税率の引下げによって Z'' 水準の過小供給になるが，それ以上に私的財の消費が拡大するので，厚生水準が大地域の住民よりも改善する。

人口規模が異なる非対称地域において，小地域とは，過疎地などの「特区」を意味し，ブコベッツスキーは，税金の安い「タックス・ヘイブン地域」と呼んでいる（Bucovetsky, 1991: 179）。他方，大地域に関して，日本の大都市や大都市圏の都府県は，法人住民税や事業税を超過課税している。ドイツの市町村でも，大都市（人口50万人以上）の営業税は，小都市（1万人程度）のほぼ1.5倍の税率になっている。このように，非対称地域の資本税には，地域間の税率格差を確認できる。

競争と協調の地域連携 以上のように，人口規模が同じ「対称地域」では，第1に，税率引下げの「租税競争」(tax competition) によって，準公共財の過小供給が生じやすい。その対抗策として，各地域が「租税協調」(tax harmonization) し，図2-5のナッシュ均衡である点 E_N よりも高い水準の資本税率は，厚生改善になるので合意が得られやすい[8]。

第2に，人口規模が異なる「非対称地域」では，小地域の優位性によって，大地域との租税協調が困難な場合もある。このとき，中央政府が，ナッシュ均衡（点 E_N）とパレート最適（点 E_P）との間で「標準税率」を設定することは，地方分権（租税競争）に対するコミットメント（良識的関与）である。

第3に，コミットメントのような関与は，第1章で述べたように，それが行きすぎると，「閉塞的」になりやすい。これまでは，政府部門が，住民の効用極大をめざす「合理的政府」を想定してきた。しかし，ブレナンらは，政府部門が税収最大化をめざす「リバイヤサン政府」の特徴をもつとき，地域間の資本税競争は，過小供給によって，それを抑制するメリットがあるとしている

(Brennan and Buchanan, 1980)。

　たとえば，中央政府も，世界経済では一つの地域にすぎないので，国際的な競争にさらされ，資本税の税率引下げ競争に直面した。実際，アメリカのレーガン政権やイギリスのサッチャー政権は，1980年代に法人実効税率を50％台から40％前後に引き下げた。2000年のEU統合を迎えて，ドイツも法人実効税率を引き下げたので，日本も1999年度から40％前後に引き下げざるをえなくなった。

　日本の法人実効税率の引下げには，都道府県の事業税も含まれ，これが大都市圏の府県の財政を悪化させている。国も地方も，財政赤字を法人関係税で解消することが困難になった。この事態が，ブレナンらのいう「リバイヤサン政府」に対する抑制効果であると判断するのは時期尚早かもしれない。しかし，いずれにしても，各国は，歳出削減の行政改革のもとで，選挙民に対する「直接限界責任」の発揮を迫られる時代に入ったのである。

　このように，地域連携（regional partnership）には，地方分権による競争と地域間の自発的な協調の二つの側面があり，その選択結果を住民に説明することが，「間接限界責任」の発揮なのである。

注

1) クラブ財の1人当たり費用（C/N）を，直角双曲線の $C'/N(=a_0/N)$ と混雑費用（a_1N）の合計 $[C/N=a_0/N+a_1N]$ のような「U字型」で表せば，最適人口規模（N^*）は，$[N^*=(a_0/a_1)^{0.5}]$ となる。なお，本書第2部の地方団体に関する最適人口規模の実証分析では，1人当たり費用 $y(\equiv C/N)$ のU字型が，対数変換した人口 $x(\equiv \log N)$ の2次関数 $[y=ax^2+bx+c]$ で回帰分析できる。U字型の最適人口規模（N^*）は，2次関数の最低点 $[dy/dx=2ax+b=0]$ であるため，$[x=\log N^*=-b/2a]$ の対数変換を元に戻せば，簡単に実証できる（中井，1988 a，1988 b）。

2) ナッシュ均衡は，相手（$-i$）が，すべての戦略（S_{-i}）のなかで最適な戦略（S^*_{-i}）を取るとき，自分（i）も，すべての戦略（S_i）のなかで，最適な戦略（S^*_i）を取ったほうが，利得 $[F^i(S_i, S^*_{-i})]$ が高い状態 $[F^i(S^*_i, S^*_{-i})>F^i(S_i, S^*_{-i})]$ にあれば，互いに自分の戦略を変更するインセンティブを持たないというものである。

3) 福祉移住の実証研究を展望したブルックナーは，実際に給付格差で移住したかどうかを実証できないが，ナッシュ推測の反応関数の推定ではそれを裏づける実証が多いとしている（Brueckner, 2000）。この問題は，ある市の福祉施策が隣接する他市の政策決定に影響を及ぼす「デモンストレーション効果」とも関連する（齊藤・中井，1991）。

4) 最近のドイツの社会扶助改革は，武田（2006）を参照されたい。
5) 資本税競争の（2-4b）式は，ウェリッシュの「資本・労働比率」を用いた説明に基づいている（Wellisch, 2000）。第 1 に，地域 i（$i=1, \cdots, n$）の資本・労働比率 k_i（$\equiv K_i/N_i$）は，労働者（N_i）1 人当たりの資本量（K_i）を意味する。経済全体の資本・労働比率 k^*（$\equiv \sum K_i/\sum N_i$）は，一定であるが，地域間では資本だけが移動し，労働（人口）は移動しないと仮定する。

第 2 に，地域 i の地方政府は，人口 1 人当たり Z_i の「準私的財」を提供し，資本税率 t_i^K に資本・労働比率をかけた資本税収の予算制約［$Z_i=t_i^K k_i$］も 1 人当たり金額で表される。地域 i の代表家計は，均等に保有する税引き資本所得（rk^*）と賃金（w_i）で，Y_i の私的財を購入するため，予算制約は［$Y_i=w_i+rk^*$］となる。税引き資本収益率 r は，地域間の資本移動を通じて均等化する。ここで，地域 i の生産関数は，$F^i(K_i, N_i)\equiv N_i f(k_i)$，$F_K^i\equiv f_k(k_i)$ のように，資本・労働比率の生産関数 $f(k_i)$ で表され，［$f_k(k_i)>0>f_{kk}(k_i)$］が仮定されている。地域 i の賃金は，1 人当たり生産額 $f(k_i)$ から，税込み資本所得（$r+t_i^K$）k_i を引いたものである。税込み資本収益率は，資本の限界生産力に等しい［$(r+t_i^K)=f_k(k_i)$］。この点に注意すれば，地域 i の賃金は［$w_i=f(k_i)-(r+t_i^K)k_i=f(k_i)-k_i f_k(k_i)$］で表せる。この代表家計の予算制約は，［$Y_i=f(k_i)-k_i f_k(k_i)+rk^*=f(k_i)-k_i f_k(k_i)+(r+t_i^K)k^*-t_i^K k^*=f(k_i)+(k^*-k_i)f_k(k_i)-t_i^K k^*$］となる。

第 3 に，地域 i の代表家計の効用関数［$U(Y_i, Z_i)\equiv U(f(k_i)+(k^*-k_i)f_k(k_i)-t_i^K k^*, t_i^K k_i)$］は，資本市場の均衡条件［$k^*=\sum k_i$］と，資本移動の裁定条件［$r=f_k^i-t_i^K=f_k^j-t_j^K$］のもとで，資本税率 t_i^K によって極大化される。

$$U_Y^i\left[f_{kk}^i\frac{\partial k_i}{\partial t_i^K}(k^*-k_i)-k^*\right]+U_Z^i\left[k_i+t_i^K\frac{\partial k_i}{\partial t_i^K}\right]=0 \quad (2\text{-}5a)$$

ここで，対称地域では［$k^*-k_i=0$］であるため，限界代替率 $MRS_i(Z')$ が，資本逃避の弾力性 η_{kt} に依存する（2-4b）式［$MRS_i(Z')=1/(1+\eta_{kt})$］が導かれる。

他方の（2-4b）式は，第 1 に，地域 i の人口シェアを l_i（$\equiv N_i/\sum N_i$）とすれば，資本市場の均衡条件［$\sum l_i k_i=k^*$］を資本税率 t_i^K で微分し，対称地域の条件［$l=l_i=l_j$, $k'=k_i'=k_j'$］から，

$$lk'\left[1+\frac{\partial r}{\partial t_i^K}\right]+(n-1)lk'\frac{\partial r}{\partial t_i^K}=0 \quad (2\text{-}5b)$$

ここで，$k_i'=\partial k_i/\partial(r+t_i^K)$ である。

第 2 に，交易条件と資本逃避の効果は，［$\partial r/\partial t_i^K=f_{kk}^i(\partial k_i/\partial t_i^K)-1$］と資本移動の裁定条件とに着目すれば，以下のようになる。

$$\text{交易条件効果：}\frac{\partial r}{\partial t_i^K}=-\frac{1}{n}=-l<0 \quad (2\text{-}5c)$$

$$\text{資本逃避効果：}\frac{\partial k_i}{\partial t_i^K}=\frac{1+\frac{\partial r}{\partial t_i^K}}{f_{kk}^i}=\frac{1-l}{f_{kk}^i}<0 \quad (2\text{-}5d)$$

第 3 に，各地域の人口シェア（l）に依存する（2-4b）式は，これらを（2-5a）式に代入し，

$$MRS_i(Z') = \frac{1}{1 + \frac{(1-l)\,t_i^K}{k_i f_{kk}^i}} = \frac{1}{1 + \tau_i^K e_i(1-l)} > 1 \tag{2-4b}$$

ここで，$\tau_i^K e_i = t_i^K/(k_i f_{kk}^i) < 0$，実効税率 $\tau_i^K [\equiv t_i^K/(r + t_i^K)]$，資本の収益率弾力性 e_i $[\equiv \partial \log(k_i)/\partial \log(r + t_i^K)]$ である．

6) ウェリッシュは，対称地域において，図2-5の予算線 AB を各地域の「生産可能性フロンティア」とし，予算線 $A'B'$ は，一つの地域から見たときの「消費可能性フロンティア」としている（Wellisch, 2000: 65）．堀場も，先駆的に租税競争論を展開している（堀場，1999: 168）．

7) 地方分権をナッシュ均衡に置き換えて検討したとき，図2-5の「資本税競争」による過小供給の点 E_N は，図2-4の「福祉移住」による給付引下げ競争の点 E_N と，同じ考え方から導かれる．また，これらのナッシュ均衡は，政府供給の側面で，図の予算線を当初の AB から競争（分権化）による $A'B'$ に変更したものである．これに対し，第1章の図1-6の「ただ乗り」問題は，住民ニーズの側面で，無差別曲線を実線の「真の需要表明」の i_1 から破線の「過小表明」の i_1' に変更したことに注意すれば，経済学的な意味で「地方分権」の長所と短所を理解しやすいかもしれない．

8) 資本税競争は，第1に，税率を戦略変数としているため，「租税競争」と呼ばれている．租税競争では，地方政府は「自らが選択した政策は他の地域が選択する税率に影響しない」$[\partial t_j^K/\partial t_i^K = 0]$ と推測するので，他の地域の税率を所与として最適化を図ることになる．このとき，地域 i が税率 t_i^K を引き上げても，地域 j の税率 t_j^K に直接的な影響を及ぼさない．しかし，地域 j は，地域 i からの資本流入によって資本税の課税ベースが拡大し，この税収増加が，準公共財の水準を引き上げることになる．

第2に，地方政府が支出を戦略変数として競争したとき，「支出競争」と呼ぶことができる．支出競争では，地方政府は「他の地域の支出水準が一定に保たれる」$[\partial Z_j/\partial t_i^K = 0]$ と推測するので，他の地域の支出を所与として最適化を図ることになる．このとき，地域 i が，追加支出のために税率を引き上げると，地域 j は，資本流入によって課税ベースが拡大し，税収増加分を資本税の減税に充てるので，税率格差はさらに拡大する．これに伴って，地域 j には新たな資本流入が生じ，この事態が無限に繰り返される．ところが，二つの対称地域（i と j）では，税率 t_i^K の変化に伴う t_j^K の影響は，以下のように収束する．

$$\frac{\partial t_j^K}{\partial t_i^K} = \frac{-t_j^K}{(t_i^K - 2t_j^K + 1)} < 0 \tag{2-6}$$

ここで，注5)の税引き資本収益率 r と資本移動の裁定条件を $[r = 1 - k_i - t_i^K = 1 - k_j - t_j^K]$ と特定化し［たとえば，$f_k(k_i) = 1 - k_i$］，資本市場の均衡条件（$k^* = \sum k_i$）を $[k_i + k_j = 1]$ とすれば，地方政府の予算制約は $[Z_j = t_j^K k_j = t_j^K(t_i^K - t_j^K + 1)/2]$ となるので，$[\partial Z_j/\partial t_i^K = 0]$ によって (2-6) 式が導かれる．資本税率は1より小さいので，$(\partial t_j^K/\partial t_i^K) < 0$ となる．

第3に，支出競争は，租税競争よりも，税率引上げに伴う資本流出を加速させるので，ウィルダシンは「相手が税率と支出のどちらを戦略変数に用いても，自分は税率を戦略変数に選ぶ」ので，租税競争が支配戦略（dominant strategy）になるとして

いる（Wildasin, 1986）。

　他方，これまでの地方公共財（Z_i）は，第1に，福祉施設や上・下水道などのように，代表家計の効用関数 $U^i(Y_i, Z_i)$ の要素となる「生活基盤型」を意味していた。しかし第2に，それが道路，港湾，空港といった「産業基盤型」であれば，代表企業の生産関数 $f^i(k_i, Z_i)$ の要素となり，支出競争が優位になることがある。第3に，ベインダー - アップマンは，産業基盤型の場合，資本税競争と支出競争のどちらでも，税率引上げは資本を逃避させるが，産業基盤型には「資本流入」の効果があるとしている（Bayindir-Upmann, 1998）。産業基盤型の限界生産力が低いときには，生活基盤型と同様に，資本税競争が支出競争に対して，「過小供給の緩和」という意味で優位になる。だが，産業基盤型の限界生産力が高いときには，支出競争が優位になる可能性を示している。この議論と先駆的なゾドロウらの比較は，吉岡（2003）を参照されたい（Zodrow and Mieszkowski, 1986）。

第**3**章

公民連携による全体責任の確保

　国の全体責任は，地方に対する特定補助金や財政調整で確保される。また，公民連携は，政府部門がコミュニティなどの私的プロバイダーを補完することであり，全体責任の確保に不可欠である。本章は，第1部のまとめとして，第Ⅰ節で示される補助金の理論を踏まえながら，第Ⅱ節で財政調整制度の基本的しくみを解説し，第Ⅲ節では私的プロバイダーの存在と役割を考える。

Ⅰ　補助金の理論

1　国と地方の財政関係

国と地方の一般会計　第1章で，全体責任の確保は，個々人の生存権に基づき，「すべての国民がいつ，どこにあっても，最低限度の公共サービスをニーズに応じて享受できること」と定義した。国がナショナル・ミニマムの全体責任を確保するには，地域連携の間接限界責任で選択した地方財政システムのもとで，標準的な支出と税収の「基準」を設定する必要がある。国は，地方の標準支出が標準税収で賄えないとき，広義の補助金（以下，補助金等）によってその不足額を財源保障する。こうして，国は全体責任の範囲を決定するのである。

　実際，国家財政は「財政学」の体系に従って，①歳出，②国税，③国債の順に説明される。税金をおもな財源とする一般会計では，図3-1のように，国民全体に必要な歳出が，国税の収入を上回るとき，その不足額を国債で賄っている。

図 3-1　国と地方の財政関係

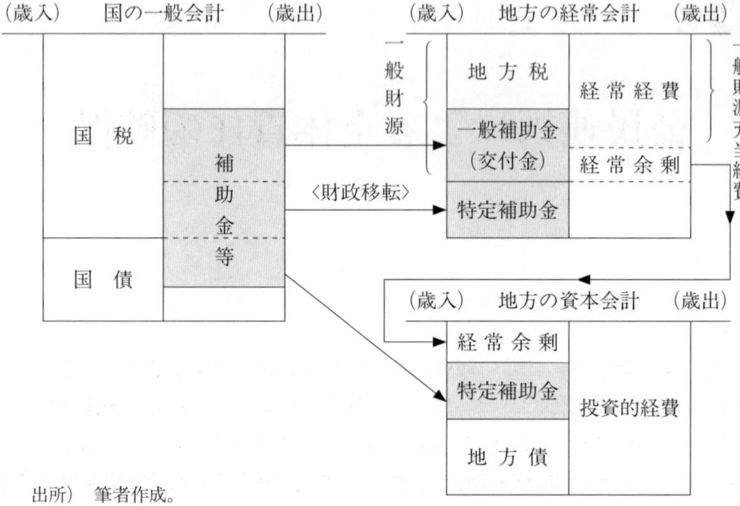
(歳入)　国の一般会計　(歳出)
国　税
国　債
補助金等
(歳入)　地方の経常会計　(歳出)
一般財源
地 方 税
一般補助金
(交付金)
特定補助金
経 常 経 費
経 常 余 剰
一般財源充当経費
〈財政移転〉
(歳入)　地方の資本会計　(歳出)
経 常 余 剰
特定補助金
地 方 債
投資的経費

出所）筆者作成。

これに対し，地方財政は，図 3-1 の「経常会計」のように，①歳出，②地方税，③補助金等の順となる。地域住民に必要な経常経費が，地方税などで賄えないとき，その不足額は，国または上位政府の「補助金等」で財源保障される。

特定補助金と一般補助金の制度

国の歳出には，防衛費など，国が直接支弁する経費のほか，地方への財政移転（fiscal transfer）が多く含まれている。これが，地方にとって広義の補助金等となる。補助金等には，使途が限定された「特定補助金」(specific, conditonal grants）と，使途が限定されない「一般補助金」(general, non-conditonal grants）がある。

特定補助金には，標準的な事務・事業費（補助基本額）の一定割合を補助負担率とする定率補助金（matching grants）と，事業費の全体に関係なく一定金額の定額補助金（lump-sum grants）がある。これに対し，一般補助金は，ドイツ市町村の基準交付金やイギリスの歳入援助交付金，日本の地方交付税などのように，「交付金」(一般交付金: block grants）と呼ばれる。

この交付金と地方税（普通税）を合わせた「一般財源」が，図 3-1 の「経常会計」のように，一般財源充当経費を上回るとき，その差額が「経常余剰」になる。また，「経常収支比率」は，一般財源に占める一般財源充当経費の割合

であり，財政の硬直度を表す指標として重要である。

資本会計と建設地方債　公共事業の投資的経費は，図3-1のように経常余剰や建設目的の特定補助金を財源とする。その差額は，国債と同様に，「世代間の公平」の観点から，地方債が充当される。したがって，国債に対応する地方債は，原則的には公共事業の資本会計において，経常余剰や特定補助金の不足を補う「建設地方債」の役割を担うにすぎない。ところが，財政再建の課題に直面する日本では，国の赤字国債と同様に，地方の経常会計でも「赤字地方債」に依存している。

2　特定補助金の理論

特定補助金と一般補助金の理論　以下，補助金等の効果を理論的に検討しよう。地方政府が提供する二つの公共財のうち，特定補助金の対象を X_1，その対象でないものを X_2 とする。また，単純化のため，それぞれの1単位当たり費用は，同額（$P_1=P_2=P^*$）としよう。このとき，特定補助金が交付される前の財源を M とすれば，地方政府の予算線は，図3-2の線分 AB のように，傾きが1の $[X_1+X_2=M/P^*]$ で表される。地方政府が，代表家計の効用極大をめざすならば，無差別曲線（i_0）が予算線と接する点 E_0 で，補助対象とそうでない公共財の組合せを選択する。

つぎに，中央政府が，補助率 θ の特定補助金（定率補助金）を地方政府に交付するとしよう。地方の予算制約は，図3-2の線分 AB' のように，傾きが $(1-\theta)$ の $[(1-\theta)X_1+X_2=M/P^*]$ に拡大し，無差別曲線（i_1）が予算線と接する点 E_1 で，効用が最大になる。このとき，特定補助金の対象となる公共財は，X_1' から X_1'' に増加し，中央政府が交付する金額（$\theta X_1'' P^*$）は，図の線分 HE_1 で表される。

他方，使途が限定されない一般補助金（G）が，特定補助金の無差別曲線（i_1）と同じ効用水準になるように，定額で交付されるとしよう。傾きが1の予算線 $[X_1+X_2=(M+G)/P^*]$ は，図3-2の線分 KL のように交付前の予算線 AB と平行にシフトし，無差別曲線（i_1）と接する点 E_2 で効用極大になる。特定補助金を一般補助金に変更すると，補助対象の公共財は，X_1'' から X_1^* に減少するが，それ以外の公共財が X_2'' から X_2^* に増加する。一般補助金（G）

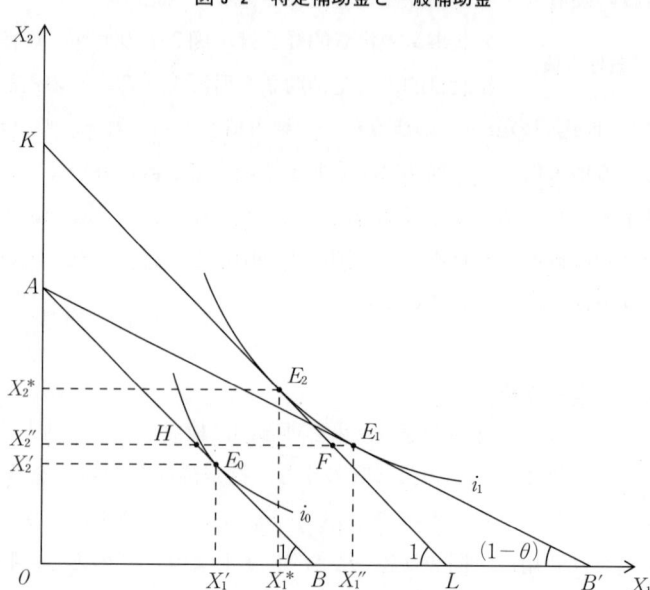

図 3-2 特定補助金と一般補助金

出所) 米原 (1977:184) より, 筆者作成。

が, 図の線分 HF に減少しているので, 中央政府は, 地方政府の効用水準を変えないで, 補助金額を線分 FE_1 だけ引き下げることができる。

特定補助金の死重損失 このように, 一般補助金は, 地方政府の予算制約を交付前の M から $(M+G)$ に拡大させたにすぎない。この予算の増額によって, 二つの公共財は, 点 E_0 から点 E_2 の組合せに増加する。これは, ミクロ経済学において, 所得効果と呼ばれている。

一般補助金を基準にすれば, 特定補助金は, 地方政府の同じ効用水準を確保するために, 図 3-2 の線分 FE_1 だけ, 中央政府の補助金額が多くかかる。これは, 特定補助金の死重損失 (deadweight loss) または超過負担 (excess burden) といわれている。死重損失は, 代替効果によって生じる。特定補助金が, 補助対象の公共財の単位当たり費用を $(1-\theta)P^*$ に引き下げたため, 地方政府は, 対象外の公共財を一部取りやめ, その代わりに補助対象の公共財を増やしたのである。

特定補助金の効果 (点 E_0 から点 E_1) は, 一般補助金の所得効果 (点 E_0 から点 E_2)

に，補助対象の単位当たり費用の引下げに伴う代替効果（点E_2から点E_1）が加わったものである。多くの場合，地方政府にとっても，一般補助金は，特定補助金に比べて裁量（意思決定）の幅が広がるので，好ましいとされている。

特定補助金による全体責任の確保　しかし，国がナショナル・ミニマムの全体責任を確保するために，特定補助金が必要なこともある。オーツは，「各公共財が，ある政府単位ごとに提供され，その行政区域とその政府のアウトプットから厚生を得るグループとが，ちょうど一致した完全対応の状態」よりも，両者が一致しない不完全対応の状態が一般的であるとしている（Oates, 1972: 71，邦訳: 75）。すなわち，「スピル・オーバー効果」が生じる場合である。

たとえば，地方政府の公共財には，便益または不利益が，他の地方政府の住民に拡散することがある。実際，上流の自治体の下水道整備が遅れていると，下流の自治体は水質汚染の不利益を被るので，下水道整備に対する特定補助金が，環境対策として必要である。また，生活保護やホームレス対策が，第2章で述べた福祉移住によって，不十分な行政対応になるときなど，強制を伴う「措置」制度には特定補助金が必要になる。

これらに対し，保育や高齢者介護などのように，地方政府の裁量権を認める「契約」制度には，一般補助金や地方税等の一般財源化のほうが望ましい。また，特定補助金を用いなくても，たとえば義務教育の40人学級制などのように，標準定数を設定し，その経費を一般補助金で財源保障すれば，ナショナル・ミニマムを確保できる場合もある。

3　財政調整の理論

固定社会の財政的公平　地域間では，人口規模や財政力の格差が避けられないので，どの国でも，一般補助金の財政調整によって全体責任を確保している。財政力の低い小規模な団体が，類似の税制のもとで，財政力の高い大規模な団体と同じ行政サービスを提供するには，税率をかなり高くしなければならない。これを避けるため，財政的公平（fiscal equity）は，住民がどの地域に住んでも「等しい税負担をすれば，等しい受益が得られる」ことを要請する。財政的公平は，ブキャナンによって，課税における個人間の

第Ⅰ部　財政責任の理論

図 3-3　財政調整の理論

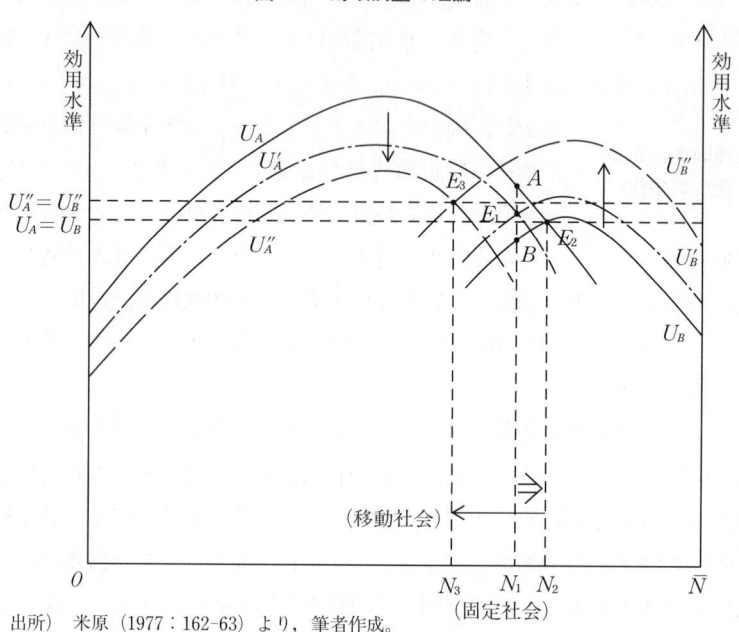

出所）米原（1977：162-63）より，筆者作成。

水平的公平（等しい人々の等しい取扱い）が地域間に拡張されたものである（Buchanan, 1965）。以下，財政的公平を理論的に検討しよう。

いま，総人口 $\bar{N}$ が，図3-3のように，二つの地域に配分され，A地域が N_1 人，B地域が $(\bar{N}-N_1)$ 人としよう。A地域の人口1人当たり効用水準 $[U_A \equiv U_A(N_1)]$ は，人口が増えると公共財に規模の経済が働いて上昇するが，増えすぎると混雑費用が生じるので低下すると仮定する。このとき，A地域の効用は，図の左側から始まる山形の曲線で表される。B地域の人口1人当たり効用水準 $[U_B \equiv U_B(\bar{N}-N_1)]$ も，同様に，図の右側から始まる山形の曲線で表される。

人口移動がない固定社会では，A地域 N_1 人の1人当たり効用が点 A の水準にあり，B地域 $(\bar{N}-N_1)$ 人の点 B の効用水準よりも高いので，地域格差が生じている。地域格差を解消するため，A地域の税金の一部がB地域に移転される。この財政調整によって，両地域の効用水準は，図の1点鎖線の効用曲線が示すように，点 E_1 で一致し，財政的公平が確保できる。

移動社会の効率性と最適人口配分

これに対し,移動社会では,(N_2-N_1)人の住民は,図3-3の矢印（⇒）のように,移動費用をかけずに,効用の低いB地域から高いA地域に移住できる。この完全な人口移動は,米原が指摘したように,両地域の実線で示された効用が一致する点E_2まで続く（米原,1977: 155）。移動社会には,図の$[U_A=U_B]$のように地域間格差を解消するメカニズムがあるため,財政的公平は財政調整の根拠にならない（金本,1997: 250-60）。したがって,移動社会の財政調整は,効率性を根拠としている。

移動社会では,財政的公平が地域格差の解消メカニズムで確保された点E_2の1人当たり効用水準を出発点とする。これを基準にすれば,A地域の税金の一部がB地域に移転されると,図3-3の破線のように,A地域の効用水準がU_A'に下がり,B地域のそれがU_B'に上昇する。この財政調整によって,B地域の人口が,図の矢印（←）のように(N_2-N_3)人増加し,点E_3の両地域は,点E_2に比べて,高い効用水準$[U_A''=U_B'']$を得ることができる。このように,移動社会では,財政調整が両地域の効用水準を引き上げる可能性があるので,効率性を根拠とする。

しかし,人口移動が最適な人口配分をもたらすためには,移動する新住民の効用均等化だけでなく,両地域にとどまる旧住民の効用の変化も均等化しなければならない。B地域への新住民は,ブキャナンらが指摘したように,両地域の旧住民の効用にも「外部効果」（財政外部性）として影響を及ぼすためである (Buchanan and Goetz, 1972)。

A地域で納税者が1人転出すると,その税収分だけ公共財が減少し,これに伴う効用の低下はA地域の旧住民全体にも及ぶ（米原,1977: 158）。反対に,納税者が1人転入したB地域では,効用の増加が旧住民全体に及ぶ。旧住民全体の効用の変化が,両地域で等しくなったとき$[N_3\times(\Delta U_A/\Delta N)=(\bar{N}-N_3)\times(\Delta U_B/\Delta N)]$,最適な人口配分が達成される。ところが,移動する人々は,両地域の旧住民に対する外部効果を考慮しないので,中央政府は,最適人口配分（効率性）を達成するために,外部効果を考慮した財政調整が必要になるのである[1]。

ナショナル・ミニマムの財源保障　ドイツのポーピッツ（J. Popitz, 1884～1945 年）は，市町村財政調整の創始者とされ，「強い集権と強い自治」を主張した。これは，第4章で詳述するように，「国家による地方自治の財源保障（強い集権）を前提にすれば，地方が自らの権限と責任で意思決定できる（強い自治）」ということである（伊東, 1986: 288）。そして，集権と自治とは，一方が強力であることが他方が強力であることの条件としている。これは，地方が警察，消防，義務教育のほか，生活保護や福祉サービスなどを担うとき，第1章で述べたコミットメント（良識的関与）として，国のナショナル・ミニマムに対する財源保障の必要性を主張していると考えられる。

しかし，強い集権の良識的関与は，税収最大化のリバイヤサン政府のようにナショナル・ミニマムの水準が高すぎると，強すぎる集権の閉塞的関与に陥りやすい。この閉塞的関与のもとでは，地方が自らの権限と責任で意思決定することが困難になる。このため，各国の地方財政調整制度は，つねに財政的公平と効率性の視点から，そのあり方が検討されている。したがって，次節では，財政調整の基本的しくみを検討しながら，国の全体責任の確保について考えてみよう。

II　財政調整による全体責任の確保

1　交付金総額の決定と地方財政協議会の役割

クローズド・エンド型　国または上位政府の全体責任は，一般補助金の「交付金総額」による財源保障で確保されるが，総額の決定方法は，国ごとに異なる。ドイツの「市町村財政調整」では，州の税収の一定割合を上限とするクローズド・エンド（closed-ended）型である。各州は，市町村や郡・福祉連合などに基準交付金を交付し，その総額は，所得税や法人税など州税収入とリンクし，租税連合比率（交付税率）で決まる。このため，各州が算定する標準支出（需要額測定値）は，一定の算定基準で積算された行政コストではなく，その単位費用は，交付金総額を各市町村の事情に配慮した補正人口数で割った値にすぎない。

また，ドイツの「州間財政調整」も，クローズド・エンド型である。この水

平的な財政調整は，間接限界責任の対象であるが，交付州が受け取る交付金合計は，拠出州の拠出金総額（連邦平均を超える州・市町村税の余剰額の一定割合）を上限とする。

しかし，特定の州の財源不足に対する連邦補充交付金は，交付金総額が，連邦税収にリンクしていないため，オープン・エンド型である。これらの州間財政調整や連邦補充交付金の総額と各州への配分方法は，州の代表者で構成される連邦参議院において，連邦大蔵省と協議して決定される。

オープン・エンド型　イギリスの歳入援助交付金は，地方団体の財源不足額が「地方財政計画」の策定を通じて決定される。このため，交付金総額が国税とリンクせず，国の予算編成で決定されるので，オープン・エンド型の一般補助金である。

とくに，地方団体が毎年，税率操作権を行使するにあたっては，標準支出のあるべき算定方法について，国と直接交渉できる「地方財政協議会」の意義は大きい（中井，1997a: 35）。1975年に設立された地方財政協議会は，環境大臣が議長となり，地方行政サービスに関係する閣僚と地方団体連合会を代表する議員で構成されている。

地方財政対策　日本の地方交付税やその前身である「地方財政平衡交付金」も，地方団体の財源不足額が「地方財政計画」の策定を通じて決定される。地方財政平衡交付金の交付金総額は，毎年度の国の一般会計予算で決められており，オープン・エンド型の一般補助金であった。ところが，財源不足額は，旧自治省が算定するのであるが，交付金総額を決定するのは旧大蔵省である。両者の対立が激しかったので，交付金総額は，1954年度からは所得税，法人税，酒税の国税3税の一定割合（現在，国税5税の法定税率分）に定められ，クローズド・エンド型の地方交付税に移行した。

しかし，地方交付税は，オープン・エンド型の特徴と同じように財源不足額が「地方財政計画」の策定を通じて決定されるので，ドイツのような完全なクローズド・エンド型ではない。これら二つのタイプの「ねじれ」は，高度成長から安定成長へ移行した石油ショック後の1975年度から，深刻な問題を生み出した。クローズド・エンド型の特徴である法定税率分の金額が，財源不足額を大きく下回る「通常収支」の赤字に直面したのである。

この赤字の調整は、「地方財政対策」といわれ、1978年度から国と地方が折半することになった。「折半ルール」とは、赤字の半分を国の一般会計が負担し、このオープン・エンド型の国負担分をクローズド・エンド型の法定税率分に加算するものである。残り半分の地方負担は、交付税特別会計の借入金で賄われ、将来の法定税率分で「年度間調整」される。その借入金は、2001年度から段階的（2003年度以降は全額）に臨時財政対策債に振り替えられた。

地方交付税は、二つのタイプによる「ねじれ」が特徴としてあるので、ドイツの連邦参議院やイギリスの地方財政協議会のように、国と地方が直接交渉できる協議会が必要と考えられる。

2 基礎自治体の財源保障

標準支出のU字型と規模の経済　固定社会では、自治主体のコミュニティと基礎自治体が一致し、ドイツのように町村合併が困難である。このため、基礎自治体の人口規模は、小規模な町村から大都市まで、かなり極端な格差があり、クラブ財の最適人口規模になっていない。財政的公平は、住民がどの地域に居住しても「等しい税負担をすれば、等しい受益が得られる」ことであった。それは、クラブ財の1人当たり便益（B/N）が、第2章の図2-2で述べたように、人口規模に関して一定になることを要請する。そのためには、上位政府が、「U字型」の人口1人当たり費用曲線（C/N）を財源保障する必要がある。

一般交付金の1人当たり標準支出$\bar{E}$は、**図3-4**の曲線ABCように「U字型」の1人当たり費用曲線を置き換えたものとなり、一定の便益曲線（B/N）が背後に隠れている。他方、それを賄う1人当たり標準税収$\bar{T}$は、人口規模が大きな都市ほど高くなる傾向にある。その結果、両者の差額は、小規模な町村ほど大きくなる。上位政府の交付金は、この差額を財源保障し、ナショナル・ミニマムの全体責任を確保する。

ところが、このままでは、規模の経済が発揮されていないので、小規模な団体は広域自治体の「郡」に所属する。その結果、U字型の右下がり（線分AB）の一部は、図3-4の矢印（↓）のように、郡と基礎自治体を合計した標準支出（1点鎖線$K'K$）に「フラット化」される。基礎自治体と広域自治体は、

第 **3** 章　公民連携による全体責任の確保

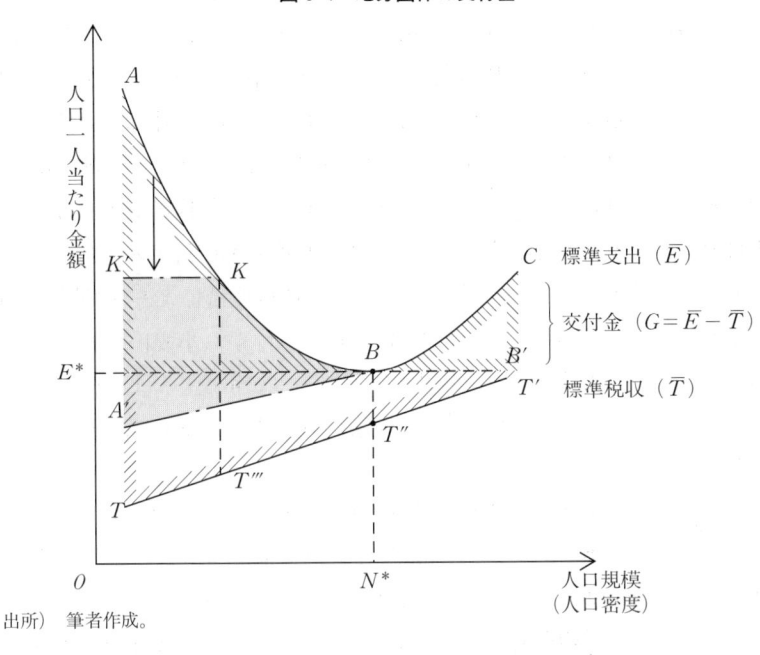

図 3-4　地方団体の交付金

異なる地方政府組織であるため，上位政府は，それぞれに対して別の一般交付金で財源保障している。

　郡所属市町村は，郡に多くの事務を委任しているので，その標準支出（1点鎖線 $A'B$）は，郡への「納付金」を考慮しても，郡独立市のそれ（実線 BC）に比べて低く抑えることができる。ただし，郡所属市町村と郡独立市の権能差は，郡ごとに異なるので，標準支出を行政項目ごとに算定できない。各市町村の標準支出の算定式は，一つの同じ単位費用に補正人口数をかけた簡単なものであるが，その1人当たり金額は，図3-4の曲線 $A'BC$ のように人口規模に応じて高くなる。

　他方，各市町村の標準税収 $\overline{T}$ も，図3-4の実線 TT' のように，人口規模に応じて高くなる。しかし，小規模な町村でも，郡によって標準支出 $\overline{E}$ を低くできるので，「財政力指数」（$=\overline{T}/\overline{E}$）は，表面上，たとえば0.6のように高い。基礎自治体への交付金（G）は，標準支出と標準税収の差額 $[G=\overline{E}-\overline{T}]$ として，図の面積 $A'BCT'T$ で表される。

69

他方，郡には，原則として課税権がないので，その財源は，郡所属市町村の納付金と上位政府の交付金（図3-4の網かけ部分の面積 $K'KBA'$）に大きく依存する。1人当たり納付金は，郡所属市町村の標準支出（1点鎖線 $A'B$）の一定割合であり，人口規模に応じて高くなる。この納付金の自治体間格差は，郡の行政サービスが，財政的公平に配慮して地域間で等しいとすれば，郡所属市町村の間で水平的な財政調整をしたことになる。相対的に規模の大きな町村は，小規模町村よりも納付金を多く支払うが，上位政府の郡に対する交付金があるので，郡から独立しようとはしない。これが，地域連携による間接限界責任（地方政府組織の選択）であり，規模の経済を追求しながら小規模町村を存続させる理由である。この「強い自治」は，ポーピッツが指摘したように，上位政府の郡に対する交付金という全体責任の確保，すなわち「強い集権」で支えられている。

ブレヒトの法則　都市化するほど，標準支出がシビル・ミニマムによって高くなることは，U字型の右上がり部分（図3-4の実線 BC）で表される。ドイツでは，これを「ブレヒトの法則」という。第1に，シビル・ミニマムは，クラブ財の理論が示したように，たとえばゴミ処理や下水道など「都市の混雑費用」を解消するものである。第2に，都市の核家族化は，たとえば保育や高齢者介護など「家庭内社会保障」のシステムを崩壊させるので，これらが行政に移管されてシビル・ミニマムになる。第3に，都市の移動社会では，消防団など農村の「コミュニティ活動」が衰退し，その私的供給が行政に移管されて標準支出に反映される。

　しかし，移動社会では，地域を越えるボランタリー部門が自治主体となり，基礎自治体はそれに一致しないので，合併が容易になる。たとえば，イギリスでは，人口20万人前後の一層制団体が点 B の最適人口規模を達成している。ところが，都市部では，ブレヒトの法則に従って，標準支出が高くなる。また，農村部が20万人前後に合併されても，基礎自治体の「面積」が広大になるため，教育・福祉などの対人サービスの費用が多くかかる。このため，図3-4の横軸の人口規模を「人口密度」に代えれば，1人当たり標準支出は実線 KBC のように，U字型が残存する。

　これに対し，移動社会の地方税には，基礎自治体が自治主体でないことや，

福祉移住に配慮して所得再分配機能を分担しないので,「地方所得税」がない。財産税の単一地方税制では,図3-4の実線 TT' のように,標準税収が標準支出に見合う「課税の十分性」を確保できない。このため,図の面積 $KBCT'T'''$ で表される交付金 $[G=\bar{E}-\bar{T}]$ が必要になる。

標準支出は,限定列挙された行政項目ごとに,回帰分析による「標準化原理」を適用して算定される。実際の支出額が標準支出を上回る行政サービスは,各団体の地域特性に応じて数項目に絞られるので,その追加的な行政コストは,財産税の超過課税で賄われている。この税率操作権を行使する直接限界責任の発揮(強い自治)は,行政項目ごとに標準化原理を適用した標準支出の算定方法や,国の交付金による全体責任の確保(強い集権)を前提としている。

完全二層制と権能差　コミュニティとボランタリー組織が併存する定住化社会では,日本のように都道府県と市町村の完全二層制となり,規模の経済を発揮する「郡」がない。このため,小規模町村の合併は,固定社会に比べると進んでいるが,移動社会ほどではないので,人口規模による「権能差」を設けている。

とくに,人口100万人前後の指定市(大都市)では,府県並みの権限が付与されている。このため,標準支出(基準財政需要額)は,ブレヒトの法則と権能差によって,人口規模に関するU字型の右上がり部分(図3-4の線分 BC)を形成する。他方,人口5万人未満の町村では,生活保護を府県の事務とし,5万人以上の一般市に比べて権能差を設けているが,U字型の右下がり部分(線分 AB)が残存する。

基礎自治体が生活保護の所得再分配機能を担うので,税源配分については,財産税(固定資産税)だけでなく,地方所得税(市町村民税個人分と法人分)も配分される。この標準税収(TT')は,人口規模に応じて高くなる。このため,最も豊かな都市が「課税の十分性」を確保できるように,標準税収が標準支出のU字型に接するところまで税源配分できる。その結果,都市部の財政力指数は1.0前後と高いが,町村のそれは,たとえば0.3というように大幅に低下する。交付金(地方交付税)も,標準支出と標準税収の差額 $[G=\bar{E}-\bar{T}]$ が交付されるが,標準税収が標準支出を上回る不交付団体には交付されない。

3 中間政府の財政調整

単一国家の中間政府 基礎自治体の地方政府組織は、人口分布の固定社会や移動社会に関する「社会制度」に依存するが、中間政府は、憲法が規定する単一制と連邦制といった「国家制度」によって大きく異なる。単一国家の中間政府は、警察や教育、福祉、産業振興などの事務配分に関して、中央政府の地方出先機関の役割を担いながら、基礎自治体との総合調整機能を発揮する。たとえば、日本の中間政府は都道府県である。その標準支出は、U字型の右下がり部分（図3-4の実線 AB）で表され、人口規模が大きくなるほど低下する。

大都市圏の府県は、総合調整機能として、域内の指定市に府県事務の一部を移管するので、指定市を抱える府県ほど、1人当たり標準支出が低下する。他方、地方圏の人口が少ない県は、町村区域の生活保護の事務を分担するので、「権能差」によって標準支出が高くなる。また、そのような県は、「面積」の広い行政区域を抱えて人口密度が小さく、広域行政による規模の経済が発揮できないため、標準支出の増加に拍車をかける。

他方、府県への税源配分は、事務配分に関する権能差が拡大しても、「類似の歳入制度」という観点から、ほぼ同じ税制になっている。標準税収（図3-4の TT'）は、大都市圏の府県ほど高くなる。だが、府県間の税収格差は、法人税の分割法人（地域間の税収分割）や消費税の清算によって、地域連携の「間接限界責任」が発揮され、東京都を除いて是正されつつある。府県の交付金も、市町村と同様に、標準支出（需要額）と標準税収（収入額）の差額が交付され、財政力指数が1を超えると、東京都のように不交付団体になる。

単一国家の中間政府は、日本の都道府県に対する交付税制度が代表的事例ではないが、連邦国家の州間財政調整とは明らかに異なる。両者は、財源保障型と税源調整型（財政能力均等化補助金）に区分され、後者は、さらに垂直的と水平的な税源調整型に分かれる（米原, 1977: 149-54）。広義の財政調整は、①財源保障型、②垂直的税源調整型、③水平的税源調整型の三つに類型化され、これらの交付金（G_i）は、以下のように表すことができる。

$$①(\bar{E}_i - E^*) + (E^* - \bar{T}_i) = G_i \tag{3-1a}$$

$$②(\bar{T} - \bar{T}_i) = G_i \tag{3-1b}$$

③$\sum N_i(\bar{T}-\bar{T}_i)=0$，または，$\beta_1 \sum N_i(\bar{T}-\bar{T}_i)=\beta_2 \sum N_j(\bar{T}_j-\bar{T})$

(3-1c)

ここで，$\bar{E}_i$とE^*は，それぞれ地域$i(i=1,\ \cdots,\ j,\ \cdots,\ n)$の人口1人当たり標準支出と，クラブ財の最適人口規模に対応する最低金額である。$\bar{T}_i$と$\bar{T}_j$は，それぞれ交付団体と拠出団体の1人当たり税収で，$\bar{T}[\equiv(\sum N_i \bar{T}_i)/\sum N_i]$は，標準税収の「全国平均」である。$N_i$は各団体の人口数，$\beta_1$と$\beta_2$は，それぞれ不足額に対する交付率と余剰額の拠出率である。

(3-1a) 式について，財源保障型の交付金の総額は，需要要素と税源要素に区分できる。需要要素 [$\sum N_i(\bar{E}_i-E^*)$] は，クラブ財の規模の不経済や混雑費用に伴う部分である。他方，税源要素 [$\sum N_i(E^*-\bar{T}_i)$] は，標準税収が標準支出の最低金額に不足する金額である。

単一国家の中間政府に対する交付金は，多くの場合，①財源保障型であり，需要要素と税源要素が，日本の都道府県のように，それぞれ図3-4のABE^*と$E^*BT''T$の面積で表される。ただし，基礎自治体の交付金については，単一制と連邦制にかかわらず，需要要素が図3-4のABE^*（または$K'KBE^*$やKBE^*）と$B'BC$の面積（右下がり斜線）の合計で，税源要素は$E^*B'T'T$の面積（右上がり斜線）である。

州間の垂直的税源調整　これらに対し，連邦国家の「州間財政調整」では，需要要素が消え，税源調整型になっている。その理由は，州の広域性と，その表裏の関係にある団体数の少なさにある。たとえば，日本の47都道府県に対し，連邦国家ではアメリカを除くと，ドイツ16州，カナダ10州，オーストラリア7州と団体数が少ない。州の数が少ないと，標準支出の算定において，回帰分析による「標準化原理」が適用できない。また，州の広域性は，各州がクラブ財の最適人口規模を達成していると見なすこともできる。このため，州間財政調整では，標準支出の算定ができないので，税源要素の調整だけとなる。

(3-1b) 式のように，垂直的税源調整は，連邦政府が全国平均$\bar{T}$と各州の標準税収$\bar{T}_i$の差額を交付するものである。各州の標準税収は，通常，基礎自治体の税収も加えたものである。その1人当たり金額は，図3-5の破線T_1T_1'や実線T_2T_2'のように，高い人口密度の大都市を有する州ほど，大きくなる傾向

第1部 財政責任の理論

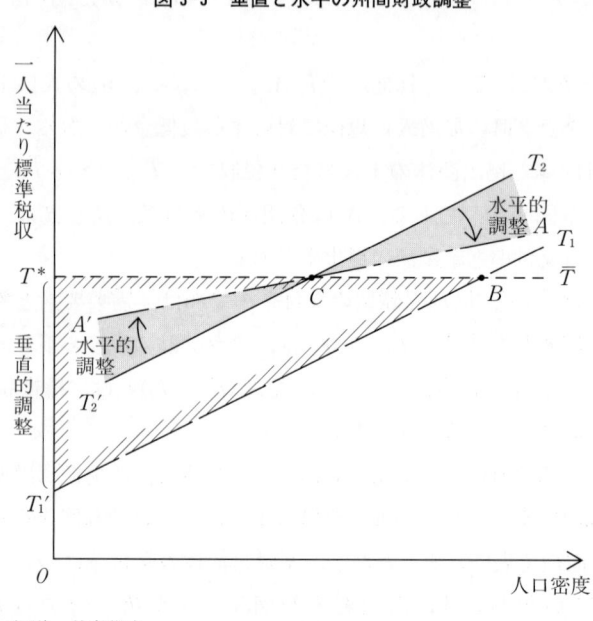

図3-5 垂直と水平の州間財政調整

（図：縦軸「一人当たり標準税収」、横軸「人口密度」。$T^*\overline{T}$ は全国平均の点線。右上がりの直線 $T_1'T_1$ および $T_2'T_2$。点A、B、C、A'を含み、「水平的調整」「垂直的調整」の領域を示す。）

出所）筆者作成。

がある。カナダの場合，全国平均（図の点線 $T^*\overline{T}$）は，標準税収の中位5州の代表的税制の平均をとっている。連邦政府は，各州の税源要素の不足額（図の右上がり斜線の面積 T^*BT_1'）を「平衡交付金」（equalization payments）で補充し，全体責任を確保する。ただし，標準税収が全国平均を上回る州は，図3-5のように不交付団体のままで，ドイツの連邦・州間財政調整のように，余剰額の一部を拠出することはない。

州間の水平的税源調整　州間財政調整が，連邦から州への「②垂直的税源調整」と，州間の「③水平的税源調整」のどちらを選択すべきかは，歴史的な側面を無視できない。たとえば，第2次世界大戦の戦勝国カナダでは，戦時中，連邦政府が軍事・防衛の十分な財源を確保するため，州政府は，所得税と法人税に関する州の課税権を一時的に連邦へ譲渡した。その代わりに，各州は，連邦補助金によって最低収入が保障された（岩崎，1985:142-44）。戦後は，各州が譲渡した課税権を段階的に取り戻し，この州税収の地域間格差を調整するため，「垂直的税源調整」の平衡交付金が必要になった

のである。

　他方，敗戦国ドイツは，戦後，占領軍が所得税と法人税のすべてを州税とし，連邦政府はその州税の一定割合を要求するかたちで税源配分が決められたので，州間の水平的調整が必要になったのである。その後，所得税と法人税に対する連邦の配分率は段階的に引き上げられ，各州は，1970年度から連邦売上税の税源配分を受ける代わりに，所得税と法人税を連邦と折半するようになった。

　第4章で詳しく述べるが，ドイツの連邦・州間財政調整は，州税と市町村税を合わせた標準税収が，図3-5の実線T_2T_2'のように，人口密度の高い都市部の州ほど上昇する傾向にある。この税収の地域間格差に対し，標準税収が全国平均を上回る税源の豊かな強力州は，余剰額の一部を拠出し，全国平均を下回る弱体州に交付している。

　(3-1c)式のように，この「水平的税源調整」は，拠出総額と交付総額が一致し，調整後の標準税収は，図の1点鎖線AA'のように平準化される。また，水平的税源調整は，所得税や法人税の地域間の税収分割と同様に，各州が地域連携の「間接限界責任」を発揮したものである。しかし，連邦政府は，弱体州に対する売上税の傾斜配分や，特定の弱体州に対する連邦補充交付金を通じて，ナショナル・ミニマムの「全体責任」を確保している。

III　私的プロバイダーによる全体責任の確保

1　提供者の補完性の原理

小集団から大集団へ　これまでは，政府部門のなかで，特別補助金や財政調整制度によって，国が全体責任を確保する理論やしくみを検討してきた。しかし，政府部門だけでは，全体責任を確保できない。そのため，従来の「地方財政学」では分析対象の外にあった，コミュニティやボランタリー部門の存在と役割を考えてみよう。

　社会制度の構図を決める補完性（subsidiarity）の原理では，ノートンが指摘するように，個人ができないことは家族が提供し，家族が成しえないことをコミュニティやボランタリー組織などの私的プロバイダー（private provider）が補完する（Norton, 1994: 28-31）。こうして，公共財の提供者（provider）は，

図3-6 公民連携の混合経済

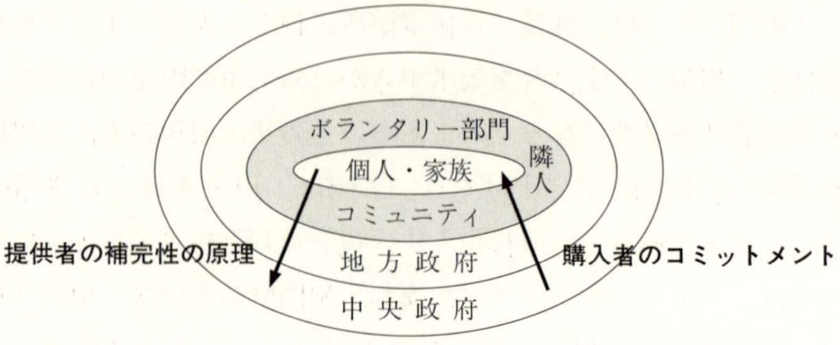

提供者の補完性の原理　←　ボランタリー部門／個人・家族／隣人／コミュニティ／地方政府／中央政府　→　購入者のコミットメント

出所）筆者作成。

図3-6のように，小さな集団（group）から大きな集団に拡大する。これらの私的プロバイダーが対処できないとき，公共財は，社会契約のプロセスを経て，初めて政府部門が提供者になる。これが，「公民連携」（PPP: public-private partnership）の原理である。

たとえば，個人はできるだけゴミを出さないように心がけ，生活ゴミは，家族が自家菜園の肥料や自家焼却で処理することが可能である。また，ゴミの種類によっては，コミュニティが分別収集に協力し，リサイクル業者が回収して処理することもできる。それでも排出されたゴミは，政府部門が処理せざるをえない。私的プロバイダーを視野に入れた公民連携では，補完性の原理がより小集団レベルの提供者を優先し，その社会状態に応じた私的供給の持続可能性（sustainability）を探ることになる。

同質な住民選好と分権化定理　政府部門に補完性の原理を適用すると，住民に身近な行政は，できるかぎり住民に身近な基礎自治体において処理すべきことになる。地方公共財に対する住民選好の異質性に着目したとき，オーツの分権化定理は，地方政府ごとに異なる提供水準のほうが，中央政府の画一的な水準よりも，パレート最適に接近しやすいことを示していた。

しかし，公民連携を視野に入れた社会制度では，個人間の選好の異質性は，分権化定理に不可欠な仮定ではない。私的供給の水準が都市と農村で異なれば，地方公共財に対する住民選好が，地域間で同質であっても，政府供給に対する行政ニーズは異なるので，分権化定理が成立する。個人間や地域間の選好の同質性は，一見すれば，モデルを縮小したように見えるが，この仮定のもとでも

第3章　公民連携による全体責任の確保

分権化定理が成立すれば，モデルの拡張になる。

三層制の社会制度　オルソンによると，大集団は，けっして公共財を私的供給しないが，小集団のコミュニティでは，他の人の私的供給が自分の便益になるので，個々人は自発的に私的供給するとしている（Olson, 1965: 28, 邦訳: 26）。しかし，これらの私的供給の水準は，小集団といえども，パレート最適に対して極端な過小供給になる。このため，私的プロバイダーは，政府プロバイダーに取って代わるものではない。

しかし，私的プロバイダーは，補完性の原理の出発点であり，固定社会と移動社会との違いは，基礎自治体の地方政府組織や財政構造にも影響を及ぼしている。このため，従来の政府と民間部門の混合経済は，図3-6のように，私的プロバイダーを含む三層制の社会制度，すなわち「公民連携の混合経済」に拡張する必要がある。

2　購入者のコミットメント

大集団から小集団へ　提供者の補完性の原理に対し，より大きな集団は，住民から付託された公共財の購入者（purchaser）として，小集団の自由裁量を制限しなければならないことがある。これは，大集団の小集団に対する「コミットメント」（commitment: 良識的関与）を意味する。

アマルティア・センは，コミットメントを，「他人の苦悩を知ったことによって，あなた自身の個人的な境遇が悪化したとは感じられないけれども，しかしあなたは他人が苦しむのを不正なことと考え，それをやめさせるために何かをする用意があるとすれば，それはコミットメントの一ケースである」（Sen, 1982: 91-92, 邦訳: 133）と定義している[2]。

これは「隣人から家族」に対する事例であるが，コミットメントは，より大きな集団である隣人関係が，相対的に小さな集団の個人や家族に対して行われる。したがって，コミットメントは，図3-6のように，より多くの情報を有する大集団から始まって小集団に至り，補完性の原理と逆方向に進行する。

都市のシビル・ミニマム　国民全体は，中央政府レベルで，公共財のナショナル・ミニマムが確保できない状態を「不正なこと」と考えている。このため，国民は，中央政府が国民全体から付託された購入者

として，提供者の各地方政府を必要最小限度で財政支援する「用意があること」に，合意するのである。ところが，都市と農村の公共財の私的供給には，ブレヒトの法則が示したように，都市化に伴うコミュニティ活動の衰退によって，明らかな格差がある。

都市自治体は，コミュニティが私的供給できないとき，住民から付託された購入者として，ナショナル・ミニマムに追加すべき公共財の提供水準を設定する。この追加的購入は，追加的な税負担という強制を伴うが，住民に対する都市自治体のコミットメントである。都市のコミュニティは，農村のそれが私的供給していた公共財を行政に移管せざるをえない。このため，都市の政府供給は，農村のそれに比べて増大する。この政府供給は，ナショナル・ミニマムに追加される都市のシビル・ミニマムである。

コミットメントの拡大・縮小　公共財の私的供給が行政に移管されたシビル・ミニマムは，ナショナル・ミニマムの水準だけでなく，私的プロバイダーの社会状態の変化に応じて改定される。コミュニティによる私的供給の持続可能性が低下すれば，地方政府のコミットメントは拡大し，反対に私的供給システムが再生すれば，コミットメントは縮小する。

たとえば，中央政府のコミットメントは，地方政府のゴミ焼却や処分について環境基準を設定し，この基準が確保できるように購入者として最低限度の財政支援を行うことである。また，コミュニティが住民の協力で分別収集できても，完全にリサイクルできない場合や，自家焼却がダイオキシンを発生させる危険性もある。このとき，地方政府のコミットメントは，コミュニティの自由裁量を制限し，強制的に回収・処分しなければ，国全体の環境基準を守ることができない。

3　公民連携の混合経済と端点解領域の狭域化

国と私的プロバイダーの全体責任　民間部門と政府部門（国・地方の二層制の社会制度）からなる混合経済は，通常，コミュニティやボランタリー組織の私的プロバイダーが考慮されていないので，「政府供給の混合経済」といえよう。これに対し，私的プロバイダーを含む三層制の社会制度は，「公民連携の混合経済」と呼ぶことができる。

しかし，公民連携の混合経済は，規範的（normative）な意味で，コミュニティの再生やボランタリー組織の活動を推奨すべきとしているわけではない。それは，実証的（positive）な意味で，私的プロバイダーが存在することを前提とすれば，より多くのことが説明できることを示しているのである。

実際，地方公共財のパレート最適（第 1 章の内点解）は，以下のように，政府供給だけの混合経済でも，地方のシビル・ミニマムによって達成できる。

地方公共財のパレート最適水準

$$\begin{aligned}&=\text{ナショナル・ミニマム}+\text{シビル・ミニマム}:\text{政府供給の混合経済}\\&=\text{ナショナル・ミニマム}+\quad\text{私的供給}\quad\;\;:\text{公民連携の混合経済}\\&\qquad\qquad\downarrow\qquad\qquad\quad\downarrow\qquad\qquad\qquad\qquad(3\text{-}2)\\&\;\;(\text{国の全体責任})\;\;\;(\text{私的プロバイダーの全体責任})\end{aligned}$$

しかし同時に，全体責任を「すべての国民がいつ，どこにあっても，最低限度の公共サービスをニーズに応じて享受できる」と定義したとき，それは国のナショナル・ミニマムだけでは確保できないことが多い。この場合，全体責任の確保には，農村の消防団や都市部の私立学校などの私的供給が不可欠になる。このため，従来の政府供給の混合経済は，「公民連携の混合経済」に拡張される必要がある。

隠れた拘束力の強い集権　しかし，公民連携の混合経済への拡張が，即座に，地方公共財のパレート最適の達成につながるわけではない。国と地方は，標準化原理を適用して，それぞれナショナル・ミニマムとシビル・ミニマムの「基準型財政責任」を発揮する。このとき，地方公共財の提供水準は，パレート最適の内点解に対し，過小供給のコミットメント型と過大供給の閉塞型の二つの端点解を両極とするが，この領域内のいずれかにある。

ナショナル・ミニマムの財源保障は，(3-2) 式のように，国の全体責任であるが，その範囲は，地方政府組織や事務・税源配分の選択による間接限界責任に依存する。地方公共財の提供水準には，通常，シビル・ミニマムや私的供給が加わるため，ナショナル・ミニマムが表面に出ることはない。しかし，地方が，行政サービスをナショナル・ミニマム以下の水準に決定しようとするとき，国は地域住民の生存権に配慮し，最低水準を維持するように地方の意思決定を拘束する。これが，ナショナル・ミニマムの「隠れた拘束力」であり，ポピ

ッツが主張する「強い集権」と考えられる。

プロバイダー選択の強い自治

ところが，国の強い集権は，税収最大化のリバイヤサン政府のように，「強すぎる集権」につながりやすい。たとえば，ナショナル・ミニマムが，私的供給に配慮しないでシビル・ミニマムを含む水準に引き上げられたとき，地方の意思決定を閉塞型端点解に拘束する。

公民連携の意義は，公共財が「どれだけ私的供給されたか」という結果だけではない。私的供給と政府供給のプロバイダー選択という「選択の機会」が，住民に与えられることに意義がある。この選択の機会は，移動社会の地域選択がリバイヤサン政府を排除するように，住民の効用極大をめざす「合理的な政府」の行動に導く可能性がある。

地方が，第1章の図1-6で見たように，ナショナル・ミニマムを「隠れた拘束力」とし，シビル・ミニマムの改定において税率操作権を行使すれば，新たな公民連携が生まれる。この直接限界責任の発揮が，「強い集権」である国の全体責任を前提に，二つの端点解の領域を狭める「強い自治」につながれば，「公民連携の限界責任」は，公共財のパレート最適に接近する可能性がある。

注

1) 図3-3は，齊藤愼（大阪大学教授）のコメントに基づいているが，ありうべき誤謬は筆者に帰する。財政的公平はボードウェイらの財政余剰（NFB: net fiscal benefit）を用いた分析がある（Boadway and Hobson, 1993; 持田，2004）。効率性と最適人口配分の問題は，フラッターズらに端を発するが，ボードウェイらは，つぎのように述べている（Flatters, Henderson and Mieszkowski, 1974; Boadway and Flatters, 1982）。

住民が地域 $i(i=i, j)$ に地域 j から1人転入したとき，旧住民 N_i には，公共財 X_i の1人当たり費用負担の減少という便益 (X_i/N_i) と，地代 R_i の分け前の減少という費用 $(-R_i/N_i)$ が生じる。これらの合計が限界純便益 $MB_i [= X_i/N_i - R_i/N_i]$ であり，社会全体の限界純便益は $[MB_i - MB_j = (X_i/N_i - X_j/N_j) - (R_i/N_i - R_j/N_j)]$ の両地域の差で表される。これがゼロになるとき，最適人口配分が達成される。

しかし，最適人口配分が達成される保証はないので，国の財源移転 (G) は，$[(X_i - R_i + G)/N_i = (X_j - R_j - G)/N_j]$ を満たすために必要になる。これを解くと，国の財源移転，$G = [N_i N_j/(N_i + N_j)][(X_j/N_j - X_i/N_i) + (R_j/N_j - R_i/N_i)]$ となる。

最近では，マイヤーズらが国の介入がなくても，自発的な水平的財政調整が地域間のナッシュ均衡として成立する可能性を示いる（Myers, 1990; Mansoorian and

Myers, 1993)。この間の理論的展開は、米原（1977）や伊多波（1995）、金本（1997）、堀場（1999）、土居（2000）などを参照されたい。
2) 本書のコミットメント（良識的関与）は、ゲーム理論が一般に用いる「拘束的約束」(commitment)、すなわち「プレイの前にプレイヤーがとるべき行動を公表し、さらに将来、確実にその行動を実行するという意思表明」（岡田、1996: 102）とは異なる概念である。この概念と区別するため、本書では、アマルティア・センが定義したコミットメントとして、「良識的関与」という日本語表記をつけている。

第2部
限界責任の例証

第4章　固定社会ドイツの財政責任システム
第5章　移動社会イギリスの財政責任システム
第6章　定住社会日本の財政責任システム

第4章 固定社会ドイツの財政責任システム

　第2部では，固定・移動・定住化社会の事例となる3カ国について，第1部の理論をデータで検証する。本章の第Ⅰ節で，ドイツをコミュニティと社会的連邦国家によって特徴づけている。コミュニティとの関係では，第Ⅱ節の基準交付金による州の全体責任で，市町村や郡の限界責任が発揮されるとき，公民連携の「強い自治」が確立される。第Ⅲ節の社会的連邦国家の州間財政調整では，連邦の全体責任や州との共同決定による限界責任の調和を明らかにする。

Ⅰ 社会制度のコミュニティと社会的連邦国家

1 強い市町村自治と多層制の地方政府組織

ポーピッツの強い集権と強い自治

　市町村財政調整の創始者であるポーピッツの「自治」（Selbstverwaltung ゼルプスト・フェアバルトゥング）は，前述の通り，「強い集権と強い自治」を表している（J. Popitz）。この考え方は，伊東によれば，「自治とは一定地域と一定住民とを包括する地方団体を担い手とし，国家固有の事務以外の事務の委譲を受けるとともに，これを自らの権限と責任において決定し実施することであり，それは同時に国家の側から自治に対応する監督と財源保障としての財政調整とがおこなわれることを条件とする。他方，国家は，一定の事務の実施における地方団体間の不均一等の混乱要因を容認しなければならないが，このような分権形態を選択し，自治に事務の相当部分を委譲することによって監督機能，財政調整機能をその一部とする国家固有の権限に専心集中し，強力な機能の発揮を図ることができよう。このような意味で

第4章　固定社会ドイツの財政責任システム

は自治と集権とは一方が強力であることが他方が強力であることの条件であり，集権と分権とは，互いに関連する『動態的問題』となるのである」（伊東, 1986: 288, 傍点は筆者）として表されている。

　ポーピッツは，機関委任事務という弱い自治に対して，「決定権限の移譲」を強い自治とした。この定義は，オーツの「財政連邦主義」による決定権限の分布問題の考え方と相通ずるものがある（Oates, 1972）。しかし，財政調整に関しては，両者の見解が異なる。オーツは，固定社会の完全対応原理を理想としたが，人口移動や公共財のスピル・オーバーの可能性を否定できないので，この不完全対応が修正される「補助金」を消極的な意味で必要とした。他方，ポーピッツは「強い集権と強い自治」を実現するために，税源要素の調整による分与税（弱い集権）ではなく，需要要素を含む一般交付金（強い集権）を積極的な意味で不可欠とした。これが，市町村財政調整の創始者といわれる所以でもある。

自治主体と市町村の一致
　以下，ドイツの地方制度を解説しよう。固定社会のコミュニティは，活動が一定の区域（area）に限定されるが，慣習等の社会制度として，公共財の私的プロバイダーの役割を担う「自治主体」である。ドイツの郡所属市町村（Gemeinden[ゲマインデン]）は，いまなお，コミュニティを単位に形成されているので，自治主体と一致する。

　旧西ドイツでは，1968年の市町村財政法によって，60年の2万2435団体から78年には8482団体に合併された（自治体国際化協会, 2003a: 131）。しかし，自治主体の合併は，地域住民の相互扶助システムを破壊する危険性があるので，州によっては町村合併が進んでいない。ドイツ全体では2001年12月現在，人口8254万人に対し，旧西ドイツ8507団体，旧東ドイツ4909団体の合計1万3416団体を数え，多くの小規模市町村で構成される。

郡，郡所属市町村，郡独立市
　小規模市町村で処理できない事務は，広域の郡（Kreis[クライス]）が担当する。郡制は，1808年のシュタイン市制改革において導入され，1939年のドイツ統一市町村法ですべての州に地域団体として設けられた。郡は，地方公共団体であると同時に，市町村と州との中間に位置する国家の行政区画または下級の国家官庁でもある。郡長（Landrat[ラント・ラッド]）は，郡議会（Kreistag[クライス・タック]）の構成員によって選出されるが，郡議会の

85

議長であると同時に，州政府の監督指揮下にある下級官僚として，連邦や州の委任事務を処理している。旧西ドイツの郡は，町村合併によって1960年の425団体から78年には236団体に統合され，2001年12月現在，旧西ドイツ237団体，旧東ドイツ86団体の合計で323団体を数える。また，社会扶助の広域自治体として，福祉連合（Landeswohlfahrtsverband）もある。

郡に所属しない郡独立市（Kreisfreie Stadt）は，郡など「広域連合」（広域自治体）の行政サービスも担うが，州によって福祉連合に加盟する団体もある。旧西ドイツの郡独立市は，1960年の136団体が78年に87団体に減少し，2001年12月現在，旧西ドイツ90団体，旧東ドイツ26団体で合計116団体にすぎない。小規模市町村に対する「規模の経済」の追求は，州と市町村の間に広域連合を必要としたため，イギリスの一層制に対し，「多層制」の地方政府組織を余儀なくされたのである。

2 国家制度の社会的連邦国家と協調的連邦主義

社会的連邦国家 ドイツは1990年10月1日に統一され，13広域州と3都市州からなる連邦国家となった。日本の憲法に相当する基本法（Grundgesetz）は，ドイツ連邦共和国の性格を「民主的かつ社会的連邦国家」（第20条1項）と規定している（伊東，1989: 191-99）。

「連邦国家」について，連邦政府は，社会国家の担い手（プロバイダー）として，外交，防衛，社会保険などの固有事務と並んで，州の範囲を越える「生活関係の統一性」（Einheitlichkeit der Lebensverhältnisse）を維持するために必要な事項の「立法権」が与えられた（第72条2項）。他方，州は，連邦国家の担い手として，「……その固有の事務として連邦法律を執行する」（第83条）ものとされた。このため，州は，州法だけでなく連邦法による事務についても強力な「行政権」を行使するとともに，州内の地方制度に関する強力な行政権が保障されている。

「社会国家」は，立法を通じて「社会秩序の創造」をめざし，その範囲は各種のサービス給付や所得再分配だけでなく，民間経済への介入・統制や経済計画の作成にまで及ぶ（伊東，1999: 78-81）。また，「生活関係の統一性」は，法の下での平等性や経済の統一性が総合されたもので，自然人と法人の生活の諸

条件が整備されることをいう。しかしながら、社会国家や生活関係の統一性は、抽象的な概念で、その具体的内容は国民を代表する連邦議会（Bundestag）の連邦立法者が決定する。基本法の制定者は、当初、連邦国家の多様性を尊重し、必要最小限の統一性を想定していた。しかし、生活関係の統一性は、基本法の施行後、連邦法による規律の必要性を強め、単一的連邦国家（unitary federal state）へ方向づける論拠となった。

協調的連邦主義　社会的連邦国家は、1969年の基本法改正（財政改革法）によって、「協調的連邦主義」として確立された。協調的連邦主義は、第1に連邦と州の共同事務の創設、第2に市町村に対する連邦の補助権限の拡大、第3に売上税の共通税化、市町村の所得税参与、営業税納付金の導入によって、連邦と州、市町村の財政関係を協調的に結合し、単一国家的な有機的関係にギリギリまで接近した（伊東、1995: 27）。

実際、協調的連邦主義は、1970年度以降の連邦・州間財政調整で具体化された。この財政調整は、州間の税収分割や水平的財政調整の間接限界責任と、売上税配分や連邦補充交付金の連邦による全体責任が調和した制度である。このため、税率操作権を行使する直接限界責任は、連邦と州の共同決定によって発揮されると考えられよう。

連邦憲法裁判所　連邦と州の共同決定は、連邦政府案の公表、連邦議会の議決を経て、各州の代表者からなる「連邦参議院」（Bundesrat）の同意を必要としている。各州は、連邦・州間財政調整に自分の意見が反映されていないと判断したとき、「連邦憲法裁判所」（Bundesverfassungsgericht）に提訴するのである（伊東、1989）。このため、州間財政調整法は、その判決を通じて頻繁に改正されている。

連邦憲法裁判所は、連邦政府、財政力の弱体州や強力州の三つ巴戦で、水平的財政調整が閉塞状態に陥ったとき、これを解決する「仲介者」の役割を担っている。社会国家と連邦国家の関係は、連邦の立法が州の行政を強く拘束するが、連邦の立法も、逆に州の行政権によって絶えず制約を受ける。このため、連邦と州の権限の交錯と紛争が絶え間ないのである。

3 事務配分と税源配分

包括的権能付与　市町村は州の付属物に位置づけられるにすぎないが，地区住民の相互扶助を基本とする自治主体である。このため，連邦や州は，地区または区域（area）ごとの自治主体へ「包括的」に行政権能を付与する。この点で，イギリスの地方団体のように，行政権能が「限定列挙」される方式とは大きく異なる。また，連邦政府は立法の担い手に対し，州政府は執行の担い手であるので，州の事務配分が比較的大きくなる。

2000年度の連邦総支出は，4327億ユーロの年金・医療の社会保険等を除くと2649億ユーロであり，州のそれが2493億ユーロ，市町村が1451億ユーロで，構成比はそれぞれ4：4：2の割合である（自治体国際化協会，2003a: 174，1ユーロは約100円）。連邦総支出は，**表4-1**のように，外交・国防のほか，年金・医療を除いても約4割を占める失業保険などの社会保障で構成される。これに対し，州総支出は，司法・警察のほか，教員給与は州が全額分担するので，大学などを含む教育が3割を占めている。また，市町村は，消防や学校施設の管理のほか，固定社会の特徴として総支出の2割以上を占める「社会扶助」を分担している。

社会扶助と地方所得税　所得税と法人税は，1969年の基本法改正によって，連邦と州が折半することになり，売上税は数年ごとに配分率が見直される。市町村には，営業税や不動産税のほかに，地方所得税の「所得税参与」がある。このため，総支出に占める市町村税の自主財源比率は45％と高い。

ドイツの市町村は，人口分布が固定した社会のコミュニティを「自治主体」とするので，住民自治だけでなく，団体自治も重視し，自主財源比率の引上げを要望する。また，現金給付による所得再分配機能を担っていることも，その理由の一つである。たとえば，移動社会のイギリスでは，福祉移住に配慮し，日本の生活保護に相当する「所得補助」が，戦後の国家扶助法によって，国の事務に移譲された。これに対し，固定社会のドイツでは，福祉移住がそれほど問題にならず，伝統的に社会扶助（Sozialhilfe）を市町村が実施してきたため，地方所得税の導入につながったと考えられる。

表 4-1　主要な事務配分と税源配分

		連　邦	州	市町村
事務配分	資源配分：純粋公共財 　　　　　準公共財	外交・防衛	警　察 義務教育・大学	消　防 学校施設等
	所得再分配：現物給付 　　　　　　現金移転	医療保険 失業・年金		保　育 社会扶助
税源配分	所　得：所得税 　　　　：法人税	共通税(1/2) 共通税(1/2)	共通税(1/2) 共通税(1/2)	所得税参与
	消　費：売上税	配分率 営業税納付金	配分率 営業税納付金	売上税参与 営業税
	資　産			不動産税

出所）筆者作成。

ブレヒトの法則とU字型の残存　ドイツでは伝統的に，都市化に伴って財政需要が増大する「ブレヒトの法則」が指摘されてきた。地方圏の大家族制や村落共同体は，家庭内や区域内の相互扶助による私的供給システムである（佐藤・伊東，1985: 317）。都市化はこのシステムを崩壊させ，民間内部で私的供給されていたサービスを政府部門に移管させた。実際，人口2万人以上の旧西ドイツ市町村について，人口1人当たり経常歳出や基準交付金の需要額測定値は，ブレヒトの法則に従って，人口規模の大きな郡独立市が郡所属市町村に対して2倍程度，増大する構造をもっている。

　しかし，市町村の歳出構造は，郡や福祉連合などの「広域連合」の所属にも依存する。郡独立市と郡所属市町村の間の行政権能を等しくするには，広域連合の基準交付金を人口に比例して後者に加える必要がある。その1人当たり需要額測定値は，たとえば1996年度のノルトライン・ヴェストファーレン（NW，以下，州名については章末注を参照）州の場合，次節の図4-1のように，○と＋が重なる郡独立市はブレヒトの法則に従う。郡所属市町村の需要額測定値は，郡などの基準交付金を加えると，高い行政コストはかなり緩和されているが，郡独立市の水準に近くなる。このため，ドイツ市町村が郡などの広域連合で規模の経済を追求しようとしても，人口規模に関する「U字型」の構造が残存するのである。

II 基礎自治体の直接限界責任と公民連携の全体責任

1 州の全体責任：市町村と郡の基準交付金

クローズド・エンド型　以下，市町村財政の制度を解説しながら，直接限界責任と全体責任の関係を検討しよう。各州は，市町村や，郡・福祉連合（社会扶助の広域自治体）などの広域連合の歳出を基準交付金（Schüselzuweisungen）で財源保障し，行政サービスの全体責任を確保している。ドイツの基準交付金は，総額が対象税目の一定割合で決定されるクローズド・エンド型の一般補助金である[1]。

たとえばNW州の場合，基準交付金の総額を決定する租税連合比率は，日本の交付税率に相当し，1984年度以降23％である（伊東，1988-89: 229）。その対象税目は，州の所得税，法人税，売上税，営業税納付金，不動産取得税（1987年度以降）である。この基準交付金は1986年度以降，大幅に簡素化され，日本の基準財政需要額に相当する需要額測定値（Bedarfmeßzahl）から，収入額の租税力測定値（Steuerkraftmeßzahl）を引いた差額になった。1988年度以降は，以下のように，その差額に90％の調整率をかけた金額が交付される（2001年度まで95％）。

$$基準交付金＝(需要額測定値－租税力測定値)\times 90\% \qquad (4\text{-}1a)$$

多層制の地方政府組織では，自治体の規模によって行政権能が大きく異なるので，行政項目ごとに需要額測定値を積算することができない。このため，需要額測定値は，補正後の測定単位である補正総人口に，単一の基礎額をかけて算定される。この基礎額は，日本の単位費用のように一定の基準で積算された行政費用ではない。市町村財政調整法第7条に基づいて，州税の一定割合である交付金総額が，市町村が受け取る交付金合計に等しくなるように，基礎額が算定される。その交付金総額を上限とするのが，クローズド・エンド型の特徴であり，市町村の標準支出を積算した地方財政計画に相当するものはない。

需要額測定値と租税力測定値　NW州の補正総人口の補正係数には，段階補正の主補正，生徒数や失業者補正がある。主補正係数は，実際の市町村税と基準交付金を合わせた一般財源所要額の1人当たり金額を，

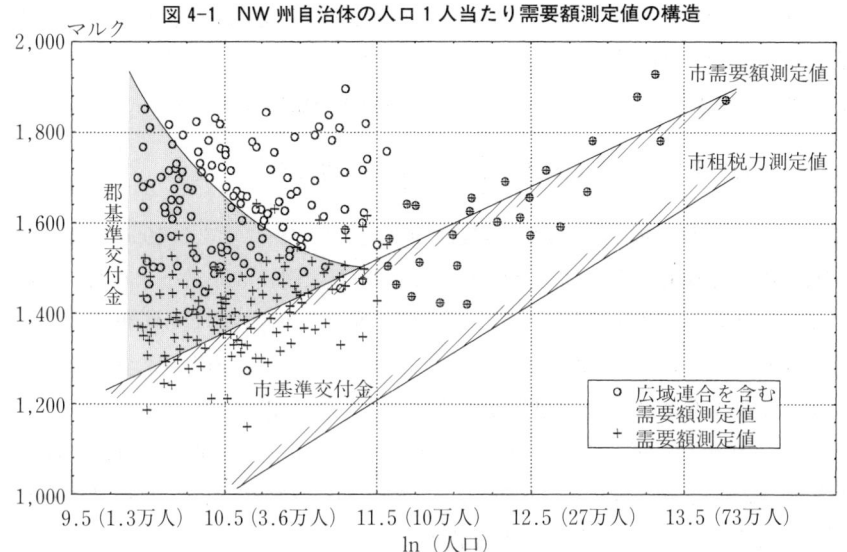

第4章　固定社会ドイツの財政責任システム

図4-1　NW州自治体の人口1人当たり需要額測定値の構造

人口の平方根で回帰させた式［(一般財源所要額/人口)＝$667.47+0.5(人口)^{0.5}$］の推定値に基づいて算定される。この主補正係数は1996年度，人口2万5000人を100％とし，人口規模に応じて高くなるが，その増え方は徐々に逓減し，人口67万9500人超の郡独立市が150.1％と約1.5倍に設定された。このように，市町村の人口1人当たり需要額測定値は，図4-1のように郡などの広域連合を除外すれば，人口規模の大きな郡独立市ほど高い。その経常歳出は，需要額測定値に連動するので，ブレヒトの法則に従うことになる。

他方，租税力測定値を構成する市町村税には，第1に州が徴収する所得税の15％を市町村分とする所得税参与（Gemeidenanteil an der Einkommensteuer），第2に連邦や州への納付金を除く純営業税（以下，営業税（Gewerbesteuer）），第3に農地や土地・家屋などに対する不動産税（Grundsteuer）がある[2]。

ドイツの税制は伝統的に，人税（personal tax）と物税（in rem tax）に区分されてきた。人税は，個人の支払い能力（ability to pay）に配慮したもので，物税は，売上などの事業活動や財産保有の状態に着目し，個人の特性には配慮しない（Musgrave and Musgrave, 1980: 234）。人税の地方所得税は，ドイツで

は「所得税参与」といわれるが，税収の100％を租税力測定値に算入する。他方，営業税や不動産税の物税は，それぞれの税収実績を前年の実際税率で割った租税基礎額に，「仮定税率」をかけて租税力測定値に算入する。

$$租税力測定値 = 仮定税率 \times \frac{物税税収}{実際税率} + 所得税参与 \qquad (4\text{-}2)$$

ここで，NW州の仮定税率は人口規模別平均値をベースとし，1996年度の営業税と不動産税Bのそれは，それぞれ人口15万人超が380％と330％，それ以下が360％と310％であった。これらは，通常，実際税率よりも低い。

事務配分の方式が包括的な権能付与であるドイツでは，市町村の独自施策のため，基準交付金には留保財源が必要になる。たとえば，営業税では，人口15万人の規模別最低税率の406％と仮定税率の380％との差が，留保財源の役割を果たすと考えられる。しかし，この留保財源は所得税参与には認められず，営業税や不動産税の税収の5％程度にすぎない。

郡基準交付金　ドイツの小規模市町村が単独で行財政を運営するならば，人口1人当たり歳出は，日本の市町村のように小規模市町村ほど高くなり，大都市の権能差を考慮すると，人口規模に関してU字型の構造になるはずである。ところが，小規模市町村の高い行政コストは，図4-1のように，規模の経済を追求する郡や福祉連合の「広域連合」によって緩和されている。

広域連合の歳出内容は州によって異なるが，規模の経済を考慮して学校教育，社会扶助や公立病院などの支出が大きい。広域連合は，小規模市町村の行政のかなりの部分を担うが，課税権はない。とくに，郡は，基本法第28条で自治権が保障されているが，郡が州の下部組織として，委任事務を執行することもある（伊東，1986-87: (2), 97）。このため，郡所属市町村は，郡などに納付金を支払うが，州も郡などの支出を基準交付金で財源保障している。たとえば，NW州では1996年度，郡に対して基準交付金総額の11.7％，福祉連合には11.8％が交付され，郡所属市町村の標準納付率はそれぞれ37％，18％であった。

州による郡基準交付金は，郡需要額測定値と郡納付力測定値の差額が交付される。NW州の場合，郡納付力測定値は，単純化すれば，郡所属市町村の租税力測定値と基準交付金の合計に標準納付率をかけた金額である。郡基準交付金の調整率は100％であり，市町村のそれも単純化して100％と仮定すれば，

郡所属市町村の租税力測定値と基準交付金の合計は，郡所属市町村の需要額測定値（以下，市需要額）に相当する。したがって，郡納付力測定値は，郡所属市町村の市需要額合計（∑市需要額）に，標準納付率（$\bar{r}$）をかけた金額に等しくなるので，郡基準交付金は，以下のように表される。

$$郡基準交付金＝郡需要額測定値－郡納付力測定値$$
$$＝郡需要額測定値－標準納付率×\sum 市需要額 \quad (4\text{-}1b)$$

2 郡の間接限界責任と市町村の直接限界責任

郡内の地域連携　　実際の郡納付率（r）は，郡の経常歳出から，郡基準交付金や特定補助金，使用料等を除いた金額，すなわち郡所属市町村が納付すべき金額を市需要額の合計で割った値である。この郡納付率は，単純化のために，特定補助金や使用料等を除くと，以下のように表される。

$$郡納付率＝\frac{郡経常歳出－郡基準交付金}{\sum 市需要額} \quad (4\text{-}3)$$

これに郡基準交付金の（4-1b）式を代入すれば，以下の郡納付率は，郡経常歳出が郡需要額測定値を上回る（下回る）とき，標準納付率よりも高い（低い）水準に設定される。

$$(r-\bar{r})\times\sum 市需要額＝郡経常歳出－郡需要額測定値 \quad (4\text{-}4a)$$

これは，第5章で述べるイギリスのカウンシル税のように，右辺の差額によって「税率が最後に決まる」決定方式と同じである。

郡納付率は，制度上，郡議会で決定される。郡議会の議員は，大半が郡所属市町村の市町村長などである。郡長は歳出予算を郡議会で説明し，郡議会議員の合意で郡納付率が決まる仕組みである。郡などには，所属市町村が郡納付金（Umlage）を拠出するが，この納付率の決定は，直接，家計や企業の負担に影響を及ぼさないので，「間接限界責任」の対象である。

間接限界責任は，郡所属市町村の地域連携を通じて，水平的な財政調整効果を発揮する。というのは，郡は，郡所属市町村の住民に等しい行政サービスを提供するのに対し，各市町村の人口1人当たり納付金は，ブレヒトの法則に従う需要額測定値に基づいて，小規模市町村ほど低い金額になるためである。

しかし，この水平的な財政調整効果は，地域連携を脅かす危険性がある。人

口規模が相対的に大きな市町村は，より高い納付金になるので，この負担が郡からの受益を上回るならば，理論上，郡独立市への移行に踏み切るかもしれない。このため，州の郡基準交付金は，納付金の負担を受益よりも低く抑えて，地域連携を支えることになる。同時に，州も，地域連携がもたらす規模の経済によって，基準交付金の総額を抑制できるメリットがあるため，この制度が維持されてきたのである。

郡独立市の直接限界責任 郡独立市の財政は，単純化のために特定補助金や使用料などを除き，福祉連合にも属さないと仮定した場合，[経常歳出＝市町村税収＋基準交付金]の経常収支式になる。郡独立市の直接限界責任システムは，基準交付金の調整率を100％と仮定して租税力測定値の各税目を代入すれば，以下のようになる。

$$(t_1 - \overline{t_1}) \times B_1 + (t_2 - \overline{t_2}) \times B_2 = (経常歳出 - 需要額測定値) + 留保財源 \quad (4\text{-}4b)$$

ここで，不動産税と営業税（実際税率，各実際税率のなかの最低税率）は，それぞれ $(t_1, \overline{t_1})$，$(t_2, \overline{t_2})$，課税ベース（租税基準額）はそれぞれ B_1，B_2 である。また，留保財源は，両税目の最低税率と租税力測定値に用いられる仮定税率の格差に伴う税額，すなわち［留保財源＝(最低税率－仮定税率)×B_1＋(最低税率－仮定税率)×B_2］である。このため，郡独立市の不動産税や営業税の超過課税（＝実際税率－最低税率）は，右辺第2項の留保財源で緩和できる。

郡所属市町村の直接限界責任 郡所属市町村の郡を含めた財政収支は，単純化のため，広域連合のなかの福祉連合を除くと，以下のようになるが，郡歳出分と郡基準交付金分は，それぞれ，郡の経常歳出や基準交付金の人口1人当たり金額に当該自治体の人口をかけた値である。

市経常歳出－郡納付金＋郡歳出分
$$= 市町村税収 + 市基準交付金 + 郡基準交付金分 \quad (4\text{-}5)$$

郡所属市町村の不動産税や営業税の超過課税は，郡独立市の(4-4b)式に対して，市経常歳出と市需要額の両方に郡の機能が加わり，以下のようになる。

$$(t_1 - \overline{t_1}) \times B_1 + (t_2 - \overline{t_2}) \times B_2$$
$$= (市経常歳出 - r \times 市需要額 + 郡歳出分)$$
$$- (市需要額 - \overline{r} \times 市需要額 + 郡需要額分) + 留保財源 \quad (4\text{-}4c)$$

図 4-2 不動産税Bの税率比較

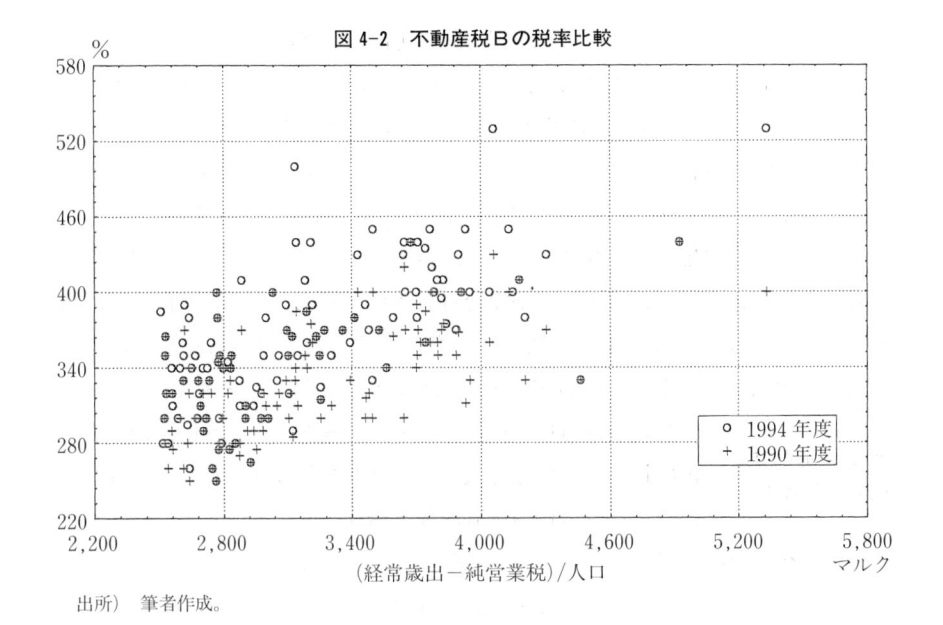

（縦軸：％、220〜580）
（横軸：（経常歳出−純営業税）／人口、2,200〜5,800 マルク）
○ 1994年度
＋ 1990年度

出所）　筆者作成。

ここで，右辺の［市経常歳出 $-r×$ 市需要額］と［市需要額 $-\bar{r}×$ 市需要額］は，それぞれ平均的な自治体の郡納付金を除く純歳出と純需要額を意味する。

3　直接限界責任の内点解と端点解

不動産税と営業税の税率操作権　以下，第1章で述べた内点解と端点解について，ドイツ市町村の財政データをもとに検証しよう。市町村の税率操作権は，所得税参与には行使できない。しかし，営業税や不動産税の実際税率は，たとえば1994年度では，図 4-2 のように 140〜530％ と市町村ごとに大きく異なり，税率操作権が行使されてきた。

ところが，連邦や州は，EU統合に伴って，国際競争力を維持するために法人税率を2001年度25％に引き下げた。営業税を含むドイツの法人実効税率も，48.26％から38.47％に低下し，営業税の税率引上げは困難な状況にある。各市町村の土地・家屋に対する不動産税Bの税率は，もとより，営業税の充当分を除いた経常歳出が高い都市自治体ほど，高い水準にある。1990年代前半の深刻な不況は，営業税に依存する都市財政を悪化させたので，94年度の不動

産Bの税率は，90年度に対して大都市圏ほど引き上げられている。

また，人口1人当たり社会扶助費が大きな市町村は，人口2万人以上の約500団体のなかで，大都市圏の約180団体である。これらの団体の営業税は，図4-2が示すように，1990～94年度に87団体が，平均して税率を25％ポイント引き上げ，不動産税Bも100団体が平均41％ポイント引き上げている。

ドイツの市町村は，イギリスのように，毎年の予算で税率を決める税率操作方式をとってはいない。しかし，基準交付金の留保財源が少ない状況下で，広域連合に属さない郡独立市は，社会扶助を維持するために，市町村税収の約15％を占める不動産税の引上げで，直接限界責任を発揮したと考えられる。

社会扶助費の内点解と端点解　これらの都市自治体は，巻末の補論が示すように，他の自治体に比べ，平均して人口1人当たり約360マルク高い社会扶助費を不動産税の超過課税で賄うことができる。これが，第1章で述べた直接限界責任による「内点解」である。実際，ヘッセン州のフランクフルト市（Frankfrut am Main）は，1993年度の400％から94年度には530％に引き上げている。

他方，小規模自治体の社会扶助は，郡や福祉連合に委任しているので，直接的な行政ニーズにはならない。小規模自治体が，税率の引下げで内点解を可能にするとき，より高い実際税率を選択すれば，基準交付金の強すぎる財源保障が，その団体を「閉塞型端点解」に陥らせることになる。1994年度では，不動産税の最低税率は，人口2万人以上の約500団体のなかで，ヘッセン州のレダーマルク市（Rödermark）の150％であった。これより高い税率の302団体は，150％に引き下げて−115マルクの歳出削減が可能であるが，より高い実際税率を採用しているので閉塞型端点解にある，と補論では推定している。

社会扶助費の増加を不動産税の超過課税で賄う内点解の都市自治体は，1989年度の140団体から，90～93年度までは160団体，94年度180団体と，やや増加しているが，比較的安定している。これに対して，閉塞型端点解の小規模自治体は1989～92年度まで団体数も少なく，年度によって不安定であった。閉塞型端点解の発生は，基準交付金による財政調整の強化に依存する。これに伴う一般財源の平準化が，閉塞型端点解の小規模市町村を1993年度に175団体，94年度302団体に増加させたと考えられる。

第4章　固定社会ドイツの財政責任システム

図 4-3　基礎自治体の財政責任システム

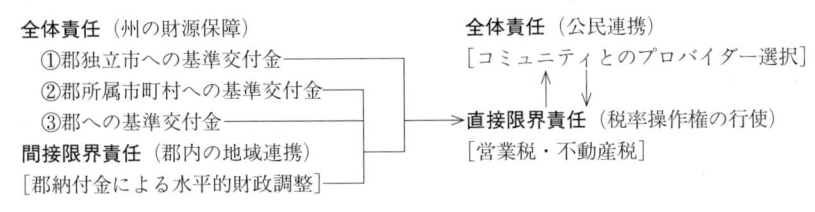

全体責任（州の財源保障）
　①郡独立市への基準交付金
　②郡所属市町村への基準交付金
　③郡への基準交付金
間接限界責任（郡内の地域連携）
［郡納付金による水平的財政調整］

全体責任（公民連携）
［コミュニティとのプロバイダー選択］
直接限界責任（税率操作権の行使）
［営業税・不動産税］

出所）　筆者作成。

公民連携の強い市町村自治

　ポーピッツは，市町村財政調整の「強い集権」によって，市町村が自らの権限と責任で意思決定する「強い自治」が確立するとしていた。これを財政責任システムから見ると，第1に，この強い自治とは，図4-3のように，州の基準交付金による全体責任の確保という強い集権を前提とする。第2に，小規模市町村は，郡などの広域連合を通じて，地域連携による間接限界責任を発揮する。第3に，税率操作権を行使する直接限界責任は，コミュニティと行政とのプロバイダー選択を促すことによって，公民連携の全体責任が確保されると考えられる。

　たとえば，郡独立市などの大規模市町村では，コミュニティの相互扶助による私的プロバイダー機能が崩壊しつつあるため，社会扶助費の増加に伴って不動産税の税率引上げに踏み切っている。この内点解に対し，郡などに所属する小規模市町村が，本来よりも高い税率を設定するならば，州の基準交付金が「閉塞的な関与」になって，それらを閉塞型端点解に陥らせることになる。固定社会であるドイツでは，行政部門が，税収最大化のリバイヤサン政府になりやすいだけでなく，私的プロバイダー機能の行政移管によってコミュニティの相互扶助システムを崩壊させる危険性もある。

　他方，「強い集権」とは，一方的な財政調整の強化ではない。州が設定するナショナル・ミニマムは，隠れた拘束力の「良識的な関与」として，第1章で述べた「コミットメント型端点解」にとどめる必要がある。現在のところ，1993, 94年度で増加した端点解の団体が，閉塞的な関与のもとにあったとは断定できない。しかしながら，市町村が，公民のプロバイダー選択を促す直接限界責任を発揮しなければ，公民連携の全体責任が確保できないことは明らかである。

次章で述べるように、イギリスでは、ボランタリー部門への現金による寄付が日常的に行われている。これとは対照的に、ドイツ市町村のコミュニティは、地域共同体の相互扶助システムのなかで、直接限界責任の一形態として超過課税を金銭以外の形、たとえば自発的労働奉仕のような「体（からだ）」で負担し、行政と協力して全体責任を確保するのである。

III 州間財政調整と連邦の全体責任

1 州間財政調整の誕生と振り子理論

当座貸しと戦後負担暫定規律法

ドイツは、固定社会のコミュニティとの公民連携や、社会的連邦国家の水平的な州間財政調整を特徴とする。以下、州間財政調整制度の歴史的な変遷をデータで検証し、連邦と州の限界責任と全体責任の関係を明らかにしよう。

フィッシャー-メンズハウゼンは、1955年の財政改革時に、ドイツ大蔵省の第V局の局長であったが、「金額的にわずかな限界調整にその役割をおしとどめることこそが、州間の水平的財政調整が安定的に機能する条件であった」(Fischer-Menshausen, 1983) と言ったという（伊東、1999: 84）。この州間財政調整（Finanzausgleich フィナンツ・アウスグライヒ）は、表4-2のように、1949年5月23日、ボン基本法の成立によって50年度から実施された。州間財政調整の間接限界責任の範囲を越える「全体責任」は、本来、中央政府が補完性の原理に従って果たすべきである。

しかしながら、基本法の制定以前は、連合軍の占領下にあって、合同経済地域の経済評議会（後の連邦議会）に立法権限がなかった。また、中央政府に相当する合同経済地域の税収は、1948年度で、所得税・法人税がすべて州税であるため、州税の2.4％を占めるにすぎなかった。正式な中央政府が存在しないとき、州が全体責任を確保せざるをえなかったのである。

問題の発端は、北部のシュレスイッヒ・ホルシュタイン（SH）州で起きた。この州は、税収が少ないうえに、戦争難民が住民の4割を占め、難民や占領軍への戦後負担で財政破綻の危機に陥った (Renzsch, 1991, 邦訳: 26-51)。州首相会議は、1948年の10月分だけ、州評議会（後の連邦参議院）が見積もった金

表 4-2　ドイツ連邦・州間財政調整の 3 期間　　　　　　　　［期間：年度］

［調整段階：Ⅰ～Ⅴ］	第 1 期		第 2 期	第 3 期
	1950	1951～55	1956～69	1970～（全州：95～）
前段階の垂直的税収配分と[第Ⅰ段階]の地域収入の原則	「利害の割合方式」	所得税・法人税の一部要求法	所得税・法人税の共通税	所得税・法人税の共通税(1/2)と売上税参与率
［Ⅱ：間接］税収分割	―	税収分割法	［廃止］	税収分割法の復活
［Ⅲ：全体］売上税配分	―	―	―	最低保障の補充分
［Ⅳ：間接］水平的財政調整	〈交付金・拠出金〉			
財政力測定値(州・市町村税)	財政力測定値と調整負担		租税力測定値×95％	財政力測定値
調整額測定値(基準)	〈州・市町村税の連邦平均〉			
連邦政府への垂直的執行	調整基金への繰入れ		所得税・法人税の引渡し	売上税の引渡し
［Ⅴ：全体］連邦補充交付金	補充的財政調整(1951, 52)		補充交付金(1967～)	補充交付金(1970～)

注)　間接は間接限界責任, 全体は連邦の全体責任, 全州は旧東ドイツを組み入れた全州的財政調整を, また, 〈　〉は全期間で共通していることを意味する。
出所)　伊東（1989: 189）より, 筆者作成。

額の「当座貸し」（無利子立替金）に合意した。しかし, SH 州への当座貸しは, 11 月や 12 月も金額を変えて毎月更新された。

　占領軍司令部は, 戦後負担の事務を合同経済地域の行政評議会（後の連邦政府）へ移管することを主張し, 水平的な州間財政調整に反対していた。しかし, 経済評議会は, 州評議会との協議の結果,「1949 年度戦後負担暫定規律法」(WiGBl. 1949 Ⅰ S. 235) を満場一致で可決し, 弱体州への財政援助を「当座貸し」から, 法に基づく「交付金」に変更した。これが, 戦後初の州間財政調整であるが, 占領軍司令部の異議を受け入れ, 法律の有効期限を「1949 単年度」とした。

　基本法の策定では, ドイツ側は連邦と州の税源結合（共通税）を提案したが, 占領軍側はこれに拒否権を発動し, 税務行政の担い手を基本的に州とした。その結果, 連邦は, 第 1 に, 関税や輸入売上税など一部の税務行政に限定され, 州が直接税など大部分を担う。第 2 に, 租税立法は連邦法とされたが, 税源結合がない。第 3 に, 連邦には売上税, 州には所得税や法人税が配分されたが, これに対しては連邦参議院の同意を条件に, 一部を要求できることになった（1951 年度から一部要求法）[3]。

第1期の利害の割合方式と一部要求法

　財政調整は，州間財政調整法1950（BGBl. 1951 I S. 198）に従って，各州の州税と市町村税を合わせた財政力測定値（Finanzkraftmeßzahl フィナンツクラフト・メスツアール）と，財政需要を表す調整額測定値（Ausgleichmeßzahl アウスグライヒ・メスツアール）の2要素で決定される。しかしながら，後者の基準となる調整額測定値は，財政力測定値の補正住民数1人当たり「連邦平均」（＝Σ財政力測定値/Σ補正住民数）に各州の補正住民数をかけたものである。

　調整額測定値の各州合計は，財政力測定値のそれに一致するので，前段階の連邦と州の垂直的税収配分でその基本が決まる。州間財政調整は，**表4-2**のように，垂直的税収配分を決める基本法の改正に従って，誕生から現在までを三つの期間に区分できる。州間財政調整の調整段階は，ゲスク（Geske, 1985）に従って，第Ⅰ段階の地域収入の原則，第Ⅱ段階の所得税・法人税の税収分割，第Ⅲ段階の売上税配分，第Ⅳ段階の州間財政調整，第Ⅴ段階の連邦補充交付金に分けられる（伊東，1989: 188-90）。

　第1期（1950～55年度）の州間財政調整の構造は，**図4-4**のように，対数変換した人口密度（以下，人口密度）を横軸として表すことができる。縦軸は，①州・市町村税，②財政力測定値，③調整額測定値，交付金・拠出金を加減した④調整後財政力測定値が，それぞれ，各州の人口（実住民数）1人当たり金額を，各年度の財政力測定値の連邦平均で割った指数で表されている。

　垂直的税収配分に関して，一部要求法1951は，所得税と法人税に対する連邦分を1951年度27％，52年度37％，53，54年度38％に定めた（BGBl. 1951 I S. 864）。ただし，1950年度にかぎっては，連邦に移譲された戦後負担の一部を各州が分担する「利害の割合方式」（Interessenquoten インテレッセン・クオーテン）によって，一部要求法の適用が回避された（Zimmerman, 1985: 356-58）。②財政力測定値は，この方式による州の分担を，調整負担として控除したものである。このため，1950年度の①州・市町村税（図の3点鎖線）は，一部要求法への移行によって，51～54年度のそれ（図の2点鎖線）に31％も引き下げられている[4]。

　第1期の「①州・市町村税」は，図4-4の1950, 51, 53年度のプロット（◆）と2点鎖線のように，人口密度に対して34.51の傾きをもつ右上がりの直線で表すことができる［注4）の付表4-1を参照］。「②財政力測定値」は，連邦全体で統一的な課税権に基づく①州・市町村税の合計から，戦後処理の調整

第4章　固定社会ドイツの財政責任システム

図 4-4　第1期の1950年代前半の州間財政調整の構造

縦軸：人口一人当たり連邦平均指数
横軸：ln（人口密度）

① 1950
調整負担
① 1951～54
②
④
③

利害の割合方式 31%

HE, BY, NW, SH, HB, HH

凡例：
◆ ①州・市町村税
＋ ②財政力測定値
● ③調整額測定値
○ ④調整後財政力測定値

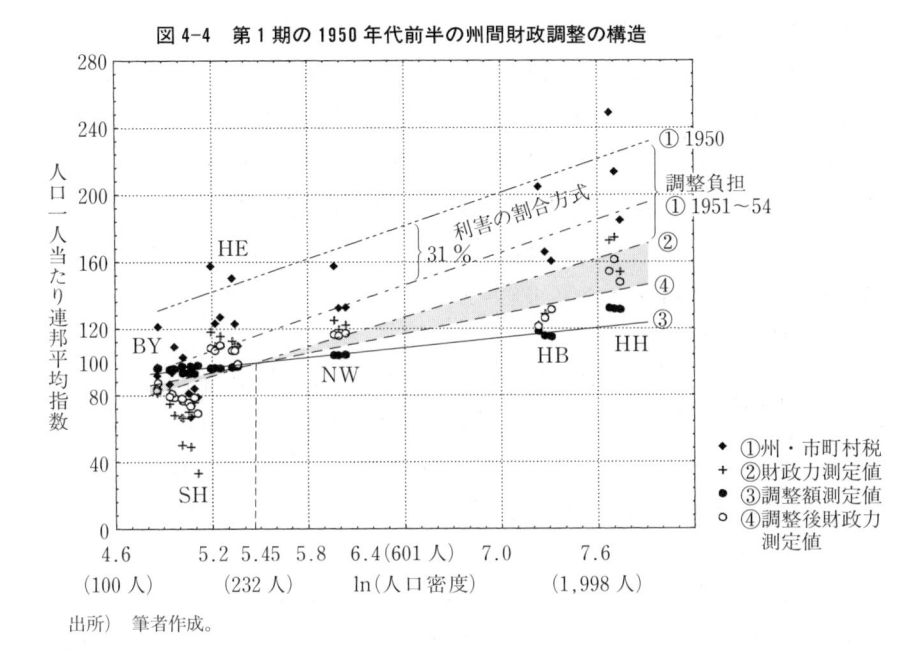

横軸目盛：4.6（100人）、5.2、5.45（232人）、5.8、6.4（601人）、7.0、7.6（1,998人）

出所）筆者作成。

負担を控除した金額である。これは，図のプロット（＋）と1点鎖線のように，③調整額測定値と連邦平均の100％で交差しながら，人口密度に対して26.18の傾きをもつ右上がりの直線で表すことができる。この傾きは，①州・市町村税の傾き（34.51）よりも小さいので，戦後処理の調整負担は，財政力の強力州から弱体州への財政調整効果を発揮している。また，「③調整額測定値」は，図のプロット（●）と実線が示すように，ハンブルク（HH）など都市州の嵩上げによって，11.42の傾きをもつ右上がりの直線で表すことができる。

とくに，SH州の①州・市町村税は，他の州に比べて−34.89％低いのに対し，調整負担の控除は，②財政力測定値をさらに−40.79％に拡大させている［注4］の付表4-1を参照］。州間財政調整は，連邦平均の調整額測定値と財政力測定値の差額が調整の対象であるため，調整負担の控除によって後者の財政力測定値を引き下げるほど，SH州はより多くの交付金を受け取ることができる。強力州の拠出金と弱体州の交付金（図の網かけ部分）は，図のプロット（○）と破線の「④調整後財政力測定値」の人口密度に対する傾きを21.74に低下させ，SH州のそれを他の州に比べて−14.92％の格差にとどめたのである。

各州は，連邦国家の担い手（プロバイダー）として水平的財政調整に合意し，間接限界責任を発揮した。この財政調整は，すべての州がナショナル・ミニマムを確保できるように，人口1人当たり財政力の「連邦平均」に対する最高と最低の「両極調整」（Spitzenausgleich[シピツェン・アウグスライヒ]）を目的としている（連邦政府案1951・52，BStBl. 1952 I S. 835：第11〜16項）。第1期の弱体州と強力州について，人口1人当たり金額でみると，それぞれSH州とハンブルク都市州を両極とし，広域州としての強力州は，ルール工業地帯で有名なノルトライン・ヴェストファーレン（NW）州である。

第2期の共通税と単段階調整　所得税・法人税に対する連邦と州の垂直的税収配分は，1951年以降，連邦法の一部要求法で規定されていたが，55年以降は，基本法で規定された。第106条の垂直的税収配分と第107条の州間財政調整は，1955年，基本法第6次改正の「財政基本規範」（Finanzverfassungsgesetz[フィナンツ・フェアファスングス・ゲゼツ]）によって全面的に改正され，**表4-2**の第Ⅳ段階の水平的財政調整だけになった（BGBl. 1955 I S. 817，高田・初宿，2001: 265-68）。

第1に，所得税・法人税は，連邦と州の共通税とされた。これを「税源小結合」という。第2に，1955年の州間財政調整法は，戦後処理の必要性が低下したので，調整負担を廃止した（BGBl. 1955 I S. 199）。同時に，その第15条では，1952年度に導入された税収分割法（Zerlegungsgesetz[ツェアレーグングス・ゲゼツ]）も廃止した（BGBl. 1952 I S. 225）。第3に，州間財政調整は，SH州など特定の州を対象とした補充的財政調整も廃止した。その結果，州間財政調整は，**図4-5**のように，租税力（財政力）測定値と調整額測定値との差額を調整するだけの「単段階調整」になった[5]。

第2期の約15年間では，おもな制度改正として，つぎの3点があげられる。第1に，市町村の営業税と不動産税の物税は，1955年度から，税収の50％が租税力測定値に算入される。この「50％算入」の残り半分が各州の留保財源になっている。第2に，都市州の調整額測定値には，図4-5の点線のように，1958年度からハンブルク（HH）州に135％，ブレーメン（HB）州に125％の州補正住民数が導入された。第3に，水平的財政調整の最低保障は，連邦平均の88.75％から92.5％に強化された。また，人口約100万人のザールラント（SL）州が，1961年度から州間財政調整に参加し，SH州に代わる弱体州

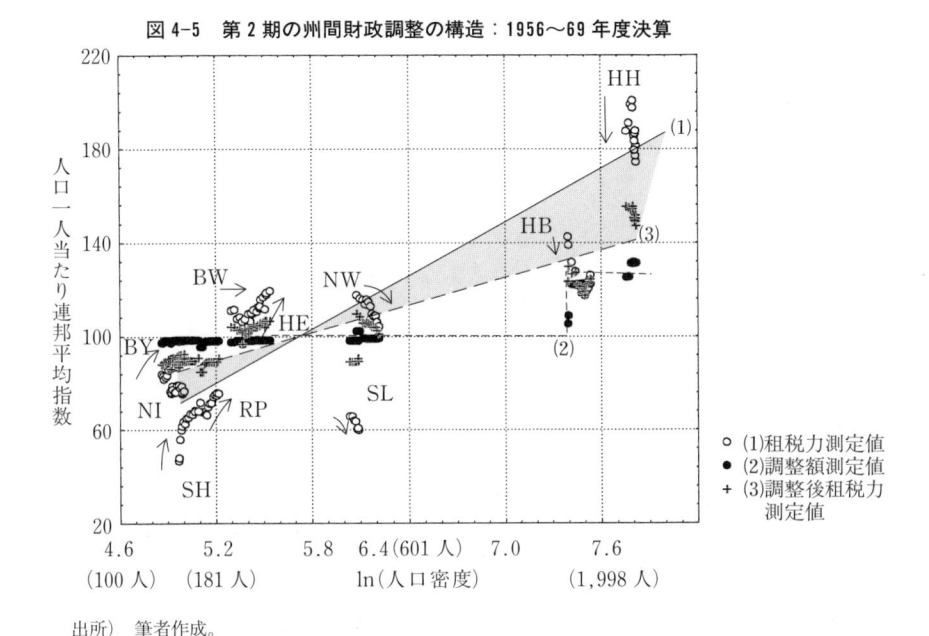

第**4**章　固定社会ドイツの財政責任システム

図 4-5　第 2 期の州間財政調整の構造：1956〜69 年度決算

(図：縦軸「人口一人当たり連邦平均指数」20〜220、横軸「ln(人口密度)」4.6〜7.6、(100人)〜(1,998人)。プロット点：BY、NI、SH、BW、RP、HE、NW、SL、HB、HH。凡例：○(1)租税力測定値、●(2)調整額測定値、+(3)調整後租税力測定値)

出所）筆者作成。

として「両極調整」の対象になっている。

　第 2 期（1956〜69 年度）のドイツは高度成長期にあったが，地域経済の変化は人口分布の「固定社会」という特徴を如実に物語っている。日本の高度成長期では，農村から都市へ人口集中が生じ，過疎・過密問題が発生したが，ドイツでは住民移動の代わりに，資本が移動した。**図 4-5** も連邦平均に対する指数で表しているが，北部の SH 州や小規模な RP 州などの弱体州では，租税力測定値（○）の推移を示す矢印のように，人口密度や財政力が大幅に上昇した。他方，大規模な産業集積地帯の NW 州や都市州の財政力が相対的に低下し，これに代わって南部の HE，BW，BY 州が新たな資本の集積で台頭してきた。

　租税力測定値の人口密度に対する傾きは，1950 年代後半の 34.90 から，60年代では 28.5 前後に平準化している［注5］の**付表 4-2 を参照**］。また，財政調整の強化によって，調整後租税力測定値の傾きもそれぞれ，19.35 から 17.00 に低下している。したがって，第 2 期の州間財政調整の単段階化（簡素化）については，固定社会の高度成長が拠出州の不満を抑えてきたと考えられる。ところが，1966 年の戦後最大の不況をきっかけに，拠出州と交付州の不満は，

103

第 2 部　限界責任の例証

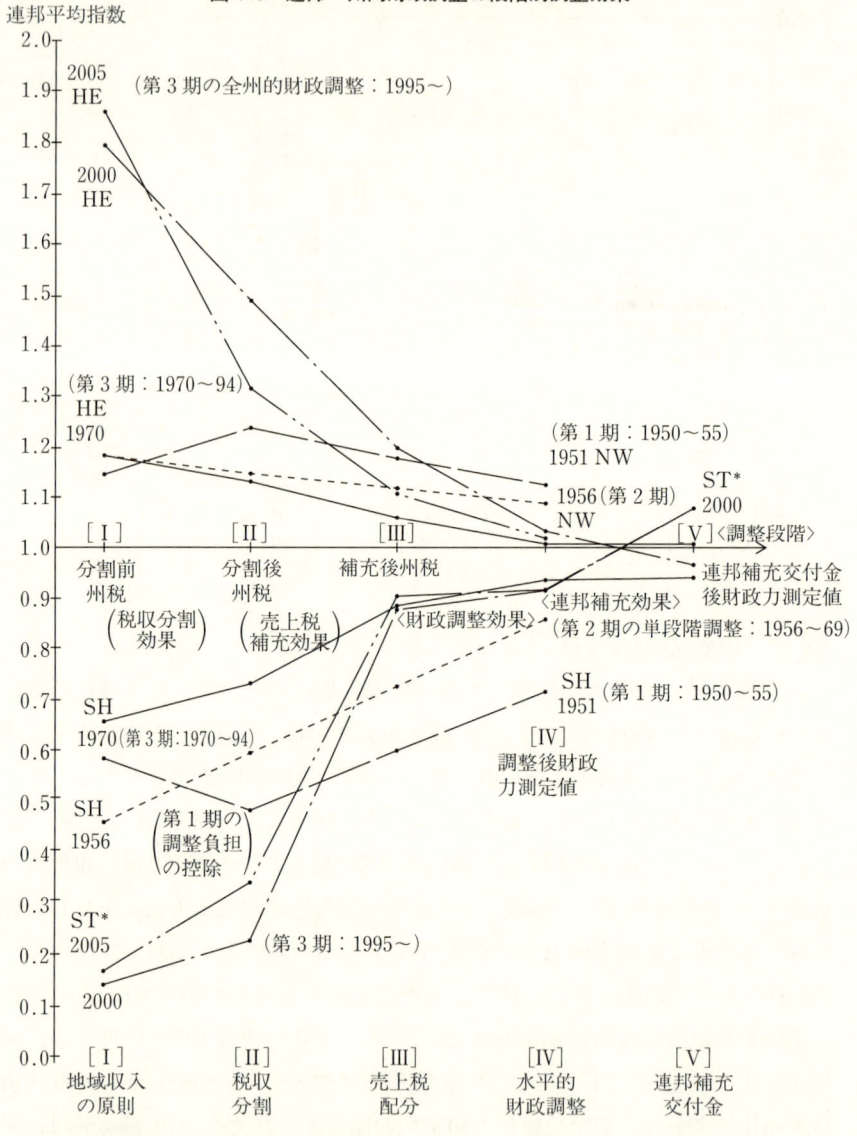

図 4-6　連邦・州間財政調整の段階別調整効果

連邦平均指数

(第 3 期の全州的財政調整：1995～)

2005 HE
2000 HE
(第 3 期：1970～94) HE 1970
(第 1 期：1950～55) 1951 NW
1956 (第 2 期) NW
ST* 2000

[I] 分割前州税　(税収分割効果)
[II] 分割後州税　(売上税補充効果)
[III] 補充後州税　〈財政調整効果〉
[IV] 調整後財政力測定値　(第 2 期の単段階調整：1956～69)
[V] 連邦補充交付金後財政力測定値　〈調整段階〉
〈連邦補充効果〉

SH 1951 (第 1 期：1950～55)
SH 1970 (第 3 期：1970～94)
第 1 期の調整負担の控除
SH 1956
ST* 2005
2000
(第 3 期：1995～)

[I] 地域収入の原則
[II] 税収分割
[III] 売上税配分
[IV] 水平的財政調整
[V] 連邦補充交付金

注）　［調整段階：I～V］は，表 4-2 を参照されたい。
出所）　財務省『ドイツの地方税財政制度』(http://www.mof.go.jp./jouhou/soken/kenkyu/zk050e.pdf) より，筆者作成．

州間財政調整の一点に集中した。その不満は，1967年度からの連邦補充交付金の復活も焼け石に水で，69年の基本法の改正を余儀なくさせた。

第1期の州間財政調整は，図4-6の破線が示すように，2段階の調整であった。各調整段階の連邦平均を1.0とすれば，第1段階は，1951年度の調整負担の控除が，SH州の州・市町村税0.586を財政力測定値の0.492に低下させた。第2段階は，これを水平的に財政調整するというものである。

これに対し，第2期のそれは，共通税の税源小結合と財政調整の単段階化を特徴とする。共通税は，第3期の売上税を含む「税源大結合」に発展したが，単段階化は，図4-6の点線のように，第1期の調整負担による2段階や第3期の4段階調整と反対方向への揺れである。この揺れは，東西ドイツ統一後も基本構造を変える必要がないほど頑健な第3期の4段階調整に導いたので，州間財政調整の「振り子理論」として特徴づけることができる。連邦政府の役割が，社会国家の担い手として過度に拡大するとき，連邦国家の担い手である各州は，「分断して統治せよ」とする連邦政府を牽制し，振り子理論の揺れに合意したのである。

2　第3期の連邦・州間財政調整の頑健性

垂直的税収配分と地域収入の原則

1970年度以降の第3期の「税源大結合」では，第1に，1969年の基本法第106条の改正によって，景気の影響を受けやすい市町村営業税の一部が連邦や州に納付される（自治体国際化協会，2003a: 224-27）。その代わりに，給与所得税（Lohnsteuer ローン・シトイア）と査定所得税（Veranlagte Einkimmenstuer フェアアンラグテ アインコメン・シトイア）の14％は，「所得税参与」として市町村税になった（1980年度から15％）。第2に，残りの所得税と法人税は，連邦と州が折半する。他方，連邦が徴収する輸入売上税や州が徴収する内国売上税は，州がその30％分を参与し，この参与率は数年ごとに改定される。第3に，水平的財政調整の垂直的執行では，第2期の所得税・法人税の引渡しに代えて，州が内国売上税の連邦分などを引き渡すことになった[7]。

各州の所得税や法人税の収入は，基本法第107条1項1文の「地域収入」（das örtliche Aufkommen エルトリッヘ アウフコメン）の原則，すなわち源泉地原則に従って，各州の税務当局が実際に徴収した金額である。この地域収入の確定は前段階の垂直的税収

配分と表裏の関係にある。2005年度の配分比率は、給与所得税と査定所得税が市町村の所得税参与として15％、利子源泉税（Zinsabschlag ツインス・アプシュラーク）は市町村税として12％が控除される。残りの所得税と法人税は、第106条3項により、連邦と州の共通税として半分が州に帰属する。

州の売上税参与率は、1970年度当初、30％であったが、94年度には数年ごとの見直しで37％まで引き上げられた。旧東ドイツを含む全州的財政調整では、その参与率が1995年度の44％から96年度の49.5％に引き上げられ、2005年度の実質配分は連邦が約53.1％、州が約44.8％、残り2.1％が市町村分である。売上税の配分も、所得税や法人税と同様の折半ルールに近づいている。

税収分割法の復活と売上税の補充的配分　所得税と法人税は、源泉地主義の「地域収入」の原則に従って徴収されると、州間の税収配分では、本社所在地の州に税収が偏在する。この偏在に対して1951年度に導入された税収分割法は、第2期で廃止されたが、第3期の70年の給与所得税・法人税分割法で復活した（BGBl. 1970 I S. 1727）。

給与所得税は、州が企業などの源泉徴収義務者から徴税するが、州の税収は給与所得者の居住地に従って分割される（伊東、1989: 204）。たとえば、ヘッセン（HE）州の分割前の人口1人当たり州税は、図4-6の2005年度の2点鎖線が示すように、連邦平均の1.0に対して1.868倍であり、税収分割はこれを1.321倍に是正している（第1次施行令2005, BR. Drucks. 65/05）。第Ⅱ段階の税収分割は、州間の地域連携による「間接限界責任」として強力州の極端な税源の偏在を緩和し、交付金と拠出金の規模が拡大することを防いでいる。

他方、売上税は、1968年1月1日から付加価値税に移行した。売上税は、1969年度までは連邦税であったが、第3期の70年度から連邦と州の共通税になった。この売上税の州分は、州分総額の25％を限度に、それを含む州税の実住民数1人当たり金額に関して、連邦平均の92％を補充して配分された（連邦・州間財政調整法第2条, BGBl. 1969 I S. 1432）。これは、売上税の「補充的配分」といわれ、弱体州に対する連邦政府の「全体責任」である。

1970～94年度の配分方法は、第1に、①92％補充（州分総額の25％が上限）、②実住民数按分（州分総額の75％）、③残余額（上限の25％分と92％補充

の差）の実住民数按分，④不足額調整（②と③の調整）の4グループに分かれる。第2に，1995年度の旧東ドイツ諸州を含む「全州的財政調整」では，②実住民数按分が廃止され，①92％補充と③残余額の実住民数按分の2グループに簡素化された。第3に，2005年度からは，算定を数式に置き換えた標準法が適用されるが，州税が連邦平均の97％まで「①95％補充」，97〜100％まで「②60％補充」，③残余額の実住民数按分の3グループになり，補充的配分が少し強化された。

たとえば，SH州の税収分割前の州税は，図4-6の1970年度の実線のように，各調整段階の連邦平均1.0に対して0.659倍であった。これは，第II段階の税収分割によって0.733倍に押し上げられ，第III段階の売上税の補充的配分では，さらに0.881倍に引き上げている。また，1995年度以降の全州的財政調整のもとでは，旧東ドイツのザクセン・アンハルト（ST*）州の分割前の州税は，図の2005年度の2点鎖線のように，連邦平均の0.161倍であり，税収分割後でも0.339倍にすぎなかった。売上税の補充的配分は，それを一気に0.903倍に引き上げ，連邦の「全体責任」として，財政力の弱体州が水平的な州間財政調整へ参加することを可能にさせたのである。

水平的財政調整　　第IV段階の州間財政調整は，第1に，市町村税の50％（2005年度から64％）と州税を加えた財政力測定値を算定する。第2に，調整額測定値は，財政力測定値の補正住民数1人当たり連邦平均に各州の補正住民数をかけた金額である。二つの測定値の差額は，財政力測定値が調整額測定値を上回る余剰額と，これを下回る不足額として州ごとに算定される。第3に，財政力が弱い交付州は，以下のように，不足額の一定割合（β_1）の交付金が，拠出州の余剰額の一定割合（β_2）である拠出金によって補塡される。このため，「水平的財政調整」といわれている。

$$\sum \beta_1 (調整額測定値 - 財政力測定値)$$
$$= \sum \beta_2 (財政力測定値 - 調整額測定値) \qquad (4\text{-}6a)$$

ただし，水平的な財政調整は，税収分割と同様に，地域連携による「間接限界責任」の対象である。それは，図4-6の2005年度の2点鎖線のように，ST*州の連邦平均に対する財政力を売上税補充後の0.903倍から，0.926倍に押し上げたにすぎない。これは，まさにほんの少しという微限小の「限界的調

第2部　限界責任の例証

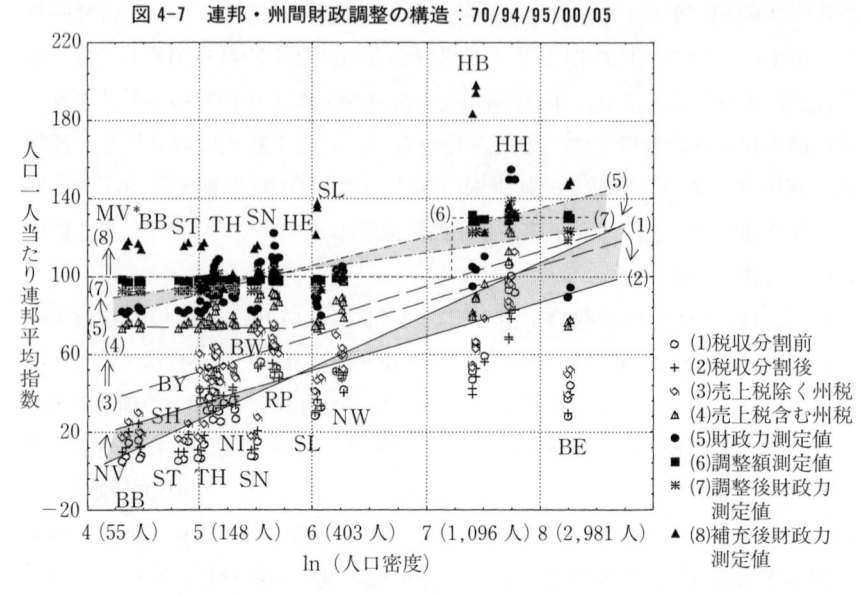

図 4-7　連邦・州間財政調整の構造：70/94/95/00/05

注）⟮♩♪⟯が間接限界責任，⇑が全体責任を意味する。
出所）筆者作成。

整」である。

　第3期の連邦・州間財政調整は，人口1人当たり調整額測定値の連邦平均を100％とした指数でみると，図4-7のような構造になっている。第1に，地域収入の原則に基づく所得税や法人税の州分（○）は，図の実線(1)のように，地域間で格差がある。この税源の偏在は，第Ⅱ段階の税収分割によって，図の税収分割後（＋）の実線(2)のように，時計回りに回転して是正される。それに州固有税を加えた売上税を除く州税（◇）の破線(3)は，ほぼ平行に上方シフトする。

　第2に，売上税を含む州税（△）の破線(4)は，図4-7のように，第Ⅲ段階の売上税の補充的配分によって弱体州の水平部分が形成され，残りの売上税の人口按分によって平行に上方シフトする。これに市町村税の50％（2005年度から64％）を加えた財政力測定値（●）の1点鎖線(5)は，人口密度に対して右上がりの直線で示される。

　第3に，調整額測定値（■）の点線(6)は，州税と市町村税のぞれぞれにつ

いて，補正住民数1人当たり財政力測定値に各州の補正住民数をかけた金額の州・市町村税合計である。ブレヒトの法則による都市州の補正は，大きな嵩（かさ）上げ効果を発揮している。財政力測定値は，弱体州への交付金を強力州の拠出金で賄う第Ⅳ段階の水平的財政調整によって，調整後財政力測定値（※）の1点鎖線(7)のように再び時計回りに回転し，「税源要素」の調整を完了する。ただし，州税と市町村税の調整額測定値は，それぞれ補正住民数1人当たり財政力測定値に各州の補正住民数をかけた金額であるため，連邦全体では，以下のように財政力測定値の各州合計に等しい。

$$\sum (調整額測定値 - 財政力測定値) = 0 \qquad (4\text{-}6b)$$

最後に，連邦政府は，各州の「需要要素」を第Ⅴ段階の連邦補充交付金によって調整し，図4-7の(8)補充後財政力測定値（▲）に嵩上げしている。この点は，つぎに述べるが，第3期の連邦・州間財政調整は，第2期の単段階調整から「多段階調整」に移行することによって，頑健性を確保した。

3　連邦・州間財政調整による全体責任の確保

引渡しの垂直的執行　　水平的財政調整の間接限界責任は，連邦政府に対する各州の「垂直的執行」で支えられている（伊東，1989: 226）。1950〜55年度の第1期の垂直的執行は，図4-8のように，拠出金を連邦国庫の「調整基金」に繰り入れ，そこから交付金が繰り出されるかたちで州間財政調整を完了していた。

これに対し，1956〜69年度の第2期では，各州が徴収した共通税の「所得税・法人税」の一定割合を連邦政府への引渡し（Ablieferung　アブリーフェルング）というかたちで執行された。

また，1970年度以降の第3期では，拠出金と交付金が，各州が徴収する「内国売上税」（Umsatzsteuer　ウムザッツ・シトイア）の垂直的税収配分率に対し，各州の引渡率の差として，以下のように表される。

　　（引渡率－垂直的税収配分率）×内国売上税
　　　＝（財政力測定値－調整額測定値）×（拠出率・交付率）　　（4-7）

ここで，売上税の「補充的配分」や，連邦政府が徴収する「輸入売上税」（Einfuhrumsatzsteuer　アインフーア・ウムザッツ・シトイア）の調整は，単純化のために除外している。右辺の財政

第2部　限界責任の例証

図4-8　連邦・州間財政調整の垂直的執行

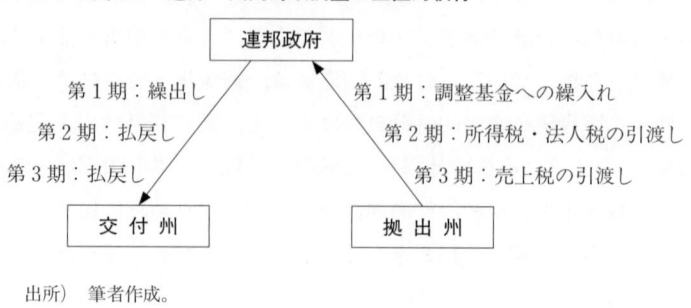

```
                    連邦政府
        第1期：繰出し  ↑↖  第1期：調整基金への繰入れ
        第2期：払戻し  ↓    第2期：所得税・法人税の引渡し
        第3期：払戻し       第3期：売上税の引渡し
         交 付 州          拠 出 州
```

出所）　筆者作成。

力測定値が調整額測定値を上回る余剰額に「拠出率」をかけた拠出金は，拠出州が徴収した内国売上税に，プラスの（引渡率－垂直的税収配分率）を適用した金額に相当する。他方，不足額に「交付率」をかけた交付金は，交付州の内国売上税に，マイナスの（引渡率－垂直的税収配分率）を適用したものになる。

　垂直的執行は，連邦が外国からの輸入売上税を徴収し，各州が国内消費の内国売上税を徴収しているので，連邦と州の垂直的税収配分率などに応じて，税収の帰属を決めることになる。垂直的執行の内容は，この垂直的税収配分率に，売上税の補充的配分や州間財政調整の拠出金・交付金の調整を加えたものである。連邦の各州に対する第1次施行令は，年度当初，予算上の引渡率とその算定根拠を示し，図4-8のように拠出州に内国売上税の引渡しを求め，これを交付州に払い戻している。第2次施行令は，当該年度の決算数値に基づいて，予算上の引渡額を清算処理し，垂直的執行が完了する。

　たとえば，2005年度の売上税は，市町村の参与分を除くと，連邦の垂直的税収配分率が約53.1％である。財政力の強力なHH州やHE州は，予算上の引渡率が，それぞれ94.8％や86.7％に設定された。これは，売上税の補充的配分がないことや州間財政調整の拠出金で，垂直的税収配分率を大きく上回っている。中間的なNW州やBY州でも，引渡率が7割強である。SH州は交付金を受け取るが，売上税の補充的配分が少ないので，引渡率が52.4％と垂直的税収配分率にほぼ等しい。これらに対し，弱体州は，売上税の補充的配分や交付金の合計が，垂直的税収配分率による内国売上税の連邦分を上回るので，NI州や旧東ドイツ諸州のように，引渡率をゼロとし，毎月の払戻額が連邦か

ら交付される。

以上のように，財政力が強い拠出州は，一旦徴収した内国売上税の9割前後を連邦政府に引き渡している。このため，各州の代表からなる連邦参議院では，予算上の引渡率の割合をめぐって論争し，しばしば連邦憲法裁判所への提訴に至るのである。

連邦補充交付金の全体責任　基本法第107条2項は，伊東が連邦補充交付金について指摘したように，「弱体州の財政赤字が，州間財政調整で解消されないとき，連邦政府は補充交付金を交付する」として，社会国家の全体責任の確保を明記している（伊東，1995: 107）。前述の通り，連邦国家の担い手（プロバイダー）である各州の間接限界責任は，住民1人当たり財政力の「連邦平均」に対する最高と最低の「両極調整」を目的としている。しかし，両極の乖離が水平的財政調整の許容範囲を越えるとき，社会国家の担い手である連邦政府は，連邦補充交付金によって全体責任を確保する。

連邦補充交付金は，第2期の州間財政調整法1965の67年改正で，第12a条を追加することによって導入された（BGBl. 1967 I S. 281）。第3期の連邦・州間財政調整法1969では，70年改正で第11a条を追加し，特定の州に毎年度「定額」で配分された（BGBl. 1969 I S. 1432）。これに対し，石油ショック後の1974年第3次改正は，総額を売上税の1.5％とし，各州の配分も「定率化」した。ドイツの場合，定額化は，インフレ等で自動的に消滅を意味するが，定率化は，恒久化を意味する。

1985年プラザ合意後の87年第8次改正で，連邦補充交付金は新たな段階に入った。連邦・州間財政調整法第11a条1項の改正は，1988～93年度の総額を売上税の2％に引き上げた。最も大きな改正内容は，第4項の「不足分」であり，これが現在の「不足額補充交付金」に発展したのである。弱体州は，州間財政調整で調整額測定値の95％を保障されていたが，連邦補充交付金は，さらに調整額測定値の99％までの不足額に100％，調整額測定値の99～100％までの不足額33と1/3％を補充して，最終的には99.33と1/3％の保障になった。

2005年度以降の連邦補充交付金は，第11条2項の「不足額補充交付金」が，調整後財政力の99.5％に不足する弱体州に対し，その不足額の77.5％を補充

する。第3項の「特別需要補充交付金」は，社会資本整備の遅れを早期に取り戻す特別負担や市町村の偏在する財政力の調整のため，旧東ドイツ諸州（以下，新州）に対する2019年までの金額と配分率を規定している。第4項の「特別需要補充交付金」は，政治的な執行で連邦平均以上に費用がかかるものが対象であり，新州以外にもHB, RP, SL, SH州にも交付される。このため，2000年度のザクセン・アンハルト（ST*）州の財政力は，図4-6が示したように，第Ⅳ段階の調整後財政力測定値の0.925倍が，連邦補充交付金によって第Ⅴ段階の1.086倍に引き上げられたのである。

共同決定の直接限界責任　以下，連邦・州間財政調整の歴史的変遷とその特徴を「財政責任システムの調和」という視点から，まとめておこう。「調和」とは，税収分割や水平的財政調整の間接限界責任と，売上税配分や連邦補充交付金による全体責任との「制度連携」のことである。第2期では，調整手段が水平的財政調整の間接限界責任だけに簡素化したので，各州の不満はその一点に集中した。この経験を踏まえた「振り子理論」は，第3期に州の間接限界責任を各段階の調整手段に割り当て，連邦政府も，事前的な売上税の補充的配分と事後的な連邦補充交付金とによって，全体責任を確保する制度連携に導いた。

　「調整手段の割当」は，表4-3のように，人口1人当たり調整額測定値の連邦平均に対する割合で見ることができる。第1に，第Ⅱ段階の所得税や法人税の税収分割は，ハンブルク（HH），ブレーメン（HB）やヘッセン（HE）州から，RPやSH州に税源を再配分している。NWとBY州は，この35年間，調整効果の単純合計がプラスであったり，マイナスに転じたりし，その水準も小さい。これらは，水平的財政調整において利害得失がほとんどないので，「中間州」に位置づけられる。

　第2に，もともと連邦税であった売上税は，第Ⅲ段階の州間配分において，その補充部分が税収分割の恩恵を受けないSL州を最低保障してきた。とくに，1995年度からの全州的財政調整では，州への垂直的配分を37％から44％に引き上げた。連邦政府は，その補充部分によって旧東ドイツ諸州の財政力を約3割引き上げ，全体責任を確保している。

　第3に，第Ⅳ段階の州間財政調整では，HB州が税収分割で拠出しながら，

第4章　固定社会ドイツの財政責任システム

表4-3　連邦・州間財政調整制度の調整手段の効果：1人当たり連邦平均の調整額測定値に対する割合
(%)

調整手段		1.南部強力州			2.中間州		3.北部・小規模弱体州					4.旧東ドイツ諸州						合計
		HH	HE	BW	NW	BY	NI	RP	SH	SL	HB	SN*	ST*	TH*	BB*	MV*	BE*	
(Ⅱ)間接限界責任	税収分割 70	-8.7	-2.0	-1.1	-0.2	0.7	1.7	3.6	3.9	0.5	-3.0							1.8
	税収分割 75	-18.2	-1.6	-2.6	-0.9	1.2	3.7	5.5	7.1	0.9	-5.3							3.3
	税収分割 80	-45.8	-2.6	-1.6	-0.9	1.0	5.4	10.2	12.0	-0.4	-10.2							5.7
	税収分割 85	-28.9	-2.5	-2.9	-0.5	0.9	4.1	7.2	8.2	2.1	-5.6							3.8
	税収分割 90	-22.5	-3.1	-2.0	-0.2	0.8	4.2	6.4	3.1	2.2	-8.5							3.7
	税収分割 94	-25.3	-8.4	-1.0	-0.4	1.2	4.5	6.7	7.6	1.2	-13.2							1.1
	税収分割 95	-27.0	-12.7	-1.4	-0.4	0.4	4.8	6.9	7.5	1.5	-15.0	5.5	3.8	4.7	8.8	5.5	-4.6	0.9
	税収分割 00	-24.7	-10.9	-0.9	-1.5	0.1	4.0	6.8	8.3	1.9	-9.0	4.0	4.0	3.9	5.0	4.5	1.9	2.0
	税収分割 05	-22.1	-11.0	-1.7	-1.6	0.4	4.4	7.1	8.2	1.8	-7.8	3.2	4.7	4.1	5.9	5.0	1.5	4.5
(Ⅲ)全体責任	売上税補充 70					1.7	5.2	3.1	9.2	9.0								1.7
	売上税補充 75					0.8	4.0	0.8	0.8	6.2								0.8
	売上税補充 80					0.2	0.2	0.2	0.2	6.0								0.2
	売上税補充 85			1.2		0.2	2.0	1.2	3.0	12.0								1.2
	売上税補充 90					1.0	4.1	1.0	3.3	7.6	0.1							1.0
	売上税補充 94			0.1			0.1	0.1	0.1	3.3								0.1
	売上税補充 95									4.3		23.4	26.7	26.8	21.0	25.5		4.3
	売上税補充 00						2.8			7.6		30.7	33.0	32.5	29.0	30.1		5.6
	売上税補充 05						7.1	0.7	2.7	7.2		29.0	30.4	29.5	27.3	29.8	8.7	6.0
(Ⅳ)間接限界責任	(1)財政調整 53	-5.2	0.0	-5.3	-5.1	1.5	4.1	3.0	28.9	n.a.	-3.7							2.4
	(2)財政調整 56	-32.2	0.0	-7.0	-7.9	4.2	9.9	12.9	40.2	n.a.	-19.2							4.7
	(2)財政調整 60	-36.1	-4.3	-4.2	-9.8	5.9	11.8	22.6	27.7	n.a.	0.0							5.2
	(2)財政調整 65	-27.2	-11.0	-6.9	-5.1	2.9	11.5	14.1	22.5	29.0	2.5							4.4
	(2)財政調整 69	-42.2	-12.9	-7.8	-3.2	2.5	14.0	14.8	22.7	29.8	-1.9							4.6
	財政調整 70	-17.1	-5.6	-3.7	-2.0	1.5	6.0	6.5	8.3	13.3	12.7							5.0
	財政調整 75	-19.9	-2.3	-4.5	-1.6	2.1	6.2	5.0	5.8	10.3	4.0							4.4
	財政調整 80	-7.8	-2.2	-6.7	-0.2	1.5	4.3	2.8	5.1	11.0	10.5							3.4
	財政調整 85	-8.6	-4.4	-5.2	0.2	0.1	3.9	3.5	7.3	11.5	16.9							2.0
	財政調整 90	-0.1	-6.9	-6.9	-0.1	-0.1	7.2	3.6	6.3	9.3	25.7							7.1
	財政調整 94	0.8	-7.1	-0.9	0.2	-1.3	2.9	3.9	0.6	9.3	19.4							1.9
	財政調整 95	-1.6	-8.6	-6.5	-4.6	-5.1	1.4	1.4	-1.2	4.0	19.8	9.3	9.8	9.7	8.2	10.1	29.1	3.3
	財政調整 00	-13.4	-18.6	-7.7	-2.6	-6.4	3.0	4.0	2.7	6.4	27.5	10.9	11.1	11.3	10.2	11.5	34.2	4.1
	財政調整 05	-15.7	-12.4	-7.9	-0.5	-7.3	2.4	3.3	1.7	4.6	17.9	9.6	10.0	10.0	9.9	10.7	29.5	3.5
(Ⅴ)全体責任	補充交付金 70					0.2	0.6	0.6	0.7	0.6								0.4
	補充交付金 75					1.0	2.6	2.8	2.9	2.7								2.0
	補充交付金 80					1.1	2.9	3.2	3.2	3.0								2.2
	補充交付金 85					1.1	2.8	3.1	3.1	3.0								2.2
	補充交付金 90						4.8	4.1	5.4	9.3	10.3							2.5
	補充交付金 94						5.3	5.5	4.5	42.0	71.6							10.5
	補充交付金 95						3.7	6.1	3.4	44.9	74.9	23.5	25.0	25.1	24.7	25.9	25.7	7.3
	補充交付金 00						5.0	6.7	6.0	28.8	61.3	21.7	23.3	23.1	21.8	23.7	23.8	6.7
	補充交付金 05	n.a.	n.a.	n.a.	n.a.	n.a.	n.a.	n.a.	n.a.	n.a.	n.a.	n.a.	n.a.	n.a.	n.a.	n.a.	n.a.	n.a.
単純合計	調整合計 70	-25.7	-7.6	-4.8	-2.2	4.1	13.5	13.8	22.0	23.4	9.7							8.9
	調整合計 75	-38.1	-3.9	-7.1	-2.5	5.2	16.5	14.2	16.7	20.0	-1.4							10.6
	調整合計 80	-53.6	-4.8	-8.3	-1.1	3.8	12.7	16.3	20.5	19.8	0.3							11.5
	調整合計 85	-37.6	-6.9	-8.2	0.9	3.3	12.7	15.0	21.6	28.7	11.2							9.2
	調整合計 90	-22.6	-10.0	-9.0	-0.3	1.7	20.3	15.1	18.1	28.5	27.6							14.4
	調整合計 94	-24.5	-15.6	-1.9	-0.1	-0.1	12.9	16.1	12.8	55.9	77.8							13.6
	調整合計 95	-28.6	-21.3	-7.9	-5.1	-4.7	9.9	14.4	9.7	54.7	79.6	61.7	65.3	66.3	62.6	67.0	50.2	15.8
	調整合計 00	-38.1	-29.5	-8.6	-4.1	-6.3	14.8	17.5	17.0	44.7	79.8	67.3	71.4	70.9	65.9	69.9	59.9	18.5
	調整合計 05	n.a.	n.a.	n.a.	n.a.	n.a.	n.a.	n.a.	n.a.	n.a.	n.a.	n.a.	n.a.	n.a.	n.a.	n.a.	n.a.	n.a.

注）　1.1人当たり連邦平均の調整額測定値は，調整額測定値の連邦合計を実住民数のそれで割った値である。
　　　2.調整手段の各項目は各州の1人当たり金額を上記の連邦平均で割った値で，項目の数値は年度を表す。
　　　3.「売上税補充」は人口按分額を除く売上税配分額の補充部分で，財政調整の(1)と(2)はそれぞれ第1期，第2期を，n.a.はデータなしを意味する。
　　　4.税収分割と財政調整の合計は±であるが，「調整合計」では正符号として各項目を単純合計した。
出所）　各年度の連邦補充交付金は，Finanzbericht，1953年度と2005年度は第1次施行令（BR. Drucks），それ以外は第2次施行令により，筆者作成。

図 4-9　協調的連邦主義と財政責任システム

間接限界責任（連邦国家の地域連携）────┐　　直接限界責任（税率操作権の行使）
　［税収分割・州間財政調整］　　　　　　├──→　［共通税の連邦・州の共同決定］
全体責任（社会国家と生活関係の統一性）──┘（調和）
　［売上税補充分・連邦補充交付金］

出所）　筆者作成。

旧東ドイツ諸州の2倍程度の交付金を受け取っている。これらの交付金はBY，BW，HE，HH州の拠出金で支えられている。また，2005年度からの標準法（Maßstäbegesetz マースシターベ・ゲゼツ）は制度上，売上税の補充部分を引き上げ，拠出率や交付率を引き下げている。ところが，その第1次施行令の結果は，調整手段の割当や調整効果にほとんど影響せず，算定方法が簡素化されたにすぎない。

第4に，第Ⅴ段階の連邦補充交付金は，SLやHB州とともに，旧東ドイツ諸州に重点配分されている。連邦の全体責任は，税収の連邦平均に不足する「税源要素」に関して，売上税の補充的配分で旧東ドイツ諸州を州間財政調整に参加させることに成功した。また，その連邦平均を上回る需要要素は，連邦補充交付金によって確保されている。その結果，旧東ドイツ諸州は，表4-3の調整効果の単純合計が示すように，地域収入の原則に基づく当初の税収に7割程度の財源が追加されたことになる。これらの財源の多くは，連邦政府とヘッセン（HE）やハンブルク（HH）の拠出州が支えている。しかし，これらが支えきれなくなったとき，財政調整にほとんど影響されないNWやBYの中間州とBWの大規模州が，共通税の税率引上げに合意するのである。

これらの特徴を財政責任システムから見ると，ドイツの協調的連邦主義は，図4-9のように間接限界責任と全体責任が調和した連邦・州間財政調整によって，税率操作権を行使する直接限界責任が連邦と州の共同決定で発揮されると考えられる。

第1に，間接限界責任は，個人や企業の税負担に影響しない。しかし，それは，連邦や州，市町村の垂直的税収配分のもとで，源泉地課税の「地域収入の原則」に対し，所得税や法人税の税収分割によって居住地課税に転換させる。このような「連邦国家」の地域連携は，東西ドイツの統一前では，ドイツ北部の財政力弱体州への交付金が，南部の強力州の拠出金で賄われる水平的な州間

財政調整で確保された。

　第2に，連邦政府の全体責任では，州間財政調整の前段階において，売上税の共通税化に伴う補充的配分（補充分）が財源の最低保障の役割を果たしている。州間財政調整も，売上税の連邦政府への引渡しという「垂直的執行」で完了する。また，各州の州・市町村税の連邦平均に不足する「税源要素」は，間接限界責任の州間財政調整によって保障されるが，ドイツ北部や小規模州の歳出面の「需要要素」は，連邦補充交付金によって保障され，「社会国家」の全体責任が確保される。

　第3に，協調的連邦主義とは，間接限界責任と全体責任の調和である。この調和こそが，旧東ドイツ諸州を含む「全州的財政調整」への移行に際して，大幅な制度改正を必要としなかった理由である。「南から北へ」の州間財政調整は，ドイツ統一後，「西から東へ」の全州的財政調整に転換した。しかし，旧東ドイツ諸州の「生活関係の統一性」を確保するには，今後も，膨大な財源を必要としている。この財源確保は，所得税や法人税，売上税の共通税が対象になる。これらの税率操作権は，カナダのように各州が個別に行使するのではなく，連邦と州の共同決定によって行使される。

　したがって，ドイツの協調的連邦主義は，連邦国家としての間接限界責任と，社会国家としての全体責任の「調和」（制度連携）を意味する。このため，共通税の税率操作権を伴う直接限界責任は，連邦と州の共同決定で発揮されるのである。

　　＊　本章は，伊東弘文会長（地方財政審議会，九州大学名誉教授）の指導のもとにおける，齊藤愼教授（大阪大学）との共同研究に基づいている。ドイツの州間財政調整のデータは，『香散見草』（近畿大学中央図書館報）に掲載された寺尾（2006）を参照されたいが，国会図書館や齊藤研究室の舛友ミサ氏の協力を得た。
　　　各州の名称は，バーデン・ヴュルテンベルク［BW: Baden-Würtememberg］，バイエルン［BY: Bayern］，ベルリン［BE*: Berlin］，ブランデンブルク［BB*: Brandenburg］，ブレーメン［HB: Bremen］，ハンブルク［HH: Hamburg］，ヘッセン［HE: Hessen］，メクレンブルク・フォアポンメルン［MV*: Mecklenburg-Vorpommern］，ニーダーザクセン［NI: Niedersachsen］，ノルトライン・ヴェストファーレン［NW: Nordrhein-Westfalen］，ラインラント・プファルツ［RP: Rheinland-Pfalz］，ザールラント［SL: Saarland］，ザクセン［SN*: Sachsen］，ザ

クセン・アンハルト［ST*: Sachsen-Anhalt］，シュレスヴィヒ・ホルシュタイン ［SH: Schlesvig-Holstain］，テューリンゲン［TH*: Thüringen］である。*は新州（旧東ドイツ）を意味する。なお，カタカナの表記は，小野寺（1994）に従った。

注

1) 自治体国際化協会（2003a: 266-98）が，各州の基準交付金を紹介している。
2) 不動産税は，農地に対する不動産税Aと土地・家屋などに対する不動産税Bがあり，不動産税Aの仮定税率は175％であるが，税収規模はきわめて小さい。不動産税Bは営業用や住宅用の利用形態に応じて，市場価格，収益価格，資本価格等の基準に従って州財務局が行っている。1974年には，35年の統一評価額から，64年の統一評価額に切り替えられて今日に至っているが，切替えは，税収の増加には寄与していない。租税基準額（Steuermeßbetrag）［＝（統一評価額×租税指数）］が，統一評価額（Wertverhältnissen）に租税指数（Steuermeßzahl）を乗じた課税ベースに相当し，州財務局が個々の市町村に通知する。不動産税の租税指数は農林業資産6％，その他土地資産3.5％を原則とし，2世帯家屋3.1％，1世帯家屋は統一評価額7万5000マルクまで2.6％，それ以上は3.5％である。このため，租税基準額に対する税率（Hebesäze）は100％以上の値をとり，市町村はそれを予算条例で決定し，税収［＝（統一評価額×租税指数）×税率］を確保する。
3) 州間財政調整は基本法第106条（高田・初宿，2001: 265）で弱体州への財政調整が正当化された。しかし，その具体化では，占領軍側が主張した連邦による弱体州への「垂直的交付金」が示唆され（第106条3項），他方ではドイツ側の「水平的財政調整」の可能性が認められた（第106条4項）。したがって，3項と4項の選択に関する第107条は，連邦議会は連邦参議院の同意を条件に，1952年12月31日までに「連邦法」で改正できるとし，問題が先送りされた。これは，将来の法律で基本法がつくられる「倒錯」であり，基本法の改定には3分の2の多数を必要とするが，連邦法は過半数で改正できる（伊東，1997: 41）。また，第106条の改正期限も2度にわたって改正され，1955年12月31日までとされた。
4) 図4-4はバーデン，ヴェテンベルク・バーデン（WB）とヴェテンベルク・ホーエンツォーレン（WH）が1952年度にBW州に統合されるため，1950, 51年度のバーデン，WB, WH州の合計をBW州とし，リンダウ郡を除外した9州を対象とした。たとえば，調整額測定値指数は，**付表4-1**のように，1950～54年度の第2次施行令（決算）から，人口密度に対して11.42の傾きをもつことが統計的に確認できる。なお，データは第1次施行令案1950（BR. Drucks. 453/51）や第1次施行令1950（BGBl. 1951 I S. 408）を参照されたい。
5) 図4-5は，**付表4-2**の推定結果に基づいている。この期間のデータ総数（N）は，135件をプールできるが，各指数について人口密度の係数の「構造変化」を考慮して，期間を区分した。
6) 調整額測定値は，財政力測定値の連邦平均であるが，住民数による補正がある。たとえば，ベルリン（BE）やブレーメン（HB），ハンブルク（HH）の都市州の住民数は，2005年度以降も，従来通り135％の州補正住民数が適用され，その1人当た

第**4**章　固定社会ドイツの財政責任システム

付表 4-1　1950〜54 年度の州間財政力の構造(決算ベースの連邦平均 100：$N=45$)

実住民数1人当たり	定数項	ln(人口密度)	SH ダミー	50 年ダミー	adj R^2
州・市町村税指数(%)	−76.32 (−6.12)	34.51 (16.4)	−34.89 (−5.18)		0.898
財政力測定値指数(%)	−44.00 (−3.93)	26.18 (13.8)	−40.79 (−6.69)	31.30 (4.80)	0.848
調整額測定値指数(%)	37.81 (13.8)	11.42 (24.2)			0.930
調整後財政力測定値指数(%)	−20.07 (−2.28)	21.74 (14.6)	−14.92 (−3.13)		0.854

注)　N はデータ件数。( ) 内は t 値，adj R^2 は自由度修正済み決定係数である。
出所)　筆者作成。

付表 4-2　1956〜69 年度の州間財政力の構造(決算ベース：連邦平均 100)

実住民1人当たり	定数項	ln(人口密度)	SL ダミー	adj R^2
租税力測定値指数 [1956〜59]	−96.83 (−5.83)	34.90 (12.3)		0.812 $N=36$
租税力測定値指数 [1960]	−72.10 (−1.99)	30.23 (4.91)		0.743 $N=10$
租税力測定値指数 [1961〜63]	−62.92 (−3.24)	28.74 (8.74)	−45.66 (−4.20)	0.750 $N=30$
租税力測定値指数 [1964〜66]	−46.20 (−2.46)	25.79 (8.14)	−48.93 (−4.70)	0.737 $N=30$
租税力測定値指数 [1967〜69]	−60.34 (−2.99)	28.43 (8.41)	−52.39 (−4.76)	0.749 $N=30$
調整額測定値指数 [1956〜57]	−58.40 (−10.5)	7.60 (7.95)		0.785 $N=18$
調整額測定値指数 [1958〜69]	−41.46 (−16.2)	10.74 (14.8)		0.841 $N=117$
調整後租税力指数 [1956〜60]	−6.83 (−1.27)	19.35 (21.1)		0.910 $N=45$
調整後租税力指数 [1961〜69]	5.70 (1.30)	17.00 (23.0)	−19.40 (−8.00)	0.768 $N=90$

注)　ただし，1968 年度は予算ベース，( ) 内は t 値。
出所)　筆者作成。

り金額が他の広域州に比べて約 35 % も高い。2005 年度からの市町村別の補正住民数は，全州的財政調整法第 9 条 3 項によって従来の人口密度指標を廃止し，旧東ドイツの MV*，BB*，ST*の「過疎州」にそれぞれ 105 %，103 %，102 % が適用され，残りの州は 100 % で補正される。
7)　州間財政調整の算定方法は，全州的財政調整法 (BGBl. 2001 I S. 3956) の標準法 (Maßstäbegesetz) が適用された 2005 年度が，第 1 次施行令 (Bundesrat, 65/05)

で示されている。なお，伊藤（1976）が1972年度の第1次施行令を先駆的に紹介し，伊東（1989）が84年度の第1次施行令を紹介している。戦後から約55年間の第1次施行令（予算）と第2次施行令（決算）の算定方法は，中井・伊東・齊藤の共同研究として，発表を予定している。

第5章

移動社会イギリスの財政責任システム

　第Ⅰ節では，イギリスについてボランタリー部門で特徴づけ，地方団体が合併して一層制になる理由を検討する。第Ⅱ節では，度重なる財政調整制度の改革が，直接限界責任に収斂していることを解説する。これらを踏まえ，第Ⅲ節において，サッチャー政権以後の改革は，公民連携による全体責任の確保をめざしていたことを明らかにする。

Ⅰ　ボランタリー部門と地方財政改革

1　社会制度のボランタリー部門

サッチャーの地方財政改革　元環境大臣リドリーは，サッチャー政権下で，地方団体の将来ビジョンが，従来のサービス提供団体ではなく，民間やボランタリー部門との協力関係をめざした条件整備団体（enabling authority）にあるとした（Ridely, 1988）。これは，中央・地方政府のみならず，ボランタリー部門も，公共サービスの提供者（プロバイダー）として認知し，育成しようとする試みである。従来の政府による一元主義的な公共サービスの意思決定に対し，提供者の多元主義には，個々人の多様な価値観を認め，政府と異なる立場から自発的に社会とかかわることで，社会全体の厚生を改善させる可能性がある。

　イギリス，とくにイングランドを移動社会の事例としたのは，人々が現実に地域を移動したかどうかというよりも，その特質としてボランタリー部門を自治主体にしているためである。前章の固定社会ドイツでは，コミュニティを自

治主体とし、これに一致する市町村が行政区域（area）内のあらゆる問題に対処してきた。これに対し、イギリスでは、ボランタリー部門の活動が地域を越えるので、地方団体は、自治主体というよりも、単に行政サービスを提供するというサービス提供団体（providing authority）としての機能（function）が重視されてきた。この機能を住民が判断するためには、行政情報の公開とともに、歳出予算を自らの税負担で賄うという財政責任（public accountability）が要請される。このため、イギリスの地方団体には、伝統的に課税の応益性に基づいて、税率操作権が付与されてきたのである。

地方団体が、条件整備団体をめざすならば、住民は、選挙民として、ボランタリー部門とのバランスが問われる。公共サービスの一部は、ドイツではコミュニティが自発的労働奉仕によって提供してきたが、イギリスではボランタリー部門への会費や寄付で賄われる。ボランタリー部門が対処できないとき、地方団体は、条件整備団体として、サービスを提供するのである。この発想へ転換するため、1990年の地方財政改革では、自主財源の確保や支出全体の受益と負担の関係ではなく、「基準を超える行政コストは選挙民が負担する」という直接限界責任の強化が試みられた、と考えられる。

サッチャー保守党政権は、このような視点から、1990年のコミュニティ・チャージ（人頭税）導入をはじめとする抜本的な地方財政改革を断行したのである。以下、イギリスのボランタリー部門と地方制度の関係を検討しよう。

日英独のボランタリー活動　イギリスのボランタリー部門は、その歴史を反映してかなり大きく、100万人近い雇用者を抱えて、全人口の約半分が公式のボランタリー活動に参加している（Salamon and Anheiner, 1994, 邦訳: 126）。また、その運営費の対GDP比も、**表5-1**のように、1990年度でアメリカに次いで第2位の4.8％に及び、ドイツや日本と比べても高い水準にある。

ボランタリー部門の運営費は、パブリック・スクールの伝統から私立学校や大学などの教育分野が42.7％と約半分を占め、保健・医療分野が3.5％と極端に小さい。その理由は戦後、医療費を税金で賄う「国民保健サービス」（NHS: National Health Service）が実施され、非営利の民間病院の多くが公立病院に転換されたからである。サラモンらは、これがなければ、アメリカをは

表 5-1 日英独のボランタリー活動：1990 年度
(単位：％)

	イギリス	ドイツ	日　本
1．雇用者数	95万人	101万人	144万人
：対総雇用者数	4.0％	3.7％	2.5％
2．運営費の対GDP比	4.8％	3.6％	3.2％
〈分野別構成比〉			
1) 文化・レクリエーション	20.6	7.4	1.2
2) 教育・調査研究	42.7	12.0	39.5
3) 社会サービス	11.6	23.4	13.7
4) 保健・医療	3.5	34.8	27.7
〈財源構成比〉			
1) 政府補助	39.8	68.2	38.3
2) 民間寄付	12.1	3.9	1.3
3) 会費・料金	48.2	27.9	60.4

出所）Salamon and Anheiner（1994）より，筆者作成。

るかに凌ぐ規模になるとしている（Salamon and Anheiner, 1994, 邦訳：128-29）。これに対し，ドイツでは，市町村（Gemeiden）が運営する公立学校の伝統から私立学校が少なく，教育分野は12.0％にすぎず，保健・医療分野が34.8％を占める。日本は両国の中間に位置し，ドイツに比べて教育分野は39.5％と大きいが，保健・医療分野が27.7％と小さい。

他方，財源の構成では，表5-1のようにドイツが政府補助，日本が会費・料金に大きく依存するのに対し，イギリスでは両者に依存しながらも，民間寄付の割合が3カ国のなかで極端に高い。しかし，寄付金の割合は，12.1％にすぎず，ボランタリー部門といえども，会費・料金（fee and charges）に大きく依存し，排除性を伴う「クラブ財」の要素を含んでいる。

チャリティ委員会　イングランドやウェールズでは，ボランタリー組織が，政府ではなく，「チャリティ委員会」（Charity Commission）に登録すれば，個人の寄付を所得税から免除できる。チャリティ委員会は，1853年公益信託法（Charitable Trust Act）の制定に伴って設立され，1960年チャリティ法の制定でその権限が強化された（中井，1993: 149）。この委員会は，内務大臣が任命した委員で構成されるが，政府への報告義務はあっても，完全に独立した組織である。イギリスのボランタリー組織は25万とも，30万

団体ともいわれる。チャリティ委員会に登録されたものは，1977年12万6000団体から90年には17万1000団体，さらに95年18万1000団体に増加している（田端，1999: 414）。

全国民間組織協議会は，ボランタリー部門と地方財政の関係をつぎのように報告している（NCVO, 2000: 20-23）。「1990年NHSおよびコミュニティ・ケア法」によって，社会福祉サービスの責任と財源は，93年度から地方団体に委譲された。同時に，行政の直営部門と民間部門の競争を義務づける「強制競争入札」（CCT: compulsory competitive tendering）も適用されたので，1990年代にボランタリー部門へ流れる政府資金が，急速に拡大した[1]。

2　地方政府組織の一層制と権限移譲

一層制団体　イギリスの全人口は2000年に5976万人で，イングランド約5000万人，ウェールズ約300万人，スコットランド約500万人，北アイルランド約200万人である。イングランドでは，1985年地方自治法で翌86年4月から大ロンドンと大都市圏カウンティが廃止された。これに伴い，世界の金融センターで有名なシティ（City of London）のほか，32ロンドン特別区（Borough: 中心部の内ロンドン12団体，周辺部の外ロンドン20団体）と36大都市圏特別市（metropolitan districts）は，一層制の地方政府組織になった。

イングランドの非大都市圏は，郡または県に相当する39のカウンティ（county）と，その区域内にあって市町村に相当する296のディストリクト（districts）の二層制であった。1992年地方自治法は，カウンティを廃止し，ディストリクトを合併した93の一層制団体（unitary authority）をめざした。1995年のワイト島（Isle of Wight）が一層制団体になったのを皮切りに，98年度までに五つのカウンティ，58ディストリクトが廃止され，目標の約半分にあたる46の一層制団体が誕生した。しかし，2005年度現在でも，34カウンティと238ディストリクトが残り，国が「二層制の維持も選択肢として認める」と修正し，完全一層制は成功していない（自治体国際化協会，2003 b: 22）。

これに対し，ウェールズとスコットランドは，完全一層制に移行した。ウェールズの8カウンティと37ディストリクトの二層制は，1994年地方自治法で96年に22団体の一層制になった。スコットランドは，もともと一層制であっ

た三つの離島自治体（Island Council）は，別として，9リージョン（Regional Council）と53ディストリクトの二層制が，1994年地方自治法によって96年に29の一層制団体になった。

大ロンドンと広域議会の発足　1997年の総選挙で政権に返り咲いたブレア労働党政権は，既存の警察，消防，交通，開発の広域行政を統一的に担当する大ロンドン（GLA: Greater London Authority）を2000年に設立した（自治体国際化協会，2003b: 30-33, 120-29）。

1999年には，スコットランド議会（Parliament）と自治政府（Exective），ウェールズ議会（Assembly）と内閣が発足し，それぞれ国のスコットランド省（Office）やウェールズ省の予算と機能を引き継いでいる。

ただし，スコットランド議会は，ドイツ各州と同様に，国が権限を留保するもの以外は「包括的」に権能が付与されるが，ウェールズ議会には，イングランドと同様に，国が「限定列挙」した権能を付与している。

実際支出のU字型構造　イギリスでも，人口1人当たり地方支出は，人口の少ない地域と多い地域でその水準が高く，中位の地域で低いという「U字型構造」になっている（高橋，1978: 228）。「実際支出」は，地方団体の予算や決算の歳出である。北アイルランドを除くと，その人口1人当たり金額は，**図5-1**のように，一層制に伴う合併にもかかわらず，対数変換した人口密度に関してU字型の構造になっている[2]。

第1に，U字型構造の右上がり部分は，行政項目別にみると，支出全体の15％前後を占める「対人社会サービス」（PSS: personal social services）によって形成される。これは，図5-1の（＊）が示すように，人口密度が高いほど上昇するので，ドイツにおける「ブレヒトの法則」に従って，大都市圏のシビル・ミニマム行政と考えられる。第2に，道路・交通や図書館・文化事業などの「その他」は，図の下段（○）が示すように，人口密度が低いほど上昇するため，U字型の右下がり部分を形成する。人口規模を20万人前後に合併できても，面積要件で過疎地の状態を解消できなければ，「規模の不経済」に伴う経費がかかるのである。第3に，初等・中等教育は，支出全体の35％程度を占めるが，U字型の原因ではなく，離島を除けば自治体間でほぼ一定とみてよい。

図 5-1　イギリス自治体の実際支出の構造：2000年度

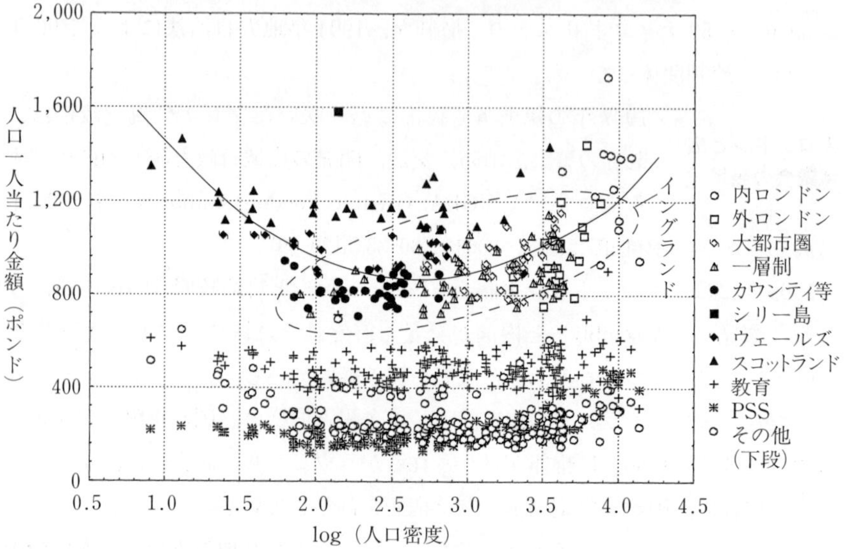
2,000
1,600
1,200
800
400
0
人口一人当たり金額（ポンド）
0.5
1.0
1.5
2.0
2.5
3.0
3.5
4.0
4.5
log（人口密度）
イングランド
内ロンドン
外ロンドン
大都市圏
一層制
カウンティ等
シリー島
ウェールズ
スコットランド
教育
PSS
その他
（下段）

注）　3離島や警察・消防を除く。
出所）　CIPFA（2000 a, 2000 c）より筆者作成。

また，イングランドの人口1人当たり実際支出は，**図5-1**の内ロンドン（○）からカウンティ等（●）までの破線で囲まれた部分である。これは，以下の回帰分析が示すように，人口密度の係数が 42.18 のプラスであるので，人口1人当たり実際支出が都市化するほど高くなり，「ブレヒトの法則」を意味している。

(実際支出/人口)＝823.9＋42.18(人口密度)　　adj R^2＝0.462
(61.8)　(11.3)　　[2000年度] N＝148

このように地域別にみると，イングランドでも，初等・中等教育の人口1人当たり実際支出は自治体間の格差が少ないが，警察・消防を除く「その他」や対人社会サービスのそれは，ブレヒトの法則に従っている。他方，スコットランドやウェールズの実際支出は，シリー島やスコットランドの三つの離島を例外とすれば，イングランドの地方団体に比べてそれぞれ人口1人当たり 318.3 ポンド，149.3 ポンドも高い。この原因も，教育ではなく，対人社会サービスやその他の項目である［注2）の**付表5-1**を参照］。

3 事務配分と税源配分

限定列挙の権能付与　前述の通り，移動社会イギリスの「自治主体」は，固定社会ドイツのようなコミュニティではなく，行政区域を越えて活動するボランタリー部門と考えられる。このように，自治主体が地方行政の外側にあれば，地方団体は「サービス提供団体」にすぎないため，ドイツに比べて合併が容易である。

また，ドイツでは，連邦政府の行政事務が基本法で限定列挙され，州や市町村は，連邦の事務を除くすべての事務について「包括的」に権能が付与されていた。これに対し，スコットランドを除くイギリスでは，国が地方に適した行政サービスを厳選し，最も効率的な地方レベルに権能を付与する「限定列挙型」である（山下ほか，1992: 248）。

限定列挙型では，包括的権能付与とは対照的に，地方団体が単独で新たな地域問題に介入するといった行政項目に関する「ヨコ」の自由度は制限される。しかし，限定列挙された行政権能は，1段階の地方政府レベルに全面的に付与されるので，第6章で詳述するシャウプ勧告が理想とした政府レベル間の「行政責任の明確化」が図られている。したがって，イギリスでは，国の委任事務が少なく，行政サービスの水準に関する「タテ」の自由度は，個別団体の直接限界責任によって大幅に認められやすい。

また，限定列挙型は，包括的権能付与に比べて，地方事務の比重を極端に小さくするというわけでもない。たとえば，日本の需要額に相当する「標準支出」は，予算項目と同様に，①初等・中等教育，②対人社会サービス，③警察，④消防，⑤高速道路の維持・管理，⑥環境・保護・文化のその他，⑦公債費等の7大項目をあげている。警察には半分の国庫負担があるが，それ以外は初等・中等教育の教員給与も含めて一般財源化が進んでいる。

基礎自治体の小さい事務配分　基礎自治体のディストリクトでは，人口1人当たり「標準支出」が，ドイツ市町村の需要額測定値や日本の需要額と同様，つぎのように，対数変換した人口規模に関するU字型を示す。

$$\frac{標準支出}{人口} = 140.6 - 70.3 \ln(人口) + 9.038 \{\ln(人口)\}^2 \quad \text{adj } R^2 = 0.842$$
$$(63.7) \quad (-16.3) \quad\quad (19.0) \quad\quad [1992年度] \, N = 364$$

ここでは，1992年度のディストリクト296団体，ロンドン特別区32団体，

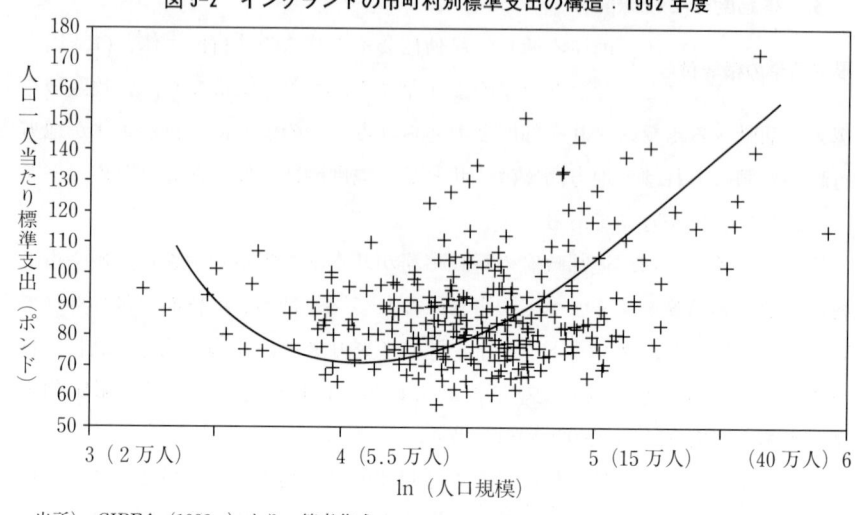

図 5-2　イングランドの市町村別標準支出の構造：1992 年度

（縦軸：人口一人当たり標準支出（ポンド），横軸：ln（人口規模））

出所）CIPFA（1992 a）より，筆者作成。

大都市圏特別市 36 団体の合計 364 団体を対象にしたが，標準支出の項目は，各団体のディストリクトの事務に限定している。

日本の市町村の需要額は，第 6 章で述べるように，右下がりを中心とした U 字型である。これに対し，イングランドでは，約 1800 団体あったディストリクトが，1972 年の地方自治法改正によって合併されたので，標準支出は図 5-2 のように右下がり部分が解消された。その結果，右上がりを中心とした U 字型は，実際支出でみても，一層制団体やカウンティのレベルとともに，ブレヒトの法則に従っていることを意味している。

しかし，ディストリクトは，地方税の徴収団体であるが，人口 5 万人前後では，規模の経済を追求できないので，事務配分の比重はきわめて小さい。たとえば，カウンティ全体の実際支出が 2000 年度 164 億ポンドに対し，ディストリクト全体のそれは，25 億ポンドで合計の 13 ％にすぎない。1992 年の一層制団体をめざした地方政府組織の再編の試みは，日本の市町村合併のように，規模の経済を追求することが目的ではなかった。地方団体が「条件整備団体」をめざすためには，住民は，前述の通り，ボランタリー部門とのバランスが問われることになる。この「公民の役割分担」を明確にするには，中間政府的なカ

ウンティを廃止し，その事務権限を住民に最も近いディストリクト，より正確には一層制団体に移譲することが必要であったと考えられる。

単一地方税制　　イギリスの地方税制は，伝統的に財産税のレイトによる単一税制であった。地方税制に関しては，レイフィールド委員会が，一般補助金を中心とする中央責任型と，地方所得税を導入するという地方責任型の二つのモデルを示し，後者を多数意見として報告したことがある（Layfield Committee, 1976）。

この二者択一を迫る多数意見に対し，デイ（Day）教授とカメロン（Cameron）教授は，委員会のなかで「イギリスの政治的慣行になじまない発想だ」として，二者択一論を排し，少数意見として中間の方式（middle way）を提案した（高橋, 1978: 336-38）。具体的には，国が地方行政におけるナショナル・ミニマムを設定し，これは国の責任で処理するが，それを超える部分は地方の責任で運営することである。この「中間の方式」こそ，サッチャー政権の地方財政改革がめざした直接限界責任の強化であった。

第1に，イギリスが地方所得税を導入しない理由には，地方団体が自治主体でないことがあげられる。これは，政治学的に言えば，「団体自治」よりも「住民自治」を重視すると言い換えてもよい。いずれにしても，地方団体の自主財源比率は，ドイツや日本ほど，議論の対象にならない。高橋は，地方所得税の導入が見送られた理由として，当時のイギリス経済・財政事情のほか，地方財政の問題に対する政治的地位の低下や強力な政治勢力が存在しなかったことをあげている（高橋, 1978: 343-44）。

第2に，地方が，所得再分配機能を担っていないことも重要である。生活保護に相当する所得補助（income support）は，戦後，移動社会の特徴である「福祉移住」に配慮して，地方から国の事務に移管された。固定社会ドイツでは，現在でも社会扶助が市町村の事務であるため，1969年の基本法改正で所得税参与が認められた。また，日本の生活保護は，国がナショナル・ミニマムを確保する「措置」制度の一環に位置づけられている。この事務を委任された地方団体には，生活保護の認定や扶助金額の決定に裁量権がほとんどなく，生活保護の財源を確保するには，国の財政事情で様変わりする補助金だけでは，不十分である。このため，日本の市町村は，ドイツと同様に，税収が確実に期

待できる自主財源の住民税（地方所得税）を不可欠としたのである。

第3に，対人社会サービスの福祉施策は，所得再分配よりも，準公共財として資源配分機能に比重が移された。対人社会サービスは，地方の事務として増大しているが，「措置」制度のもとにあるならば，地方所得税を必要とする。しかし，イギリスでも，これらの福祉施策は，1990年代に措置制度から，利用者が施設を選択できる「契約」制度に転換した。この点も，地方所得税の導入が見送られる理由として看過してはならない。

II 国の全体責任と直接限界責任への収斂

1 レイト援助交付金と非大都市圏の低税率対策

地方財政計画　イギリスには，前述の通り地方所得税がなく，自主財源比率が低いので，地方の事務は，国が一般補助金の財政調整制度によって財源保障してきた。本節では，財政調整制度を三つの期間に区分し，その改革が，直接限界責任へ収斂するプロセスを検討する。以下，各期に共通する地方財政計画とオープン・エンド型の特徴を明らかにし，第1期のレイト援助交付金の仕組みを解説しよう。

現在の歳入援助交付金（RSG: revenue support grant）は，第3期の財政調整制度であるが，交付金の総額は，各期とも「地方財政計画」の策定を通じて決定される。第1に，環境省（現在，副首相府）が，図5-3のように，地方財政計画の歳出総額に相当する総標準支出（TSS: gross total standard spending）を定めている[3]。純標準支出（net total standard spending）は，総標準支出から，コミュニティ・ケアなどの特例補助金（special grant）を含む国庫支出金（特定補助金: specific grant）を除いた金額である。たとえば，イングランド全体の総標準支出は，1993年度41168百万ポンドで，警察費や高齢者養護費を中心とする国庫支出金4546百万ポンドを差し引いた純標準支出の合計（SSA）は，36622百万ポンドとなった（1ポンドは約200円）。これが，本来の標準支出であるが，制度改正のたびに名称が変更されている。この煩雑さを避けるため，以下，とくに個別名称を必要とする場合には，「標準支出（略記号）」で表記することにしよう。たとえば，一般用語である歳出予算の実際支出（E）に

図 5-3　イングランドの地方財政計画：1993 年度　（単位：100 万ポンド）

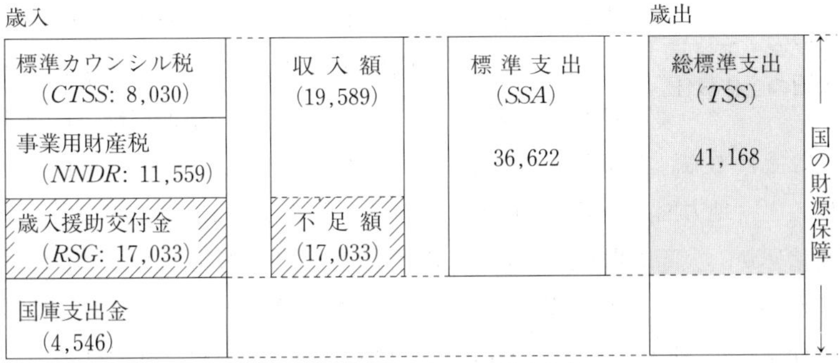

歳入｜標準カウンシル税（CTSS: 8,030）／事業用財産税（NNDR: 11,559）／歳入援助交付金（RSG: 17,033）／国庫支出金（4,546）

収入額（19,589）／不足額（17,033）

標準支出（SSA）36,622

歳出｜総標準支出（TSS）41,168　国の財源保障

出所）　Society of County Treasures（1993）より，筆者作成。

対しては，「標準支出 ($\bar{E}$)」と表す。個別名称の「標準支出 (SSA)」の SSA は，standard spending assessments の略記号である。

　第2に，国は，標準支出を財源保障するが，各地方団体の需要項目を積み上げた調整前の標準支出が全体計画のそれに等しくなるとは限らない。このため，標準支出は，項目ごとに調整係数 (scaling factors) をかけて，全体計画の項目別金額に等しくさせている。したがって，歳入援助交付金による財源保障は，地方財政計画の歳出総額を上限とする。

　第3に，地方団体の収入額は，図 5-3 のように国が全国一律に税率を定める国税事業用財産税 (NNDR: national non-domestic rate) の譲与税額 (RNDR) と，標準カウンシル税 (CTSS) の合計である。イングランド全体の歳入援助交付金は，以下のように，標準支出と収入額の差額として表され，この財源保障が国の「全体責任」である。

$$RSG = SSA - (RNDR + CTSS) = 36,622 - (11,559 + 8,030) = 17,033$$

　ここで，国税事業用財産税の譲与税額 (RNDR: receipts from NNDR pool) は，1993 年度の課税ベース 31142 百万ポンドに全国一律の税率 41.6％をかけた 12955 百万ポンドから，非課税分を差し引いて 11559 百万ポンドになる。また，標準カウンシル税 (CTSS: council tax for standard spending) の総額は，環境省が後で説明する「D区分税額」を 492.66 ポンドに設定したので，課税ベースの 16.2999 百万ポイントを乗じて 8030 百万ポンドとなった。したがって，歳入援助交付金の総額 (RSG) は，イングランド全体で 17033 百万ポンド

となるが，日本のように不交付団体や留保財源はない。

オープン・エンド型と国の全体責任　イギリス地方財政の特徴は，第1に，180年続いたレイト（財産税）の単一税制の税率が，伝統的に個別団体の予算編成の最後に決まるため，毎年，税率操作権が行使されてきたことにある。大都市圏の自治体が，行政ニーズの拡大に応じて税率を引き上げると，地方圏との格差が拡大する。第3章で述べた「財政的公平」は，個別自治体が，実際支出を国の定めた標準支出に等しくするならば，自治体間の税率が等しくなることを要請する。このため，1966年の地方自治法は，レイト援助交付金（Rate Support Grant）を導入した。地方税だけでは，ナショナル・ミニマムなどの標準支出を賄えないとき，国は，地方団体の不足額を財政調整制度によって財源保障し，「全体責任」を確保しようとするのである。

第2に，レイト援助交付金や歳入援助交付金は，使途が限定されない一般補助金であるため，日本の地方交付税やドイツ各州の基準交付金に相当している。ドイツの基準交付金は，第4章で述べたように，総額が州税の一定割合であり，総額と交付額が一致するように単位費用が算定される。したがって，それは，クローズド・エンド型の一般補助金に分類される。これに対して，イギリスの一般交付金は，総額が国税とリンクせず，国の予算編成で「総枠決定」されるので，オープン・エンド型の一般補助金である。

第3に，イギリスの地方事務は限定列挙されるので，水準超過行政はあっても，独自の事務・事業はない。したがって，一般交付金には，留保財源の必要がない。その代わりに，標準支出（$\bar{E}$）は，表5-2の［*NEED*, *GRE*, *SSA*, *FSS*］のように，名称変更や算定替えはあったが，実際支出を回帰分析した「標準化原理」に基づくため，都市のシビル・ミニマムが含まれている。

レイト援助交付金の3要素　1967年度に導入されたレイト援助交付金は，表5-2のように，①需要要素，②税源要素，③居住用レイト軽減補塡要素の3種類が，個別に配分される。

第1に，需要要素交付金（*NG*: needs grant）は，当初，人口やニーズ均等化の基準で配分されていた。1974年度の改正では，実際支出（*E*）を人口や教育・福祉などの説明変数で回帰分析した標準支出（$\bar{E}$: *NEED*）と，交付金閾値の差額が交付されるようになった（高橋，1978: 206; Bennett, 1982: 91）。

表 5-2 財政責任システムと財政調整制度の変遷

	レイト援助交付金時代 第1期(1967〜80)	ブロック・グラント時代 第2期(1981〜89)	歳入援助交付金時代 第3期(1990〜)
1. 全体責任 [標準支出: $\bar{E}$]	(1)需要要素(NG) $NG=\bar{E}-(GT \times POP)$ [$NEED$] (2)税源要素(RG) $RG=\{(\bar{V}-V) \times POP\} \times R$ (3)居住用レイト軽減補填 (DG)	(1)ブロック・グラント(BG) $BG=E-[r \times RV \times M]$ [GRE] ① $r=\bar{r}+0.011\dfrac{E-\bar{E}}{POP}$ ② $r=\bar{r}+0.011\dfrac{TH-\bar{E}}{POP}$ $+0.015\dfrac{E-TH}{POP}$ (2)居住用レイト軽減補填	(1)歳入援助交付金(RSG) $RSG=\bar{E}-(RNDR+CTSS)$ [SSA, FSS(2003〜)] 1990〜92: $CCSS$ 1993〜02: $CTSS$ 2003〜　: $ANCT$ —
2. 間接限界責任	—	—	事業用産税の譲与税化
3. 直接限界責任	レイト [居住用・事業用財産税]	レイト［居住用・事業用］ $(r-\bar{r})POP=0.011(E-\bar{E})$	カウンシル税D区分(1993〜) $(t_{CT}-\overline{t_{CT}})DH=(E-\bar{E})$

注) 第1期［GT: 交付金閾値, POP: 人口, Vと$\bar{V}$: それぞれ人口1人当たりレイト課税ベースと全国標準の課税ベース, R: レイト実際税率］.
　　第2期［rと$\bar{r}$: それぞれ交付金関連税率（GRP）と実際支出（E）が標準支出（$\bar{E}$）に等しいときの税率, RV: レイト課税ベース, M: 乗数, GRE: 交付金関連支出, TH: 支出閾値］.
　　第3期［$RNDR$: 国税事業用財産税の譲与税額, SSA: 標準支出, FSS: 算定支出シェア, $CCSS$: 標準コミュニティ・チャージ, $CTSS$: 標準カウンシル税, $ANCT$: 仮定カウンシル税, t_{CT}と$\overline{t_{CT}}$: それぞれカウンシル税の実際税率と標準税率, DH: D区分換算の住宅戸数］.
出所) 髙橋（1978），中井（1997a），小林（2004），北村（2004）より，筆者作成．

イングランドの人口1人当たり標準支出（$\bar{E}/POP$）は，人口密度の高い大都市圏ほど高く算定される．需要要素交付金の算定式は，以下のように示される（Society of County Treasures, 1980: 4）．

$$NG=\bar{E}-(GT \times POP) \tag{5-1}$$

ここで，POPは人口であるが，GT（grant threshold）の交付金閾値は，需要要素の交付金総額を個別団体に完全に配分する水準に設定され，レイト税収との関連はない．

各団体への需要要素交付金は，図5-4のように，標準支出と水平な点線で表される交付金閾値との差額が交付される．

第2に，税収面の税源要素交付金（RG: resources grant）も，1974年度でつぎのように改正された（高橋，1978: 218）．

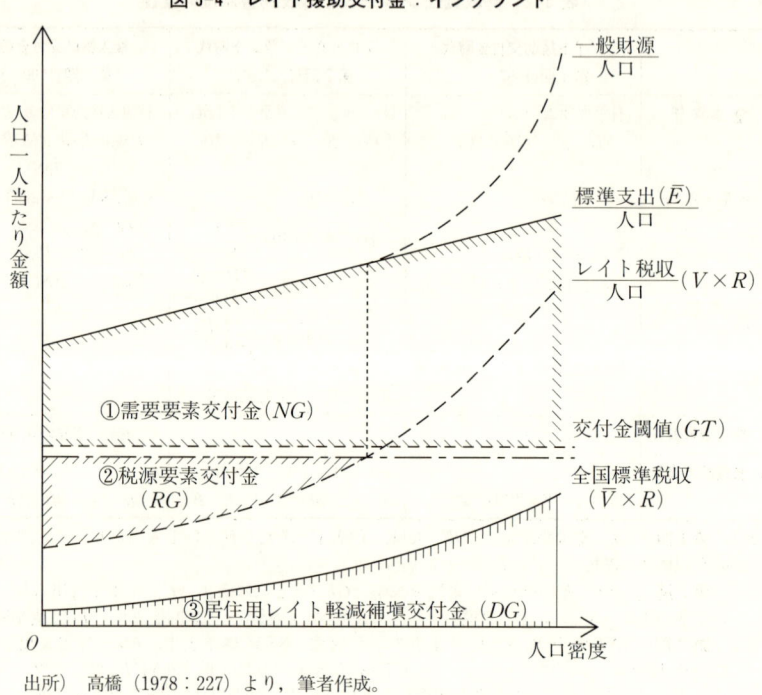

図 5-4 レイト援助交付金：イングランド

縦軸：人口一人当たり金額　横軸：人口密度

- 一般財源/人口
- 標準支出（$\bar{E}$）/人口
- レイト税収/人口（$V \times R$）
- ①需要要素交付金（NG）
- 交付金閾値（GT）
- ②税源要素交付金（RG）
- 全国標準税収（$\bar{V} \times R$）
- ③居住用レイト軽減補塡交付金（DG）

出所）高橋（1978：227）より，筆者作成。

$$RG = \{(\bar{V} - V) \times POP\} \times R \tag{5-2}$$

ここで，R はレイトの実際税率である。税源要素交付金は，人口1人当たりレイト課税ベース（V）が，大都市圏ほど高くなるので，図5-4の水平な1点鎖線で表される全国標準（national standard）の課税ベース（$\bar{V}$）を上回る団体には交付されない。この改正では，実際税率を引き上げるほど交付金が増える「徴税努力」の刺激効果が導入された。その結果，非大都市圏の1人当たり税収が全国平均未満の団体は，全国平均まで引き上げられるようになった。

第3に，居住用レイト軽減補塡交付金（DG: domestic grant）は，交付金総額を各団体の居住用レイト課税ベースのシェアで按分されるので，大都市圏ほど多くなる。

1974年度の改正では，非大都市圏の税率は引き上げられたが，レイト税収が全国標準税収を上回る大都市圏自治体にも，需要要素交付金が配分される。

この交付金とレイト税収を加えた「一般財源」は，図5-4の破線のように，人口密度の高い大都市圏において標準支出を大幅に上回り，福祉サービスの充実に向けられた。第2章で述べたように，大都市圏の税率の高止まり傾向は，低所得者の「福祉移住」による都市集中や海外への「資本逃避」をもたらす。これに対し，サッチャー保守党政権の誕生で，地方支出の抑制と税率引下げが政策課題になった。

2　ブロック・グラントと大都市圏の高税率対策

需要要素と税源要素の統合　需要要素と税源要素の交付金は，1980年地方政府・計画・土地法で，ブロック・グラント（BG: block grant）に統合され，81年度から大都市圏の高い税率の抑制をめざすことになる（小林，2004）。ブロック・グラントという用語は，本来，定額の「包括補助金」を意味するが，このブロック・グラントは定率部分を含むので，正確には包括補助金ではない。

　ブロック・グラントとしては，図5-5の矢印（実線）のように，実際支出（E: actual expenditure）と，交付金の算定に用いられる概念上（notional）のレイト税収の差額が交付される。この交付金は，地方団体の実際支出が増えるほど，概念上の税収が実際の税収よりも高く算定されて，その金額が削減される仕組みである。

$$BG = E - (r \times RV \times M) \tag{5-3}$$

ここで，RVはレイトの課税ベース（rateable value），rは交付金関連税率（GRP: grant related poundage），Mは乗数（multiplier）であり，右辺の税率（r）が高いほど，交付金額が減少する。

　交付金関連税率（r）は，1986年度から，以下の算定式の係数になった。

$$\text{支出閾値以下}: r = \bar{r} + 0.011 \frac{E - \bar{E}}{POP} \tag{5-4a}$$

$$\text{支出閾値以上}: r = \bar{r} + 0.011 \frac{TH - \bar{E}}{POP} + 0.015 \frac{E - TH}{POP} \tag{5-4b}$$

ここで，$\bar{E}$は，日本の需要額に相当する交付金関連支出（GRE: grant related expenditure）で，以後は標準支出（GREまたは$\bar{E}$）とする。$\bar{r}$は，実際支出

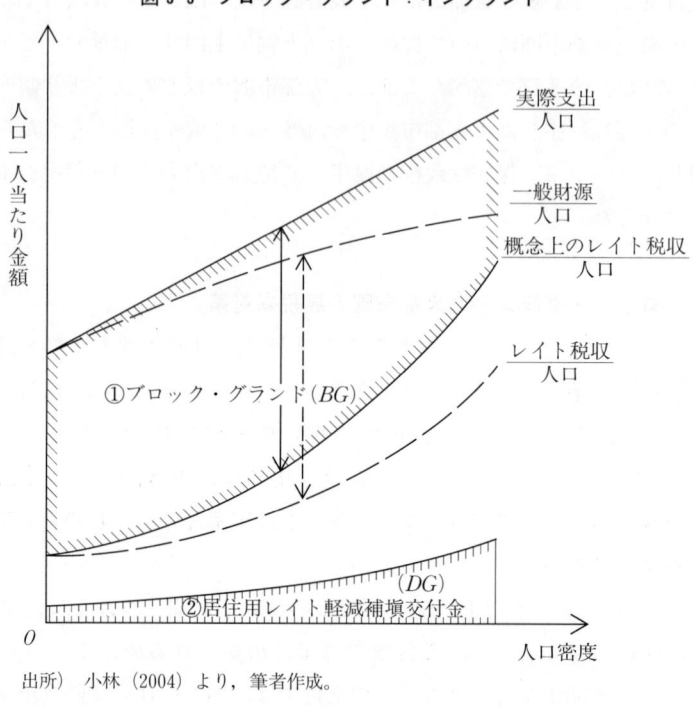

図 5-5　ブロック・グランド：イングランド

（縦軸）人口一人当たり金額
（横軸）人口密度

- 実際支出／人口
- 一般財源／人口
- 概念上のレイト税収／人口
- レイト税収／人口
- ①ブロック・グランド（BG）
- ②居住用レイト軽減補塡交付金（DG）

出所）小林（2004）より，筆者作成。

（E）が標準支出（$\bar{E}$）に等しいときの税率，TH は，支出閾値 [threshhold＝$\bar{E}$＋（POP×クラス別支出閾値）] である[4]。

（5-4b）式の 1986～89 年度の係数 0.011 と 0.015 は，それぞれ，81 年度当初が 0.005618 と 1.25 倍の 0.007023 であったので，当初の 2 倍以上に引き上げられている。なお，0.005618 の係数は，人口 1 人当たりで支出増 10 ポンドを全国平均の課税ベース 178 ポンドで割った値である（小林，2004: 16）。また，1981 年度の係数は，地方団体の予算が削減目標を達成しなかったので，年度途中の 6 月 25 日にそれぞれ 0.006 と 0.0075 に，1985 年度もそれぞれ 0.0069 と 0.008625 に引き上げられている。

　大都市圏の自治体は，税率を引き下げざるをえなかったが，国が意図したほどではなかった。レイトは居住用と事業用財産税に区分され，大都市圏ほど事業用財産税の比重が大きい。大都市圏の自治体では，企業の支払う事業用財産

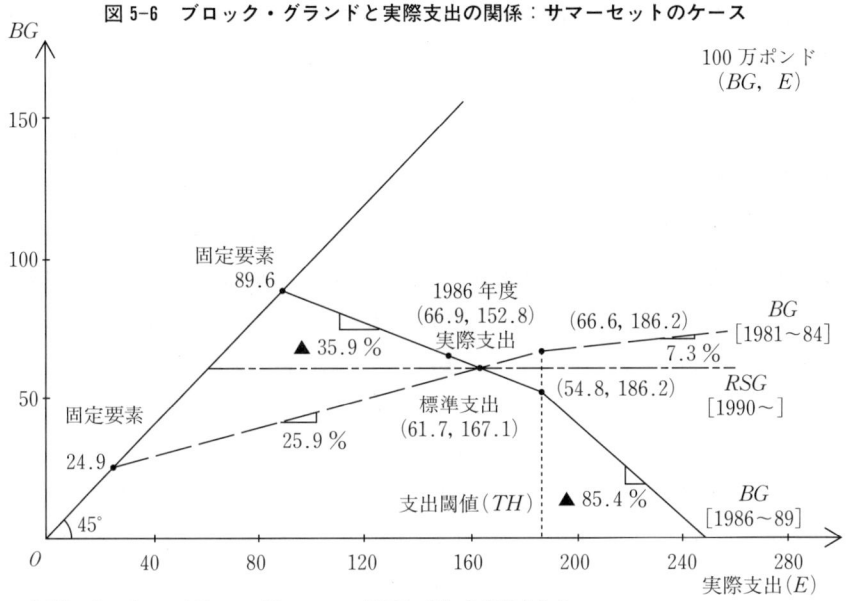

図 5-6　ブロック・グランドと実際支出の関係：サマーセットのケース

(図：BGと実際支出Eの関係を示すグラフ。主な数値：固定要素 89.6、固定要素 24.9、1986年度 (66.9, 152.8)、(66.6, 186.2)、実際支出、標準支出 (61.7, 167.1)、(54.8, 186.2)、支出閾値(TH)、▲35.9%、7.3%、25.9%、▲85.4%、BG [1981〜84]、RSG [1990〜]、BG [1986〜89]、45°、100万ポンド (BG, E))

出所）Soccioty of County Treasures（1986：11）より筆者作成。

税を高い水準の税率に維持することができれば，選挙民が負担する居住用財産税を軽減できるのである。

限界交付率　1986 年度の係数改正は，ブロック・グラントの性質を 180 度転換するものであった。

実際支出を 1 ポンド増したときの「限界交付率」（$\Delta BG/\Delta E$）は，以下のように算定される（Society of County Treasures, 1986: 9）。

支出閾値以下:　$\left(\dfrac{\Delta BG}{\Delta E}\right) = 1 - \left(\dfrac{\Delta r}{\Delta E}\right) \times RV \times M$

$\qquad\qquad\qquad = 1 - \dfrac{0.011 \times RV \times M}{POP}$ 　　　(5-5a)

支出閾値以上:　$\left(\dfrac{\Delta BG}{\Delta E}\right) = 1 - \dfrac{0.015 \times RV \times M}{POP}$ 　　　(5-5b)

改正前の限界交付率は，図 5-6 の破線のようにサマーセット（Somerset）・カウンティの 1986 年度数値を用いて，改正前の係数 0.006 に置き換えれば，25.9 %［＝ 1 −（0.006 × 53.139 × 1.025295）/0.4409］であった。改正前では，こ

の自治体の交付金は，交付金関連税率（$r: GRP$）がゼロのときの「固定要素」が24.9百万ポンドであり，税率を引き上げて実際支出を増加させても，支出閾値以下では25.9％，それを超えても7.3％増えていた。

負の限界交付率への転換 ところが，改正後のサマーセットの交付金は，固定要素が89.6百万ポンドに引き上げられたが，限界交付率は，実際支出を増やせば，-35.9% $[=1-(0.011\times 53.139\times 1.025295)/0.4409]$ も減少する。換言すれば，「限界負担率」（＝1－限界交付率）が135.9％であるため，レイトの納税者は，実際支出1ポンドの増加に対し，1.359ポンドの負担を強いられるのである。また，この自治体の実際支出が，支出閾値以上になれば，その限界交付率は，-85.4% という減少率，限界負担率は185.4％にも及ぶ。

1981～84年度の改正前においても，人口1人当たりレイト課税ベース $[(RV\times M)/POP]$ が，乗数（M）を1と仮定し，167ポンド $[=1/0.006]$ 以上の団体であれば，支出閾値以下の限界交付率は，マイナスになる [(5-5a) 式から，$(\Delta BG/\Delta E)=1-(0.006\times RV\times M)/POP<0$]。しかし，このような自治体は，ロンドンなど大都市圏の一部の団体に限られていた。1986年度の改正後は，非大都市圏を含むほとんどの自治体の限界交付率が，図5-6の右下がりの実線のように，支出閾値以下でもマイナスになったのである。

3 歳入援助交付金と直接限界責任への収斂

限界交付率ゼロ ブロック・グラントの限界交付率は，多くの自治体でプラスからマイナスに振幅した。この振幅が，図5-6の1点鎖線のように，歳入援助交付金（RSG）の「限界交付率ゼロ」への収斂に導いたと考えられる。ブロック・グラントの交付金関連税率（r）を決定する（5-4a）式は，表5-2の最終行 $[(r-\bar{r})POP=0.011(E-\bar{E})]$ のように，直接限界責任の原型と考えられる。すなわち，標準支出（$\bar{E}$）を超える実際支出は，レイト税率の引上げで賄うことが要請された。

レイトの人口1人当たり実際税率（t_r）と標準税率（$\bar{t_r}$）の差は，単純化のために，乗数（M）を1として $[t_r\times POP=r\times RV]$ に着目すると，つぎのように歳入援助交付金時代（1990年度～）と比較できる。

1986〜89： $(t_r - \overline{t_r})POP = 0.011(DRV + NDRV)(E - \bar{E})$　　(5-6a)

1990〜92： $(t_{cc} - \overline{t_{cc}})ADALT = E - \bar{E}$　　(5-6b)

1993〜　： $(t_{cT} - \overline{t_{cT}})DH = E - \bar{E}$　　(5-6c)

ここで，レイトの課税ベース（RV）は，居住用（DRV）と事業用（$NDRV$）に分離し，t_{cc}とt_{cT}は，それぞれ，コミュニティ・チャージとカウンシル税の実際税率（$\overline{t_{cc}}$と$\overline{t_{cT}}$は標準税率），$ADALT$は成人人口，DHはD区分に換算された住宅戸数である。

　第1に歳入援助交付金は，標準支出と収入額の差額であるため，各団体にとっては固定要素だけとなり，限界交付率がゼロ，または限界負担率が1になった（Barnett, Levaggi and Smith, 1991b）。第2に事業用財産税の国税・譲与税化は，(5-6a) 式の右辺の事業用課税ベース（$NDRV$）を消滅させ，非選挙民に対する超過課税の余地をなくした。第3に標準支出を上回る限界部分の全費用（フル・コスト）は，選挙民が負担するように［$0.011 \times DRV$］を1とし，選挙民に対応する成人人口（$ADALT$）にコミュニティ・チャージ（人頭税）を課した。これが，戸数割のカウンシル税D区分に変更されて今日に至っている。

2003年度算定替え　　イギリスの度重なる地方財政改革は，1993年度のカウンシル税導入で一応の決着をみた。ブロック・グラントと，居住用レイト軽減補塡交付金のレイト援助交付金は，1990年度のコミュニティ・チャージ（人頭税）導入に伴って，1988年地方財政法に基づく歳入援助交付金に移行した。歳入援助交付金は，以下のように，カウンシル税の導入や標準支出の算定替えはあるが，本質的にはドイツNW州の基準交付金や日本の交付税と同様に，標準支出と収入額の差額として表される。

1990〜1992： $RSG = SSA - (RNDR + CCSS)$　　(5-7a)

1993〜2002： $RSG = SSA - (RNDR + CTSS)$　　(5-7b)

2003〜　　： $RSG = FSS - (RNDR + ANCT)$　　(5-7c)

ここで，歳入援助交付金時代の標準支出（$\bar{E} \equiv SSA \equiv FSS$）は，ブロック・グラントの交付金関連支出（$GRE$）を引き継いだものであり，2003年度から「算定支出シェア」（FSS: fomula spending shares）に算定替えされた。

　収入額は，国税事業用財産税（$NNDR$）の譲与税額（$RNDR$）と，標準支出に要する標準コミュニティ・チャージ（$CCSS$: community charge for standard spending）の合計を100％算入するので，留保財源はない。また，標準カウンシル税（CTSS: council tax for standard spending）は，その標準税率（$\overline{t_{CT}}$）に「D区分換算の住宅戸数」（DH）をかけたもので，2003年度から仮定カウンシル税（ANCT: assumed national council tax）に改正された。

選挙民への直接限界責任　現在，選挙民に対する直接限界責任は，カウンシル税の税率操作権を行使して発揮される。カウンシル税D区分の実際税率（t_{CT}）は，以下のように，実際支出（E）から，事業用財産税譲与額（RNDR）と歳入援助交付金（RSG）を除いた必要予算額を，D区分換算の住宅戸数（DH）で割った値である。

$$t_{CT}=\frac{E-RNDR-RSG}{DH} \tag{5-8}$$

RSGの（5-7b），（5-7c）式と1993年度以降の［CTSS＝ANCT＝$\overline{t_{CT}}$×DH］に着目すれば，（5-8）式は，以下のように表すことができる。

1993〜：$(t_{CT}-\overline{t_{CT}})DH=E-\overline{E}$　　　　　（5-6c：再掲）

右辺の限界的行政コストは，当該団体の実際支出と標準支出の差額を意味し，実際支出が標準支出を上回る（下回る）団体は，環境省が定めたカウンシル税の標準税率に対して超過課税（軽減課税）を選挙民に課すことになる。

III　公民連携による全体責任の確保

1　事業用財産税による間接限界責任の強化

国税・譲与税化　以下，イングランド自治体の直接・間接限界責任をデータで検証しながら，公民連携による全体責任の確保との関係を明らかにしよう。

第3期の歳入援助交付金時代で，最も著しく変化したものは，事業用財産税である。これは1990年度以降，選挙民に対する直接限界責任を強化するため，非選挙民に対する事業用財産税の税率操作権を認めないように国税化された。しかし，徴収団体（charging authorities）は，従来通り基礎自治体のディストリクトやロンドン特別区であり，これらが環境大臣やウェールズ大臣に納付する。ただし，財産価値を評価するのは，国の内国歳入庁である。

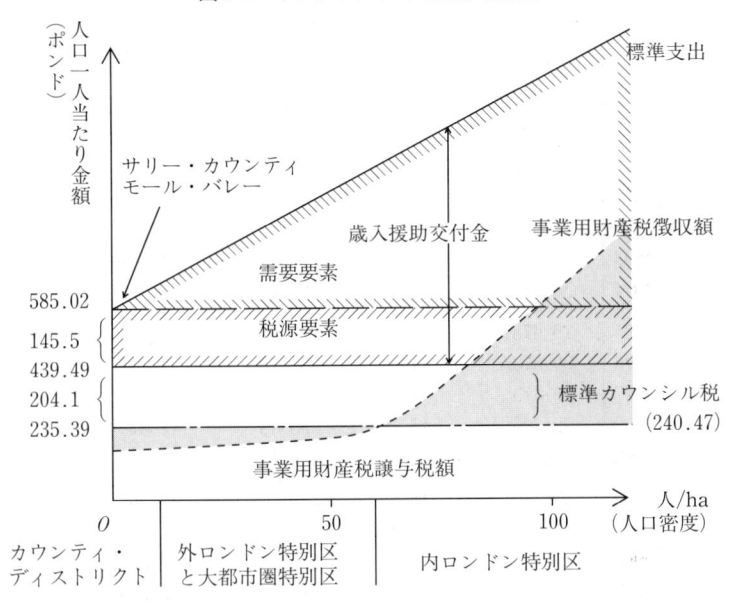

図 5-7　イングランドの地方財政構造

```
人口一人当たり金額（ポンド）
                                          標準支出
サリー・カウンティ
モール・バレー
                  歳入援助交付金    事業用財産税徴収額
              需要要素
585.02
145.5 {         税源要素
439.49
204.1 {                            } 標準カウンシル税
235.39                               (240.47)
              事業用財産税譲与税額
   O            50            100    人/ha
                                      (人口密度)
カウンティ・  外ロンドン特別区  内ロンドン特別区
ディストリクト と大都市圏特別区
```

出所）中井（1997a）。

　国税事業用財産税（*NNDR*）は，図 5-7 のように，財源の遍在化が著しかったが，国が一律に税率を定め，1992 年度までは成人人口，93 年度以降は住民人口に応じて譲与される。このため，事業用財産税・譲与税（*RNDR*）は，かなりの財政調整効果を伴う「税収分割」である。

　事業用財産税は，日本の固定資産税の非住宅用地と同様に，税収が地域間で遍在する。イングランドのそれを自治体ごとの徴収額（*NNDR*）でみると，たとえば 1993 年度の対数変換した人口 1 人当たり金額は，以下のように，人口密度で説明できる[5]。

$$\ln(人口1人当たり徴収額) = 4.906 + 0.0101 \times (人口密度) \quad (5\text{-}9)$$

これは，{(人口 1 人当たり徴収額)＝exp[4.9062＋0.0101（人口密度）]}のように書き換えられ，自然対数の底（e）の [4.9062＋0.0101（人口密度）] 乗になる。

　人口 1 人当たり徴収額は，図 5-7 の点線のように，大都市圏で人口密度が高くなると，急激に増加する。しかし，事業用財産税の国税・譲与税化

表 5-3 事業用財産税の推移

年度	事業用財産税 課税ベース	税率(p/£)	1人当たり譲与税額(£)	税額(100万ポンド)
1989	4,042	243.2	—	—
1990	28,568	34.8	—	—
1991	29,320	38.6	—	—
1992	30,984	40.2	—	—
1993	31,142	41.6	240.47	11,559
1994	30,322	42.3	220.86	10,685
1995	29,678	43.2	233.95	11,354
1996	29,672	44.9	261.48	12,736
1997	29,873	45.8	245.93	12,027
1998	29,706	47.4	255.13	12,524
1999	29,337	48.9	276.19	13,612
2000	37,770	41.6	311.14	15,400
2001	39,068	43.0	304.24	15,137
2002	39,606	43.7	332.54	16,626
2003	39,586	44.4	317.19	15,600
2004	n. a.	45.6	302.65	15,000
2005	n. a.	42.2	361.04	18,000

出所) CIPFA (1989-2003 a), Society of County Treasures (1989-2005) より, 筆者作成。

(*RNDR*) は, 自治体ごとに一律の人口1人当たり金額 (1993年度240.47ポンド) を譲与するために, 右上がりの徴収額を図の水平な1点鎖線のように回転させた。この制度改正は, 自治体間の税源格差を完全に平準化するかたちで, 大都市圏から非大都市圏への強力な財政調整効果, すなわち「間接限界責任」を発揮した。

久しぶりの評価替え 事業用財産税の評価替えは, 長い間, 見送られてきたが, 1990年度の改正で評価額を大幅に引き上げた。たとえば, イングランドでは, 表5-3のように, 評価額を1989年度4042百万ポンドから90年度に28568百万ポンドと, 約7倍に引き上げた。ただし, 税収中立を維持するため, 税率 (課税算定乗数) は, 1989年度の全国平均の評価額1ポンド当たり243.2ペンス (p/£) から, 90年度全国一律の34.8ペンスと, 約

7分の1に引き下げている。

その後の評価替えは，5年ごとに実施され，1995年度では大幅な引上げが見送られた。だが，2000年度の評価替えは，前年度の29337百万ポンドから37770百万ポンドへと28.7％も引き上げられた。このため，税率は，1ポンド当たり48.9ペンスから41.6ペンスに引き下げたが，人口1人当たり譲与税額は，表5-3のように，276.19ポンドから311.14ポンドと12.7％上昇し，2005年度の評価替えも302.65ポンドから361.04ポンドと19.3％引き上げられ，労働党政権下で企業課税を強化するのと同様な傾向が見られる。

財政調整効果の比較　ブロック・グラント時代のマイナスの限界交付率は，「交付金削減装置」(tapering) として，税率引下げ効果を発揮している。1986～89年度の地方税は，事業用財産税を含むレイトである。(5-9)式の人口1人当たり地方税に関する人口密度の係数は，1986年度0.00774から89年度0.00650に低下したので，大都市圏の自治体はレイトの税率を引き下げたと考えられる。税収の偏在度を表すジニ係数は，1986年度0.2491から89年度0.2041に低下し，税源の偏在化が改善したことを示している［地方税は注5）の**付表5-2**，ジニ係数は**付表5-3**を参照]6)。

ブロック・グラント時代には，交付金は実際支出と概念上のレイトの差額を財源保障していたが，事業用財産税の譲与税化のような極端な「税収分割」は実施されていない。このため，ブロック・グラントは，**図5-8(a)**の交付金による「調整後」のように，レイト税収（調整前）のローレンツ曲線を完全平等曲線（45度線）に近づけている7)。その財政調整効果は，レイト税収とブロック・グラントを合わせた「一般財源」のジニ係数で表すことができる。このジニ係数は，1980年代後半では，地方税の0.2041～0.2491に対し，0.1119～0.1331の値であるため，税源の不平等度を改善しているにすぎない。

これに対し，歳入援助交付金時代の財政調整効果は，それ以前とまったく異なる。第1に，地方税は，居住用財産税を廃止して，1990～92年度のコミュニティ・チャージや93年度以降のカウンシル税を導入したように，抜本的に改革された。ただし，比較のために，それらと国税・事業用財産税の徴収額の合計を地方税とすれば，このジニ係数は，1990～93年度で0.25前後であるため，税源の偏在度にそれほど大きな変化はなかった。

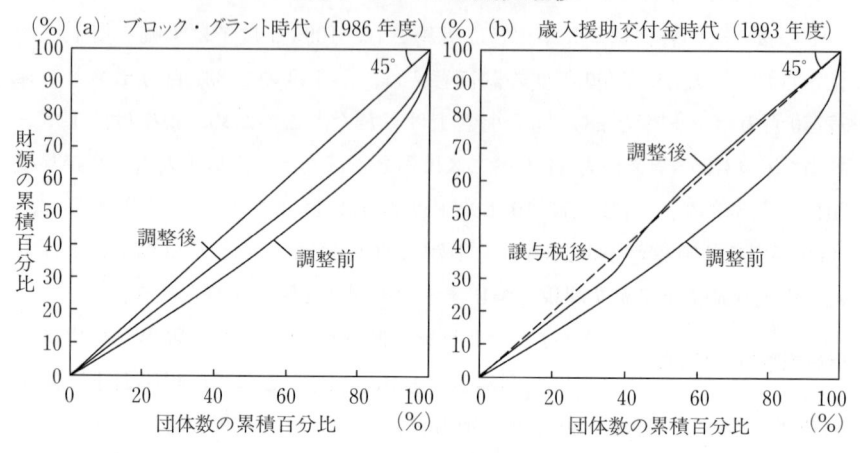

図 5-8 ローレンツ曲線の推移

(a) ブロック・グラント時代（1986 年度）

(b) 歳入援助交付金時代（1993 年度）

出所）中井（1997 a）。

しかし第 2 に，事業用財産税の「譲与税化」は，大都市圏から非大都市圏へ強力な財政調整効果を発揮した。たとえば，コミュニティ・チャージの期間では，徴収額を成人人口 1 人当たり金額で均等に譲与した。このため，譲与税額とコミュニティ・チャージを合計した人口 1 人当たり金額のジニ係数は，「譲与税後」が 0.015 前後で，完全平等曲線（45 度線）にかなり接近した。さらに，カウンシル税の期間では，徴収額を人口 1 人当たり金額で均等に譲与したので，「譲与税後」のジニ係数は，1993 年度 0.000933 の値になった。そのローレンツ曲線は，図 5-8(b) の点線のように，完全平等曲線とほぼ一致する。このため，大都市圏で徴収された事業用財産税は，国税・譲与税化という「税収分割」によって，非大都市圏に再配分されたのである。

第 3 に，歳入援助交付金の財政調整効果は，収入額が「譲与税後」に相当しているので，標準支出の構造に依存する。その人口 1 人当たり金額は，人口密度が高い大都市圏ほど高く算定されている。収入額と交付金を合わせた「一般財源」（図 5-8(b) の調整後）のローレンツ曲線は，人口 1 人当たりコミュニティ・チャージやカウンシル税の自治体別順位に基づいているため，「譲与税後」が達成した完全平等曲線を下から横切る形となる。結果的に，歳入援助交付金は，非大都市圏から大都市圏へ財政調整したのである。

人口1人当たり一般財源のジニ係数は，ブロック・グラント時代の0.12前後から，歳入援助交付金時代のコミュニティ・チャージの期間で0.07程度，さらにカウンシル税の期間の1993年度では0.01249と観測期間の最低を記録している。したがって，歳入援助交付金時代は，ブロック・グラント時代に比べて，より強力な財政調整効果を発揮したことになる。

2　カウンシル税による直接限界責任の発揮

最後に決まる地方税　イギリスの地方税は，伝統的に予算編成の最後に決定され，毎年度，税率操作権が行使される。高橋は1967～80年度までのレイト援助交付金時代の分析において，「その地域の行政はその受益者である地域住民の費用負担によっておこなうという財政責任（アカウンタビリティ）の原則を生かして地方財政が自主的に運営されてきたというイギリスの伝統的な事情を考慮しなければならないであろう。……毎年度の国庫支出金［交付金を含む──引用者注］については，その各自治体への交付額は，その予算編成以前に決定されることになっている。……国庫支出金の交付額が確定しないでは，各地方自治体の予算編成ができず，特に新年度におけるレイト税率の決定ができないからである」（高橋，1978: 123-24）としている。

カウンシル税の超過課税　180年間も続いた唯一の地方税レイトは，前述の通り1990年度に廃止され，居住用財産税（domestic rate）の代わりに，選挙民を課税対象とする人頭税のコミュニティ・チャージを導入した。18歳以上の成人に対する人頭税は，生活保護世帯や学生などに救済措置を講じていたが，負担の逆進性を十分に緩和できなかった。このため，1993年度にはカウンシル税（council tax）に移行している。この税は，日本でいうと旧家屋税・戸数割に相当するが，居住用の資産価格のほか，占有者の家族構成や所得水準が考慮されるので，物税と人税のハイブリッドである。

　環境省は，居住用資産をその価格に応じて8区分し，区分別相対税率と，標準支出に要するカウンシル税の標準税額要素（standard tax elements），すなわちD区分税額を設定する。相対税率を1ポイントとする基準区分は，D区分の9点である。最低のA区分6点の相対税率は9分の6ポイント，最高のH区分18点のそれは9分の18ポイントであり，最低と最高の倍率は3倍に設定され

表 5-4 イングランドの人口1人当たり標準支出

被説明変数		1人当たり標準支出			被説明変数		1人当たり標準支出			
	年度	定数項	人口密度	adj R^2		年度	定数項	人口密度	K&C	adj R^2
ブロック・グラント	1986 [GRE]	603.0 (84.1)	6.132 (23.5)	0.840 $N=107$	歳入援助交付金	1997 [SSA]	773.2 (75.0)	6.037 (21.5)	−425.0 (−4.92)	0.784 $N=130$
	1987 [GRE]	605.7 (83.2)	5.940 (22.6)	0.829 $N=107$		2000 [SSA]	852.4 (70.1)	5.889 (16.4)	−507.2 (−4.41)	0.647 $N=148$
	1988 [GRE]	622.2 (91.3)	5.848 (23.8)	0.844 $N=107$		2001 [SSA]	889.9 (70.1)	5.953 (16.1)	−560.3 (−4.63)	0.637 $N=148$
	1989 [GRE]	625.5 (91.1)	5.895 (23.8)	0.843 $N=107$		2002 [SSA]	862.9 (62.0)	6.756 (16.8)	−706.3 (−5.26)	0.657 $N=148$
歳入援助交付金	1990 [SSA]	622.8 (77.3)	6.311 (21.6)	0.816 $N=107$	歳入援助交付金	2003 [FSS]	1078.8 (81.9)	6.510 (16.8)	−475.5 (−3.84)	0.659 $N=148$
	1991 [SSA]	689.9 (81.2)	8.262 (26.4)	0.869 $N=107$		2004 [FSS]	1112.6 (82.5)	6.701 (17.2)	−531.8 (−4.17)	0.669 $N=148$
	1992 [SSA]	679.9 (76.4)	7.838 (24.5)	0.851 $N=107$		2005 [FSS]	1170.7 (81.4)	7.088 (17.2)	−636.7 (−4.64)	0.668 $N=148$
	1993 [SSA]	637.8 (69.1)	7.292 (22.2)	0.825 $N=107$						

注) 二層制の非大都市圏では、カウンティとディストリクトを加えて一層制と見なしている。一層制のロンドン特別区（32団体）や大都市圏自治体（36団体）では、圏域に警察、消防、ごみ処理、運輸などの別の広域自治体があるので、これらの標準支出は人口案分して加算した。シティ（City of London）は除き、K&C（Kensington and Chelsea特別区）は、これを1、それ以外を0とするダミー変数である。
出所) CIPFA（各年度 a），*Finance and General Statistics* より、筆者作成。

ている。これらの相対税率は、成人2人以上の世帯に適用され、単身世帯に25％、空き家に50％、生活保護世帯に100％の減免措置が講じられている。

標準カウンシル税は、歳入援助交付金の算定に用いられ、その人口1人当たり金額は、人口密度よりも、最高区分に対応する高級住宅地の多い団体ほど高くなる。各団体の「高級住宅地指数」は、D区分に換算された相対税率の合計を住宅戸数で割った値で、これが高いほど高級住宅地が多いことを表している。

これに対して、実際のカウンシル税は、必要予算額の財源を確保するために徴収され、人口1人当たり金額では、高級住宅地指数だけでなく人口密度が高い団体ほど、多く徴収されている。したがって、超過課税の金額は、ロンドン

第5章 移動社会イギリスの財政責任システム

などの大都市圏のように，人口密度が高い団体ほど大きくなる傾向がある[8]。

標準支出のブレヒトの法則 ドイツの「ブレヒトの法則」は，人口が集中する都市ほど人口1人当たり地方支出が高いということであった。地方団体をイングランドに限定し，シリー島（Isles of Scilly）を除くと，ここでも表5-4のように，この法則があてはまる。

　イングランドの人口1人当たり標準支出は，図5-7で見たように，それが最小の団体を起点に，人口密度が高い大都市圏ほど大きく査定されている[9]。事業用財産税の譲与税額と標準カウンシル税を合わせた収入額は，人口1人当たり金額が地方団体間でほぼ同額となる。これらの点を考慮すると，歳入援助交付金は，前述の通り，非大都市圏よりも大都市圏のほうに財政調整していることが確認できる。

　人口1人当たり標準支出は，表5-4で確認できるように，人口密度が高い大都市圏ほど，行政ニーズが高く査定されている[10]。ブロック・グラント時代の標準支出（GRE）も，1986～89年度で人口密度の係数が6.0前後で比較的安定していた。この係数は，歳入援助交付金時代では，7.0前後に引き上げられ，大都市圏自治体の行政ニーズがより反映されるようになった。いずれにしても，国が査定する標準支出は，第1期レイト援助交付金時代の1974年度に回帰分析が導入されて以降，国の査定が連続性をもって推移したと考えられる。

3　歳入援助交付金時代の公民連携

直接限界責任の内点解 歳入援助交付金の時代は，これまでの財政調整制度に比べて，最も長い期間に入っている。ドイツの連邦・州間財政調整は，1970年度の税収分割法や売上税の補充的配分の導入で安定した。このように，サッチャー政権の地方財政改革も，事業用財産税の国税・譲与税化とカウンシル税による直接限界責任の発揮が，功を奏したのかもしれない。

　カウンシル税が導入された1993年度以降，標準支出を保障する財源構成は，表5-5のように，事業用財産税が90年度から5年ごとに評価替えして，3割前後で推移している。これに対し，オープン・エンド型の歳入援助交付金は，カウンシル税の導入当初，5割近くを占めていた。しかし，標準支出（SSA）

表 5-5 イングランドの歳入援助交付金時代の推移
(単位: 100万ポンド)

年度	標準支出 SSA	事業用財産税 NNDR (%)	歳入援助交付金 RSG (%)	標準カウンシル税 A: CTSS (%)	実際カウンシル税 B: CT (B/A)	D区分税額 CTSS (£)
1993	36,622	11,559 (32)	17,033 (47)	8,030 (22)	8,929. (11.2)	492.66
1994	37,848	10,685 (28)	18,479 (49)	8,684 (23)	9,237 (6.4)	527.41
1995	38,743	11,354 (29)	18,296 (47)	9,093 (23)	9,796 (7.7)	551.56
1996	40,157	12,736 (32)	18,001 (45)	9,420 (23)	10,466 (11.1)	568.94
1997	40,563	12,027 (30)	18,650 (46)	9,886 (24)	11,251 (13.8)	593.09
1998	42,668	12,524 (29)	19,480 (46)	10,664 (25)	12,332 (15.6)	634.62
1999	44,733	13,612 (30)	19,874 (44)	11,247 (25)	13,279 (18.1)	664.88
2000	46,690	15,400 (33)	19,403 (42)	11,869 (25)	14,201 (19.6)	695.54
2001	48,792	15,137 (31)	21,086 (43)	12,569 (26)	15,245 (21.3)	730.89
2002	49,762	16,626 (33)	19,889 (40)	13,320 (27)	16,648 (25.0)	769.16
2003	57,908	15,600 (27)	24,215 (42)	18,094 (31)	18,946 (4.7)	1,037.46
2004	60,575	15,000 (25)	26,956 (45)	18,619 (31)	n. a. —	1,061.46
2005	64,180	18,000 (28)	26,663 (42)	19,517 (30)	n. a. —	1,101.96

出所) CIPFA (1989-2003 a), Society of County Treasures (1989-2005) より筆者作成。

が算定支出シェア (FSS) に「算定替え」される直前の2002年度では, 4割まで低下し, これに代わって, 標準カウンシル税の比重は, 当初の2割強から3割に増大している。

直接限界責任の発揮は, 当初,「ギア効果」(gearing effect) が心配された。直接限界責任は, 地方団体が実際支出を1%（支出増加比率: $\varDelta E/E$）増やそうとすれば, この増加額を全額, カウンシル税の超過課税で賄わなければならない ($\varDelta E = \varDelta CT$)。その結果, 実際支出の3割を占めるカウンシル税の増税比率は, 3.3%$[=\varDelta CT/CT=\varDelta E/(0.3\times E)]$ であり, 支出増加比率の3.3倍となるために, 支出抑制のギア効果が働くというものである (The Association of County Councils, 1996: 274)。このような財政錯覚によるギア効果は, 税率引上げを困難にさせ, 第1章で解説したように, 国が定めた標準支出にとどまる「コミットメント型端点解」が心配されたのである。

ところが, 歳出予算に必要な「実際カウンシル税」の超過課税は, 地方団体の予算編成において, 最後に決まる。超過課税は, 当初, 標準カウンシル税の10%程度［表の (B/A)］であったが, 算定替え直前の2002年度では25%にも達した。この直接限界責任の発揮は, 各自治体の選挙民が永準超過行政を選

第5章 移動社会イギリスの財政責任システム

表5-6 標準支出額対比表：イングランド，ウェールズ

(単位: 100万ポンド)

大項目	2002年度		構成比(%)	対比指数	乖離度(%)	2003年度		構成比(%)	対比指数	乖離度(%)
	標準支出	実際支出				標準支出	実際支出			
1. 教 育	24,003	24,454	41.9	42.7	0.8	26,635	27,154	40.3	41.1	0.8
2. P S S	9,937	11,152	17.3	19.5	2.1	11,938	12,160	18.1	18.4	0.3
3. 警 察	7,583	8,481	13.2	14.8	1.6	8,638	9,150	13.1	13.8	0.8
4. 消 防	1,629	1,842	2.8	3.2	0.4	1,889	1,991	2.9	3.0	0.2
5. 高速道路等	2,173	2,042	3.8	3.6	−0.2	2,191	2,267	3.3	3.4	0.1
6. 環 境 等	9,653	11,906	16.9	20.8	3.9	12,269	12,878	18.6	19.5	0.9
7. 公 債 費	2,303	1,505	4.0	2.6	−1.4	2,566	1,738	3.9	2.6	−1.3
合 計	57,281	61,382	100	107.2	7.2	66,126	67,338	100.0	101.8	1.8

注) 標準支出 (*SSA, FSS*)，実際支出: (*NRE*: net revenue expenditure)，*PSS*: 対人社会サービス。
出所) CIPFA (2002-03a) より，筆者作成。

択した「内点解」を意味し，心配されたギア効果は，生じていないようである。

標準支出対比表 　水準超過行政の項目を明らかにするために，地方団体の外部監査を行う公認会計士協会のCIPFA (2000-03a) は，2000年度から，「標準支出対比表」を示すようになった。この対比表は，標準支出 ($\bar{E}$: *SSA, FSS*) と実際支出 (*E*: *NRE*) を行政項目ごとに比較したものである。ただし，この実際支出は，予算の歳出合計ではなく，特定財源を除く一般財源充当経費 (*NRE*: net revenue expenditure) である。日本では，筆者が「需要額対比表」を作成し，需要額の構成比と対比指数の差を項目別の「乖離度」とした (中井，1999a)。この手法を用いると，イングランドとウェールズでは，**表5-6**のように，支出合計で2002年度7.2%の乖離がある。行政項目別では，対人社会サービス (E_2: *PSS*) と，環境等 [E_6: *EPC* (environmental, protective and cultural services)] の乖離が大きい。

標準支出の算定が，回帰分析などの標準化原理に従うならば，水準超過行政の項目を特定化できる。このとき，(5-6c) 式の直接限界責任システムは，$[(E_i - \bar{E}_i) = 0 : i \neq 2, 6]$ によって，以下のように2002年度の超過課税の理由を明らかにすることができる。

$$(t_{CT} - \overline{t_{CT}}) DH = (\sum E_i - \sum \bar{E}_i) = (PSS - \overline{PSS}) + (EPC - \overline{EPC}) \quad (5\text{-}10)$$

ここで，実際支出と標準支出のそれぞれの合計は，$E = \sum E_i$，$\bar{E} = \sum \bar{E}_i$である。

対人社会サービスの乖離は，コミュニティ・ケア法の高齢者介護に起因するが，環境等のそれは，ゴミ処理経費の増加であるとしている（CIPFA, 2002a: 7）。

しかし，2003年度の算定替えでは，表5-5で見たように，標準支出を16％，標準カウンシル税を36％引き上げたので，納税者が負担する実際カウンシル税は14％の伸びにとどまっている。その結果，超過課税の割合は，2002年度の25％から4.7％に低下した。2003年度の「算定替え」では，これらの項目の標準支出（$\bar{E}$: FSS）を引き上げたので，乖離が解消し，表5-6の支出合計でも1.8％の乖離度にすぎない。この標準支出の大幅な引上げが，ボランタリー部門の活動を低下させるならば，それは国の「閉塞的関与」と見なされるが，この判断は，今後の課題に残されている。

公民のプロバイダー選択 イギリスの「公民連携」とは，政府部門と，民間やボランタリー部門のプロバイダー選択を意味し，地方団体が税率操作権を行使する「直接限界責任」の発揮によって促進される。その事例は，老人ホーム等の社会福祉分野にかぎらず，教育に関する公立と私立学校のプロバイダー選択など多岐にわたる。ブレア首相も，労働党政権の発足と同時に，初等教育の改革に着手した。2002年教育法（Education Act 2002）では，中等教育の改革のために，教育費の標準支出の算定替えで，公立学校から地方教育当局（LEA: local education authority）に重点を移し，学校選択の自由を拡大しようとしている（自治体国際化協会，2003 b: 321）。

イギリスでは，地方団体がナショナル・ミニマムなどの基準を確保するために，国はその財源不足を歳入援助交付金で保障し，全体責任を確保しようとする。他方，地方団体は，標準支出対比表によって，項目別の限界支出と超過課税の関係を明らかにし，カウンシル税の税率操作権を行使すれば，直接限界責任が発揮されたことになる。このとき，納税者である選挙民は，地方議会を通じて，たとえば私立学校のボランタリー部門に寄付や会費を支払って自らが行うか，それとも超過課税を負担して公立学校の行政に任せるかを判断できる。この公民のプロバイダー選択は，公立と私立学校の協力関係を生みだし，国の財政調整制度だけでなく，公民連携によって全体責任が確保されるのである。

第5章　移動社会イギリスの財政責任システム

注

1) 1980年に導入された強制競争入札制度は，ブレア労働党政権下の98年にベスト・バリュー (best value) 制度が導入され，2000年1月で廃止された（自治体国際化協会，2003 b: 164-93）。ベスト・バリュー制度は，限られた資源のなかで最大の行政サービスを提供する手法として導入されたが，2002年度に包括的業績評価制度（comprehensive performance assessment）に移行している。
2) U字型構造は，以下の推定結果で確認できる。ここで，実際支出は，歳出予算（total expenditure on services）であるが，これから特定補助金を除いた一般財源充当経費（NRE: net revenue expenditure）などもある。なお，実際支出は行政権能を等しくするために，警察と消防を除き，二層制地域ではカウンティとディストリクトの合計金額を用いている。

付表5-1　イギリス地方団体の人口1人当たり実際支出の構造：2000年度

被説明変数	定数項	[log(人口密度)]^2	log(人口密度)	スコットランド	ウェールズ	シリー島	3離島	adj R^2
支出総額	1,566.0 (13.3)	136.3 (8.99)	−642.4 (−7.56)	318.3 (12.2)	149.3 (5.38)	766.8 (6.69)	1,145.8 (15.0)	0.803 $N=203$
教育	686.0 (9.77)	30.5 (3.22)	−162.4 (−3.09)				462.5 (9.57)	0.440 $N=203$
PSS	443.5 (10.8)	62.1 (11.8)	−269.9 (−9.15)	47.3 (5.23)	56.5 (5.87)		99.0 (3.74)	0.672 $N=203$
その他	578.1 (12.1)	50.9 (8.29)	−274.8 (−7.98)	186.4 (17.6)	44.4 (3.94)	473.9 (10.2)	591.7 (19.1)	0.887 $N=203$

注）支出総額とその他は警察・消防を除く金額，PSSは対人社会サービス。
出所）CIPFA (2000 a), *Finance and General Statistics*, CIPFA (2000 b), *Rating Review* より，筆者作成。

3) 環境省（DoE: Department of the Environment）は，1997年に環境運輸地域省，その後の運輸地方自治省を経て，2002年に副首相府（Office of the Deputy Prime Minister）になっている（北村，2004: 20）。コミュニティ・ケアの財政分析は，中井・齊藤（1995），一層制団体の行政区画地図は，http://www.statistics.gov.uk/geography/downloads/uk_cty_ua.pdf を参照されたい。
4) 非大都市圏のカウンティのサマーセットでは，1986年度の交付金が，(5-3) 式に基づいて，66.855百万ポンド［＝152.769−(1.576899×53.139×1.025295)］になる (Society of County Treasures, 1986: 6-7)。また，サマーセット（人口0.4409百万人）の支出閾値は，1986年度186.176百万ポンド［＝167.103＋(0.4409×43.26)］で，これを実際支出が下回るので，交付金関連税率（r）は，課税標準額1ポンド当たり1.576899倍｛＝1.934518＋0.011［(152.769−167.103)/0.4409］｝になっている。なお，非大都市圏カウンティのクラス別支出閾値は，人口1人当たり全国的交付金関連支出の10％に相当する49.58ポンド（＝23,279百万ポンド÷46.956百万人×0.1）から，ディストリクト分6.32ポンドを除いた43.26ポンドである。

5) 人口1人当たり地方税は，以下の推定結果で示される。

付表5-2　イングランドの人口1人当たり地方税

	被説明変数	ln(1人当たり地方税)			
	年　度	定 数 項	人口密度	ダミー変数	adj R^2
ブロック・グラント	1986 [レイト]	5.591 (25.3)	0.00774 (9.22)	1.684 (7.37)	0.637
	1987 [レイト]	5.664 (26.5)	0.00732 (9.29)	1.765 (8.06)	0.646
	1988 [レイト]	5.769 (27.6)	0.00619 (8.03)	1.767 (8.23)	0.616
	1989 [レイト]	5.841 (27.3)	0.00650 (8.22)	1.733 (7.89)	0.610
歳入援助交付金	1990 [$CC+NNDR$]	5.928 (26.5)	0.00694 (8.37)	2.038 (8.90)	0.641
	[$NNDR$]	4.831 (12.1)	0.0120 (8.21)	2.697 (6.63)	0.571
	1991 [$CC+NNDR$]	5.761 (22.4)	0.00762 (7.87)	2.200 (8.33)	0.614
	[$NNDR$]	4.959 (12.4)	0.0120 (8.01)	2.636 (6.41)	0.560
	1992 [$CC+NNDR$]	5.862 (26.9)	0.00622 (7.76)	1.908 (8.53)	0.618
	[$NNDR$]	4.991 (14.5)	0.0106 (8.34)	2.407 (6.78)	0.584
	1993 [$CT+NNDR$]	5.742 (24.9)	0.00687 (8.22)	2.014 (8.52)	0.628
	[$NNDR$]	4.906 (13.0)	0.0101 (7.33)	2.545 (6.58)	0.540

注）　$NNDR$ は国税事業用財産税（national non-domestic rates）の徴収額で，比較のため地方税に加えた。ダミー変数はウェストミンスター特別区を1，それ以外を0とし，各年度は1993年度で物価調整した。地方税は1980年代後半がレイト，90年代は事業用財産税と人頭税・カウンシル税の合計である。（　）内は t 値，データ数は $N=107$ である。

出所）　CIPFA（各年度 a）より，筆者作成。

6) 財政調整効果は，以下のようなジニ係数で表される。

付表 5-3　人口 1 人当たり金額のジニ係数の推移

年度	地 方 税	一般財源	譲与税後
1986	0.2491	0.1350	
1987	0.2172	0.1119	
1988	0.2007	0.1155	
1989	0.2041	0.1331	
1990	0.2295	0.07536	0.02938
1991	0.2652	0.06825	0.01561
1992	0.2090	0.07367	0.01465
1993	0.2334	0.01294	0.000933

（出所）　CIPFA（各年度 a）より，筆者作成。

7) ローレンツ曲線とは，図 5-8(a)のように不平等度を図解したものである。たとえば，自治体数を 5 団体とし，人口 1 人当たりレイト税収が団体間で等しいとしよう。このとき，財源と団体数の百分比が各 20 ％と同じであるため，累積百分比はともに 20 ％，40 ％，60 ％，80 ％，100 ％になる。このローレンツ曲線は 45 度線で表され，「完全平等」になる。他方，人口 1 人当たりレイト税収の百分比が，低い方から順に 5 ％，10 ％，15 ％，20 ％，50 ％で団体間に格差があるとしよう。団体数の累積百分比は変わらないが，財源の累積百分比が 5 ％，15 ％，30 ％，50 ％，100 ％となるので，ローレンツ曲線は「調整前」のような弓型で表される。ブロック・グラントが，10 ％，15 ％，20 ％，25 ％，30 ％のように団体間の格差を平準化すれば，財源の累積百分比が 10 ％，25 ％，45 ％，70 ％，100 ％となる。このため，「調整後」の弓型のローレンツ曲線は，財政調整によって完全平等の 45 度線に接近する。なお，ジニ係数は，45 度線とローレンツ曲線の間の弓型の面積を，45 度線による直角二等辺三角形の面積で割った値である（青木，1978）。

8) カウンシル税は以下のように推定できる。

付表 5-4　カウンシル税の推定結果

（1993 年度，107 団体）

1 人当たり金額	定数項	人口密度	高級住宅地指数	adj R^2
標準カウンシル税	35.23 (3.95)	−0.0943 (−2.82)	152.9 (22.3)	0.830
カウンシル税徴収額	101.09 (4.51)	0.418 (4.97)	95.17 (5.51)	0.425
超過課税金額	65.85 (3.17)	0.513 (6.58)	−57.77 (−3.62)	0.310

（出所）　CIPFA（1993a）より，筆者作成。

9) 1993 年度の最小の団体は，サリー（Surry）・カウンティのモウル・バレー（Mole Valley）ディストリクトで，585.02 ポンドであった。

10) 標準支出は，7大項目の各小項目ごとに単位費用と測定単位と補正係数を乗じ，これらを集計したものである。それは，日本の需要額算定に比べて項目数や補正係数が少なく，簡素な算定方法となっている。その理由は，各項目の標準支出が，実際支出の回帰式に基づいて算定されるためである。たとえば，1993年度の(1)教育費の①小学校費は，以下のように算定される。

$$\frac{小学校費}{5〜10歳児童数} = [£1,139.00 + £542.16(追加ニーズ) + £170.85(密度補正)$$
$$+ £125.09(学校給食)] \times (教育の地域補正) \times (調整係数)$$

ここで，[ ]内が回帰式に基づくと考えられる。たとえば，エイボン（Avon）・カウンティでは追加ニーズ，密度補正，学校給食の補正係数が，それぞれ0.51090，0.1493，0.1747であるため，[ ]内の「補正後の単位費用」は1463.35ポンドとなる。これに測定単位の5〜10歳児童数6万3787人を乗じると933.42百万ポンドになる。教育の地域補正は1.0であるが，全国共通の調整係数が1.216024であるため，小学校費の標準支出は113.507百万ポンドと算定された。また，人口密度を都市化の指標と考え，1993年度の人口1人当たり対人社会サービスの標準支出を人口密度で回帰させると，以下の結果が得られた。

$$\frac{対人社会サービス}{人口} = 70.8 + 1.896(人口密度) \quad \text{adj } R^2 = 0.839$$
$$(3.15) \quad (23.4) \quad N = 107$$

このように，社会福祉の行政需要がインナーシティ問題を反映して，大都市圏自治体の標準支出の全体を押し上げていることが確認できる。

第 **6** 章

定住化社会日本の財政責任システム

　第Ⅰ節では，日本の私的プロバイダーが，コミュニティやボランタリー組織が併存するというように多元的であると特徴づけている。これが，完全二層制や包括的な事務・税源配分に反映される。第Ⅱ節では，国の全体責任として交付税制度を中心に解説する。地方財政改革は，より厳しい行財政運営を自治体に迫るので，第Ⅲ節で解説される公民連携によって乗り切るには，税率操作権を行使する直接限界責任の発揮が必要なことを明らかにする。

Ⅰ　多元的な私的プロバイダーと間接限界責任

1　完全二層制と事務配分の権能差

町内会とNPOの併存　　地方団体の財政調整の意義に関して，官房副長官を務めた石原は，「住民サービスに要する経費は直接住民が負担するようにすれば，行政に対する住民の過大な要求も自らセーブされ，また，住民一人ひとりが納税者として地方団体の経費支出について関心を持ち，監視を強めることによって健全な地方自治が育成される。……しかし，近代的な地方自治制度の下においては，すべての国民が，地方団体の住民として，一定の負担の下で全国的見地に立って定められる一定の水準の行政サービスの恩恵に浴することができるように保障されなければならない」(石原，1984: 3-4)としている。

　この指摘は，前述のポーピッツの「強い集権と強い分権」と同様に，後半部分が国の全体責任の確保を意味し，前半部分が直接限界責任による「健全な地

方自治の育成」を意味していると考えられる。この健全な地方自治とは、補完性（subsidiarity）の原理に基づく行政と民間の「公民連携」である。公民連携では、個人ができないことを家族が対処し、家族がなしえないことを隣人、コミュニティやボランタリー部門が補完し、これらの私的プロバイダーが対処できないとき、初めて行政が対処することになる。

　固定社会ドイツではコミュニティ、移動社会イギリスではボランタリー部門と、社会制度をほぼ一元的な私的プロバイダーで特徴づけることができた。ところが、日本では旧来の町内会や自治会を中心とした「地域の絆」を見直す動きと、他方で阪神・淡路大震災や介護保険の導入をきっかけに「地域を越える」NPO（特定非営利活動法人）の設立も盛んである。

　自治会や町内会は、地域的な共同活動を行う団体であるため、地方自治法第260条の2によって「地縁による団体」とされている（久世, 2005: 100-05）。ただし、スポーツ・クラブなど特定目的の活動を行う団体はこれに属さない。敗戦後の1947年に占領軍GHQが、政令15号で町内会の廃止を命じたが、日赤奉仕団などのかたちで存続し、52年サンフランシスコ講和条約の締結で政令15号が失効し、解禁された（岩崎, 1989: 6-7）。

　1946年に21万団体あった町内会は、高度成長期の移動社会で形骸化しつつも生き残り、新興住宅街で新たに結成された自治会と合わせて90年に27万7000団体に増加した。総務省の調査によれば、これらの地縁団体は、1996年度29万3000団体のうち、市町村長が認可したのは、8691団体で全体の3％にすぎなかった。しかし、2002年度には2万2050団体に増加し、29万7000団体の7.4％を占めるまでになった。その活動は、回覧板による連絡、ゴミの分別収集、集会所の維持・管理などである。

　他方、保育所・老人ホーム等の社会福祉法人や学校法人など広義の「公益法人等」は、1960年度1897法人で、全法人数の0.3％にすぎなかった。しかし、1990年度には、10倍以上の2万968法人に増大し、全法人数の0.9％を占めるまでになった（国税庁編、各年度版）。また、1998年のNPO法（特定非営利活動促進法）や2000年度の介護保険の導入によって、公益法人等は、1997年度の2万4689法人から、2003年度3万2631法人（全法人数の1.1％）になり、今なお増加し続けている。

第**6**章　定住化社会日本の財政責任システム

　コミュニティとボランタリー組織が併存する多元的な私的プロバイダーは，都市への人口集中による高度成長期の移動社会から，やや落ち着きを取り戻した安定成長期の定住化社会への移行期に現れる。また，それは横断的には，大都市の移動社会，衛星都市の定住化社会，そして地方の固定社会が混在した社会制度とも考えられるので，日本は「定住化社会」と特徴づけられる。

市町村合併と権能差　以下，日本の地方制度を定住化社会の事例として解説しよう。その地方政府組織は従来，ドイツと同様にコミュニティをおもな私的プロバイダーとしながら，市町村を国が「地域別」に統治する基礎自治体とし，「包括的」に権能が付与されてきた。1884（明治16）年の市町村は，7万1497団体もあった。1889（明治22）年の市制・町村制の施行によって，市町村は，戸籍や小学校などの事務を処理することになり，300〜500戸を標準に1万5859市町村に合併された（久世，2005: 84）。また，1890年には府県制・郡制が制定され，府県・郡・市町村による三層制の地方政府組織が形成された。

　しかし，広域自治体の郡制は，府県の下級機関に位置づけられたので，1923（大正12）年に廃止され，ドイツと異なる都道府県・市町村の「完全二層制」の地方政府組織が形成された（久世，2005: 26）。この完全二層制は，1949年のシャウプ勧告でも堅持され，市町村には，新制中学校の設置，消防，社会福祉，保健衛生など多くの事務が付与された。これらの事務を円滑に処理するため，1953年に町村合併促進法が施行され，9868市町村は中学校が合理的に運営できる8000人を基準に，56年には3975市町村に合併された。

　また，1956年には新市町村建設促進法が施行され，これが失効する61年には3472市町村になった。この市町村数は1999年度3232市町村（670市1994町568村）で，約40年間続いたが，平成の大合併によって2006年度1821市町村（777市846町198村）になった。

　市町村は，人口規模などの要件により「権能差」が設けられている。第1に，政令指定都市（大都市）は制度上，人口50万人以上であるが，既存の指定都市と同等の実態が考慮されている。2006年度に堺市が加わって，15大都市が指定されている。1956年に制度化された指定都市は，府県の事務のうち，地方自治法第252条の19の規定による児童相談所の設置など社会福祉，保健衛生，

155

表 6-1　国と地方の事務配分

財政の機能	国	都道府県	市町村(権能差)
資源配分：純粋公共財 　　　　　準公共財	防　衛 義務教育給与(1/3)	警　察 義務教育給与(2/3)	消　防 学校施設
所得再分配：契約 　　　　　措置	医　療 年　金	**生活保護**(町村)	保育・介護・国保 **生活保護**(市)
経済安定：公共事業	直轄事業	補助・単独事業	補助・単独事業

出所）　筆者作成。

まちづくりの分野で18項目のほか，道路特定財源が与えられる国・府県道の管理などの「大都市特例事務」を行っている[1]。

第2に，中核市は1994年に制度化され，人口30万人以上かつ面積100 km²以上（50万人以上は面積要件なし）の35市があり，保健所の設置などの事務が加わる。

第3に，人口20万人以上の特例市は39市あり，人口5万人以上の一般市に対して，都市計画や環境保全などの事務が加わる。また，一般市の事務である生活保護は，町村分が府県の事務になっている。

都道府県の総合調整　都道府県は，1871（明治4）年の廃藩置県で261の藩が3府302県に，そして同年3府72県に統廃合された（久世, 2005: 77）。また，1890（明治23）年には，府県制によって3府43県，1943（昭和18）年に東京府が東京都，72（昭和47）年の沖縄復帰に伴って，現在の1道1都2府43県になった。戦前の都道府県は，国が任命する官選知事に多くの権能が与えられていたが，戦後は，住民が選挙で選ぶ公選知事と，議会からなる完全な自治体となった。

第1に，資源配分機能の事務配分は，国や都道府県，市町村が，表6-1のように，それぞれ純粋公共財の防衛，警察，消防を分担している。義務教育は，準公共財であるが，教員給与は，三位一体の改革によって2006年度から国が3分の1，都道府県が3分の2を負担する。小・中学校の施設は，従来通りで市町村，高等学校は都道府県や大都市が分担している。

第2に，所得再分配機能は，国が年金・医療保険を担い，生活保護は75％の国庫負担のもとで市と都道府県（町村分）が分担している。ただし，国民健

康保険（国保）は日本的特徴として，市町村が担っている。保育や高齢者介護の社会福祉は，市町村が分担するが，介護保険の導入で「措置」から「契約」制度に移行し，準公共財の性格が強くなった。

第3に，経済安定機能は，国直轄の公共事業がわずかであり，都道府県や市町村の補助・単独事業で支えられている。社会資本の地域間格差は，かなり解消したが，民間資本や雇用機会の格差に直面して，とくに地方部の県では，市町村との総合調整機能の発揮が求められている。

2　税源配分の間接限界責任

居住地主義の住民税　1949年のシャウプ勧告は，市町村優先の地方自治をめざし，国と地方の税源を分離した「独立税主義」を基本理念とした。税目が重複すると，国税が改正されるたびに地方税も影響をこうむるからである。

その税源配分は，表6-2のように，国は所得税や法人税の所得課税が中心である。都道府県には，事業税に代わる新税の付加価値税を導入し，入場税と遊興飲食税（現在の特別地方消費税）なども配分して消費課税を中心とする体系が考えられた。これに対して，市町村には，資産課税の固定資産税を基幹税目とし，さらに市町村民税を配分することで税源の充実を図った。シャウプ勧告では，国，道府県，市町村の税源にそれぞれ所得，消費，資産を配分し，税源の「完全分離」を図ったのである。

ところが，都道府県に配分された付加価値税は，現在の消費税のように価格転嫁が明示されず，事業活動に伴う営業税的な性格が強いため，産業界の猛反発によって実施されなかった。これに代わる事業税は，個人や法人の利潤に対する所得課税の性格が強く，税源の偏在化をもたらす。このため，1954年には，道府県民税を創設し，税源の「重複」を大幅に認めることになった。

住民税は，道府県民税と市町村民税の総称であるが，それぞれ個人の均等割と所得割，法人の均等割と法人税割に分かれる。個人の均等割は人頭税で，都道府県の標準税率が年間1000円，市町村が3000円である。これに関する超過課税は2004年度，道府県で2団体あるが，市町村では実施されていない。

所得割が，いわゆる地方所得税である。標準税率は，三位一体の改革で

表 6-2　シャウプ税制と現在のおもな国税・地方税制

	国	都道府県	市町村
所　得	所得税 法人税	道府県民税（1954年導入） 事業税	市町村民税
消　費	物品税 消費税	［付加価値税］ 地方消費税	電気・ガス税 地方消費税交付金
資　産	相続税	自動車税	固定資産税 都市計画税（1956年導入）

注）■はシャウプ税制，下線部は消費税の導入で廃止。
出所）橋本（1988: 72）より，筆者作成。

2006年度から，都道府県4％，市町村6％，合わせて10％の比例税率になった。その特徴として第1に，所得割は，国の所得税の基礎・配偶者・扶養控除（各38万円）と比べて各33万円と少ないので，課税ベース（課税標準）がやや広い。第2に，国の所得税は，申告所得に基づく現年課税（その年の1月1日から12月31日までの所得）であるが，所得割は，課税台帳に基づいて前の年の所得にかかる「前年課税方式」であり，その点が大きな違いである。第3に，個人住民税の賦課徴収は，「居住地主義」に基づき，道府県民税（利子割などを除く）も含めて，市町村が行っている。

事業税の分割法人と外形標準化　都道府県の基幹税目である事業税は，個人や法人の事業活動に伴う社会資本等の便益に着目した税金であり，ドイツ市町村の営業税に対応している[2]。

第1に，法人事業税の標準税率は，経済のグローバル化に対応して，1997年度までの12％（98年度11％）から，99年度9.6％に引き下げられた。1980年代のアメリカのレーガン大統領やイギリスのサッチャー首相の税制改革は，個人所得税の税率のフラット化だけでなく，法人関係税の税率も40％前後に引き下げた。このため，1989年の竹下税制改革は，地方税を含めた「法人実効税率」を50％未満にするため，90年度から国税の法人税率を37.5％に引き下げた。この影響は，住民税・法人税割の減収につながったが，事業税には波及せず，日本とドイツの法人実効税率が50％前後に維持された。

ところが，ドイツもEU統合を機に，2000年税制改正で連邦と州の共同税である法人税の税率（留保分45％，配当分30％）を01年度から25％に引き下

げ、法人実効税率は38.47％になった。このため、日本も1999年度から、法人税と事業税の税率をそれぞれ30％と9.6％と2割引き下げ、事業税の府県税に占める割合は、**表6-3**のように、4割から3割前後に低下した。その結果、法人実効税率は、以下のように40.87％になったのである。

$$40.87\% = \frac{(100 \times 30\%)(1 + 5\% + 12.3\%) + 100 \times 9.6\%}{100 + 100 \times 9.6\%} \quad (6\text{-}1)$$

ここで、5％と12.3％は、それぞれ法人住民税・法人税割の都道府県分と市町村分である。前年と現年の法人所得を100としたとき、事業税は法人所得の計算上、損金算入（経費扱い）されるので、実効税率の分母は、控除前の所得（100＋100×9.6％）で算定される。

第2に、法人事業税は、ドイツ法人税の税収分割法と同様に、事務所や事業所が2都道府県以上にまたがっているとき、課税ベースを分割している。分割基準は、おもに従業者数であるが、本社の多い都府県には、省力化された工場が立地する地方圏よりも、従業者が集中するため、この分割基準だけでは、税源が大都市圏に偏在化する。

とくに、本社管理部門が東京一極集中するなかで、1970年度以降、資本金1億円以上の本社管理部門の従業者数を2分の1とした。それでもなお、地域間の偏在化が拡大するので、1989年の改正で資本金1億円以上の製造業では、工場の従業者数を1.5倍にした。2005年度からは、本社管理部門の2分の1を廃止し、銀行・証券・保険業に適用されていた事務所数と従業者数（各2分の1）の分割基準が、運輸・通信・流通・サービス業などすべての非製造業にも適用されることになった。

第3に、事業税は2004年度から、利潤にかかる所得割と利潤以外の外形標準課税が導入された。外形標準課税は、全法人247万社のうち資本金1億円を超える3万3000社を対象に、大法人の過去10年間の平均税収の4分の1に相当する5100億円が見込まれている。このため、外形標準課税を対象とする法人実効税率は、所得基準の税率が7.2％（＝9.6％×0.75）に引き下げられるので39.54％になる。ただし、赤字法人であっても、付加価値割0.48％と資本割0.2％の税率で外形標準課税を支払うことになる。

表 6-3 地方税の推移

(単位:10億円, 構成比:％)

年　　度	1951 (％)	1960 (％)	1970 (％)	1980 (％)	1990 (％)	2000 (％)	2004 (％)
都道府県民税		52.2 (15)	409 (19)	1,971 (27)	5,089 (33)	4,500 (29)	3,399 (23)
個　　人		20.9 (6)	253 (12)	1,415 (19)	2,458 (16)	2,386 (15)	2,172 (15)
法　　人		31.3 (9)	157 (7)	557 (8)	1,007 (6)	825 (5)	863 (6)
事 業 税	84.6 (70)	188.7 (54)	970 (46)	2,918 (39)	6,541 (42)	4,141 (27)	4,339 (30)
地方消費税						2,528 (16)	2,614 (18)
自 動 車 税	2.0 (2)	14.7 (4)	171 (8)	781 (11)	1,276 (8)	1,764 (11)	1,713 (12)
そ の 他	34.3 (28)	93.4 (27)	561 (27)	1,720 (23)	2,740 (18)	2,651 (17)	2,423 (17)
都道府県税計	120.9 (100)	348.9 (100)	2,111 (100)	7,390 (100)	15,646 (100)	15,585 (100)	14,487 (100)
市町村民税	63.5 (42)	128.0 (32)	707 (43)	4,187 (49)	9,672 (54)	8,221 (41)	7,669 (40)
個　　人		78.8 (20)	444 (27)	2,890 (34)	6,474 (36)	6,044 (30)	5,466 (29)
法　　人		49.3 (12)	262 (16)	1,297 (15)	3,198 (18)	2,176 (11)	2,202 (12)
固定資産税	65.2 (43)	172.3 (44)	577 (35)	2,784 (33)	6,022 (34)	9,041 (45)	8,806 (46)
土　　地	23.3 (15)	51.6 (13)	151 (9)	1,191 (14)	2,371 (13)	3,747 (19)	3,484 (18)
家　　屋	29.8 (20)	68.0 (17)	226 (14)	994 (12)	2,350 (13)	2,469 (12)	3,623 (19)
償 却 資 産	12.1 (8)	40.4 (10)	168 (10)	498 (6)	1,253 (7)	1,740 (9)	1,600 (8)
都市計画税		10.1 (3)	70 (4)	469 (6)	942 (5)	1,318 (7)	1,236 (6)
そ の 他	22.7 (15)	84.9 (21)	286 (17)	1,063 (13)	1,167 (7)	1,382 (7)	1,341 (7)
市町村税計	151.4 (100)	395.3 (100)	1,640 (100)	8,504 (100)	17,804 (100)	19,961 (100)	19,052 (100)
地 方 税	272.3 (27)	744.2 (29)	3,751 (33)	15,894 (36)	33,450 (35)	35,546 (40)	33,539 (41)
国　　税	722.8 (73)	1,801.0 (71)	7,773 (67)	28,369 (64)	62,780 (65)	52,721 (60)	48,103 (59)
租 税 総 額	995.1 (100)	2,545.2 (100)	11,524 (100)	44,263 (100)	96,230 (100)	88,267 (100)	81,642 (100)

出所）　総務省自治税務局（2006）『地方税に関する参考計数資料』より，筆者作成。

地方消費税の清算と偏在是正

　竹下首相の税制改革は，1989年度から税率3％の消費税を導入した。都道府県では，ゴルフ場を除く娯楽施設利用税，料理飲食等消費税，不動産収得税が廃止あるいは改組され，市町村でも電気税，ガス税，木材引取税が廃止された。

　これらの廃止・減額に伴って，国の消費税は，税収の5分の1を都道府県と市町村に6対5の割合で，「消費譲与税」として配分された。各団体への譲与基準は，国勢調査人口と従業者数であり，都道府県がそれぞれ1対3，市町村が1対1のウェイトで配分された。

第**6**章　定住化社会日本の財政責任システム

　イギリスの事業用財産税の譲与税は，前述の通り，国税化によって全国一律の税率であるが，基礎自治体のディストリクトが徴収し，国が人口基準で地方に譲与するので，かなりの程度の財政調整効果を発揮した。

　これに対し，日本の地方譲与税は，「本来地方税に属すべき税源を，形式上いったん国税として徴収し，これを国が地方団体に対して譲与するシステム」（矢野，2003: 127-29）とし，地方税と交付税の中間的性格としている。たとえば，地方道路譲与税や石油ガス譲与税，自動車重量譲与税は，道路特定財源であるため，道路の長さや面積が譲与基準になる。航空燃料譲与税や特別とん譲与税は，それぞれ空港関係の都道府県や市区町村，開港所在市町村に譲与される[3]。また，2004年度からの所得譲与税も，三位一体の改革による本格的な税源移譲までの暫定措置にすぎない。

　ところが，消費譲与税から移行した「地方消費税」は，かなりの程度の財政調整効果を発揮している。地方消費税は，1994年の税制改革で都道府県税として創設され，税率が5％に引き上げられた97年度に，国の消費税4％に対する1％分として実施された。税収の半分は，地方消費税交付金として市町村へ配分されるが，都道府県税の新たな基幹税として事業税の税源偏在を是正し，分割法人と同様に「間接限界責任」を発揮することになった。

　地方消費税は，国内取引（資産の譲渡）に対する「譲渡割」と，外国貨物の引取りに対する「貨物割」に分かれる。これらは，前述の通り，それぞれドイツ各州が徴収する内国売上税と，連邦政府が徴収する輸入売上税に対応する。連邦・州間財政調整は，財政力の強い拠出州が，連邦への売上税の「引渡し」によって，下から上へという「垂直的執行」を完了していた。

　これに対し，地方消費税は，国が消費税と一緒に徴収し，納税地の都道府県に「払込み」という上から下への「垂直的執行」である。この払込み金額と各団体の「消費に相当する金額」との差額は，団体間で清算して最終的な税収の帰属が決まる[4]。

　清算前の地方消費税の払込みは，人口1人当たり金額が，図6-1の破線のように，人口密度が高い都市部ほど上昇する。しかし，清算後のそれは，図の1点鎖線のように，ほぼ1人当たり同額になる。たとえば，2004年度の回帰分析では，人口密度に対する事業税（図の2点鎖線）の係数0.229が，清算後の

第2部　限界責任の例証

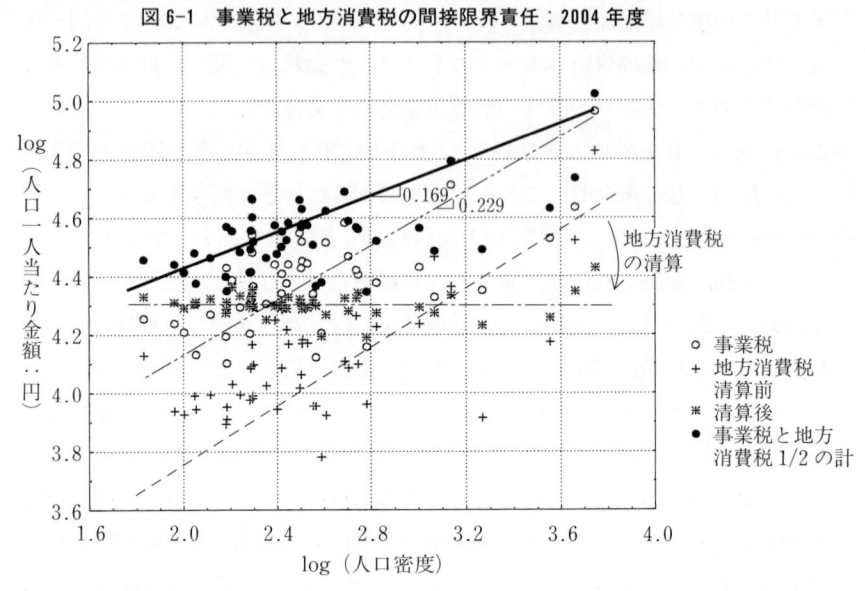

図6-1　事業税と地方消費税の間接限界責任：2004年度

（縦軸：log（人口一人当たり金額：円）、横軸：log（人口密度）、凡例：○事業税、＋地方消費税清算前、＊清算後、●事業税と地方消費税1/2の計、係数0.169、0.229、地方消費税の清算）

出所）　筆者作成。

地方消費税・都道府県分との合計（図6-1の実線）の係数0.169にまで低下し，偏在是正を確認できる。このため，地方消費税の清算は，イギリスの事業用財産税の譲与税化と同様に，かなり強い財政調整効果を発揮する。

最後に，都道府県の事業税と地方消費税との組合せについて，解説しておこう。

民間企業の事業活動に対する行政サービスは，警察・防災による安全確保，幹線道路の整備による渋滞緩和や，高等教育による人材確保などがある。これらは，民間企業の生産コストを引き下げるので，市場の供給曲線を下方にシフトさせる。これが市場価格を引き下げるならば，行政サービスの受益は，ミクロ経済学の消費者余剰と生産者余剰（利潤）として，それぞれ消費者と生産者に分配される。このため，消費者に対する地方消費税と，生産者に対する事業税の組合せは，それぞれ消費者余剰と生産者余剰の増加という受益に対応した「応益課税」と考えられる（齊藤・林・中井，1991: 78-80）。

3 固定資産税による直接限界責任の課題

標準税率1.4％の理由　固定資産税は，資産の価格が課税ベース（課税標準）となる財産税で，約9兆円の税収は，**表6-3**で見たように市町村税の4割前後を占めてきた。固定資産とは土地（2004年度1億7794万筆，税収3.5兆円），家屋（6066万棟，3.6兆円），機械・設備などの償却資産（1.6兆円）を総称したもので，標準税率は1955年度以降，1.4％である。

課税ベースは「適正な時価」とされており，土地は売買実例価額，家屋は再建築価格，償却資産は取得価額を基礎に評価される。土地と家屋は，3年ごとの基準年度（最近では2006年度）で評価替えが行われ，これが原則として3年間据え置かれる。

固定資産税はシャウプ勧告による1950年度の改正で，地租や家屋税に代えて導入された。当時の地租・家屋税の税収見積りは，140億円である。これに対して，市町村優先をめざすシャウプ勧告は，固定資産税の税収を500億円に設定した。同時に，償却資産を課税対象に加えるため，課税ベースを賃貸価格から市場の資産価格に切り換えた。

ところが，課税台帳に登録された賃貸価格は，地代家賃統制下で低く抑えられていたため，実際の市場価格は，戦前の100～200倍に上昇していた（佐藤・宮島，1990: 19）。このため，課税台帳価格の200倍を市場の賃貸価格とし，課税ベースはそれを5倍した資本還元価格（課税台帳価格の1000倍）とした。

他方，地租・家屋税の平均税率は，都道府県と市町村がそれぞれ250％で課税し，合計500％であった。税収中立のためには，固定資産税の税率を0.5％（＝500％÷1000）に設定すればよいが，500億円の税収を確保するために，3倍強の1.75％の「均一税率」を勧告したのである。

結局，1950年度には評価倍率を勧告の1000倍から900倍に引き下げ，1.6％の税率で固定資産税が導入された。標準税率は，都道府県に不動産取得税が導入されたので，1954年度に1.5％，55年度に1.4％に引き下げられ，今日に至っている。

評価替えと本則課税への復帰　固定資産税は，土地の評価をめぐって紆余曲折を経てきた。「評価の統一性」は，全国どこでも同じ評価額の土地であれば，同じ税額を負担すべきという「水平的公平」に基づいて

いる。1964年度の評価替えまでは，自治大臣（当時）による固定資産評価基準に準じて評価すべきとされていた。ところが，これには法的拘束力がなく，自治大臣の基準に準ずる市町村は，全体の25％程度にすぎなかった。このため，指定された市町村は，自治大臣が売買実例価格に基づいて評価基準や手続きを指示し，その他の団体は都道府県が指示することになった。全国的な評価の統一は，住宅地の評価額を6.4倍に引き上げた。

しかし，標準税率が固定されていると，評価額が納税額を決定づけることになる。このため，評価替えに伴う大幅な負担増に対しては，「負担調整措置」が講じられ，基準年度の評価額に税率をかける「本則課税」が，2年後，3年後に適用されるようになった。

その後の大幅な評価替えは，地価高騰に起因した。1973年度の評価替えでは住宅地の評価引上げに対し，課税ベースを評価額の2分の1とする特例措置が設けられ，負担調整措置と比較して，いずれか少ない税額を納税額とした。ところが，後者のほうが有利な場合が多く，1974年度には本則課税を確保するために，200m²以下を4分の1とする「小規模住宅地の特例措置」（その面積を超える一般住宅地は2分の1）を講じたのである。

また，バブル経済下の1991年度では，土地評価のタイム・ラグもあって大幅な評価替えは見送られた。1994の評価替えは，バブル経済が崩壊した直後の93年1月1日を基準日として土地の評価を地価公示の「7割評価」とし，住宅地の評価額を全国的に約4倍に引き上げた。同時に，小規模住宅地の特例措置が，6分の1（一般住宅地3分の1）に引き下げられたが，本則課税の適用は，きわめて少なかった。

その理由を以下で説明しよう。ここで，1991～93年度の小規模住宅地は，たとえば91年の評価額が1000万円で本則課税されていたとしよう。1996年度は，94年度評価替えの最終年度である。その負担調整による課税ベースは，前年度の課税標準額250万円［＝(91年評価額: 1000万円)×(1/4)］に，地価上昇率に応じた負担調整率（1.2）を3乗した1.728をかけて，432万円になる。他方，1994～96年度の本則課税の課税ベースは，94年評価額が4倍の4000万円として，つぎのように667万円［＝4000万円×(1/6)］で，負担調整のそれを下回らない。このため，本則課税が適用されないのである。

$$96 \text{年負担調整税額} = 91 \text{年評価額} \times \frac{1}{4} \times (\text{負担調整率})^3 \times 1.4\% \tag{6-2a}$$

$$\text{本則課税の税額} = \text{当該年度の評価額} \times \frac{1}{6} \times 1.4\% \tag{6-2b}$$

1997年度以降は，本則課税への復帰をめざしている。第1に，評価替えは，地価公示の7割評価を維持しながら，地価の下落に伴って評価額を毎年修正し，大幅に引き下げた。第2に，評価額に対する前年度課税標準額の割合を示す「負担水準」が低いものほど，負担調整率を高くし，全国的な評価の統一性を図っている。第3に，地価の下落が著しい商業地では，課税標準額の上限を1997～99年度で評価額の80％，2000～01年度で75％，2002～05年度70％に引き下げた。この上限設定により，負担水準がたとえば70％を超えると，税負担は以下のように，本則課税の7割に引下げとなる。

$$\text{商業地：負担水準70\％超の税額} = \text{当該年度の評価額} \times 70\% \times 1.4\% \tag{6-2c}$$

また，負担水準が60～70％では，負担調整率を1.0として，税負担が据置きになり，それが60％未満では，負担調整率が1.0を超えて，税負担が徐々に引上げになっている。

評価の統一性のために税負担の引上げが必要なものは，1997年度全国商業地の54.6％を占めていた。しかし，その割合は2004年度では18.5％に縮小し，固定資産税全体は，本則課税に復帰しつつある（総務省自治税務局，2005: 190）[5]。

税率操作権と評価の相対価格化　固定資産税が，完全に本則課税へ復帰したとき，市町村にとっては，税率操作権を行使して直接限界責任を発揮することが残された課題になる。シャウプ勧告は，「地方行政単位は，地方選挙民の必要と要求に応じて税率を上下する権限をもたねばならない」とし，固定資産税の制限税率は「数年間は3％を超えることは許されないであろうが，各市町村が欲する税率を課することを認めてよい」と補足している（神戸都市問題研究所，1983: 172, 139）。固定資産税の制限税率は1951年度に3％で導入され，標準税率の引下げに伴って54年度に2.5％に，59年度に2.1％

に引き下げられ，2004年度に廃止された。市町村には税率操作権が与えられているが，超過課税を実施する団体はきわめて少ない。

これに対し，ドイツやイギリスの基礎自治体は，前述の通り，それぞれ不動産税やレイト（財産税，現在はカウンシル税）によって税率操作権を行使している。たとえば，レイトの税率は伝統的に，個々の自治体の歳出総額から，交付金などが差し引かれた必要税収額を資産評価額で割った値で，毎年，変更されてきた。このような「税率操作方式」のもとでは，当然，自治体間の税率が少しずつ異なり，評価額は，税負担を納税者間で配分するための比率，すなわち「相対価格」にすぎない。この方式は，アメリカ，カナダ，オーストラリア，ニュージーランドでも適用されている。資産評価は，自治体内の各課税対象資産に関して相対価格を正しく決めればよいので，評価の自由度が大幅に増大する（米原，1995: 176）。

ただし，不動産税やレイトにも問題点があり，それは30年以上も評価替えをしなかったことである。このため，不動産税の税収は，2001年度で国民所得の0.6％に落ち込み，カウンシル税と事業用財産税の合計は国民所得の4.3％に及ぶが，前者はもはや財産税とはいえない。これに対し，日本の固定資産税の税収は，3年ごとの評価替えによって国民所得の2.4％を確保し，市町村の基幹税の役割を果たしてきたが，表6-3で見たように，家屋分が4割前後を占めることも忘れてはならない。

固定資産税は，前述の通り，全国どこでも「同じ評価額の土地であれば，同じ税額を負担すべき」という「水平的公平」に基づいて，評価の統一性を図ってきた。それには，自治体内の各課税対象資産だけでなく，自治体間のそれも「絶対価格」として正しく決めなければならない。

しかし，絶対価格に精緻さを求めすぎることも，正しいとはいえない。とくに，自治体が，追加的行政サービスに対して固定資産税の税率操作権を行使しようとすれば，土地や家屋の評価において「相対価格」の要素を取り入れる必要がある。また，地方財政は，第3章で見たように，課税上の水平的公平だけではなく，全国どこでも「同じ税負担をすれば，同じ受益が得られる」という「財政的公平」も重視する。このため，財政的公平を確保する国の全体責任が，つぎに検討すべき課題となる。

II 国の全体責任と地方交付税

1 地方財政計画と地方財政対策

オープン・エンド型の財源不足額

　本節では，第1に地方財政を都道府県と市町村全体で集計した「マクロ」，第2にミクロの個別団体をクロス・セクション（横断）的にとらえる「構造」，第3に地方交付税や国庫支出金などの「制度の相互関係」といった視点で解説する。これによって，三位一体改革の意義が明らかになる。

　地方財政計画は，都道府県と市町村を合わせたマクロの単なる収支見通しではなく，その歳出総額は，国の地方に対する財源保障の担保という役割を果たしてきた。この地方財政計画の歳出総額と交付税による財源保障が，イギリスの歳入援助交付金と同様に，国の地方に対する「全体責任の確保」を意味している。実際，地方団体は，地方税などの自主財源だけでなく，地方交付税，地方譲与税，国庫支出金など国から移転される財源に大きく依存している。

　地方交付税は，国庫支出金のように使い道が限定された特定補助金と異なり，自治体が自由に使うことのできる一般補助金である。同時に，それは，国が個別自治体の財源不足額を財源保障する制度でもある。このため，地方全体の財源不足額は，地方交付税法第7条による地方財政計画の策定を通じて，毎年マクロ的に算定し，地方交付税が充当されてきた。この「交付税総額」は，6％を特別交付税として，地域の特殊事情から生ずる財源不足を賄い，残りの94％を普通交付税として財源保障している。地方財政計画の歳出総額は給与関係，一般行政，投資的経費，公債費などで構成され，地方全体が標準的な行政を実施するための「あるべき経費」を意味している。歳出総額の一部は，図6-2のように，国庫支出金や地方債，使用料・財産収入などのその他が充当される。したがって，これらを除いた歳出部分が，地方財政計画上，地方税や地方交付税などの一般財源で賄われるべき「一般財源充当経費」となる。

　また，地方税の25％は，「留保財源」とし，都道府県（2002年度まで20％）と市町村が，地方独自の施策に使っている。この留保財源が充当される歳出分を一般財源充当経費から除いた金額が，基準財政需要額（以下，需要額）であ

第 2 部　限界責任の例証

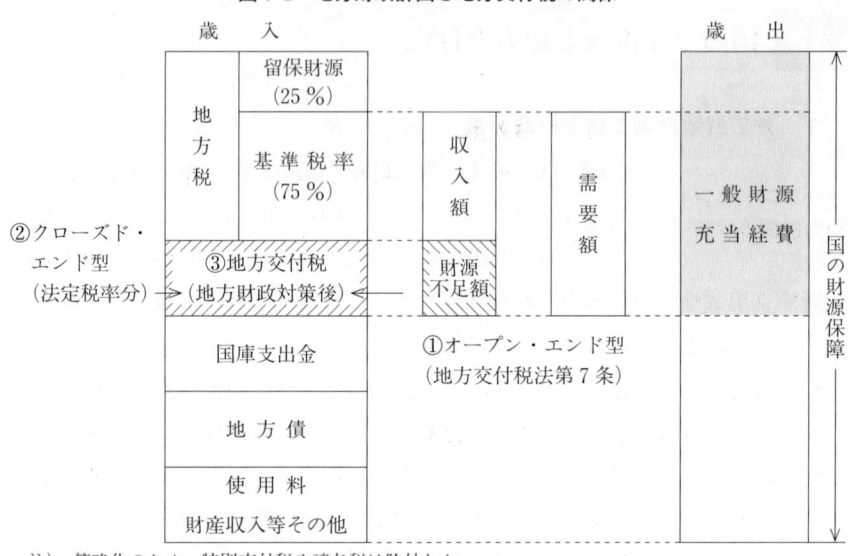

図 6-2　地方財政計画と地方交付税の関係

```
        歳　　入                              歳　　出
    ┌─────────┬──────────┐   ┌─────┬─────┐   ┌─────────┐  ┐
    │         │ 留保財源  │   │     │     │   │         │  │
    │         │ (25 %)    │   │     │     │   │         │  │
    │  地     ├──────────┤   │ 収  │ 需  │   │         │  │
    │  方     │ 基準税率  │   │ 入  │ 要  │   │一般財源 │  │
    │  税     │ (75 %)    │   │ 額  │ 額  │   │充当経費 │  │
②クローズド・├─────────┼──────────┤   ├─────┤     │   │         │  国
  エンド型    │③地方交付税│   │財源 │     │   │         │  の
 （法定税率分）│(地方財政対策後)←│不足額│     │   │         │  財
              ├──────────┘   └─────┴─────┘   │         │  源
              │ 国庫支出金 │   ①オープン・エンド型       │         │  保
              ├──────────┤   （地方交付税法第7条）       │         │  障
              │ 地 方 債   │                              │         │
              ├──────────┤                              │         │
              │ 使 用 料   │                              │         │
              │財産収入等その他│                          │         │  │
              └──────────┘                              └─────────┘  ┘
```

注）　簡略化のため，特別交付税や譲与税は除外した。
出所）　筆者作成。

る。他方，基準財政収入額（以下，収入額）は，地方税の留保財源を除く基準税率分（75 %）と地方譲与税の 100 %などの合計である。収入額が需要額に満たないマクロの「財源不足額」は，図 6-2 の地方財政計画の策定を通じて，地方交付税で財源保障される仕組みである。地方交付税は，前述の通り，普通交付税と特別交付税に区分されるが，以下では普通交付税を「交付税」とする。

このように，財源不足額は，イギリスの歳入援助交付金と同様，オープン・エンド型で決定される。事実，交付税の前身である「地方財政平衡交付金」（以下，平衡交付金）は，交付金総額を毎年度の国の一般会計予算で決めていたので，オープン・エンド型の一般補助金であった[6]。たとえば，1950〜52 年度までの平衡交付金の総額は，内閣が当時の地方財政委員会の勧告した金額を変更するとき，内閣決定の金額との調整を図り，調整不可能な場合は二重予算で国会に提出するとされていた（今井，1993: 30-33）。地方財政委員会の勧告金額に対する内閣決定の割合は各年度，それぞれ 1950 年度 87.5 %（＝1050/1200：単位は億円），51 年度 90.9 %（＝1100/1210），52 年度 96.2 %（＝1250/1300）と，両者は年々，接近していた。ただし，1951 年度だけは両者の調整がつかず，

第6章　定住化社会日本の財政責任システム

国会は二重予算に対して内閣案を採用した。

クローズド・エン　　　地方財政委員会と内閣の対立は，第1に財源不足額を推計
ド型の法定税率分　するときの給与費や税収見積り，第2に需要額の政策的要
　　　　　　　　　　素，第3に国の財政事情と政策の優先順位が要因にあげら
れる（今井，1993: 32-33）。とくに，1954年度1兆円予算という国の緊縮財政
のもとでは，地方の財源保障が第1位の優先順位ではなかった。それにもかか
わらず，クローズド・エンド型の地方交付税に移行したのは，総額が国の財政
事情で左右されることへの対立が，よほど激しかったからであろう。

　地方交付税では，総額が所得税と法人税と酒税の国税3税の一定割合に定め
られており，この割合を「交付税率」という。国税3税に交付税率をかけた
「法定税率分」は，ドイツの基準交付金と同様にクローズド・エンド型の一般
補助金である。したがって，地方交付税は，財源不足額が上限のないオープ
ン・エンド型で決まり，総額が法定税率分を上限とするクローズド・エンド型
とのハイブリッドということになる。この特徴が，高度成長期の過疎・過密問
題に対処しながら，この50年間を乗り切った要因の一つと考えられる。

　発足当初1954年の交付税率は所得税・法人税19.874％，酒税20％であっ
たが，年々引き上げられ，66〜88年度まで国税3税の32％が維持された。
1989（平成元）年の竹下税制改革以後，消費税やたばこ税も交付税率の対象に
なり，「国税5税」の一定割合になった。2007年度以降の交付税率は所得税や
酒税が32％，法人税34％，消費税29.5％，たばこ税25％の予定である[7]。

交付税総額と　　　しかし，地方交付税は，石油ショック以後の1975年度以降，
折半ルール　　　「試練の時代」に入ったとされている（石原，2000: 144）。財源
　　　　　　　　　　不足額と法定税率分は，それぞれ異なる方式で決定されるため，
両者が自動的に一致するシステムではないからである。

　実際，1970年代前半までの高度成長期では，法定税率分（↑）が（6-3a）
式のように，所得税や法人税の大幅な伸びで拡大の一途をたどった。このとき，
収入額も同様に増加するため，地方財政計画の歳出総額が一定ならば，財源不
足額（↓）は減少するはずである。この間，交付税率が32％のままで，マク
ロ的に安定しているように見えたのは，公共事業の事業費補正などで需要額が
追加されたからであった。また，1990年前後のバブル期にも，「ふるさと創生

1 億円」などで需要額が追加された。

[好況期]　法定税率分↑＝財源不足額↓＋需要額の追加　　　(6-3a)
[不況期]　法定税率分↓＋特別会計の借入金＝財源不足額↑　(6-3b)

　先ほどの「試練の時代」とは，石油ショック後やバブル崩壊後の不況期を意味する。不況になると，国税の伸び悩みで法定税率分（↓）が，(6-3b) 式のように減少する。他方，地方財政計画の歳出総額が一定ならば，財源不足額（↑）が収入額の伸び悩みで拡大し，法定税率分を上回ることになる。この差額は，「通常収支の財源不足」（以下，通常収支不足）と呼ばれている[8]。また，通常収支不足の調整は，「地方財政対策」といわれている[9]。

　通常収支不足は，(6-3b) 式のように，交付税特別会計の借入金で賄われ，その償還は，1978 年度から国と地方が折半することになった（石原，2000: 150）。この「折半ルール」は，大雑把にいって，通常収支不足の半分を国の一般会計が負担するので，クローズド・エンド型の法定税率分に加算する仕組みである。このため，実質交付税率は，以下のように表される。

$$実質交付税率＝法定税率＋通常収支不足 \times \frac{1}{2} \qquad (6\text{-}3c)$$

　残りの半分は，交付税特別会計の借入金で賄われ，将来の法定税率分で負担するため，「年度間調整」されることになる。ただし，その借入金は 2001 年度から，地方団体自身の借金であることを明確にするため，段階的に「臨時財政対策債」に振り替えられた。2003 年度以降は全額振り替えられ，国の一般会計加算と地方の臨時財政対策債で通常収支の財源不足を折半している。

2　市町村と都道府県の交付税構造

需要額のＵ字型と逓減型

　市町村の交付税は，以下のように，都道府県と同様，需要額と収入額の差額が交付される。ここで需要額は経常的経費，投資的経費，公債費等に大別され，道府県では警察費などの 38 費目，市町村では消防費などの 47 費目を集計した金額である。

交付税＝需要額－収入額　　　　　　　　　　　　　　(6-4a)
需要額＝Σ（単位費用）×（測定単位）×（補正係数）　　(6-4b)
収入額＝地方税×75％＋譲与税　　　　　　　　　　　(6-4c)

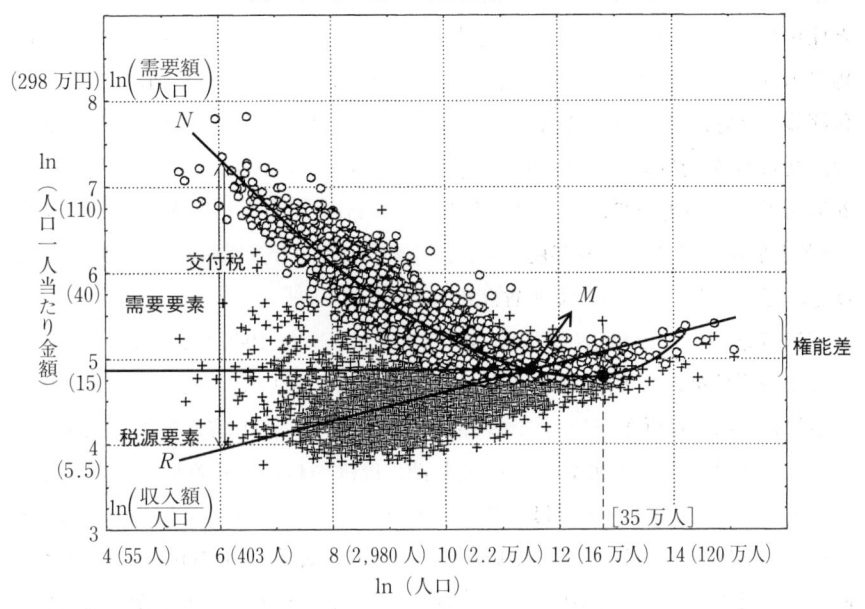

第6章 定住化社会日本の財政責任システム

図6-3 市町村の交付税構造：2003年度

出所）筆者作成。

　測定単位には個別団体の人口や面積などが用いられ，この測定単位当たりの行政コストを単位費用という。この単位費用は，都道府県で人口170万人，市町村では10万人の標準団体を想定した数値である。収入額は，前述の通り，地方税の75％と地方譲与税などの100％との合計である。

　市町村には，人口350万人の横浜市から200人の東京都青ヶ島村まであり，人口規模の格差が大きい。人口1人当たり需要額は，図6-3の（○）のように，クラブ財の理論に従って，行政コストは人口規模が小さくなるほど割高になるため，人口規模に関して「U字型」になっている。U字型の右下がり部分の需要額算定には「段階補正」が適用される。20～30万人程度の最適人口規模が，自治体の合併によって確保できても，離島や中山間地の自治体の面積が極端に広くなれば，行政サービスを提供するコストが高くなるので，需要額算定には「面積」要件も加わり，右下がり部分が解消できない。他方，100万人以上の指定都市には，都道府県並みの行政権能が与えられているため，1人当たり需要額は，図6-3の「権能差」分だけ高くなり，右上がり部分を形成する。

171

市町村の人口1人当たり収入額は，**図6-3**の（+）のように，都市化するほど住民税や固定資産税の収入が高くなるため，人口に対して「右上がり」の直線で示される。需要額が収入額より大きい団体は，交付税を受け取るので「交付団体」と呼ばれ，図の点 M を超える都市部で収入額が需要額を上回る団体は，交付税を受け取らないので「不交付団体」と呼ばれる。不交付団体は2004年度133市町村で，その居住人口は全人口の17.7％にすぎない。政府の「改革と展望」では，2010年度までに，不交付団体の人口割合を「3分の1程度をめざす」としている（総務省自治財政局，2005: 98）。

　都道府県の交付税構造は，**図6-4**の実線のように，1960年代では人口1人当たり需要額が人口規模に関して「U字型」を示していた（林，1987: 193-94）。神奈川県には，横浜と川崎の二つの指定都市がある。その需要額は「権能差」分が引き下げられ，現在までの約40年間，ほぼつねに最低値を示してきた。ところが，神奈川県の人口は，1961年度の344万人（図の点 B）から，2001年度には848万人（点 B'）に増加した。その最低需要額を100とした指数で両年度を比較すると，1961年度の「U字型」（Aの実線：○）は，70年代に構造が変化し，図6-4のように2001年度（A'の破線：●）では「逓減型」になっている。また，最低需要額に対する鳥取県や島根県の最高値の倍率は，**表6-5**で示されるように，両年度のそれぞれが2.14倍から3.47倍に上昇しているので，逓減型の傾きも大きくなっている。

　都道府県の収入額も，市町村と同様に，1人当たり金額が人口規模に応じて増加する。しかし，収入額の「最高・最低倍率」は，1961年度の5.45倍から2003年度の2.58倍に低下した。このため，収入額の人口規模に関する「逓増型」の直線は，それぞれ図6-4の D の実線（+）が D' の破線（*）のように傾きが小さくなり，税源格差が平準化している。

需要要素と税源要素　市町村の需要額は，U字型構造に変わりはない。2003年度の東京都特別区を除く3132市町村の人口1人当たり需要額は，対数変換した人口規模［ln（人口）］を X とすれば，**表6-4**のような人口の2次関数で以下のようなU字型を推定できる。

$$\ln(需要額/人口)=0.05648X^2-1.4402X+13.886 \qquad (6-5)$$

ここで，需要額の最適人口規模は，$X=12.749(=1.4402\div 2\div 0.05648)$ の対数

第**6**章　定住化社会日本の財政責任システム

図6-4　都道府県の交付税

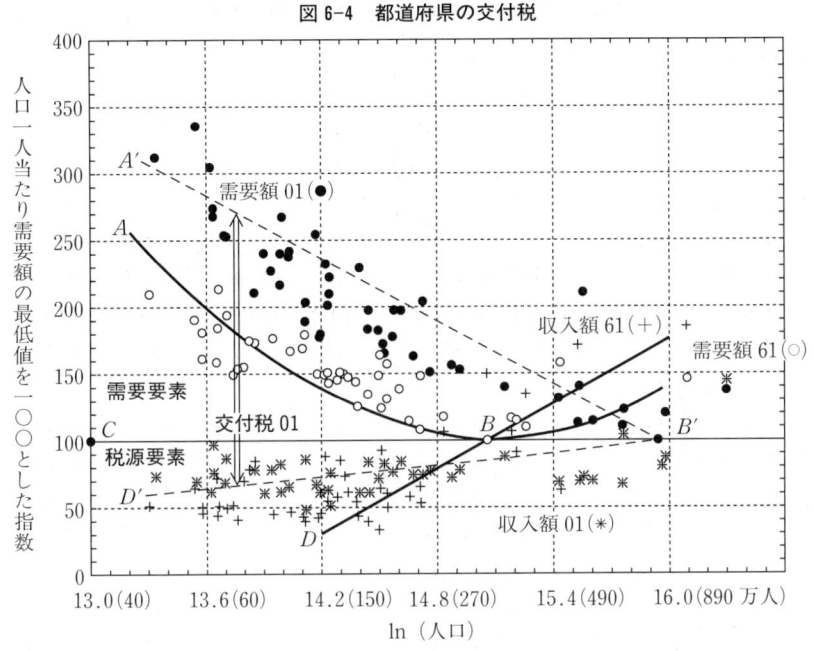

出所）　筆者作成。

値を変換して約34万人となる。この X の値を (6-5) 式に代入すると，需要額の最低値（以下，最低需要額）は，市川市（45万人）や茅ヶ崎市（23万人）などのように，約11万円 [ln(需要額/人口)＝4.70] と推定される。1996年度の最低需要額も，同じ11万円と推定された。それは，本来14万円前後であるが，2003年度の需要額が，臨時財政対策債の振替分を引いた金額であることによる[10]。

　日本でも，戦後の高度成長期は一時的な「移動社会」であった。市町村を直撃した過疎・過密問題は，潤沢な交付税総額を背景に，交付税で対処されてきた。急激な人口減少は地域社会の機能低下，住民の就業機会や医療の確保の困難，そして高齢化など，さまざまな問題を引き起こす。このため，過疎対策は，1970年の過疎地域対策緊急措置法を皮切りに，80年振興法，90年活性化法，2000年自立促進法に引き継がれた。その結果，過疎市町村の需要額は，過疎対策債償還額の交付税算入や数値急減補正で嵩上げされ，その数も当初の775団体から1990年には1143団体に増加した。

第 2 部　限界責任の例証

表 6-4　市町村の人口 1 人当たり需要額の構造

(単位：1,000 円)

ln(需要額/人口)	{ln(人口)}²	ln(人口)	面積(km²)	人口密度	人口増加率	定 数 項	adj R²
1970 年度 [N=3,180]	0.04360 (28.9)	−0.4979 (−56.1)	0.000808 (37.4)	0.01455 (4.56)		3.880 (299.4)	0.759 {30 万人}
1975 年度 [N=3,251]	0.05516 (49.9)	−0.6122 (−93.8)	0.000866 (47.2)	0.01755 (6.88)	0.5717 (21.1)	5.648 (569.3)	0.876 {26 万人}
1980 年度 [N=3,252]	0.05723 (50.6)	−0.6523 (−98.3)	0.000982 (50.4)	0.02276 (8.56)	0.0630 (2.18)	5.736 (567.8)	0.888 {30 万人}
1984 年度 [N=3,253]	0.05888 (54.3)	−0.6702 (−105.7)	0.000995 (52.2)	0.01923 (7.53)	0.1577 (3.50)	5.983 (603.2)	0.903 {30 万人}
〈1989 年度：ふるさと創生〉							
1992 年度 [N=3,258]	0.06951 (50.8)	−1.6965 (−61.9)	0.00027 (10.0)			15.209 (110.9)	0.852 {20 万人}
1994 年度 [N=3,232]	0.06181 (65.6)	−1.5769 (−84.8)	0.00099 (56.8)			21.662 (237.2)	0.932 {35 万人}
1996 年度 [N=3,232]	0.06176 (65.6)	−1.576 (−84.9)	0.00100 (57.1)			14.783 (162.3)	0.933 {35 万人}
1998 年度 [N=3,232]	0.06014 (64.2)	−1.536 (−83.2)	0.00100 (56.9)			14.601 (161.2)	0.930 {35 万人}
〈2001 年度：臨時財政対策債の振替後需要額，2002 年度：段階補正の見直し〉							
2001 年度 [N=3,223]	0.05577 (56.2)	−1.4358 (−73.5)	0.00101 (53.4)			20.942 (219.2)	0.917 {39 万人}
2002 年度 [N=3,212]	0.05450 (53.1)	−1.4012 (−69.4)	0.00099 (50.4)			20.680 (209.4)	0.907 {38 万人}
2003 年度* [N=3,132]	0.05648 (50.5)	−1.4402 (−65.4)	0.00103 (49.8)			13.886 (128.7)	0.895 {34 万人}
2004 年度 [N=2,522]	0.05144 (39.0)	−1.3354 (−50.8)	0.00090 (46.7)			13.361 (102.4)	0.870 {43 万人}
2005 年度 [N=2,385]	0.04754 (37.8)	−1.2514 (−49.6)	0.00089 (48.3)			13.013 (103.2)	0.800 {52 万人}

注）　2005 年度の臨時財政対策債の「振替前」需要額は，国勢調査人口を用いたが，これ以外の年度では住民基本台帳人口である。なお，{　} 内は最適人口規模で，*の 2003 年度が (6-5) 式の推定結果である。

出所）　地方財政調査研究会（各年度版 b）のデータにより，1984 年度までは中井 (1988 b: 99)，それ以後は筆者作成。

対数変換後の人口を2乗した変数のパラメータ（係数）は，右下がり部分を反映したU字型の「尖度」を表し，それが高くなるほど，右下がりの傾きが大きくなる。その係数は，**表6-4**のように，過疎対策を反映して1970年度の0.0436から年々高くなり，「ふるさと創生」後の92年度には，0.06951にまで上昇したが，その後の90年代では0.06と安定している。しかし，2001年度以降は，02年度以降の段階補正の見直しや04年度以降の合併効果によって，その係数は，01年度0.05577から05年度0.4754と，1970年代前半の水準に戻りつつある[11]。

また，人口急増に直面した大都市圏の市町村でも，小・中学校の義務教育施設の建設に追われ，事業費補正や人口急増補正で需要額の嵩上げを余儀なくされた。このため，1975年度の需要額は，人口増加率の係数が0.5717と最も高い値を示したが，その後の係数は徐々に，統計的な有意性が低下している。安定成長期の日本は，東京一極集中の問題を除くと，「定住化社会」に入ったと考えられる。

交付税は以上のような地方に対する「財源保障」とともに，都市圏から地方圏への「財政調整効果」も発揮してきた。両者を同時に見るために，イギリスのレイト援助交付金に従って「最低需要額」を基準とすれば，交付税は，以下のように，「需要要素」と「税源要素」に分けることができる。

$$\begin{aligned}
\text{交付税} &= \text{需要要素} + \text{税源要素} \\
&= \sum (\text{需要額} - \text{最低需要額}) \times \text{人口} \\
&\quad + \sum (\text{最低需要額} - \text{収入額}) \times \text{人口}
\end{aligned} \quad (6\text{-}6)$$

ここで，需要額と収入額は人口1人当たり金額である。需要要素は，各団体の需要額が地域的な事情や行政コストの格差で最低需要額を上回る金額であり，税源要素は，収入額が最低需要額を下回って税源の偏在を調整する金額である。

本来ならば，市町村の区分は，各団体を表6-4の推定式に対応した最低需要額の人口35万人（2005年度は合併効果で50万人）程度，たとえば300小選挙区に集計し，両要素を分離すべきである（齊藤・中井，1995）。だが，人口20万人前後の1人当たり金額は，需要額の「鍋底U字型」（最適人口規模の±10万人ではほぼ同じ値）の特徴によってほぼ一定である。このため，最低需要額は，簡便法として，10〜40万人の交付団体の平均値とした。

たとえば，1992年度の需要要素は，交付団体の需要額合計15兆9000億円から，「最低需要額の集計」[＝最低需要額(13.4万円)×交付団体人口]の12兆1300億円を引いた3兆7700億円である。税源要素は，「最低需要額の集計」から収入額合計9兆1700億円を引いた2兆9600億円である。その結果，需要要素は，指定都市の権能差を含めて全体の56％，税源要素が44％となる。この需要要素と税源要素の割合は，1998年度ではそれぞれ59.8％対40.2％と，需要要素の比重が大きくなっている。しかし，2003年度では段階補正の見直しもあって，53.4％対46.6％と需要要素の比重が小さくなっており，**表6-4**の「U字型の尖度の低下」という推定結果を裏づけている。

財政力指数と租税力指数

　都道府県の需要額は，人口規模に関して「逓減型」になったため，市町村のような最適人口規模に相当する最低需要額を求めることはできない。神奈川県の需要額は，前述の通り，1970年度の埼玉県を除いて60年代以降，1人当たり金額がつねに最低値を示してきた。この最低需要額を基準にすれば，(6-6)式のように需要要素と税源要素に分離できる。その割合は，権能差分だけ需要要素が大きく算定されるが，時系列的な変化であれば，制度改正に伴う交付税の財政調整効果を判断できる。

　第1に，需要額の算定は，1969年度に経常経費と投資的経費に分離された(石原，2000: 273)。後者の事業費補正は，義務教育施設の整備などナショナル・ミニマムの確保に寄与したが，需要額の「最高・最低倍率」が，**表6-5**のように1960年代の2倍から2.5倍と，地方圏に有利な算定になった。需要要素と税源要素は，1960年代の6対4から7対3の割合で前者が引き上げられ，この割合は1970年代後半以降も変更されなかった。

　第2に，1990年代は「ふるさと創生」や日米構造協議の内需拡大政策，バブル崩壊後の緊急経済対策に伴う単独事業の拡大などで，需要額の最高・最低倍率が3.2倍に引き上げられた。その結果，需要要素と税源要素は8対2の割合で，需要要素が引き上げられたが，1999年度以降は，70～80年代の7対3の割合に戻っている。しかし，これは需要要素を削減したからではない。小規模団体に有利な「段階補正」は，市町村レベルで見直されたが，この見直しは都道府県には適用されなかった(岡本，2002)。このため，需要額の最高・最低倍率は，依然として3倍以上の値を示しているのである。

表 6-5 都道府県の交付税の需要要素と税源要素

年度 (最低値の県)	需要要素	税源要素	最高・最低倍率 需要額	最高・最低倍率 収入額	収入額の変動係数	財政力指数	租税力指数
1961(神奈川)	57.1%	42.9%	2.14(高知)	5.45[5.02]	0.482[0.476]	0.499	0.703
1965(神奈川)	60.2	39.8	2.20(高知)	4.50[3.59]	0.393[0.342]	0.478	0.696
〈投資的経費の分離〉							
1969(神奈川)	71.6	28.4	2.41(鳥取)	4.43[3.53]	0.361[0.309]	0.520	0.811
1970(埼玉)	75.4	24.6	2.51(鳥取)	4.35[3.52]	0.358[0.308]	0.531	0.847
1975(神奈川)	77.0	23.0	2.57(鳥取)	3.83[3.21]	0.295[0.252]	0.504	0.827
1980(神奈川)	72.8	27.2	2.62(島根)	3.52[2.66]	0.248[0.203]	0.473	0.772
1985(神奈川)	75.3	24.7	2.69(島根)	3.39[2.63]	0.267[0.222]	0.502	0.815
〈ふるさと創生〉							
1990(神奈川)	83.3	16.7	3.25(島根)	5.00[3.20]	0.355[0.262]	0.508	0.885
1995(神奈川)	80.2	19.8	3.15(島根)	2.93[2.21]	0.205[0.169]	0.479	0.842
1996(神奈川)	80.2	19.8	3.22(島根)	2.97[2.29]	0.199[0.165]	0.473	0.842
〈地方消費税〉							
1997(神奈川)	83.9	16.1	3.27(島根)	2.93[2.22]	0.195[0.155]	0.492	0.879
1998(神奈川)	83.0	17.0	3.31(島根)	2.99[2.26]	0.197[0.156]	0.485	0.872
〈恒久的減税と事業税の税率引下げ〉							
1999(神奈川)	72.7	27.3	3.39(島根)	3.15[2.21]	0.204[0.149]	0.407	0.737
2000(神奈川)	71.1	28.9	3.38(島根)	3.02[2.16]	0.204[0.147]	0.394	0.713
2001(神奈川)	74.0	26.0	3.35(島根)	2.97[2.14]	0.202[0.151]	0.414	0.754
2002(神奈川)	72.5	27.5	3.29(島根)	2.73[2.05]	0.198[0.151]	0.409	0.735
2003(神奈川)	75.3	24.7	3.47(島根)	2.58[1.98]	0.189[0.137]	0.400	0.752

注) [ ]は東京都を除く値。租税力指数は,最低需要額に対する収入額の割合の各団体平均。
出所) 2001年度までは,地方財政調査研究会(各年度版a),2002-03年度は,総務省自治財政局『地方交付税等関係係数資料』より,筆者作成。

　第3に,収入額の最高・最低倍率は,バブル期を除いて,1961年度以降ほぼ一貫して低下し,税源の平準化を示してきた。たとえば,1960年代前半では,鹿児島県の最低値(72年度以降は沖縄県)に対して,東京都,大阪府(80年代以降の2位は愛知県)は,ともに5倍以上の最高値を示していた。しかし,高度成長期には,それぞれ4倍と3.5倍に,現在では3倍と2.1倍に低下し,変動係数の推移によっても税源の平準化傾向を確認できる。
　しかし,税源の平準化は1995年度以降,表6-5のように,ほぼ同じ値を示

しているため，99年度以降の需要要素と税源要素の変化を説明するものではない。この変化は，恒久的減税などによる収入額の絶対水準の低下に起因している。収入額の道府県分は，1998年度の10兆5365億円から99年度8兆9101億円と15.4％も減少した。単年度の財政力指数の平均は，1961年度以降一貫して0.5前後で推移してきたが，99年度以降は0.4前後に低下した。

財政力指数は，需要額に対する収入額の割合であるが，収入額の税収見積りと実際税収との乖離を3年間で清算するため，制度上は3年平均値が用いられる。いうまでもなく，交付団体は単年度の財政力指数が1未満で，不交付団体はそれが1以上になる。

財政力指数は，段階補正で嵩上げした需要額を分母とするので，極端に低い値は「税収が極端に低い」と錯覚を起こしやすい。この錯覚を補正するために，最低需要額に対する収入額の比率を「租税力指数」としよう。

財政力指数の都道府県平均は，1990年代まで0.5前後で安定していた。これに対し，租税力指数のそれは，1960年代で0.7，70〜80年代の高度成長期に0.8，そして90年代のバブル期では0.85と景気の動向を反映してきた。ただし，恒久的減税後の2000年代前半では，財政力指数の0.4への低下に合わせて，租税力指数も0.75に低下している。

とくに注意すべき点として，財政力指数は，鳥取県や島根県が，たとえば2003単年度の全国平均0.400に対し，それぞれ0.226や0.200で最も低いとされている。しかし，租税力指数は，それぞれ0.704や0.694と全国平均の0.752にほぼ近い値を示している。財政力が低いのは，税源要素ではなく，需要要素に起因しているのである[12]。

3 補助金改革と財源保障

第2臨調の補助金カット　国庫支出金は，義務教育などの国庫負担金，統計調査などの国庫委託金，警察費などの国庫補助金の三つに区分される[13]。

国庫支出金は，国庫補助負担金ともいわれ，財源の使途が限定された特定補助金である。以下，この補助金に対する第2臨調と三位一体の改革を比較しながら，両者の財源保障の仕方がどのように異なるかを検討しよう。

第2臨調を引き継いだ臨時行政改革推進審議会は，1985年度から，補助負

担率の高いものを中心に削減した。たとえば，生活保護費の補助負担率は，それまでの10分の8から1985年度10分の7に引き下げられ，89年度以降では4分の3に引き上げられて恒久化された。市町村の老人・児童福祉費は，それまでの10分の8から1985年度10分の7，86年度以降2分の1に削減された。河川や道路事業などの投資的経費も，補助負担率をそれまでの3分の2から1985年度10分の6，86年度10分の5.5，87〜90年度10分の5.25，91年度10分の5にカットされた（矢野，2003: 185）。

このような補助金カットに対し，地方制度調査会の第17次答申は，「単に国の財政負担を地方に転嫁するにすぎず，国・地方を通ずる行政改革の理念に反する」と批判した。この答申は，地方を都道府県と市町村全体のマクロ・レベルでとらえたものである。補助金カットが，地方税や交付税を合わせた一般財源の引上げに反映されなければ，国の負うべき財政負担を地方財源で賄うことになるため，国の財政負担が地方に転嫁されてしまうと指摘されたのである。

しかし，個別自治体のミクロ・レベルで見ると，補助金カットは，国の財政負担をすべての自治体に転嫁したのではない。日本では，地方財政計画の策定を通じて，国が地方全体の財源不足額を地方交付税で保障するシステムをとっている。地方に対する国庫支出金が削減されると，財源不足額が増大し，その増加分を交付税が財源保障するという仕組みである。

より具体的には，需要額算定に用いる単位費用は，標準団体の行政費目ごとに以下のように算定される。

$$\text{単位費用} = \frac{\text{標準団体の経費総額} - \text{国庫支出金等の特定財源}}{\text{測定単位}} \quad (6\text{-}7)$$

この式の分子は，標準団体の経費総額から国庫支出金等の特定財源を除いたものであるため，「一般財源所要額」といわれている。単位費用は，一般財源所要額を人口などの測定単位で割ったものである。標準団体の経費総額に大きな変化がないかぎり，国庫支出金がカットされると，分子の一般財源所要額が増大するので，単位費用は自動的に引き上げられる。

たとえば，標準団体の生活保護費は，経費総額が1984年度147万6420円，86年度には158万1819円と算定され，7％の伸びにすぎない。しかし，単位費用はこの間に，3880円から6030円と55％も引き上げられた。生活保護や

第2部　限界責任の例証

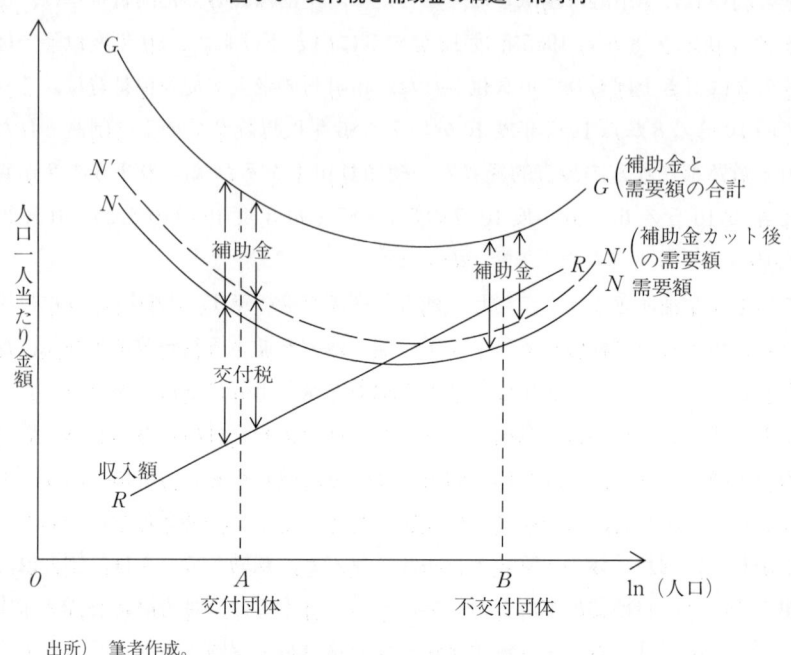

図6-5　交付税と補助金の構造：市町村

（図省略：縦軸「人口一人当たり金額」、横軸「ln（人口）」。曲線 G、N'、N、直線 R、点 A「交付団体」、点 B「不交付団体」。ラベル「補助金と需要額の合計」「補助金カット後の需要額」「需要額」「補助金」「交付税」「収入額」）

出所）　筆者作成。

　社会福祉費について，補助金カットの金額と需要額の増加額は，個別自治体のケースでも，両者がほぼ等しくなっている（中井，1988b）。その結果，補助金カットは，需要額をほぼ同額だけ引き上げることになる。

　補助金カットを市町村レベルで見ると，人口1人当たり需要額は，図6-5のように，人口規模に対してU字型曲線 NN，収入額が右上がりの直線 RR で表される。大規模な自治体のなかには，収入額が需要額を上回る不交付団体もあるが，自治体の多くは，需要額が収入額を上回る交付団体である。他方，市町村に対する補助金は，人口1人当たり金額が図の NG の距離でほぼ一定であり，U字型曲線 GG のように需要額に積み上げられる。

　補助金カット（NN' の距離）は，単位費用の算定を通じて，需要額を図6-5の破線 $N'N'$ に上方シフトさせる。このため，交付団体では，補助金カットが交付税に振り替えられたにすぎない。これに対して，不交付団体は，需要額が上昇しても交付税が受けられないので，補助金カット分を地方税で負担するこ

とになり，国の財政負担が転嫁されたことになる。

　他方，補助金カットの地方負担は，地方たばこ消費税の税率引上げや国の一般会計からの交付税総額への特例加算もあった。しかし，多くは，「地方債」の増発で対処された（矢野，2003: 194-95）。この地方債の元利償還は，各自治体の需要額に算入され，将来の交付税財源で賄われる。結局，マクロ・レベルで見ると，前述の第17次答申のように，第2臨調の補助金カットは，地方債の増発を通じて，国の財政負担の多くを地方に転嫁したのである。

地方債による財源保障　　地方団体の借入を地方債という。国債は発行目的別に見ると，建設国債と赤字国債の二つに分類できるが，地方債は，発行目的別に細かく分類されている。地方債は，公営企業の料金収入によって元利償還される公営企業債と，地方税等で償還される普通会計債に大別される。地方債の発行を「起債」というが，普通会計債は，「事業目的」の起債と地方団体への「財源保障」を目的としたものに区分できる。

　事業目的について，一般公共事業債とは，国庫補助金を伴う事業の一般補助事業債と，国が事業主体となる直轄事業債の総称である。一般公共事業債の対象は，港湾，河川，海岸，都市計画事業などである。地方債はこのほか，**表6-6**のように一般単独事業債や義務教育施設整備事業債など事業目的に応じて細かく区分されている。一般単独事業債は，普通建設事業のなかで国庫支出金を伴わない事業を対象とするが，1970年代前半までは一般公共事業債とそれほど大きな差はなかった。

　ところが，1970年代後半では，国は一般会計の公共事業費にマイナス・シーリングをかけた。このため，一般公共事業債の発行は抑制され，一般単独事業債がこれに代わって大幅に発行され，地方債現在高で4割近くを占めるようになった。ただし，一般単独事業債のなかには，地域総合整備事業債などのように，災害復旧事業債や辺地・過疎対策事業債などと同様に，その元利償還費の一部が交付税に算入されるものがある。このような交付税措置は，国全体の政策を円滑に実施するために，やむをえない側面もある。だが，これが無制限に拡大すると，使途が限定されない一般補助金という交付税が，「特定補助金化」するだけでなく，制度自体も需要額算定の事業費補正などで複雑化する側面もある。

表 6-6　地方債現在高の推移

(単位：10 億円)

年　　度	1971	(%)	1980	(%)	1990	(%)	2000	(%)	2003	(%)
一般公共事業債	622	(15.7)	2,232	(7.6)	3,438	(6.2)	11,238	(8.8)	12,211	(8.8)
一般単独事業債	808	(20.3)	6,390	(21.6)	15,671	(28.4)	51,787	(40.4)	51,963	(37.4)
公営住宅建設事業債	383	(9.6)	2,412	(8.2)	3,748	(6.8)	5,184	(4.0)	5,000	(3.6)
義務教育施設整備事業債	620	(15.6)	3,512	(11.9)	5,467	(9.9)	5,218	(4.1)	4,655	(3.4)
辺地・過疎対策事業債	68	(1.7)	892	(3.0)	1,801	(3.3)	2,908	(2.3)	2,864	(2.1)
災害復旧事業債	250	(6.3)	709	(2.4)	1,174	(2.1)	1,409	(1.1)	1,068	(0.8)
一般廃棄物処理事業債	147	(3.7)	1,065	(3.6)	1,482	(2.7)	4,504	(3.5)	4,567	(3.3)
その他事業債	696	(17.5)	4,797	(16.2)	6,628	(12.0)	8,312	(6.5)	6,664	(4.8)
事業目的	3,594	(90.5)	22,007	(74.5)	39,409	(71.5)	90,560	(70.7)	88,992	(64.0)
財源対策債			5,230	(17.7)	4,042	(7.3)	15,387	(12.0)	18,725	(13.5)
うち一般公共事業債分							12,429	(9.7)	15,592	(11.2)
減収補填債			671	(2.3)	1,285	(2.3)	6,501	(5.1)	5,949	(4.3)
減税補填債	23	(0.6)					5,983	(4.7)	6,772	(4.9)
調整債					1,784	(3.2)	622	(0.5)	398	(0.3)
臨時財政対策債									9,101	(6.5)
財政対策債その他			339	(1.1)	3,273	(5.9)	3,775	(2.9)	2,711	(2.0)
財源保障目的	23	(0.6)	6,240	(21.1)	10,383	(18.8)	32,268	(25.2)	43,656	(31.4)
都道府県貸付金その他	354	(8.9)	1,285	(4.4)	5,305	(9.6)	5,284	(4.1)	6,301	(4.5)
合　　計	3,971	(100.0)	29,533	(100.0)	55,098	(100.0)	128,112	(100.0)	138,948	(100.0)

注）　2000，03 年度の一般公共事業債は財源対策債分を除いている。
出所）　総務省（各年度版）より，筆者作成。

　これに対し，地方団体の「財源保障」を目的とした地方債は，表 6-6 の地方債現在高のように，近年，急速に拡大している。このタイプの地方債は，さらに建設地方債と赤字地方債に区分される。一般公共事業に充てる地方債の割合を「起債充当率」というが，財源対策債は，その充当率を臨時的に引き上げた部分の起債である。このため，財源対策債は，「建設地方債」であるが，1976年度以降の地方財政対策（通常収支）の財源不足を補うために発行されている（平嶋・植田，2001: 362）。また，減収補填債は，景気の動向に左右されやすい法人関係税の減収見込額に対して発行され，公共事業の事業費を基準に配分されるため，建設地方債である。

　調整債は，前述の通り，1985 年度からの補助金カットに伴う地方の財政負

担を財源保障した。減税補塡債も，1994年度以降の住民税等の特別減税や先行減税の減収を補うものである。また，地方財政対策の通常収支不足は，交付税特別会計の借入金で賄われていたが，地方団体自身の借金であることを明確にするため，2001年度から2003年度まで段階的に臨時財政対策債に切り替えられた（矢野，2003: 145-46）。これらは，「赤字地方債」である。

その結果，財源保障目的の地方債の現在高は，**表6-6**のように，1980〜90年代の20％前後から2000年以降30％前後にまで急上昇した。財源保障目的の地方債の増大によって，元利償還の一般財源に占める「公債費負担比率」は，1990年度の10.9％から2003年度19.4％と2倍近くに上昇した。しかし，交付税措置を除いた「起債制限比率」は，9.3％から11.6％と2ポイント程度の上昇にすぎない。

ところで，地方債は，個々の地方団体が自由に発行できるものではない。それは，国の定めた地方債計画や起債許可方針に従って，都道府県と指定都市の起債は総務大臣，その他の市町村は都道府県知事の許可が必要とされてきた。この許可制は，2006年度から「協議制」に移行した。総務大臣または都道府県知事との同意のあった地方債のみ，地方債計画に従って公的資金の借入や元利償還の交付税措置が適用される（矢野，2003: 206-07）。同意を得られない地方債は，地方議会のチェック機能に委ねられる。

協議制の例外として，①実質収支比率（標準財政規模に対する赤字額の割合）のマイナスが一定水準を超える団体（都道府県5％，市町村20％），②過去3年平均の起債制限比率が20％以上の団体は，許可を必要とする。また，③標準税率未満で課税する団体は，従来の地方債発行の「禁止」から「許可」に緩和された。これによって，地方団体の税率操作権は，従来の制限税率までの上限だけでなく，標準税率未満という「下限」も拡大し，課税自主権がより一層，尊重されるようになった。

三位一体改革　前述のように，第2臨調の補助金カットが，「国の財政負担を地方へ転嫁した」ことを踏まえて，「三位一体の改革」では，交付税措置だけではなく，補助金の削減額に対応した住民税の確保が重要課題になったのである。

第1に，三位一体の改革は，2004〜06年度の国庫補助負担金の削減を4.7

兆円とした。そのうち，公共事業関連では1兆円を削減し，0.8兆円は地方の自由度を高めるように「交付金化」した。これらは地方財政の収支に影響がないため，税源移譲に結びつく国庫補助負担金については，残りの2.9兆円に2003年度分を含めた3.1兆円となる。その内容は，義務教育の教員給与に関する国庫負担の引下げ（2分の1から3分の1に）や共済組合への掛け金・退職手当などの国庫負担の廃止等で1.3兆円のほか，国民健康保険の国庫負担の廃止0.7兆円など約2.2兆円が都道府県分である。市町村は，公立保育所運営費や公営住宅家賃対策等の補助が0.8兆円廃止される。

　第2に，地方税は，個人住民税・所得割を10％の比例税率化し，都道府県4％，市町村6％とされた。都道府県では，現行の累進税率2，3％と比例税率4％の税収差額2.2兆円，市町村では，現行の3，8，10％と6％の税収差額0.8兆円，合計3兆円が税源移譲分となる。2006年度までは，暫定的に所得譲与税で人口を基準に配分され，2007年度から個人住民税として徴収される。このとき，税源の偏在は，比例税率化によってある程度正されるが，都道府県分では，とくに法人事業税の分割基準が見直される。

　第3に，これらの改革が交付税に及ぼす影響には，国庫補助負担金の削減が，第2臨調の補助金カットの影響と同様に，需要額の引上げに振り替えられるということがある。都道府県の場合，逓減型の人口1人当たり需要額は，上方にシフトする。他方，地方税の税源移譲分は当分の間，100％が収入額に算入されるため，逓増型の1人当たり金額も上方にシフトする。したがって，個別団体では，国庫補助負担金の削減や税源移譲によって，需要額と収入額の差額にそれほど大きな影響が生じることはないと考えられる。

　しかし，三位一体の交付税改革では，地方財政対策が「通常収支不足」に直面して，地方財政計画の歳出総額のスリム化が図られている。事実，歳出総額は，2001年度の89.3兆円をピークに，06年度83.2兆円（児童手当拡充分を除くと82.3兆円）と毎年1兆円以上が削減されてきた。『地方財政白書』は，「地方交付税総額を抑制し，財源保障機能を縮小していく。この場合，歳入・歳出の両面における地方公共団体の自助努力を促していくことを進める」（総務省，2005: 154）としている。今後の個別自治体には，より厳しい行財政運営が求められるが，この財政危機をどのように乗り切るかが，第Ⅲ節の課題である。

III 直接限界責任による公民のプロバイダー選択

1 都道府県の直接限界責任

経常収支比率曲線　　個別自治体が財政危機を乗り切るには，行政の自助努力だけでは困難な状況にあり，住民を巻き込んだ「公民の役割分担」（プロバイダー選択）の見直しが問われている。以下，自治体が財政危機に陥る原因を究明し，日本でも，税率操作権を行使すれば，公民連携によって全体責任が確保されることを明らかにしよう。

経常収支比率とは，財政の硬直性を表す指標である。この比率は，人件費，扶助費や公債費などに充当した「経常経費充当一般財源等」（以下，実際支出）を，地方税や交付税など自由に使える「一般財源等収入額」（以下，一般財源）で割った値である。この比率が上昇すれば，公共事業に使える財源が枯渇するので，財政が硬直化したといわれ，80％前後が健全とされている。

経常収支比率は，需要額に対する実際支出の「対比指数」（＝実際支出÷需要額）と，単年度の財政力指数（＝収入額÷需要額）の関数として分解できる。都道府県や市町村の収入額と地方税の関係は，譲与税などを無視すると，基準税率が75％であるため，［地方税＝(4/3)×収入額］となる。この関係によって，交付団体と不交付団体の経常収支比率は，それぞれ以下のように表される。

［交付団体］　経常収支比率＝実際支出÷（地方税＋交付税）

$$= \frac{実際支出}{需要額} \div \frac{\frac{4}{3}\times 収入額 + 需要額 - 収入額}{需要額}$$

$$= 対比指数 \div \left(1 + \frac{1}{3}\times 財政力指数\right) \quad (6\text{-}8a)$$

［不交付団体］　経常収支比率＝対比指数÷$\left(\frac{4}{3}\times 財政力指数\right)$　(6-8b)

両者の経常収支比率は，財政力指数が1のときに一致するため，(6-8a)と(6-8b)式をつないだ財政力指数との関係式を「経常収支比率曲線」としよう。第1に，この曲線は，図6-6のように，対比指数が高いほど曲線全体を押し上げるシフト要因として機能する。第2に，財政力指数が1の点で曲線が屈折し

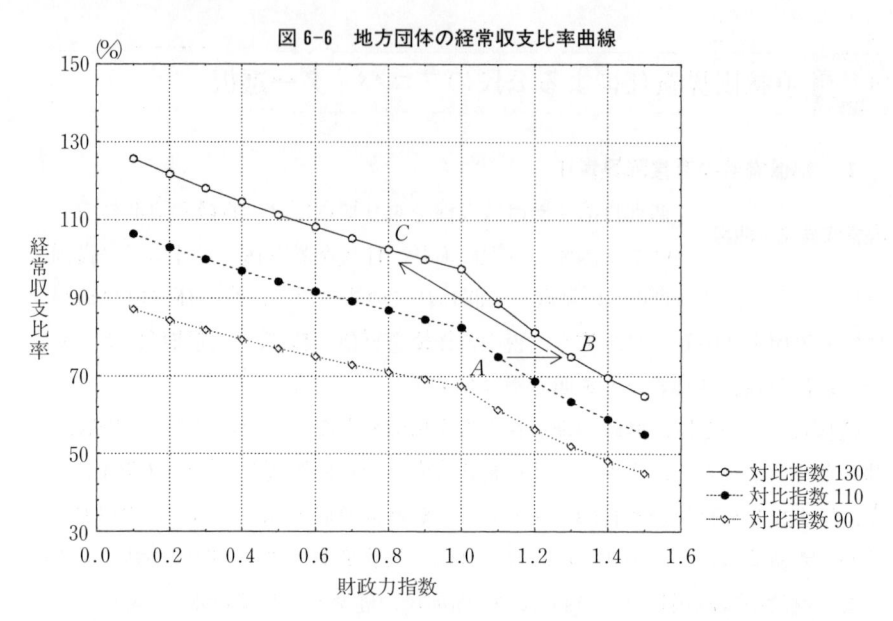

図 6-6　地方団体の経常収支比率曲線

（グラフ：横軸 財政力指数 0.0〜1.6、縦軸 経常収支比率（%）30〜150。対比指数 130、対比指数 110、対比指数 90 の3曲線。図中に点 A、B、C が示されている）

出所）筆者作成。

ている。第3に，屈折率は対比指数が高いほど大きく，財政力指数が 1.1 と 1.0 の間で最大になるという特徴がある。

交付団体転落の財政危機　つねに不交付団体の東京都では，1990 年代当初，財政力指数が 1.7 のもとで，経常収支比率は，70％前後の健全性を示していた。ところが，1999 年度には，単年度の財政力指数が 1.01 に低下したので，その比率は 100％を超えた。

不交付団体は，経常収支比率の分母が地方税だけであるため，地方税の減少は，そのまま一般財源の減収に跳ね返ることになる。ただし，東京都の経常収支比率は，特別区の財源の一部が含まれており，図 6-6 の「対比指数 130」のような高い水準であっても，財政力指数が 1.7 のかなり高い状態から 0.1 ポイント下落したときには，経常収支比率は 4 ポイントの上昇にすぎない。

また，つねに交付団体であれば，地方税収がたとえば 100 億円減少しても，収入額が 75 億円の減収になるので，これを交付税が財源保障すると，一般財源は 25 億円の減少にとどまる。このため，交付団体では，財政力指数が 0.1

ポイント下落しても，経常収支比率は，2ポイント程度の上昇にすぎないのである。

ところが，経常収支比率曲線の屈折率が示すように，財政力指数1.1の状態から0.1ポイント下落すると，経常収支比率は，対比指数130のもとで9ポイントも上昇する。たとえば，財政力の高い団体が，財政力指数1.1の不交付団体のとき，「対比指数110」（●）であれば，経常収支比率は，図6-6の点Aのように75％で健全である。バブル期に財政力指数が，1.3に上昇したとき，単年度の予算均衡主義が，実際支出の増加で対比指数を130（○）に上げても，経常収支比率は，点Bのように，同じ75％で健全性が維持できる。しかし，この高い対比指数のまま，バブル経済の崩壊で財政力指数が0.8の交付団体に転落すれば，経常収支比率は点Cのように，一気に103％まで上昇する。

神奈川，愛知，大阪など大都市圏の府県は，財政力が高いにもかかわらず，1999年度の経常収支比率は，いずれも100％を超えた。2003年度では，神奈川県と愛知県が，それぞれ95.7％，93.9％に改善しているが，大阪府は，101.1％で財政危機を脱していない。バブル期の予算均衡主義による対比指数の引上げは，交付団体転落時の最高の屈折率によって，経常収支比率を一気に悪化させたのである。

都道府県の場合，実質収支の累積赤字が，一般財源に相当する標準財政規模に対して5％（市町村20％）を超えると，「準用再建団体」になる。大都市圏の府県は，投資的経費の財源が枯渇するどころか，市町村に比べてより厳しいルールのもとで，自治体破産の瀬戸際に立たされる。このため，財政力が高い団体の行財政運営は，景気の動向に左右される経常収支比率よりも，その団体のあるべき対比指数を指標とすべきである。

需要額対比表と標準支出対比表　どの行政項目が対比指数を押し上げているかは，実際支出と需要額を行政項目ごとに対比することで明らかになる。両者の乖離は，表6-7の全国ベースの「需要額対比表」では，警察3676円，その他土木4308円，その他教育3104円，社会福祉4943円，その他行政費9222円などである。これらの項目は，需要額をナショナル・ミニマムの基準とすれば，シビル・ミニマムの行政ということができる。

ところで，直接限界責任とは，実際支出が，ナショナル・ミニマムなどの基

表 6-7　実際支出の需要額対比表と標準支出対比表

(2001年度人口1人当たり金額：円)

都道府県の行政項目	需要額 (1)全国	実際支出 (2)全国	需要額との 乖離：(2)-(1)	A)需要額 との乖離	標準支出 との乖離	B)需要額 との乖離	標準支出 との乖離	C)需要額 との乖離	標準支出 との乖離
1. 警察費	19,448	23,124	3,676	3,309	−155	3,362	−230	5,010	498
2. 土木費	6,023	8,364	2,341	1,310	−959	195	−945	4,120	2,172
2.1 道路橋梁	4,156	1,862	−2,294	−140	−150	−1,095	368	−297	53
2.2 河川費	368	623	255	208	−199	92	−285	782	375
2.3 港湾費	386	459	72	30		−335		47	
2.4 その他土木	1,112	5,420	4,308	1,213	−924	1,533	−619	3,588	1,416
3. 教育費	55,424	62,669	7,245	5,708	−198	10,985	4,760	10,888	4,768
3.1 小学校	18,020	19,265	1,245	1,788	34	3,785	2,521	3,186	1,732
3.2 中学校	10,241	10,921	680	1,180	109	2,088	1,339	1,894	997
3.3 高等学校	16,095	18,072	1,977	2,224	605	1,867	99	2,413	770
3.4 特殊教育諸学校	4,182	4,470	288	429	191	297	62	702	471
3.5 その他教育	6,837	9,941	3,104	86	−3,891	2,949	−831	2,692	−1,814
4. 厚生労働費	23,310	31,523	8,213	6,674	−64	5,948	−492	9,485	3,167
4.1 生活保護	1,071	1,075	4	304	315	−193	−163	218	239
4.2 社会福祉	6,166	11,110	4,943	3,910	−314	4,504	332	5,169	1,010
4.3 高齢者保健福祉	10,016	10,428	412	267	−733	1,265	500	2,950	2,392
4.4 労働費	787	845	58	16		−25		−50	
4.5 保健衛生	5,270	8,065	2,796	2,178	−81	397	−1,930	1,197	−1,157
5. 産業経済費	7,577	9,189	1,612	−505	−1,548	392	−778	−512	−1,565
6. その他行政費	8,918	18,139	9,222	4,673	−2,823	5,507	−2,100	3,408	−4,306
7. 経常経費計	120,700	153,009	32,309	21,170	2,968	26,389	5,972	32,400	11,599
8. 公債費	15,833	47,057	31,224	9,794	−12,579	19,509	−9,746	21,834	−6,724
9. 投資的経費計	35,879	21,732	−14,147	−5,201	1,924	−9,437	227	−8,093	−225
10. 合計	172,411	221,798	49,387	25,764	−580	36,461	5,993	46,140	16,205

注)　小・中・高等学校や特殊学校の支出額と需要額は，文部科学省（2004）『地方教育費調査報告書』の表30の2に基づいている。他の項目は，総務省自治財政局（2003）『都道府県財政指数表』や総務省自治財政局（2003）『地方交付税等関係係数資料』に基づいている。なお，「全国」は，都道府県合計であり，大都市圏においてA団体は，「7. 経常経費計」の乖離が最も小さく，B団体，C団体の順に乖離が大きくなっている。ただし，標準支出は，回帰式に基づくので，大項目は小項目の合計と一致しない。
出所)　筆者作成。

準をほんの少し上回る微限小の乖離部分を，受益者負担や税率操作権の行使で賄うことであった。しかし，需要額は，図6-2で見たように，留保財源による支出が除外されており，各団体の需要額と実際支出の乖離は，シビル・ミニマムを含んでいるため，微限小とはいえない。微限小の乖離を導くには，前章の

イギリスのように，行政項目別に実際支出を適切な需要要因の説明変数で回帰分析した「標準支出」が必要になる。この標準支出と実際支出の微限小の乖離は，標準化原理 $[(実際支出)_i-(標準支出)_i=0：i=1, \cdots, n, i \neq j]$ に従って，第 j 項目に限定できる。この項目に関して標準税率を上回る実際税率の引上げを提案すれば，直接限界責任は，以下のように，発揮されたことになる。

$$(実際税率-標準税率) \times 課税ベース = (実際支出)_j - (標準支出)_j \tag{6-9}$$

ここでは，簡便法として，行政項目別に人口 1 人当たり実際支出を需要額で回帰させた推定値を標準支出としよう（中井，2006）。たとえば，大都市圏の A 団体では，警察費の標準支出を以下のような回帰式に，人口 1 人当たり需要額 1 万 6963 円を代入して求めることができる。

$$20427 円 = 682.1 + 1.164 \times (需要額：16963 円) \tag{6-10}$$

この A 団体の実際支出と需要額の乖離は，表 6-7 の「需要額対比表」によって，3309 円（＝20272−16963）にも及ぶ。だが，「標準支出対比表」では，標準支出との乖離が−155 円（＝20272−20427）である。この団体の警察費は，B 団体と同様に，標準支出に対しては・水・準・超・過になっていないが，C 団体の警察費は，標準支出との乖離が 498 円である。このように，シビル・ミニマムの「水準超過行政」は，団体ごとで異なる。

A 団体の特徴は，表 6-7 の「標準支出対比表」のように，標準支出との乖離がほとんどの小項目でマイナスを示し，極端な水準超過行政はない。このため，A 団体は大都市圏府県のなかで，行政の効率化をほぼ達成した「ヤード・スティック」（他の団体にとっての努力目標）と考えられる[14]。

これに対し，B 団体の水準超過行政は，小学校や中学校費であり，標準支出との乖離はそれぞれ 2521 円，1339 円となっている。また，C 団体のそれは，その他土木費 1416 円，小学校費 1732 円，社会福祉費 1010 円や高齢者保健福祉費 2392 円である。C 団体は，その他土木費を企業向け行政サービスとして，法人関係税の超過課税を実施し，法人に対する直接限界責任を発揮している。個人に対する直接限界責任は，高校の授業料の引上げなど受益者負担で発揮しているが，小学校や社会福祉，高齢者保健福祉費の乖離は，道府県民税・個人分の税率操作権の行使によって，公民の役割分担が問われることになる。

2　市町村のシビル・ミニマムと直接限界責任

標準化原理と需要額対比表　市町村でも，都道府県と同様に，行政項目別の実際支出と需要額を対比すれば，シビル・ミニマムの項目が明らかになる（マッセ大阪，2003）。ただし，市町村税には，都市計画事業の目的税である都市計画税がある。このため，一般財源充当経費の実際支出（支出額）は，使途が限定されない普通税や交付税だけでなく，以下のように都市計画税も財源としている。

$$\sum(実際支出)_i = 普通税 + 交付税 + 都市計画税 \qquad (6\text{-}11a)$$

ここで，行政項目別に集計した実際支出と需要額とをそれぞれ$\sum(実際支出)_i$，$\sum(需要額)_i$とする。

(6-11a)式に［交付税＝$\sum(需要額)_i$－収入額］や［普通税＝収入額＋留保財源］を代入すれば，実際支出と需要額との総額の差は，以下のように，留保財源と都市計画税で財源調達されることになる。

$$\sum(実際支出)_i - \sum(需要額)_i = 留保財源 + 都市計画税 \qquad (6\text{-}11b)$$

いま，シビル・ミニマムの行政項目をj，k項目とし，これ以外の項目の需要額が，イギリスの歳入援助交付金の標準支出と同様に，標準化原理に基づいて積算されるとしよう。j，k項目以外では，実際支出と需要額の乖離が無視できるほど小さいので，以下の条件を満足する[15]。

$$(実際支出)_i - (需要額)_i = 0, \quad i = 1, \cdots, n, \ i \neq j, k \qquad (6\text{-}11c)$$

これを，(6-11b)式に代入すれば，シビル・ミニマムの追加費用は，以下のように，留保財源や都市計画税で賄われることが示される。

$$[(実際支出)_j - (需要額)_j] + [(実際支出)_k - (需要額)_k]$$
$$= 留保財源 + 都市計画税 \qquad (6\text{-}11d)$$

大都市（東京都特別区を含む指定都市）や都市，町村別に集計した需要額対比表は，**表6-8**のように，需要額合計に対する実際支出の「項目別対比指数」と需要額との構成比の差を「乖離度」としている。大都市と都市が共通して乖離度が大きい項目は，シビル・ミニマムの対象項目と見なすことができ，それは，経常経費の社会福祉費や投資的経費の下水道費であった。これら以外の項目の乖離度は，標準化原理に従って，無視できるほど小さかった。

第6章 定住化社会日本の財政責任システム

表6-8 1995年度の市町村の需要額対比表

(単位：%)

	大都市			都市			町村		
	需要額	支出額	乖離度	需要額	支出額	乖離度	需要額	支出額	乖離度
消防費	6.9	4.5	−2.4	7.8	6.9	−0.8	6.7	6.0	−0.7
土木費	7.0	10.2	3.2	6.4	9.3	2.9	5.8	4.8	−1.0
教育費	9.7	18.3	8.6	12.2	18.2	6.0	10.9	14.2	3.3
厚生労働費	24.9	42.1	17.2	24.7	36.7	12.0	16.1	24.2	8.1
生活保護	3.1	3.5	0.5	2.6	2.0	−0.6	0.0	0.0	0.0
社会福祉	3.4	19.3	15.9	3.5	13.8	10.3	2.2	9.0	6.7
保健衛生	4.8	6.9	2.1	4.4	6.2	1.7	4.4	6.0	1.6
高齢者保健福祉	5.2	7.1	1.9	6.8	6.3	−0.5	6.4	4.6	−1.9
清掃費	8.5	5.2	−3.3	7.2	8.4	1.2	3.1	4.7	1.6
産業経済費	1.1	2.2	1.1	2.0	4.4	2.4	4.1	8.0	3.9
その他	17.5	18.6	1.1	15.3	24.0	8.8	19.7	27.6	7.9
経常経費計	67.2	95.9	28.7	68.3	99.6	31.3	63.3	84.9	21.6
土木費	17.6	19.2	1.6	14.0	20.4	6.4	11.1	10.8	−0.2
道路橋梁	8.5	4.8	−3.7	7.6	5.1	−2.4	7.3	6.4	−1.0
港湾費	0.1	0.3	0.1	0.1	0.1	0.0	0.2	0.1	−0.2
都市計画	3.7	5.3	1.5	1.3	5.2	3.9	0.4	0.9	0.5
公園費	0.6	1.1	0.6	0.3	1.3	1.0	0.3	0.5	0.2
下水道	1.0	6.5	5.5	2.8	7.8	5.0	1.3	2.3	1.0
その他	3.7	1.3	−2.4	1.9	0.9	−1.0	1.5	0.7	−0.8
教育費	2.4	4.1	1.8	3.7	4.0	0.3	3.0	3.3	0.3
厚生労働費	1.3	2.0	0.7	1.9	2.0	0.1	2.5	1.4	−1.1
産業経済費	0.1	0.7	0.6	1.4	2.2	0.8	4.0	4.9	0.9
その他	4.5	2.1	−2.4	6.9	3.0	−3.9	10.4	2.9	−7.5
投資的経費計	25.9	28.1	2.3	28.0	31.6	3.6	31.0	23.4	−7.6
公債費	7.0	22.1	15.2	3.8	20.7	16.9	5.7	20.1	14.4
合計	100.0	146.1	46.1	100.0	151.8	51.8	100.0	128.4	28.4

注) なお、「支出額」は一般財源充当経費の実際支出である。
出所) 地方財政調査研究会（各年度版a），総務省自治財政局『地方交付税等関係係数資料』より，筆者作成。

目的税型の直接限界責任　下水道費は，町村の乖離度が，表6-8のように，1.0ポイントに対し，大都市や都市のそれぞれが5.5，5.0ポイントに及ぶ。これらの中心は，一般会計から下水道特別会計への繰出金である（中井，1997b）。需要額には，雨水処理の公費負担分が算入されるのに対し，実際支出（支出額）には，起債償還費を含む汚水処理費も含まれる。近年，下水道事業が急速に普及した都市では，きわめて高い起債償還費を使用料では回収できず，一般会計から特別会計への繰出金が増大する傾向にある。このため，

大都市や都市の下水道費は，実際支出が需要額を大幅に上回る。一方，下水道普及が途上にある町村では，汚水処理費に対する繰出金が少ないので，乖離度はそれほど大きくない。

大都市や都市は，下水道費の乖離を目的税の都市計画税で賄うことができる。都市計画税は，固定資産税の土地や家屋の評価額を課税ベース（課税標準）とするが，地方団体の任意課税であり，制限税率（0.3％）の範囲内で自由に税率を定めることができる。都市計画税は，以下のように，下水道料金による受益者負担とともに，自治体間で異なり，直接限界責任を発揮している。

（都市計画税・税率）×課税ベース＝（下水道費・実際支出）
－（下水道費・需要額）　　（6-12）

普通税型の直接限界責任　経常経費の社会福祉費については，町村の乖離度が6.7ポイントであるのに対し，大都市や都市が，それぞれ15.9，10.3ポイントである。社会福祉費は社会福祉事業費，児童福祉費，身体障害者福祉費，精神障害者福祉費などで構成されるが，保育所措置費を中心とした児童福祉費が約半分を占める。

実際支出に関して，保育所の行政コストは，大部分がサービスの生産にかかる人件費であるため，民間に対して公立保育所の比重が大きいほど高くなる。また，保育ニーズの要因として，5歳児よりもゼロ歳児の保育児童が増加すれば，保育士1人当たり児童数が減少するため，行政コストを引き上げる。これに対し，社会福祉費の需要額は，小規模自治体ほど行政コストが割高になる点に配慮して，段階補正が適用されている。人口規模が大きな都市は，需要額が町村に比べて低く算定され，実際支出との乖離が大きくなるため，社会福祉費が第 j 項目に相当する。

地方税制には，目的税の都市計画税のほかにも，標準税率と制限税率の間で税率操作権を行使できる普通税が多くあり，固定資産税などの制限税率は，2004年度から撤廃された。しかし，法人住民税や法人事業税などで超過課税を実施している団体はあるが，それらは，いずれも選挙民を対象としたものではない。

また，選挙民を対象にするといっても，住民税・所得割では，住民票の移動によって，超過課税が回避されやすいかもしれない。このとき，選挙民に対す

る税率操作権の行使は，住民税・個人均等割や固定資産税を対象にするほかはない。しかし，固定資産税の標準税率は，前述の通り，40年間以上も1.4％のままであり，都市計画税を採用していない市町村を除いて，税率操作権を行使する自治体もきわめて少ない。

　個々の自治体が，需要額対比表によってシビル・ミニマムの行政項目を限定すれば，普通税でも，使途が明確であるため，目的税と同様に税率操作権を行使しやすくなる。その項目について，必要な経費が基準を上回れば，行政が追加的な税負担を議会に提案する。これが，標準化原理に基づく「普通税型」の直接限界責任である。

3　公民連携による全体責任の確保

ブレヒトの法則と世帯人員の逆U字型　　前述の通り，ブレヒトの法則では，「都市化は大家族制と村落共同体による家族内的社会保障システムの崩壊と社会支出の公共団体への移管をもたらし，社会構造の変化による社会支出の増大をもたらす」(佐藤・伊東，1985: 317) とされている。保育や高齢者介護の福祉サービスが，三世代同居など大家族制の家庭内社会保障で私的供給されると，行政移管に伴うシビル・ミニマムの福祉支出は，世帯人員の増加（減少）に伴って低下（上昇）する可能性がある。

　市町村ごとの「世帯人員」（＝人口/世帯数）は，図6-7のように，人口の過疎・過密の両側で，ともに減少する「逆U字型」の構造になる（齊藤・中井，2000: 232）。世帯人員は，県民性や産業構造に依存するが，都市の核家族化は，図の第Ⅰ象限のC県下市町村（◇）のように，それを減少させる。また，過疎市町村でも，A県下市町村（＋）のように，若者の転出で大家族制が崩壊し，高齢化の進展とともに世帯人員が減少する傾向にある。これらに対して，人口5～10万人の地方都市では，世帯人員がB県下市町村（●）のように，逆U字型の頂点に集中し，4人前後と最も多い。

家庭内社会保障と福祉支出　　社会福祉費と高齢者保健福祉費とを合計した「福祉支出」は，人口1人当たり実際支出が，図6-7の第Ⅳ象限のように，規模の経済を反映して人口規模に関する「U字型」の構造になる。需要額も同様に，U字型の構造であるが，全体としては実際支出を大きく下回

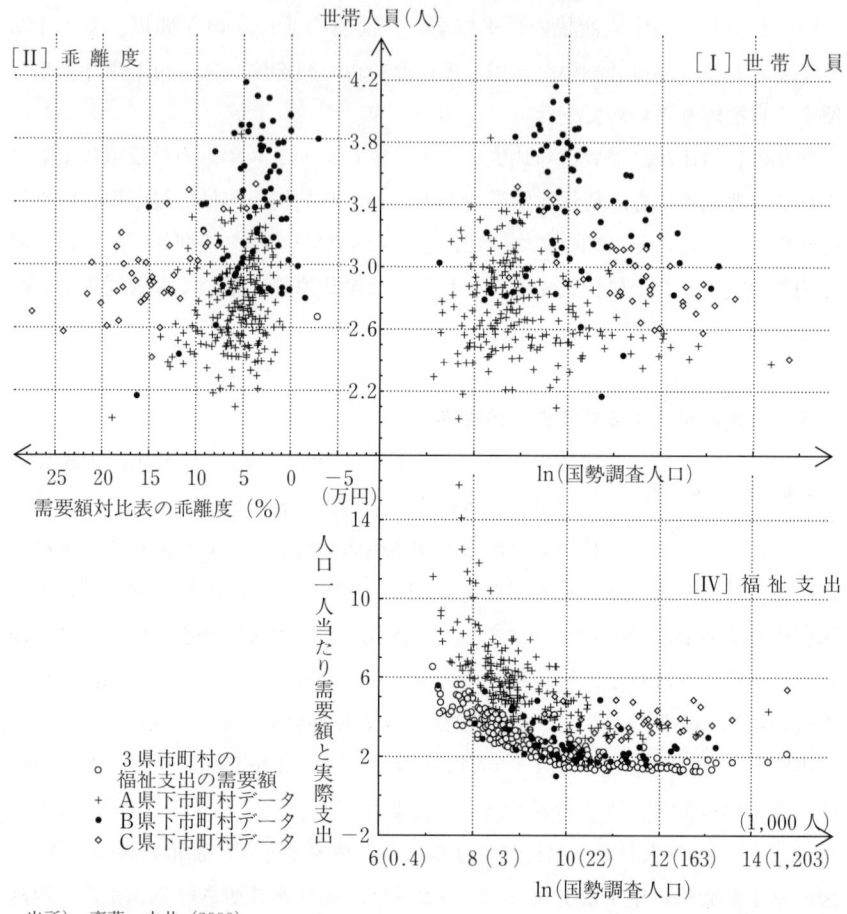

図6-7 3県下市町村の世帯人員と福祉支出の乖離度：1996年度

出所）齋藤・中井（2000）。

っている。高齢者保健福祉費は，表6-8の需要額対比表が示したように，標準化原理に従って大きな乖離はない。これに対し，保育等の社会福祉費は都市部で大きく乖離し，これが留保財源で賄われるため，需要額はシビル・ミニマムを十分に配慮しているとはいえない。

B県下市町村は，平均世帯人員が相対的に多く，実際支出（●）が図6-7の第IV象限が示すように，需要額（○）にほぼ一致している。この一致は，大家族制による家庭内社会保障によって，福祉サービスが私的供給されてきたと判

断できる。世帯人員が1人多いと、人口1人当たり福祉支出が1万797円節減されると推定され、需要額対比表の乖離度は、図の第II象限が示すように、B県下市町村のほとんどが5％以内にとどまる。しかし、同じB県下でも平均世帯人員が2.2人の自治体では、乖離度が15％に及んでいる。

　A県下やC県下市町村では、それぞれ、過疎化や都市化によって世帯人員が減少し、福祉サービスは行政に移管せざるをえない。福祉支出の需要額に対する乖離額は、図6-7の第IV象限の実際支出との差額として、B県下の約5000円に対し、A県下とC県下では2万円前後になる。ところが、A県下の乖離度は、分母の需要額が段階補正や過疎指定で嵩上げされるので、5～10％の水準にとどまり、C県下の15％前後に比べて明らかに小さくなっている。

公民連携の社会制度　公民連携の社会制度は、公共サービスの私的供給に着目した補完性の原理によってその骨格が形成され、基礎自治体が先導的に直接限界責任を発揮することで進展する。固定社会ドイツの公民連携は、前述の通り、コミュニティと市町村の間でプロバイダー選択が行われ、移動社会イギリスのそれは、地域を越えるボランタリー部門と政府部門の間で行われている。

　これらに対し、定住化社会の日本では、家庭内社会保障だけでなく、自治会・町内会などのコミュニティやNPOなどのボランタリー組織が併存し、私的プロバイダーは多元的になっている。このため、「公民の役割分担」、すなわち行政と民間のプロバイダー選択が、わかりにくい社会制度といえる。家庭内社会保障やコミュニティの相互扶助は、ボランタリー組織への「寄付金」などのように私的供給が現金化される社会制度に比べて、「自発的労働奉仕」に依存する比重が高いため、私的プロバイダーの存在とその水準が、見えにくい社会制度である。

　公共サービスの私的供給は、家族内社会保障など社会福祉の分野だけでなく、消防団の活動からゴミのリサイクル、健康・スポーツ・文化活動など広範な分野に及んでいる。この私的プロバイダーは、けっして政府部門に取って代わるものではないが、ゴミの回収やリサイクルなどでも、住民の協力がなくては行政を円滑に進めることができない。

　公共サービスの私的プロバイダーが、たとえ、見えにくい社会制度であって

も，国はそれを前提に，行政ニーズの最低基準を設定する必要がある。これをナショナル・ミニマムとするならば，私的供給が行政移管された公共サービスは，それに追加されるシビル・ミニマムとして，自治体が独自に設定しなければならない。このシビル・ミニマムの一部は，私的供給システムが寄付金や地域の相互扶助などで再生されるならば，再び民間部門に移管できる。

現在，自治会・町内会やNPOなどの活動が注目されている。その活動は，核家族化や女性の社会進出により，一旦は崩壊しかけた私的供給システムを，再構築する試みである。私的供給システムの崩壊と再生は，地方財政にかかわる行政と民間の役割分担を決定する。住民に私的供給システムの可能性を認識させ，私的供給を含む公共サービスの受益と負担を一致させるには，地方団体の先導的な直接限界責任の発揮が不可欠なのである。

注
1) 大阪市の大都市特例事務にかかる一般財源所要額は，2004年度で，地方自治法に基づくものが224億円，定時制高校人件費等122億円，国・府道の管理322億円（道路特定財源の追加分143億円）の合計668億円で，大阪市の一般財源7300億円の9％に及ぶ（大阪市財政局，2005: 10）。
2) 個人事業は商工業関係の第1種，農林業を除く第1次産業関係の第2種，自由業関係の第3種に分かれ，事業所得に対してそれぞれ5％，4％，5％の標準税率で課税されるが，都道府県税収の1.5％前後にすぎない。電気やガス，生命保険，損害保険といった業種は，事業の性格上，利潤獲得に制約があるので収入金額（売上）を課税ベースとし，1.5％の標準税率で課される。
3) 地方道路譲与税は，2004年度，3218億円が都道府県や市区町村に，石油ガス譲与税148億円が都道府県や指定都市に，自動車重量譲与税3783億円が市区町村に譲与される。航空燃料譲与税は173億円，特別とん譲与税は113億円の税収である。
4) 消費に相当する金額の指標は，①小売年間販売額（商業統計）とサービス業対個人事業収入額（サービス業基本統計）の合計，②国勢調査人口，③従業者数のそれぞれ8対1対1で配分され，市町村には人口と従業者数の1対1で配分される。また，2004年度の事業税は4.3兆円であるが，1999年度に税率が2割引き下げられたので，約1兆円（＝4.3÷0.8×0.2）の減収になる。この減収は，地方消費税2.6兆円の都道府県分1.3兆円にほぼ匹敵する。
5) 2006年度の評価替えでは，負担水準60％未満の「商業地」で，負担調整率に代わる措置が導入された。それは，前年度の課税標準額に当該年度の評価額の5％を加えた金額が，課税標準額になり，その金額が評価額の20％以下の場合は，評価額の20％が適用される。他方，「住宅用地」も，負担水準80％以上の用地が，前年度課税標準額に据え置かれた。負担水準80％未満では，前年度の課税標準額に本則課税標準

第6章　定住化社会日本の財政責任システム

　　額［＝評価額×(1/6)］の5％を加えた金額が，課税標準額になった。これも，その
　　金額が評価額の20％以下の場合は，評価額の20％が適用される。たとえば，「商業
　　地」の負担調整率の1.05は，前年度課税標準額の5％引上げを意味するが，これを
　　評価額の5％引上げに改正したので，本則課税への復帰が早まることになる。
6)　地方財政平衡交付金の前身である「配付税」は，前々年度の所得税や法人税の繰入
　　率（33.14％）で総額が決定されていたので，クローズド・エンド型であった（石原，
　　2000: 29-40）。この配付税は，道府県分と市町村分のそれぞれに，半分を課税力に逆
　　比例，残り半分を割増人口に基づく財政需要に正比例して配分された。
7)　交付税率は1956年度25％，57年度26％，58年度27.5％，59年度28.5％，62
　　年度28.9％，65年度29.5％に引き上げられている。たばこ税の交付税率は25％の
　　ままであるが，消費税の交付税率は1989年度の24％から97年度29.5％に，法人税
　　のそれも99年度32.5％，2000年度35.8％引き上げられ，2007年度は34％の予定
　　である。
8)　通常収支の不足は，以下のように算定される（総務省自治財政局，2004: 69-72）。
　　たとえば，図6-2の地方財政計画は，2004年度の歳出総額が84.7兆円である。他方，
　　歳入総額の内訳を見ると，第1に，地方税等は，地方税32.3兆円に地方譲与税や地
　　方特例交付金の2.2兆円を加えた34.5兆円である。第2に，地方財政対策前では，
　　地方交付税が法定税率分11.2兆円に恒久的減税分1.5兆円を加えた12.7兆円，地方
　　債は8.2兆円である。第3に，国庫支出金12.1兆円やその他6.9兆円をそれらに加
　　えると，歳入総額は74.5兆円になる。通常収支の不足は，歳出総額と歳入総額の差
　　として10.2兆円（＝84.7－74.5）になる。
9)　2004年度の地方財政対策は，財務省と総務省の間で，以下のように調整される。
　　第1に，国の一般会計による負担は，法定加算0.3兆円と，折半ルールによる「臨時
　　財政対策加算」3.9兆円を加えた加算総額が4.2兆円になるため，法定税率分を加え
　　た「交付税総額」は16.9兆円である。第2に，地方の負担は，利払い分などや折半
　　ルールのそれぞれ0.3兆円，3.9兆円を加えた臨時財政対策債4.2兆円に，財源対策
　　債1.8兆円が加わる。その結果，対策後の地方債は，対策前の8.2兆円に対して
　　14.1兆円になる。第3に，本来の需要額は，一般財源充当経費から留保財源分を引
　　いた44.7兆円である。だが，交付対象の需要額は，それから臨時財政対策債4.2兆
　　円が除かれた40.5兆円であり，収入額24.6兆円との差額15.9兆円が普通交付税と
　　なる。これに，特別交付税1兆円を加えた金額は，交付税総額16.9兆円に一致する。
10)　最適人口規模については，中井（1988 a，1988 b）や林（2002）を参照されたい。
11)　2001年度以降は，「その他・人口」の補正係数で配分される臨時財政対策債が，本
　　来の需要額から控除され，交付税から地方債へ振り替えている。このため，需要額を
　　時系列で比較するには「振替前」を用い，個別団体の普通交付税は「振替後」の需要
　　額で決まる点に注意が必要である。
12)　都道府県の租税力指数は，41団体が0.6～0.9の間にあるので，シビル・ミニマム
　　を確保する留保財源に大きな格差がない。その分布は，0.5～0.6の3団体と0.9以
　　上の3団体を両極とする「単一のピーク」になっている。租税力指数の単一ピークと
　　複数ピークは，中井（2005）を参照されたい。

13) 三位一体改革前の国庫支出金は 2002 年度，国庫負担金 8 兆 9033 億円，国庫委託金 722 億円，国庫補助金 3 兆 7469 億円で，合計 12 兆 7213 億円である（矢野，2003: 184）。ただし，この金額には，国民健康保険や上・下水道事業に対する国庫支出金は含まれていない。
14) ヤード・スティック競争については，Schleifer（1985）を参照されたい。
15) 都市計画税は，道路関係や地方譲与税の目的税と異なり，収入額に算入されないが，その代わりに，需要額の単位費用の積算では，一定金額が特定財源として控除されている（矢野，2003: 163）。また，3 県下 330 市町村の消防費に関して，実際支出と需要額の一致性を見るために，それぞれの人口 1 人当たり金額について回帰分析を行うと，以下のように推定される。

$$(消防費・実際支出) = -8,679.2 + 1.71(消防費・需要額) \quad \text{adj } R^2 = 0.749$$
$$(-7.48) \quad (31.3) \quad\quad 1996 年度, N = 330$$

ここで，（ ）内は t 値である。この回帰式において①定数項がゼロ，②需要額の係数が 1，③自由度修正済み決定係数（adj R^2）が 1，という三つの条件が整えば，実際支出と需要額が完全に一致することを意味している。消防費の場合，定数項がマイナスで，需要額の係数が 1 を上回るが，自由度修正済み決定係数が 0.749 で 25％程度の誤差であるため，標準化原理に従っていると判断できる。標準化原理が適用されたとする判断基準を，②需要額の係数が 0.5〜2.0，③自由度修正済み決定係数が 0.5 以上とすれば，消防のほか，小・中・高等学校，生活保護，保健衛生，高齢者保健福祉，その他企画振興費が基準を満たしていた。これらの需要額の合計は，経常経費全体の 6 割を占めている。なお，個別自治体の需要額対比表については，マッセ大阪（2003）を参照されたい。

第3部
地方財政学の原理

第7章　私的プロバイダーのローテーション
第8章　社会制度による類型化と
　　　　定住化社会の地方行財政
第9章　公民連携の限界責任

第7章 私的プロバイダーの ローテーション

　第1部で解説された財政責任の理論は，第2部で紹介された固定・移動・定住化社会の3カ国によって例証した。第3部では，これらに共通した原理として，コミュニティなどの私的プロバイダーと地方行財政との関係を検討する。本章の第Ⅰ節では，コミュニティの互恵的慣習，第Ⅱ節では，ボランタリー組織の成立条件を解説する。第Ⅲ節では，これらが定住確率に依存して，漸進的なローテーションで形態を変えるとき，非営利クラブが，媒介項になることを明らかにする。

Ⅰ　コミュニティの互恵的慣習：定住確率の条件

1　互恵的慣習のインフォーマル制約

地方財政学と私的プロバイダー　ドイツに現れたコミュニティやイギリスに現れたボランタリー部門は，それぞれ多層制や一層制の地方政府組織と地方財政システムに影響を及ぼしている。実際，ヨーロッパ地方自治憲章の支柱となった補完性の原理では，ノートンらが指摘したように，個人が達成できないことは家族の責任とし，家族がなしえないことを隣人やコミュニティ，ボランタリー部門が補完するというように，公共財の私的プロバイダーを前提にしている（Norton, 1994: 28-30; 足立，1995: 38）。ただし，コミュニティからボランタリー組織への社会制度の構造変化は，100年以上の長い時間を要する。このため，一時点で見ると，私的プロバイダーを特定化するには，各国が異なる文化特性をもっているという側面を否定できない。

ところが，私的プロバイダーの特定化が，各国の文化特性だけに依存するならば，従来の英米型と大陸型のように，特定の理論と制度を結びつけた「地方財政論」にとどまってしまう。また，コミュニティとボランタリー組織が併存する日本は，どちらの類型にも属さず，独自の「地方財政論」にならざるをえない。

私的プロバイダーの形態は，経済社会の発展過程で人口移動が激しくなると，人口分布が固定した社会のコミュニティから，移動社会のボランタリー部門へと変化する。そして，人口移動が終息する過程では，再びコミュニティに回帰してくる。これは，私的プロバイダーの「ローテーション」（循環）ということができる。

このローテーションでは，私的プロバイダーが，人口移動の程度に応じ，長い時間をかけてコミュニティとボランタリー組織の間で循環することにより，ある社会制度が別の社会制度にシフトすると仮定できる。それならば，各国の異なる地方財政システムは，第1部で述べた従来の理論に私的プロバイダーを追加し，これを起点とする一つの理論体系（原理）として類型化できる。この理論体系は「地方財政学」の原理ということができる。

また，固定社会ドイツのコミュニティや移動社会イギリスのボランタリー部門は，私的プロバイダーが一元的であるため見えやすい。しかし，それらが併存する定住化社会の日本では，私的プロバイダーが見えにくい社会制度になっている。もとより，純粋公共財の提供では，第1章の「ただ乗り問題」で述べたように，私的プロバイダーが成立する可能性は小さい。本章では，私的プロバイダーが，どのような条件のもとで成立するのかを理論的に検討する。

1回限りの囚人のジレンマ

純粋公共財（以下，公共財）のただ乗り問題は，2人の非協力 (non-cooperative) ゲームによる「囚人のジレンマ」として表すことができる。いま，選択に伴う利得（P^k: pay-off）が，$[P^k=F^k(i, j), k=A, B; i=0, 1; j=0, 1]$ のように，2人が用いた戦略の組合せで決まる関数としよう。ここでは，k は，個人AとBである。i と j は，アマルティア・センに従って，それぞれ個人AとBの選択を意味し，「寄付しない」を裏切り (defection) として「0」，「寄付する」を協力 (co-operation) として「1」という数値で表す (Sen, 1969)。この数値は，二つの戦略を意味

するので,たとえば0.5という戦略はない。また,公共財の非協力ゲームでは,規模の経済が働かないと仮定する。

個々人が,私的利益を追求する「個人合理性」に従うならば,個人Aの選好順序は,Bが協力し($j=1$),自らは裏切る($i=0$)ときに,Aの利得が,たとえば4点 $[=F^A(0,1)]$ となるように最も高い。個人Aの利得は,ともに協力 ($i=j=1$) するときに3点 $[=F^A(1,1)]$ で,ともに裏切る ($i=j=0$) ときに0点 $[=F^A(0,0)]$ と,低下する。個人Aにとって最悪のケースは,自分は協力 ($i=1$) したのに,相手が裏切った ($j=0$) 場合で,-1点 $[=F^A(1,0)]$ と最も低い。

個人AとBの選好順序を点数順に並べると,それぞれ,以下のようになる。

$$F^A(0,1) > F^A(1,1) > \underline{F^A(0,0)} > F^A(1,0) \tag{7-1a}$$

$$F^B(1,0) > F^B(1,1) > \underline{F^B(0,0)} > F^B(0,1) \tag{7-1b}$$

ここで,Aの選択 ($i=0,1$) は,たとえば $F^A(\overset{A}{0},\overset{B}{1})$ や $F^B(\overset{A}{1},\overset{B}{0})$ のように,( )内の網かけした前の数値であり,Bの選択 ($j=0,1$) は,( )内の網かけした後ろの数値である。また,(7-1b) 式のBの点数は,Aと同様の選好順序で4,3,0,-1点である。

一般的なミクロ経済学のテキストでは,囚人のジレンマは,**表7-1**のような「戦略形」で表されている。個人Bが裏切る ($j=0$) とき,Aは,「自分だけが負担することは避けたい」 ($i=0$) と思う。この防衛的誘因によって,裏切るほうの利得は0点であり,(7-1a) 式の選好順序のように,協力したときの-1点よりも高い $[F^A(0,0) > F^A(1,0)]$。

他方,個人Bが協力するとき ($j=1$),Aは「相手の甘さにつけ込んで私的利益の拡大を図ろう」 ($i=0$) と思う。この攻撃的誘因によって,裏切るほうの利得は4点であり,協力したときの3点よりも高い $[F^A(0,1) > F^A(1,1)]$。

したがって,個人Bの戦略が,協力と裏切りのどちらであっても,個人Aは無条件に裏切る(寄付しない)ほうを選択する。個人Aにとって,裏切りが「支配戦略」 $[F^A(0,j) > F^A(1,j)]$ になる。これは,Bも同じである。両者は,(7-1a) と (7-1b) 式の下線部のように,$F^k(0,0)$ の相互裏切りで均衡し,「囚人のジレンマ」に陥る。この場合,公共財は,自発的な協力(寄付)によって私的供給されることはない[1]。

表7-1 囚人のジレンマの利得表

個人A \ 個人B	協　力 ($j=1$)	裏切り ($j=0$)
協　力 ($i=1$)	3点[$F^A(1,1)$]，　3点[$F^B(1,1)$]	−1点[$F^A(1,0)$]，　4点[$F^B(1,0)$]
裏切り ($i=0$)	4点[$F^A(0,1)$]，−1点[$F^B(0,1)$]	0点[$F^A(0,0)$]，　0点[$F^B(0,0)$]

出所）筆者作成。

繰り返しゲームと二つのナッシュ均衡

　政府部門は，囚人のジレンマに対し，強制的な課税権によって公共財を提供している。課税権は，「法制度」によるフォー・マ・ル・な・制約である。これに対し，自治主体 (self-governing body) の私的プロバイダーは，コミュニティの自発的労働奉仕やボランタリー組織への寄付（金）で支えられている。これらは，それぞれ異なるイ・ン・フ・ォ・ー・マ・ル・制約に従うことになる。この項では，コミュニティの互恵的慣習を理論的に検討しよう。

　「囚人のジレンマ」は，1回限りのゲームであったが，人口分布の固定社会では，個人間の相互関係が無限に繰り返されると想定できる。これは，「繰り返しゲーム」といわれている。コミュニティは，当初，囚人のジレンマの社会状態であっても，「互恵的慣習」によって相互協力する可能性がある。たとえば，繰り返しゲームの各回は，囚人のジレンマの選好順序である。いま，各回の終了後にゲームが再開される確率を $w\,(0 \leq w < 1)$ とし，これをコミュニティへの「定住確率」としよう。この確率がゼロ（$w=0$）のときは，1回限りのゲームであるため，囚人のジレンマに陥る。

　ところが，2回のゲームでは，個人Aの相互協力による利得が6点［$=2 \times F^A(1,1)$］で，裏切りの4点を上回る可能性がある。これは，個人Bも同様である。この点に着目した繰り返しゲームでは，2人が無・限・に相互協力するケースを考える。1回目とその後の期待利得を合わせた長・期・利得は，各回の利得を集計した $F^k(1,1)/(1-w)$ ［$=F^k(1,1)(1+w+w^2+\cdots)$］である。

　これに対し，個人Aのただ乗りの利得 $F^A(0,1)$ は，BがAの裏切りを知れば，その後は協力しないので，1回だけの短・期・利得である。個人AがBに裏切られたときの利得 $F^A(1,0)$ も，同様に1回だけに限られる。相互裏切りによる個人Aの利得 $F^A(0,0)$ をゼロと仮定すれば，定住確率が高くなるほど，相

互協力の長期利得が増大し，ただ乗りの短期利得を上回る可能性がある。

繰り返しゲームでは，以下のように，下線部の相互協力 $F^k(1,1)$ と相互裏切り $F^k(0,0)$ の二つのナッシュ均衡が得られる。

$$\underline{F^A(1,1)}/(1-w) > F^A(0,1) > \underline{F^A(0,0)} > F^A(1,0) \qquad (7\text{-}1\text{aa})$$
$$\underline{F^B(1,1)}/(1-w) > F^B(1,0) > \underline{F^B(0,0)} > F^B(0,1) \qquad (7\text{-}1\text{bb})$$

この場合，個々人の最適戦略は，相手が協力するときに自分も協力し，相手が裏切るときには裏切ることになる。このため，公共財を私的供給するコミュニティとは，相互協力の互恵的慣習をインフォーマルな制約とする「自治主体」である。

互恵（reciprocity）とは，ザグデンによれば，公共財への寄付を無条件に義務づけるのではなく，「他の人々が寄付（協力）するとき，ただ乗り（裏切り）はしない」ことである（Sugden, 1984: 775）。この互恵的慣習は，囚人のジレンマの社会状態から，個々人の「繰り返し」相互作用によって発展したもので，「自然法」ということができる。

2　しっぺ返し戦略の紳士と寛容の精神

しっぺ返し戦略　1回限りのゲームでは，協力と裏切りの二つの戦略しかなかったが，繰り返しゲームの戦略は，たとえば n 回で 2 の (2^n-1) 乗と無数に増える。このなかで，しっぺ返し（tit for tat）は「最初は協力し，以後，相手の前回の行動と同じ選択肢をとる」という戦略である。

人には，「周囲の人からよく思われたい」という願望があり，名誉とは「よい評判を得ること」（『広辞苑』）を指す。この名誉は，協力によって得られ，裏切りによって失われるとされている。しっぺ返し戦略では，最初は裏切らないで両者とも名誉を得ていると想定されているが，その後は以下の三つの行動に分かれる。

【行動Ⅰ】相手が名誉を得ているかぎり，自分は協力する。

【行動Ⅱ】自分が名誉を失っているとき，自分は協力する。

【行動Ⅲ】相手が，名誉を失っていれば，自分は裏切る。

ここで，【行動Ⅰ】は，相手が裏切れば相手の名誉が失われ，次回で相手が協力しても，自分は名誉を失うことなく裏切ることができる。【行動Ⅱ】は，

表 7-2 しっぺ返し戦略

ゲームの回数	...	$n-1$	n	$n+1$	$n+2$	...
個人B ($j=0,1$)	1	1	0	1	1	1
個人A ($i=0,1$)	1	1	1	0	1	1

出所）筆者作成。

自分が協力すれば名誉を回復できる。しかし，【行動Ⅲ】は，自分が裏切っても名誉を失わないので，いつでも自由に裏切ることができる。したがって，しっぺ返し戦略でも，最初に両者が裏切るならば，両者とも【行動Ⅲ】に従うので，いつまでたっても相互協力の可能性はなく，全回裏切りの$F^k(0,0)$が「安定均衡」になる。

紳士の精神による相互協力　しかし，相互協力が進むなかでも，うっかりした一方が，単なる過失（mistake）で裏切ってしまうことがある。たとえば，個人Bが裏切ると名誉が失われるため，Aは次回に裏切ったとしても名誉を失うことはない。このとき，相互協力を回復することができれば，しっぺ返し戦略は安定均衡になる。

表 7-2のように，個人Bが，n回目に過失で裏切ったとき，Bの名誉は失われる。これに対し，個人Aは【行動Ⅲ】に従って（$n+1$）回目で裏切っても，しっぺ返しの慣習によって，Aの名誉は失われない。Bは（$n+1$）回目で【行動Ⅱ】に従って，名誉を回復するために協力する。この回で裏切られたBが，1回限りの償いとして（$n+1$）回目から協力し続ければ，名誉を回復できる。このとき，Aが（$n+2$）回目で裏切れば，名誉を失うことになるため，今度は協力する。これ以降は，両者とも【行動Ⅰ】に従って協力するので，相互協力が得られ，互恵的慣習が破棄されることはない。

しっぺ返し戦略は，ザグデンによれば，「周囲の人からよく思われたい」という発想に始まるとしている（Sugden, 1986: 112-15）。この名誉を重んじる（be in good standing）「紳士」の精神が，互恵的慣習に発展するのである。この戦略は，最初は裏切らないので，両者とも全回協力で名誉を維持できる。しかし，最初に両者が裏切るならば，いつまでたっても相互協力の可能性はなく，全回裏切りが安定均衡になる。

寛容の精神による均衡の安定性　また，個人Bが慣習を破ったとき，Aは，$(n+1)$回目にBの「償い」として，最大の利得$F^A(0,1)$を受ける。しかし，この償いは，個人Aの被害に対する完全補償よりも小さい。たとえば，**表7-1**の数値例では，n回目に裏切られたAは，Bの協力で3点$[F^A(1,1)]$の利得を受けるはずであった。これを基準にすれば，Aの被害は，裏切られたときの利得の−1点$[F^A(1,0)<0]$ではなく，より大きな−4点$[=-1-3=F^A(1,0)-F^A(1,1)<0]$の損失である。

他方，個人Bが$(n+1)$回目でAに償ったのは，相互協力の利得3点に対し，最大の利得4点$[F^A(0,1)]$との差で，1点$[=4-3=F^A(0,1)-F^A(1,1)>0]$にすぎない。

たとえば，定住確率を1$(w=1)$とし，償いを最大限に見積もっても，個人Aの損失と償いとの合計は，−3点$[=4+(-1)-2×3=F^A(0,1)+F^A(1,0)-2F^A(1,1)]$になる。それは，最大の利得$[F^A(0,1)]$が極端に大きくないかぎり，$[F^A(1,0)<0]$であるので，マイナスになる可能性が高い。

互恵的慣習を長続きさせる秘訣は「寛容の精神」である。しっぺ返し戦略には，もとより「報復」はない。それどころか，裏切られた人は，相互協力の利得を基準にすれば，1回限りの不十分な償いで相手の過失を許している。償いの期間が，完全な補償や報復を求めて，2回，3回と引き延ばされると，互恵的慣習は崩れやすい[2]。

3　地縁・血縁と住縁コミュニティの定住確率

地縁・血縁コミュニティの安定性　先祖伝来の土地に定着した住民は，地縁・血縁コミュニティを形成している。三世代以上にわたる定住確率は，ほぼ1$(w≒1)$と，きわめて高いので，繰り返しゲームによる相互協力の長期利得が，ただ乗りの短期利得を上回りやすい。このとき，地縁・血縁コミュニティは，しっぺ返し戦略の紳士と寛容の精神で支えられる。この精神が，互恵的慣習のねばり強い生命力（tenacious survival ability）をもったインフォーマル制約になる。固定社会の地縁・血縁コミュニティは，私的プロバイダー機能を発揮しやすいのである。

二世代限りの住縁コミュニティ

地縁・血縁コミュニティが，公共財を私的供給できるといっても，政府部門に取って代わるものではない。また，その組織 (association) は，日本の過疎地域のように，人々が地域間で移動し始めると，すぐに崩壊する。

ところが，移動した人々も，やがては長年住み慣れた街に居を構え，住宅の建て替えやリフォームに踏み切ったとき，ついの住まいとして定住を覚悟することになる。一世代限りの定住は，移動社会であるが，その子どもや孫の世代が同じ土地に定住すれば，三世代以上にわたる固定社会になる。

しかし，孫世代が他の土地に移動すれば，親と子の二世代限りの定住である。これを「定住化社会」として固定・移動社会と区別すれば，二世代限りであっても，「住縁コミュニティ」が，居住による偶発的な隣人関係として再生する可能性がある（岩崎，1989: 10）。

定住確率の条件

住縁コミュニティの互恵的慣習が成立する定住確率の必要条件は，たとえば個人Aの場合 $[F^A(1,1)/(1-w) > F^A(0,1)]$ によって，以下のように表される。

$$w > \frac{F^A(0,1) - F^A(1,1)}{F^A(0,1)}$$

ここでは，相互協力に必要な費用は，右辺の分子で表され，ただ乗りの利得（表7-1の数値例では4点）から，相互協力の利得（3点）を引いた差（1点）に等しい。

この費用の節約が，ただ乗りの誘惑である。住縁コミュニティの定住確率が，ただ乗りの利得に対する相互協力の費用の割合25％（＝1/4）を上回るならば，相互協力の長期利得が，ただ乗りの短期利得を上回る。個人Bも同様に，この条件を満たすとき，相互協力の互恵的慣習が，しっぺ返し戦略によって成立するのである。

II　ボランタリー組織のコミットメント：モラルのランクアップ

1　コミットメントのインフォーマル制約

私的利益の追求　　コミュニティの活動は，区域内の住民の相互協力で支えられている。これに対し，ボランタリー組織の活動は，その区域を越えるので，活動領域の定住確率がゼロ（$w=0$）に等しい。このとき，しっぺ返しの対象者がいないだけでなく，1回限りのゲームに戻る。それでも，個々人は，なぜ，ボランタリー組織に寄付するのであろうか。この項では，寄付行動の理論を解説しながら，実践的なモラルの条件を検討しよう。

個々人が，単独で公共財1単位の全費用を負担するつもりであれば，オルソンは，「①私的利益の追求」がボランタリー組織に寄付させる動機になるとしている（Olson, 1965: 49-50，邦訳: 42）。これに端を発した私的供給の理論は，クールノー・ナッシュ型である[3]。さらに，コーンズらが，つぎの二つの条件を追加した（Cornes and Sandler, 1996）。ここで，個人Aの公共財1単位の提供は，直接，個人Bの提供に影響を及ぼさないという「②ナッシュのゼロ推測」を想定する。この想定は，第2章で解説された福祉移住や資本税競争の理論で用いた仮定と同じである。また，公共財の性質には，非排除性や共同消費という「③公共性」がある。

たとえば，個人Bは，Aが提供した公共財を利用できるので，実質所得が増加する。この所得効果は，個人Bの予算制約を平行シフトによって拡大させ，Bも自発的に公共財の提供に踏み切ることになる。個人Bが提供した公共財は，Aも利用できるので，同様の所得効果をもたらし，この相互作用が繰り返される。その結果，個人AとBは，それぞれの予算制約の平行シフトに対応して，効用極大を達成する所得消費曲線をもつ。この所得消費曲線が，相手の行動に最適応答（best response）した反応関数である。両者の反応関数の交点は，相手の最適応答に対する自らの最適応答として，一つの交点で表されるナッシュ均衡であり，個人Bが（$N-1$）人の場合も同じである。

第1の問題は，このナッシュ均衡では，個々人が単独で「公共財1単位の全費用」を負担するので，個々人の限界便益が限界費用に等しいことである

($MB = MC$)。パレート最適のサミュエルソン条件は，個々人の限界便益が，限界費用をメンバーのN人で分担した金額に等しいことであった（$\Sigma MB = MC$または$MB = MC/N$）。このため，ナッシュ均衡は，パレート最適の水準に比べて「過小供給」になる。

第2に，私的供給の根拠を所得効果に求めると，個人間の所得再分配は，所得消費曲線を変化させないので，私的供給の水準に中立的となる。この「中立命題」は，柴田やウォーが指摘したように，課税による政府供給が導入されても，私的供給との合計が変わらないというものである (Shibata, 1971; Warr, 1983)。しかし，この点は，クロトフェルターらの実証結果と整合的でない (Clotfelter, 1980)。

第3に，人口規模が増大すると，パレート最適の水準は，1人当たり費用負担が低下するので，価格消費曲線に従って増大する。その水準に対し，ナッシュ均衡は，所得消費曲線に従うので，過小供給の程度が人口規模に応じて大きくなる。

コーンズらは，大規模チャリティを説明するため，「②ナッシュのゼロ推測」に代えて，ある個人の寄付の増加が他の人々の寄付総額を増加させるという「非ナッシュ推測」の仮定を導入した (Cornes and Sandler, 1984)。ところが，非ナッシュ推測は，ザグデンが指摘するように，「個人の所得が増加すれば，公共財の消費も増加する」という正常財の条件と整合的でない (Sugden, 1985; 森，1996: 184-89)。

このため，ボランタリー組織への寄付行動を説明するには，①私的利益の追求と③公共性のいずれかの条件を緩和する必要がある (Sugden, 1982)。以下，「①私的利益の追求」の条件が緩和される理論を検討しよう。

互恵的慣習からコミットメントへ ザグデンは，個々人は，道徳上の義務から発して，私的利益に反した行為を選択するとしている (Sugden, 1986: 140)。この選択が，アマルティア・センのいうコミットメント（良識的関与）である。すなわち，「他の人が苦しむのを不正なことと考え，自分の手の届く他の選択肢よりも低いレベルの個人厚生をもたらす行為を，本人自身が分かったうえで，他人への配慮ゆえに選択する」(Sen, 1982: 92, 邦訳: 133-34) ことである。個々人のモラルが，個人と集団との中間領域において，

私的利益の追求からコミットメントにランクアップすれば，社会状態は，囚人のジレンマから，センの「保証ゲーム」に移行する（Sen, 1969: 8）。

J. S. ミルの自治　この移行の発端が，コミュニティによる自然法の互恵的慣習である。その紳士と寛容の精神は，道徳的義務という自発的秩序（spontaneous order）に移行する。ザグデンによれば，第1にコミュニティの他のすべての人々が慣習に従うならば，自分も慣習に従うべき義務がある（Sugden, 1986: 192）。第2に，この義務は，特定の他の人々に対するものであるが，それは「自分が慣習に従うべき」とする他の人々の権利に対応している。このとき第3に，他の人々は，自分が義務を果たすように要求する権利があるとしている。

この権利論は，ミルが「自治」（self-government）を「各人を他のすべてのものが統治することである」（Mill, 1859, 邦訳: 218）と定義した内容である。したがって，センも「個人は自分自身では寄付をするつもりがなくとも，他の人々が寄付をするつもりがあることを知れば，寄付をする気になるであろう」（Sen, 1969: 8）とした[4]。

2　ボランタリー組織の保証ゲームと信頼の悲観確率

攻撃的誘因の除去　ボランタリー組織の相互協力は，センの保証ゲームによって説明できる（Sen, 1969）。保証ゲームは，囚人のジレンマの社会状態から，相手の甘さにつけ込む攻撃的誘因を除去し，防衛的誘因のみを残したものである（鈴村, 1982: 39）。

$$F^A(1,1) > F^A(0,0) > F^A(0,1) > F^A(1,0) \tag{7-2a}$$

$$F^B(1,1) > F^B(0,0) > F^B(1,0) > F^B(0,1) \tag{7-2b}$$

保証ゲームが相互協力と相互裏切りの二つのナッシュ均衡をもたらすための必要条件は，攻撃的誘因を取り除く第1段階のモラルのランクアップ $[F^A(1,1) > F^A(0,1)]$ である。つまり，**表7-1**の数値例では，各人が私的利益の追求に反して4点の利得よりも3点を選好するというのである。このランクアップは，個々人がコミュニティの互恵的慣習 $[F^A(1,1)/(1-w) > F^A(0,1)]$ によって，短期利得よりも長期利得を追求するのと同様に，選好順序の逆転を可能にする。「相手が寄付するとき，ただ乗りしない」という行動規範が，定住確率をゼロ

第7章 私的プロバイダーのローテーション

表 7-3 モラルのランクアップと公共性のランクダウン

Ⅰ-1. 個人合理性の囚人のジレンマ	
$F^A(0,1) > F^A(1,1) > \underline{F^A(0,0)} > F^A(1,0)$	(7-1a)
$F^B(1,0) > F^B(1,1) > \underline{F^B(0,0)} > F^B(0,1)$	(7-1b)
Ⅰ-2. 繰り返しゲームの互恵的慣習	
$\underline{F^A(1,1)/(1-w)} > F^A(0,1) > F^A(0,0) > F^A(1,0)$	(7-1aa)
$\underline{F^B(1,1)/(1-w)} > F^B(1,0) > F^B(0,0) > F^B(0,1)$	(7-1bb)
Ⅱ. コミットメントによる保証ゲーム	
$\underline{F^A(1,1)} > F^A(0,0) > F^A(0,1) > F^A(1,0)$	(7-2a)
$\underline{F^B(1,1)} > F^B(0,0) > F^B(1,0) > F^B(0,1)$	(7-2b)
Ⅲ. 無条件コミットメントとクラブの排除性	
$\underline{F^A(1,1)} > F^A(1,0) > F^A(0,1) \geq F^A(0,0)$	(7-3a)
$\underline{F^B(1,1)} > F^B(0,1) > F^B(1,0) \geq F^B(0,0)$	(7-3b)

注) $F^A(0,1)$ と $F^B(1,0)$ は攻撃的誘因,下線部はナッシュ均衡。
出所) Sen (1969) より,筆者作成。

($w=0$) とする1回限りのゲームに引き継がれるとき,互恵的慣習は,第1段階のモラルのランクアップを通じた自発的秩序になる。

コミットメントの潔さ センの保証ゲームは,表7-3の(7-2a)式のように,さらにモラルをランクアップ [$F^A(0,0) > F^A(0,1)$] させる (Sen, 1969)。つまり,表7-1の数値例では,各人がただ乗りの利得4点よりも0点を選好するというのである。この第2段階のランクアップによって,個人Aの攻撃的誘因 $F^A(0,1)$ は選好順序の3番目に繰り下がっている。これが,「ただ乗りを潔しとしない」とするコミットメント(良識的関与)であり,囚人のジレンマから保証ゲームへの移行を完了させる。

その結果,個人Aの選好順位は,相手が裏切るとき,自分も裏切るほうが高い利得を得られる [$F^1(0,0) > F^1(1,0)$]。しかし,相手が協力するときは,自分も協力するほうが高い利得である [$F^A(1,1) > F^A(0,1)$]。個人Bも,同様にモラルがランクアップすれば,(7-2a)と(7-2b)式の下線部が示すように,相互協力 $F^k(1,1)$ と相互裏切り $F^k(0,0)$ の二つがナッシュ均衡になる。

信頼の悲観確率 囚人のジレンマと保証ゲームのもう一つの重要な相違点は,情報交換の可能性である。囚人のジレンマでは,両者は孤立し,分離されたところで選択を迫られ,相互の情報交換は許されていない。こ

れに対し，保証ゲームでは，両者の間で情報交換できる。そして，両者が協力することに相互の信頼を得るならば，「拘束的約束」を結ばなくても，相互協力のナッシュ均衡から逸脱することはない（鈴村，1982: 39)[5]。相互協力の均衡を阻む原因は，相手に対する信頼の欠如である。

　二つのナッシュ均衡をもつ保証ゲームでは，相互協力のパレート最適の達成は「信頼の悲観確率」に依存する。不確実な関係の両者が，悲観的側面だけにとらわれてマクシミン戦略をとれば，相互裏切りの結果に終わる（Sen, 1969: 5）。また，両者がマクシミン戦略を緩和し，悲観と楽観の中間にあるホービッツの基準に従うことも考えられる。この「複合戦略」(mixed strategy) のもとでも，両者の信頼の悲観確率がその臨界値を超えれば，再び相互裏切りの結果に終わる。信頼の悲観確率は，コミュニティの「定住確率の条件」と対比できる。以下，理論的に検討しよう。

　個人Aが協力するときの最小の利得 $[\mathrm{Min}(F^A(1,j): j=0,1]$ は，保証ゲームの (7-2a) 式では囚人のジレンマと同様に，$F^A(1,0)$ $[<F^A(1,1)]$ である。他方，個人Aが裏切るときの最小の利得 $[\mathrm{Min}(F^A(0,j): j=0,1]$ は，第2段階のモラルのランクアップによって，$F^A(0,1)$ $[<F^A(0,0)]$ となる。協力 C の期待値 $[C=pF^A(1,0)+(1-p)F^A(1,1)]$ と，裏切り D の期待値 $[D=pF^A(0,1)+(1-p)F^A(0,0)]$ とは，それぞれ，最小の利得に悲観確率 p を，最大の利得には楽観確率 $(1-p)$ をかけた合計である。ホービッツの基準は，より大きな期待値が得られる戦略を選択するので，裏切りが選択される悲観確率の臨界値 $\delta(0<\delta<1)$ の条件は，$[C<D]$ によって以下のようになる。

$$p > \frac{F^A(1,1)-F^A(0,0)}{F^A(1,1)-F^A(0,0)+F^A(0,1)-F^A(1,0)} \equiv \delta$$

ここで，$F^A(1,1)>F^A(0,0)$, $F^A(0,1)>F^A(1,0)$ であるため，個人Bも同様に $0<\delta<1$ が満たされる。マクシミン戦略をとるならば，$p=1$ $[>\delta]$ によって，相互裏切りの結果になる。また，マクシミン戦略の条件を緩和して，両者がホービッツの基準に従うとしても，両者の悲観確率がその臨界値を超えるならば（$p>\delta$），再び相互裏切りの結果に終わる。

　保証ゲームでは，両者の悲観確率が相互信頼によってその臨界値を下回らないかぎり，ナッシュ均衡が相互協力のパレート最適を達成することはない。コ

ミットメントのインフォーマルな制約に従うボランタリー組織は，その存在や自発的寄付が不可能ではないが，このモラルのランクアップだけでは，崩壊しやすい自治主体である[6]。

3　厳しすぎる無条件コミットメント

カントの合理的コミットメント　ドイツの哲学者カント（I. Kant）が示した「合理的コミットメント」は，センの保証ゲームよりも，さらにモラルをランクアップさせたものである（Sen, 1982: 78-79, 邦訳: 23-24）。ザグデンは，それを「各個人は，他の人が実際に寄付するかどうかにかかわらず，自分が他の人に望む寄付金額を自ら寄付しなければならない」としている (Sugden, 1984: 774)。

　保証ゲームでも，個人Aだけが寄付するときの利得 $F^A(1,0)$ は，最も低い選好順序であった。これに対し，合理的コミットメントは，以下のように，「自分だけが負担することは避けたい」という防御的誘因 $[F^A(1,0)]$ を取り除き，それを相互協力に次ぐ2番目にランクアップさせている。

$$F^A(1,1) > F^A(1,0) > F^A(0,1) \geq F^A(0,0) \tag{7-3a}$$

$$F^B(1,1) > F^B(0,1) > F^B(1,0) \geq F^B(0,0) \tag{7-3b}$$

ここで，$F^A(0,1) > F^A(0,0)$，$F^B(1,0) > F^B(0,0)$ の不等号が，合理的コミットメントのケースである。

モラルによる相互協力の支配戦略　個人Aの選好順序は，「Bに望む水準を自ら寄付する」ので，相手が寄付するとき $[F^A(1,1) > F^A(0,1)]$ でも，寄付しないとき $[F^A(1,0) > F^A(0,0)]$ でも，寄付するほうの利得が高い。このため，個人Aは，協力が支配戦略 $[F^A(1,j) > F^A(0,j)]$ になる。個人Bも，(7-3b)式が示すように，同様の選択を行うので，両者は下線部 $F^k(1,1)$ の相互協力で均衡する。カントの合理的コミットメントは，相手の戦略にかかわらず，無条件に協力を支配戦略とするため，「無条件コミットメント」といわれている。

実践的モラルの上限　無条件コミットメントは，社会合理性のパレート最適を達成するが，倫理規定のなかで，最も厳格なものである。ザグデンは，これを「他の人が寄付しないのに，自分だけが寄付するのは不公

正 (unfair) と思う」としている (Sugden, 1984: 774)。確かに，無条件コミットメントは，実践的モラルとしては厳しすぎる（森，1996: 224-25）。このため，現実的なモラルのランクアップは，保証ゲームのコミットメント（良識的関与）が上限と考えられる。

III 契機的自治主体と非営利クラブの媒介項的役割：公共性のランクダウン

1 排他的集団の営利クラブ

営利企業の燈台と排除性の程度

第II節で述べたように，オルソンに端を発したクールノー・ナッシュ型の私的供給の理論には，①私的利益の追求，②ナッシュのゼロ推測，③公共性，の三つの前提条件があった (Olson, 1965)。ボランタリー組織への寄付行動を説明するために，「②ナッシュのゼロ推測」の条件を緩和しようとすると，公共財と正常財の関係に矛盾が生じる。このため，前節において「①私的利益の追求」という条件の緩和を見てきた。以下，本節では「③公共性」(publicness) の緩和について，理論的に検討しよう。

従来の「マスグレイブ財政学」(政府と民間部門の混合経済) では，第１章で述べたように，政府プロバイダーが市場の失敗に着目し，独占的に公共財を提供するので，非排除性などの「財の性質」だけについて私的財と区分すればよかった (Musgrave, 1959; Musgrave and Musgrave, 1980)。たとえば，経済学者は，純粋公共財の代表的事例として燈台をあげてきた。燈台は，往航する船舶の非排除性や共同消費，消費の外部性（一つの船舶の安全運航が確認されれば，他のすべての船舶の安全につながる）の性質をもつためである。

ところが，コースは，イギリスの燈台の歴史的な発展過程を調査し，17世紀から19世紀初頭までに燈台を積極的に建設したのは，政府部門ではなく，私的利益をもくろむ「営利の企業家」であったとしている (Coase, 1988, 邦訳: 213-37)。各船舶は，税関で燈台の使用料を支払わないかぎり，入港に際して港湾施設の利用から排除される。営利企業家たちは，その使用料収入による利益をめざして参入した。その後，営利企業の燈台は，非営利の水先案内人協会

に移管されたという。

「公民連携の混合経済」では，政府と民間部門のほかに，私的プロバイダーが含まれる。このプロバイダー（provider）とは，公共財の提供を意思決定し，自ら財源を調達する自立した組織（association）のことである。政府部門は，課税権によって公共財を提供する最も重要なプロバイダーであることには変わりない。

しかし，プロバイダーには，営利企業（後述の営利クラブ）のほか，コミュニティやボランタリー組織なども含まれる。このため，「③公共性」は，「排除性があるか，ないか」という財の性質だけでなく，プロバイダーの持続可能性に着目した「非排除性の程度」と定義することにしよう。プロバイダーの公共性は，「非排除性の程度」に応じて，営利クラブ，非営利クラブ，ボランタリー組織（コミュニティ）の順に拡大する。これらの自発的な私的プロバイダーに対し，政府プロバイダーは，原則的には課税権をもつことによって，「完全な非排除性」（100％の公共性）が義務づけられるのである。

排除性による相互協力の支配戦略

たとえば，映画館などの私的財は，利用者がサービスを「共同消費」するが，入場料でサービスの利用を排除することができる。この利用者の選好順序は，以下のように，前節で見た「無条件コミットメント」のそれとほぼ一致している。

$$F^A(1,1) > F^A(1,0) > F^A(0,1) \geq F^A(0,0) \quad \text{(7-3a：再掲)}$$
$$F^B(1,1) > F^B(0,1) > F^B(1,0) \geq F^B(0,0) \quad \text{(7-3b：再掲)}$$

ここで，$F^A(0,1) = F^A(0,0)$，$F^B(1,0) = F^B(0,0)$の等号が，排除性を伴って共同消費される私的財のケースである。つまり，映画館は，入場料によって利用が排除されるので，カネを支払ってその集団に属さないかぎり，プラスの利得は得られない。このため，個人Aが裏切って入場しなかったときの利得は，(7-3a)式のように，個人Bの戦略にかかわらず，相互裏切りの利得に等しい$[F^A(0,1) = F^A(0,0)]$。

一方，ひとりで映画を見るというように，単独でもプラスの利得がある場合，「入場する」という協力の利得は，「ともに映画を見ない」という相互裏切りの利得よりも大きい$[F^A(1,0) > F^A(0,0)]$。このように，入場料による排除性の導入は，囚人のジレンマの攻撃的誘因や防衛的誘因を除去するので，個々人の

私的利益の追求が,「ともに映画を見る」という相互協力の支配戦略を導くことになる。

つまり,前述のコースによるイギリスの燈台の事例は,一般に純粋公共財とされているものも,使用料による排除性が導入されるならば,営利企業でも,相互協力の支配戦略によってサービスの提供ができることを示したものである。ただし,この燈台や映画館などと利用者との関係は,コミュニティが区域によって区域外の人々を排除する排他的集団といわれるように,料金によって非利用者を排除する排他的集団になるということができる。この排他的集団の集合行為は,排除性の導入を意味するので「公共性のランクダウン」となる。

民間部門の営利クラブ　クラブは,区域に限定されない排他的集団の一つである。これまでの非協力ゲームでは,「規模の経済」を除外してきた。このため,公共財の提供がパレート最適になるサミュエルソン条件は,メンバーの限界便益の和が限界費用に等しい「最適施設規模」をめざしてきた。クラブの排除性に着目したブキャナンは,第2章で述べたように,最適人口規模のメンバーシップ条件,すなわち「最適排除の条件」を追加したのである (Buchanan, 1965)。

メンバー（人口）の1人追加は,規模の経済によって1人当たり費用負担を軽減させる「限界便益」と,混雑現象が便益を低下させる「限界混雑費用」をもたらす。1人当たり「平均純便益」は,両者を等しくした人口規模で最大になる。このメンバーシップ条件を満たすクラブは,会員制や料金制で非メンバーを排除しながら,メンバーの私的利益を追求する。このクラブは,コーンズらに従って,「営利クラブ」(within clubs) ということにしよう (Cornes and Sandler, 1996)。

営利クラブはもとより,排除性によって,所有権を確保する民間部門の側に位置するので,民営化問題の私的プロバイダーとして重要である。ところが,全人口を営利クラブの最適人口規模で割ったクラブの数は,小数点を伴う可能性があり,1,2,3といった整数であるとはかぎらない。これは,クラブ財の「整数問題」といわれている。営利クラブの最適人口規模が,全人口に比べて極端に小さいならば,クラブ財の整数問題は,それほど深刻ではないと考えられる[7]。

また，営利クラブのそれぞれは，会費や料金で排除性を適用しても，それが無数に増えれば，メンバーの合計（Σ営利クラブ）は，各人がいずれかのクラブに属し，全人口を網羅することができる。このため，非メンバーの減少は，公共性のランクダウンを解消し，パレート最適に接近する。しかしながら，営利クラブは，映画館などのように，私的プロバイダーの一つではあるが，所有権のフォーマルな制度で成り立っているので，インフォーマルな制約に従う「自治主体」ではない。

2 非営利クラブの媒介項的役割

総純便益の最大化　区域に限定されないクラブは，コーンズらが指摘するように，メンバーシップ条件によって「1人クラブ」から環境問題などの国際公共財まで，多種多様な形態をとることができる（Cornes and Sandler, 1996）。たとえば，個人が消費する私的財は，クラブの一方の極にある。衣服などの私的財は，混雑費用を加えた1人当たり平均費用が，共同消費するメンバーの増加によって，U字型ではなく単調に逓増するため，「1人クラブ」が最適人口規模になる。

これに対し，最適人口規模が全人口に対して相対的に大きなクラブは，スコッチマーが指摘したように，独占や寡占の不完全競争状態になる（Scotchmer, 1985）。このクラブは，地域独占の公益事業のように，クラブ財の整数問題に直面し，非メンバーを無視できない。このため，Y. K. ウンは，メンバーと非メンバーとの効用を単純に合計したベンサム型の社会的厚生関数の最大化が，メンバーシップ条件になるとした（Ng, 1973）。この条件は，営利クラブの平均純便益に対し，「総純便益」の最大化をめざすものである。

メンバーシップ条件の緩和　たとえば，1人当たり平均純便益曲線は，図7-1のように，メンバーの人口規模に関して逆U字型で表される。その頂点は，平均純便益を最大にするので，営利クラブの最適人口規模（N^*）を示している。これに対し，総純便益は，メンバーを1人追加するときの「限界純便益」の合計（図の破線による限界純便益曲線で囲まれた下部の面積）に等しい。右下がりの限界純便益曲線は，平均純便益曲線の頂点で交差するので，総純便益は，限界純便益がゼロになる最適人口規模（N^{**}）で最大

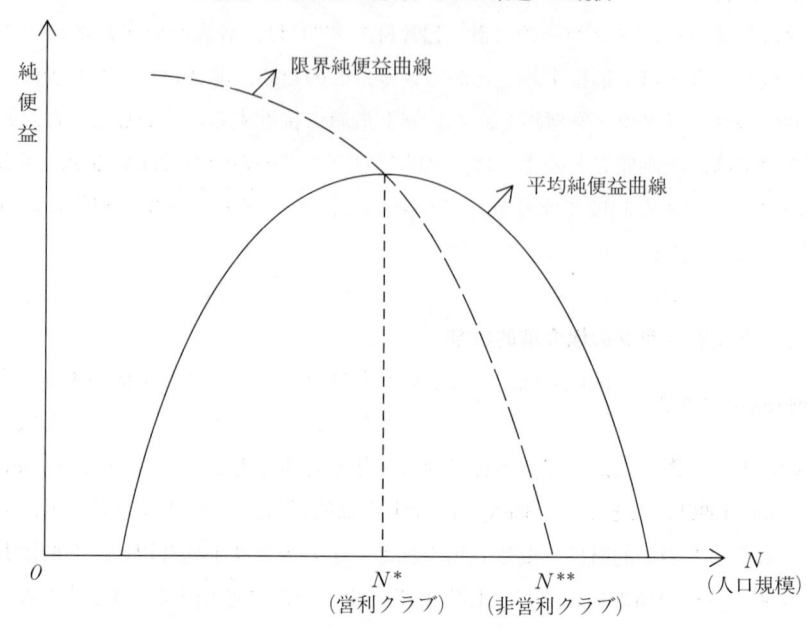

図 7-1　営利と非営利クラブの最適人口規模

縦軸：純便益／横軸：N（人口規模）

限界純便益曲線（破線）／平均純便益曲線（実線）

N^*（営利クラブ）　N^{**}（非営利クラブ）

出所）　Cornes and Sandler（1996：327-76）より，筆者作成。

になる。このメンバーシップ条件は，営利クラブの最適人口規模よりも大きい。

　ところが，私的利益を追求する営利クラブが，自発的に経済全体を考慮して，非メンバーに配慮する保証はない。このとき，政府部門は，ウンが指摘したように，営利クラブに補助金を支払い，メンバーシップ条件を緩和させる必要がある（Ng, 1974）。このようなクラブが，非メンバーに対するコミットメント（良識的関与）として，政府補助金の代わりに寄付金を募るならば，「非営利クラブ」ということができる[8]。

公共性の下限　　ボランタリー組織の多くは，ポスネットらが指摘するように，メンバーである会員を優遇する「選択的誘因」で持続可能性を探っている（Posnett and Sandler, 1989）。たとえば，イギリスのナショナル・トラストは，ピーター・ラビットで世界的に有名であるが，少しの入会金で会員になったメンバーには，所有する庭園への入園料を大幅に割り引いている。ボランタリー組織の会費徴収（fee and charges）は，その性格が排他的集団の

クラブに近づくことを意味し、公共性のランクダウンにつながる。

しかし、その活動に賛同する非メンバーが、「ただ乗りを潔しとしない」というコミットメントによって寄付に踏み切るならば、環境保護による公共性(非排除性)は、かなりの程度で維持される。「公共性の下限」である非営利クラブは、営利の排除性に端を発しているが、公共性に端を発したボランタリー組織とかなり近いものになる。

3 定住確率と契機的自治主体のローテーション

モラルと排除性の融合 政府と民間部門の中間領域において、私的プロバイダーは、モラルのランクアップと公共性のランクダウンとの融合によって存立する可能性がある。モラルは、図7-2の横軸のように、私的利益の追求から、互恵的慣習やコミットメントの順にランクアップするが、無条件コミットメントは、より実践的なモラルとしては厳しすぎる。他方、公共性(非排除性の程度)は、最適排除のメンバーシップ条件が導入されると、ランクダウンする。最終的には、所有権による排除性と私的利益の追求が一致する「1人クラブ」になるが、これは民間部門の純粋な私的財である。

コミュニティは、互恵的慣習のインフォーマル制約に従う自治主体であるが、もとより区域を境界とし、しっぺ返し戦略による排他的集団である。しかし、その区域の集合[Σコミュニティ]が全国を網羅すれば、個々のメンバーシップ条件による排除性を克服し、高い公共性を確保できる。

他方、ボランタリー組織は、コミットメント(良識的関与)のインフォーマル制約に従う自治主体である。それは、区域を限定しないので、かなり高い公共性が得られる。しかし、モラルのランクアップだけでは、信頼の悲観確率に依存して崩壊しやすい。このため、ボランタリー組織は、たとえば私立学校のように、図の縦軸の公共性をランクダウンさせ、会員制(入学金や授業料)のような排除性を部分的に導入して持続可能性を探るのである。

固定・移動・定住化社会のローテーション コミュニティとボランタリー組織は、固定・移動・定住化社会で、図7-2の実線の矢印のように「ローテーション」(循環)する。この循環システムでは、公民のプロバイダー選択が、分権化の「制度変化シフト」を引き起こす契機となる。

図 7-2　契機的自治主体のローテーションと制度変化シフト

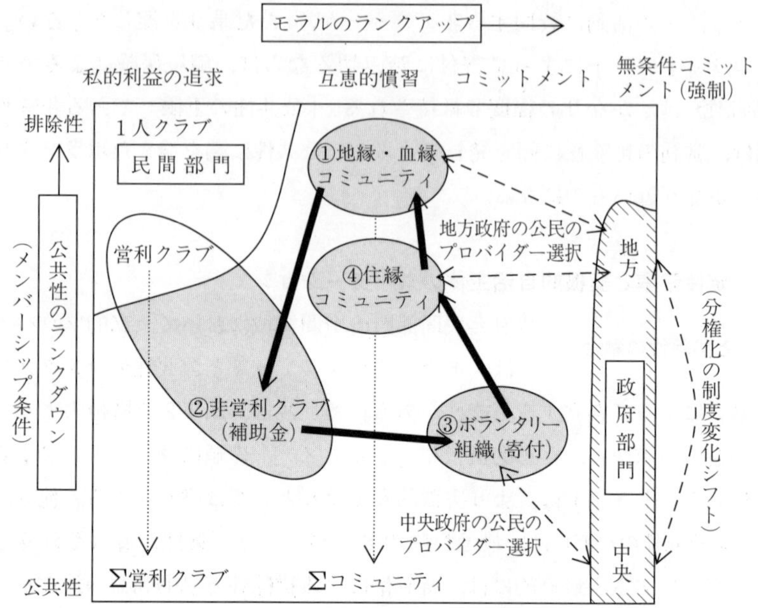
モラルのランクアップ
私的利益の追求
互恵的慣習
コミットメント
無条件コミットメント（強制）
排除性
公共性のランクダウン
（メンバーシップ条件）
公共性
1人クラブ
民間部門
営利クラブ
①地縁・血縁コミュニティ
④住縁コミュニティ
②非営利クラブ（補助金）
③ボランタリー組織（寄付）
地方政府の公民のプロバイダー選択
中央政府の公民のプロバイダー選択
地方
政府部門
中央
（分権化の制度変化シフト）
Σ営利クラブ
Σコミュニティ

出所）　筆者作成。

このため，私的プロバイダーは，制度変化シフトの「契機的自治主体」であるということができる。

たとえば，定住確率が非常に高い固定社会では，ドイツのように，「①地縁・血縁コミュニティ」が形成される。これが人口移動によって崩壊すると，家計や企業は民間部門の営利クラブを形成する。これらの多種多様なクラブのなかから，図 7-2 のように「②非営利クラブ」が生まれる。それらは，多少の混雑をがまんしても，経済全体に配慮して，できる限り賛同者を増やそうとするので，政府もその活動を支援する。非営利クラブが，排除性を緩和しながら，政府補助金だけでなく寄付金を募るようになったとき，移動社会イギリスで見られる「③ボランタリー組織」に転化する。

人口移動が終息し，定住確率が高くなる定住化社会では，居住を縁（えん）とする偶発的な隣人関係が結ばれ，親と子の二世代限りの「④住縁コミュニティ」が再生される。そして，住縁コミュニティの定住確率が，親・子・孫の三世代以上

にわたるほど高くなると、①地縁・血縁コミュニティに回帰する。ここで、変幻自在に出没する契機的自治主体のローテーションが完了するのである。

制度変化シフト　地縁・血縁や住縁コミュニティは、区域を境界とするので、図7-2の破線の矢印のように、地方政府と「公民のプロバイダー選択」が行われる。これに対し、ボランタリー組織は、その活動が区域に限定されないため、中央政府と「公民のプロバイダー選択」が行われやすい。これらの自治主体が、ボランタリー組織からコミュニティに比重を移すとき、政府部門の内部では「分権化」へ制度変化シフトが完了する。反対に、ボランタリー組織の比重が高まれば、「集権化」への制度変化シフトが生じる。

以上で述べたように、コミュニティは、互恵的慣習の自発的労働奉仕で支えられ、ボランタリー組織は、寄付に依存している。この寄付動機は、カントの無条件コミットメントが実践的モラルとしては厳しすぎるので、良識的関与のコミットメントを「モラルのランクアップ」の上限としている。しかし、自発的な労働奉仕や寄付に依存する私的プロバイダーは、もろい存在である。このもろさを克服するために、コミュニティは区域を限定した排他的集団になっている。また、ボランタリー組織も、会費や料金を徴収できる会員制などの排除性を部分的に導入し、「公共性のランクダウン」によって持続可能性を探っている。

私的プロバイダーが地縁・血縁コミュニティからボランタリー組織へ移行するには、100年以上の長い時間がかかるかもしれないが、「非営利クラブ」を媒介項として、変幻自在に出没し、再び住縁コミュニティに回帰する。この「ローテーション」を踏まえるならば、それらの自治主体が、「制度変化シフト」を始動させる契機的主役であるということができる。つまり、固定・移動・定住化社会というそれぞれ異なる社会制度のもとで、私的プロバイダーが地方政府組織や地方財政システムを決定するのである。

注
1) 隣人愛を例外とした「サミュエルソン経済学」や「マスグレイブ財政学」、「オーツ財政連邦主義」の混合経済は、囚人のジレンマの社会状態を想定してきたと考えられる（Samuelson, 1973, 邦訳: 835-36; Musgrave, 1959; Musgrave and Musgrave, 1980; Oates, 1972）。たとえば、純粋公共財のリンダール均衡は、個々人の限界効用

に等しい租税価格を求めるので，パレート最適のサミュエルソン条件をめざすメカニズム・デザイン（MD: mechanism design）戦略である（Lindahl, 1919）。ところが，私的利益の追求という「個人合理性」は，需要を過少表明する「ただ乗り」問題によって公共財のパレート最適を達成できない。この社会状態では，鈴村が指摘するように，囚人のジレンマから，ルソーの「自由になるように強制される」（ルソー，1965: 34）という社会契約論に従わざるをえない（鈴村，1982: 31）。

これに対し，クラークやグローブズらは，ただ乗り問題を MD 戦略で解消しようとした（Clarke, 1971; Groves and Ledyard, 1977）。その詳細は Sen（1982: 95，邦訳: 140-41）や鈴村（1982: 209-29），岸本（1986: 37-51），柴田・柴田（1988: 173-86），森（1996: 41-59）を参照されたい。とくに，鈴村は，囚人のジレンマの支配戦略に対し，「①保証ゲームのナッシュ均衡へ，②純粋公共財から準公共財へ，③直接民主制から選挙民・代議士の間接民主制へ」の制度設計の変更を示唆している（鈴村，1982: 226-29）。このため，本書は，MD 戦略ではなく，ティブーが混合経済に地方政府を加えて拡張したように，自治主体を含む社会制度（social institution）への拡張を試みたのである（Tiebout, 1956）。なお，ただ乗り問題は，森（1996: 93-94）が買手独占に基づく限界費用負担曲線を，柴田・柴田（1988: 165-68）が独自の扇形ダイアグラムを，コーンズらが反応関数を用いて説明している（Cornes and Sandler, 1996: 216-18）。

2) 互恵的慣習は，アクセルロッド（Axelrod, 1984，邦訳: 第9章）を，安定均衡戦略については，メイナード-スミス（Maynard-Smith, 1982，邦訳: 222-24）やAxelrod（1984，邦訳: 26-34），ザクデン（Sugden, 1986: 111）を参照されたい。

3) テイラーは，つぎのように述べている（Taylor, 1976: 126-28）。ホッブスは，エゴイズムと負の利他主義を組み合わせ，政治理論を展開した（ホッブス，1954）。これに対し，デビッド・ヒュームは，エゴイズムと正の利他主義を組み合わせ，オルソンの核心部分である「十分に小さな集団では囚人のジレンマに陥らない」ことを知っていたというのである（Hume, 1736）。しかし，オルソンは，ホッブスと同様に，私的利益の追求を前提にしているので，「ヒュームの議論は私とはやや異なる」（Olson, 1965: 33-34，邦訳: 54-55）としている。また，ヒュームは，協力の可能性がホッブスと同じ出発点であっても，「自然法は道徳的力を持つようになる」として，ホッブスの前提と異なる立場をとっている（Sugden, 1986: 147）。

4) ホックマンらは，税金の寄付金控除によって，公共財のパレート最適への接近を試みている（Hochman and Rodgers, 1977）。フェルドシュタインは，寄付金控除の租税支出が政府支出よりも有効であることを主張した（Feldstein, 1980）。井堀は，理論的側面から，寄付金の所得控除と税額控除を比較している（井堀，1995）。

5) ゲーム理論が一般に用いるコミットメントとは，「拘束的約束」を意味する（岡田，1996: 102）。これは，センのコミットメント（良識的関与）とは異なる概念である。

6) マキシミン戦略とホービッツの基準は，宮川（1969: 195-96）を参照されたい。保証ゲームは，このほかにも，サンドラーやコーンズらが紹介している（Sandler, 1992, 44-49; Cornes and Sandler, 1996, 310-15）。コラードは保証ゲームに利他的係数を加え，ランゲは制度（institution）が提供する「情報」によって，相互信頼は高

まると論じている (Collard, 1978, 37-44; Runge, 1984)。
7) 営利クラブが無数に増えれば，効用極大の消費者クラブと利潤極大の企業クラブとの所有形態の相違は，マクガイヤーが指摘したように，完全競争市場による利潤ゼロの長期均衡において解消される (McGuire, 1972)。
8) 非営利組織（NPO）の非分配制約（ゼロ利潤）について，ジェームスらは非営利クラブの言及はないが，「①契約の失敗に伴う非営利の信頼，②行政サービスの追加，③行政による委託」を組織形成の根拠にあげている (James and Rose-Ackerman, 1986, 邦訳: 17-32)。とくに，「②行政サービスの追加」に関するワイズブロッドの「サード・セクター」に対して，センは保証ゲームを用いた寄付動機の重要性を指摘している (Weisbrod, 1975; Sen, 1975)。また，ローズ-アッカーマンは，ザグデンの互恵原理やセンのコミットメントを寄付の動機にあげている (Rose-Ackerman, 1996; Sugden, 1984; Sen, 1982)。

第8章 社会制度による類型化と定住化社会の地方行財政

　各国の地方行財政は，前章で述べた私的プロバイダーによる社会制度の違いで類型化できる。本章では，それが一元的である固定社会（第Ⅰ節）と移動社会（第Ⅱ節）の特徴を踏まえ，第Ⅲ節では，コミュニティとボランタリー組織が併存する定住化社会のねじれ現象を理論的に解説しよう。

Ⅰ　固定社会の区域別・包括的権能付与と分権化定理

1　地縁・血縁コミュニティと基礎自治体の一致

3段階のプロバイダー選択
　地方行財政のフォーマルな「法制度」は，以下の3段階のプロバイダー選択を通じて「制度変化シフト」する[1]。制度変化は，毎年の法改正などの連続性を意味している。それが積み重なって，まったく新しい法制度に生まれ変わるとき，それは「制度変化シフト」として，連続的な微限小の制度変化と区別することができる。換言すれば，制度変化シフトは，連続的な変化のなかで，一見すればまったく異なり，類型化できるほどの大きな変化を意味しているのである。制度変化シフトの起点は，前章で述べた通り，固定・移動・定住化社会において，インフォーマルな制約に従う自治主体のローテーションである。
　第1段階の「自治主体の選択」は，その社会がコミュニティとボランタリー組織のどちらを選択するかである。この選択は，税率操作権を行使する直接限界責任の発揮で促進され，固定・移動・定住化社会の「定住確率」に依存する。
　第2段階の「公民のプロバイダーを選択する政府レベル」において，「公」

は政府プロバイダー，「民」は私的プロバイダーである。どの政府レベルが公民の役割分担を決めるかは，第2章で解説された間接限界責任の課題であった。これにより，地方政府への権能付与方式や国のヒエラルキー統制，一層制と多層制の地方政府組織が決定される。

第3段階の「国と地方のプロバイダー選択」は，第1章で述べられた直接限界責任の理論に従って，公共財のパレート最適に接近しやすいかどうかで判断される。地方政府は，固定・移動社会の定住確率によって，それぞれ税収最大化のリバイヤサン政府と，住民の効用極大をめざす合理的政府というように異なった行動をとる。この違いを踏まえることによって，定住化社会の「あるべき政府行動」が導かれてくる。以下，最初に固定社会を理論的に検討しよう。

地縁・血縁コミュニティの区域別包括性　固定社会は，先祖伝来の土地に定着した住民で構成される。世代間にわたる定住確率は，親・子・孫の三世代同居というようにきわめて高いので，地縁・血縁コミュニティを形成する。これが，制度変化の契機の自治主体として機能する。

その特徴として，第1に，地縁・血縁コミュニティは，理論上，繰り返しゲームによる「互恵的慣習」で公共財を私的供給するという点があげられる。その私的プロバイダー機能は，しっぺ返し戦略によって安定化が図られる。第2に，地縁・血縁コミュニティは，日常的な自発的労働奉仕で支えられており，強い「排他性」を特徴とする。第3に，この私的プロバイダーは，狭い地区または区域（area）を境界とする自警団，消防団，青年団などの複数の公共財を提供できるので，「区域別包括性」という特性をもつ。

村落共同体の基礎自治体　地縁・血縁コミュニティは，他の地区のコミュニティと，互恵的慣習が大きく異なる。このため，地縁・血縁コミュニティは，小規模な村落共同体を形成し，地方政府組織の基礎自治体として維持される。固定社会の自治主体（私的プロバイダー）は，基礎自治体と一致する。

たとえば，第4章で見た「固定社会ドイツ」の市町村（ゲマインデン）は，自治主体であるから，他の基礎自治体と合併しにくい。このため，第2段階の「公民のプロバイダーを選択する政府レベル」は，村落共同体の基礎自治体を中心とすることになる。

2 区域別・包括的権能付与：後見的監督と多層制

公民のプロバイダー選択レベルと地方統制

国の地方に対する統制（control）は，公民のプロバイダー選択（役割分担）が，どの政府レベルで行われるかで決まってくる。ヒュームズは，各国の地方統制を比較する方法として，二つの基準を示している（Humes, 1991: 3-7）。

第1の基準では，地方統制に関する国の権限が，総合調整機関の内務省（interior ministry）に集中している場合を，区域別（areal）の統制としている。それが，国の主務官庁（specialized ministries）に分散されている場合を，機能別（functional）の統制としている。この区域別と機能別の区分が，それぞれ，社会制度のコミュニティとボランタリー組織の区分に対応する。

第2の基準では，階層制のヒエラルキー統制が，国と地方の組織間（inter-organization）と，上位政府内部の組織内（intra-organization）のどちらで行われるかによって区分される。ヒエラルキー統制の程度は，組織間の①規制（regulation），組織間と組織内の中間的な②補完（subsidiarization）や③後見的監督（supervision），組織内の④従属（subordination）の順に強化される。

①規制型は，イギリスの基礎自治体のように，行政が地方議会（council）に対して全面的な責任（responsibility）を負い，中央政府に対しては負わない。これに対し，②補完型は，日本のように，地方行政が多くの機能の責任を議会に対して負うが，同時に国の特定の事務に関しても責任を負うので，規制型よりもヒエラルキー統制が強化される。③後見的監督は，ドイツのように，地方行政が部分的に議会に対して責任を負うが，上位政府の「委任機関」として直接的な責任も負い，②補完型よりも統制が強化される。最後に，④従属型は，地方行政がヒエラルキーの一部として，すべて上位政府の意思決定に従う執行機関であり，国の地方出先機関がこの事例である。

区域別・包括的権能付与と後見的監督

第2章で述べられた地域連携の間接限界責任において，事務配分（機能配分）は，「どの行政サービスを国と地方で分担すべきか」を意味していた。これに対し，事務配分（権能付与）の方式は，「どのように国が地方に事務を配分するか」ということである。

地縁・血縁コミュニティは，表8-1のように，狭い「区域別」ではあるが，

表 8-1 社会制度と間接限界責任による類型化

人口の地理的分布	固定社会	移動社会	定住化社会
Ⅰ. 社会制度の選択	〈一元的〉	〈一元的〉	〈多元的〉
1. 自治主体	地縁・血縁コミュニティ	ボランタリー部門	住縁コミュニティとボランタリー組織
2. 自発的秩序の原理	互恵的慣習 （日常的な労働奉仕）	コミットメント （日常的寄付）	弱い互恵的慣習 （非日常）
3. 私的プロバイダーの特性	繰り返しゲーム （高い定住確率） しっぺ返し戦略 （強い排他性） 区域別包括性 （多い複数公共財）	保証ゲーム （信頼の悲観確率） 会員制 （弱い排除性） 機能別限定性 （単一公共財）	繰り返しゲーム （低い定住確率） しっぺ返し戦略 （弱い排他性） 機能別包括性 （少ない複数公共財）
Ⅱ. 間接限界責任	〈一貫性〉	〈一貫性〉	〈ねじれ現象〉
1. 基礎自治体	自治主体	サービス提供団体	条件整備団体
2. 権能付与とヒエラルキー統制	区域別・包括的 ③後見の監督	機能別・限定列挙 ①規制型統制	機能別・包括的 ②補完型（総合調整）
3.(1) 地方政府組織	多層制	一層制	完全二層制
(2) 事務配分	社会扶助	資源配分のみ	生活保護
(3) 税源配分	複数税制	単一税制	複数税制
Ⅲ. 直接限界責任 （パレート最適への接近）	〈リバイヤサン政府〉 分権化定理 地方政府組織の選択 内部市場化	〈合理的政府〉 足による投票 行政区域の選択 グループ化	〈政府プロバイダー〉 税率操作権 プロバイダー選択 良識的関与

出所）中井（2003）より，筆者作成。

複数の公共財を「包括的」に私的供給できる。この公民のプロバイダー選択を通じて，強制的な課税権をもつ基礎自治体は，不十分な私的供給の公共財や独自の行政サービスを自ら判断できる。しかし，基礎自治体が，新たな行政分野に参入して判断を誤ったとき，この分野に該当する主務官庁が即座に特定できないので，機能別統制では十分でない。

つまり，国（ドイツでは州）は，第1に，村落共同体を行政区域として，権限が（州の）内務省に集中した「区域別」統制を選択する（Humes, 1991: 59）。第2に，基礎自治体は，「包括的」な権能（comprehensive competence）が付与される[2]。第3に，市町村長などの首長は，総合的なリーダーシップを発揮し，まちづくりなど区域の改善に努力するので，広範な課税権が配分される。

この方式では、かなりの行政権能が地方に「分散」(deconcentration) されるが、その多くは委任事務である。このため、機能別の主務官庁は、地方出先機関を必要としないが、その代わりに③後見的監督のレベルに引き上げられ、ヒエラルキー統制を強化する。地縁・血縁コミュニティが、私的プロバイダー機能を十分に発揮すれば、地方統制は、②補完型に緩和され、「制度変化シフト」することもある。しかし、その機能が低下したとき、基礎自治体は、上位政府の委任機関として③後見的監督を受けやすい。

郡を含む多層制　村落共同体の弱点は、集団の規模が小さいことである。地方公共財の多くは、第2章で解説された「クラブ財」の理論が示したように、規模の経済を伴うが、村落共同体の規模は、最適人口規模に対して極端に小さい。地縁・血縁コミュニティが、私的プロバイダーの機能を発揮するため、村落共同体の基礎自治体は、それを補完すればよいのである。

ただし、その基礎自治体が規模の経済を追求するには、小規模な団体が所属する「郡」が、サービス提供団体として必要になる。この郡や広域連合などは、第2章の図2-1で定義したように、県や州の中間政府ではなく、基礎自治体と同じ「地方団体」に属する広域自治体である。このため、固定社会の地方政府組織は、ドイツのように、基礎自治体や広域自治体、中間政府で構成されることになり、「多層制」となる。

3　分権化定理：リバイヤサン政府の過大供給と内部市場化

地方政府組織の選択　オーツは、コミュニティの私的プロバイダー機能に言及していないが、第1章で述べたように、人口分布の固定社会を前提として「完全対応」(perfect correspondence) 原理に基づく分権化定理 (decentralization theorem) を示している (Oates, 1972: 34-35, 邦訳: 38-39)。完全対応とは、多層制の地方政府組織が、地方公共財の種類に応じて柔軟に組織を改編できることである。

地縁・血縁コミュニティによる私的供給の水準は、区域間で大きな格差があり、行政ニーズの違いに反映される。このとき、基礎自治体の異なるサービス水準のほうが、国の画一的なサービス水準よりも、公共財のパレート最適に接近しやすい。分権化定理は、私的プロバイダーを含む「公民連携の混合経済」

でも適用可能である。

社会扶助と地方所得税　固定社会では，第1に，三世代同居といった家庭内社会保障に加えて，地縁・血縁コミュニティの相互扶助が，ある程度の所得再分配機能を発揮する。その相互扶助システムが，ナショナル・ミニマムを確保できないとき，「公民連携の限界責任」に従って政府部門の役割になる。第2に，固定社会では，福祉移住の可能性が小さい。このため，政府部門の所得再分配機能は，ドイツの社会扶助のように，基礎自治体が担うことができる。第3に，基礎自治体が所得再分配機能のナショナル・ミニマムを確保するには，財産税の税率操作権では不十分である。このため，基礎自治体には，地方所得税が自主財源として配分される。この標準税収が標準支出に不足する金額は，一般補助金（ドイツ各州の基準交付金）によって財源保障され，上位政府が全体責任を確保している。

リバイヤサン政府と内部市場化　ところが，固定社会では，完全対応の各段階の地方政府も，中央政府と同様に供給独占の状態になり，税収最大化をめざすリバイヤサン政府になりかねない。これが，分権化定理のアキレス腱である。オーツ自身も，分権化定理を発表した後，フライ・ペーパー効果などの「財政錯覚」による公共財の過大供給に着目した (Oates, 1979)[3]。また，サービス提供団体の郡も，上位政府の後見的監督が強くなれば，過大供給に陥りやすい。

オーツは，今日の「新しい行政管理」(NPM: new public management) につながる内部市場 (internal market) 化によって，過大供給の改善を提案している (Oates, 1972: 45，邦訳: 45)。公共財供給の分権化は，それぞれの行政区域における消費水準の決定を意味し，政府自らの生産 (production) を意味しているのではない。基礎自治体は，郡などの広域自治体や民間企業と「契約」(contract) を結ぶことによって，望ましい数量の生産物を購入 (purchase) できる。

このとき，政府部門は，行政組織の内部に，疑似市場が創設されたと見なすことができる。基礎自治体は，その内部市場における購入者として，生産面で規模の経済を実現した「郡」や民間部門などによる費用節減効果と，分権的意思決定の両方のメリットを手に入れることができる。

II 移動社会の機能別・限定列挙と足による投票

1　ボランタリー部門と基礎自治体のサービス提供団体化

地縁・血縁コミュニティの崩壊

　オーツは，固定社会の完全対応原理を理想としたが，経済発展に伴う交通・情報伝達手段の発達や1人当たりの所得水準の上昇が，人口移動を起こしやすいとしている（Oates, 1972: 222, 邦訳: 236）。住民の移動は，経済発展に伴う地域間（regional）の経済格差に対応して，個々人がより高い賃金を求めることによって生じる行動の一つである。以下，移動社会を理論的に検討しよう。

　移動社会では，繰り返しゲームが成立しないので，地縁・血縁コミュニティはその役割を終え，自然に崩壊する。この崩壊は，民間のスポーツ・クラブなどの営利クラブから，NPOなどの非営利クラブを媒介項として，ボランタリー部門の活動へ発展する。ボランタリー部門は，その活動が地域に限定されないので，地方政府だけでなく，中央政府と「公民のプロバイダー選択」を行うこともできる。いずれにしても，インフォーマルな制約に従う自治主体は，地縁・血縁コミュニティからボランタリー部門へのローテーションを通じて，フォーマルな地方行財政の「制度変化シフト」を始動させる契機的主役であり，「契約的自治主体」になる。

ボランタリー部門の機能別限定性

　ボランタリー部門は，コミュニティの互恵的慣習に代わって，コミットメント（良識的関与）のインフォーマルな制約に従う自治主体である。第1に，ボランタリー部門は，前章で見たように，1回限りの「保証ゲーム」に基づくので，寄付金だけでは持続できない。第2に，ボランタリー部門は，メンバーに有利な「会員制」を部分的に導入すれば，継続できる。たとえば，私立学校も，授業料のような「弱い排除性」は避けられないのである。第3に，ボランタリー部門は，地域を越えて，選好の異なる人々のなかから賛同者を集める必要がある。それには，活動の目的（機能）を限定しないと，寄付や会費が得られない。ボランタリー部門は，「機能別限定性」を特徴とし，地域を越えて活動するので，基礎自治体（市町村）と一致しない。

第8章　社会制度による類型化と定住化社会の地方行財政

サービス提供団体　地縁・血縁コミュニティが，移動社会への移行によって崩壊すれば，村落共同体の小規模な基礎自治体も，規模の経済をめざして，郡単位に吸収・合併されて消滅する。合併後の基礎自治体は，もはやコミュニティを中心とした自治主体ではない。

たとえば，イギリスの地方政府組織でも，古くは，教会を中心としたパリッシュ（教区）が行政区域としてあった。ところが，現在は，より広域のディストリクト（これを包含するカウンティ）や一層制団体を基礎自治体としている。この基礎自治体は，制度変化を始動させる契機的自治主体のローテーションによって，自治主体から，郡の役割だけが残された「サービス提供団体」に転化している。

2　機能別・限定列挙：規制型統制と一層制

機能別・限定列挙　ボランタリー組織 (voluntary organizations) が，多種多様な分野で発展すると，その集合は，ボランタリー部門 (voluntary sector) といわれる。ボランタリー部門は，基礎自治体が町村合併を通じて広域化されても，その行政区域を越えて活動するので，地方政府よりも中央政府レベルで公民のプロバイダー選択が行われやすい。

ところが，ボランタリー部門の多種多様な組織は，クラブと同様に，それぞれが単一の公共財しか提供できない。各組織は，海外援助から教育・福祉分野に至るまで，その機能 (function) ごとに私的供給の水準が異なる。このため，ボランタリー部門へのローテーションは，国の地方統制において，区域別から機能別への「制度変化シフト」を引き起こす。

第1に，機能別の統制では，ヒュームズが指摘するように，行政サービスの権限が，中央省庁の主務官庁と基礎自治体の間で配分されることになり，区域別の内務省は存在しなくなる (Humes, 1991: 109)。

第2に，主務官庁が，地方出先機関を多く設置するが，提供できない機能は「限定列挙」され，基礎自治体に行政権能が付与される。このため，地方への委任事務はない。

第3に，首長や地方議会の議長は，区域別に比べて総合的なリーダーシップを発揮することが少なくなる。また，地方の行政組織は部局単位に分かれ，地

方財源も単一の課税ベースに部局単位で税率を設定することもある。つまり，国は，その主務官庁がサービス提供団体の基礎自治体を「機能別」にコントロールし，単一地方税制のもとで「限定列挙」した行政権能を付与する。

一層制と規制型統制 限定列挙の権能付与方式は，区域別・包括的権能付与に比べ，地方団体が新たな分野に参入することを制限するが，国のヒエラルキー統制は緩和される。機能別の地方統制では，国は，組織内の地方出先機関と組織外の基礎自治体との間で，プロバイダーを選択できる。このため，機能別・限定列挙では，ヒエラルキー統制が，最も緩和された「①規制型統制」で十分になる。

もとより，機能別では委任事務がないので，地方団体は，中央政府ではなく，地方議会に対してのみ，全面的な責任（responsibility）を負う。このため，国の主務官庁は，限定列挙した各行政分野の基準を設定し，その基準から大幅に乖離するとき，「良識的関与」として指導・勧告・助言を行うのである。

移動社会の基礎自治体は，サービス提供団体にすぎないので，合併が比較的容易であり，郡単位の最適人口規模で規模の経済を追求できる。他方，国の「地方出先機関」は，より広域の地域（region）単位で設置される。このとき，行政権能が機能別に限定列挙された地方政府組織は，イギリスのカウンティのような広域自治体や中間政府が不要になり，基礎自治体だけの「一層制」が可能になる。

制度変化シフト このような固定社会から移動社会への「制度変化シフト」は，つぎのように説明できる。ここで，自治主体とは，集団を定め，その集団の目的を決定する意思決定者であり，執行者でもある。固定社会の基礎自治体は，地縁・血縁コミュニティを自治主体とするので，区域別・包括的権能付与によって，地方議会が，新たな行政分野（目的）に，独自の判断（意思決定）で参入することができた。

これに対し，移動社会では，ボランタリー部門を自治主体とする。サービス提供団体の基礎自治体は，機能別・限定列挙の権能付与方式によって，新たな行政分野に独自の判断で参入することはできない。地方議会は，新たな行政分野という目的ではなく，サービス水準の裁量的な決定者にすぎない。

したがって，地縁・血縁コミュニティからボランタリー部門へのローテーシ

ョンは，第1に，権能付与方式を区域別・包括的権能付与から機能別・限定列挙に変化させる。第2に，国の地方統制は，③後見的監督から①規制型に緩和される。第3に，地方政府組織が，多層制から一層制にシフトする。こうして，地方行財政は，「制度変化シフト」するのである。

3　足による投票：合理的政府のグループ化と過小供給

行政区域の選択　地縁・血縁コミュニティからボランタリー部門へのローテーションは，公共財のパレート最適への接近手段や地方政府の行動にも影響を及ぼす。

サミュエルソンは，第1章で述べたように，リンダール均衡の「ただ乗り」（公共財需要の過小表明）問題を指摘した（Samuelson, 1954）。これに対し，ティブーの「足による投票」は，大都市圏の立地選択に着目した（Tiebout, 1956）。住民が行政サービスの受益と負担を考慮して，行政区域を選択するとき，公共財に対する需要の過小表明を克服できるとしたのである。

「足による投票」は，区域別・包括的権能付与よりも，機能別・限定列挙のほうが適合しやすいと考えられる。その理論は，「行政区域の選択」に関する五つの仮定と，「地方政府の行動」に関する二つの仮定に分かれている[4]。前者の「行政区域の選択」には，地方団体ごとの歳入・歳出に関する完全情報が不可欠である。住民が地方行政の受益と負担の違いを理解するには，よりシンプルな「一層制」の地方団体が，同じ公共財パッケージ（行政項目）を提供することができ，サービス水準だけが異なる，という機能別・限定列挙のほうが望ましい。

合理的な政府のグループ化　また，「足による投票」の理論は，既存住民の効用極大をめざす「合理的な」（benevolent: 慈悲深い）政府行動が前提にされている。地方団体が，リバイヤサン政府の税収最大化行動をとって，公共財を過大供給すれば，その政府行動は「住民の退出」によって拒否される。このため，ティブーは，地方団体が住民の選好に合わせるのではなく，最適人口規模をめざす地方団体が，移動社会の経済システムによって住民選好に合わされると結論づけている。

「足による投票」は，最適人口規模をめざす「クラブ財」の理論と組み合わ

すことができる。マクガイアは，選好の異なる住民の全体集合が，それぞれ選好の同質的な部分集合に分かれるとして，「グループ化」(segregation)の理論を展開した (McGuire, 1974)。グループ化は，同じ選好の人々を同じ基礎自治体に居住させるため，分権的な意思決定のメリットはさらに大きくなり，再び，オーツの分権化定理が成立することになる。

福祉移住と単一地方税制　合理的な政府行動をとる地方団体は，既存住民の効用極大だけに関心がある。このため，最適人口規模を達成した地方団体は，都市計画などで転入者を制限しなければならない。地方団体の規制によって住民数を調整できないとき，住民は，第3章で解説した「財政調整の理論」が示すように，個人の便益が行政区域間で等しくなるように移動する。

このとき，既存住民は，転入者によって，1人当たり費用負担の軽減や混雑費用の増加という「財政外部性」を受けることになる。多くの場合，これらの財政外部性は，公共財の過小供給を誘発し，「足による投票」のアキレス腱となる。

イギリスのような移動社会では，福祉移住の可能性が高いので，基礎自治体の事務配分は，現金給付 (cash benefit) の所得再分配機能を担うことができない。税源配分でも，基礎自治体はサービス提供団体にすぎないため，地方所得税による自主財源の確保は，それほど重視されない。このため，基礎自治体の財源は，財産税の単一地方税制となる。

ところが，現物給付 (in kind) の福祉サービスは，近年，強制的な施設入所の「措置」制度から，利用者が施設を選択できる「契約」制度に移行した。移動社会の基礎自治体も，イギリスのコミュニティ・ケア法のように，福祉サービスを「準公共財」として提供するようになってきた。しかし，単一地方税制の財産税やカウンシル税では，その財源を十分に確保できない。このため，移動社会のイギリスも，固定社会のドイツと同様に，国が一般補助金（歳入援助交付金）によって，基礎自治体の標準支出と標準税収との差額を財源保障し，全体責任を確保することになる。

III 定住化社会のねじれた権能付与と直接限界責任の発揮

1 見えにくい私的プロバイダーの併存と基礎自治体の条件整備団体化

住縁コミュニティの再生
　「定住化社会」とは，コミュニティとボランタリー組織が併存する社会である。移動社会の「足による投票」で，異なる行政ニーズの人々が，似たもの同士でそれぞれの地域に集まるとき，基礎自治体は，異なる集団ごとにグループ化される。このグループ化は，住民の定住化，すなわち定住確率の上昇を示唆している。

　コミュニティの互恵的慣習は，前章で見たように，その国の歴史や文化だけでなく，定住確率にも依存する。地方から都会に来た人々が，「住めば都」のことわざのように，そのまま都会への定住を覚悟したとき，三世代同居の地縁・血縁ほどではないが，定住確率が上昇するので，コミュニティが再生される。以下，定住化社会を理論的に検討しよう。

　定住化社会のコミュニティは，マンションから一戸建てへの住み替えやサラリーマンの転勤に際して，その地に「たまたま居を構えた」という居住による偶発的な隣人関係に始まる。これを，「住縁コミュニティ」ということにしよう（岩崎，1989: 10）。住縁コミュニティは，日本の地方中核都市や大都市周辺の衛星都市で見られるように，親と子の二世代限りの町内会や自治会として再生される。他方では，職場や趣味のサークルなどの人間関係をきっかけに，地域を越えるボランタリー組織の活動も始まっているので，定住化社会では私的プロバイダーが併存する。

　住縁コミュニティは，親・子・孫の三世代以上が同居し定住すれば，固定社会の地縁・血縁コミュニティに転化する。他方，退職後は，緑豊かな田園地帯で暮らしたいと思う人々が多ければ，Uターンや I ターン現象によって住縁コミュニティは再生されず，一世代限りの移動社会となってボランタリー部門に依存せざるをえない。このように，定住化社会は，100年以上もかかる社会制度のローテーションにおいて，固定社会や移動社会と区別される。

定住化サイクルと私的プロバイダーの非日常性

社会制度のローテーションに対し，定住化社会には，地域が30年程度で世代交代する固有のサイクルがある。たとえば，親世代だけが同じ土地（敷地）に定住する一方，大都市周辺の衛星都市のように，その子どもは「スープがさめない」距離の同じ地区（町内会）ではあるが，別居することが多い。この別居によって「地域の絆」がうすれた孫世代は，他の地域（市町村や府県）に転出することになる。そのため，地域は一時的に「高齢化」が進む。ところが，定住化社会では，親世代の跡地に，実の子どもや孫ではなく，他人の子どもが転入することが多い。その結果，①親世代の転入，②親と子ども世代の別居型定住（一時的高齢化），③孫世代の転出・転入（実の孫の転出と他人の孫の転入）を繰り返す。これを「定住化サイクル」ということにしよう。親の土地が売却され，他人の子どもや孫がそこに住む。この「③孫世代の転入」がなければ，衛星都市といえども，過疎地域と同様に，定住化サイクルから離脱してしまうことになる。このような地域は，高齢化が進むだけで，衰退の一途をたどる。

親と子ども二世代の別居型定住による住縁コミュニティは，三世代同居の地縁・血縁コミュニティと同様に，互恵的慣習をインフォーマルな制約とし，複数の公共財を提供できる。この区域別包括性を特徴とする私的プロバイダー機能は，表8-1で見たように，地縁・血縁コミュニティに比べて定住確率が低いので，「弱い排他性」がしっぺ返し戦略の有効性を低下させる。このため，住縁コミュニティの活動水準や種類の包括性は，かなり低い水準にとどまり，自治会や町内会による年数回程度の火の用心や防犯活動など，非日常の自発的労働奉仕にすぎない。

また，ボランタリー組織も，阪神・淡路大震災などの大災害時にのみ，その活動がマスコミに取り上げられて表面化する。日頃の地道な活動は，イギリスのボランタリー部門に対する日常的な寄付に比べれば，「休眠状態」と錯覚されるかもしれない。この「非日常性」は，私的プロバイダーの存在を見えにくくさせる要因の一つである。

認識度のU字型と条件整備団体

コミュニティやボランタリー組織は，前章で見たように，それぞれ定住確率と信頼の悲観確率に依存し，協力と裏切りの二つのナッシュ均衡に直面する。それらは，行政のフォーマ

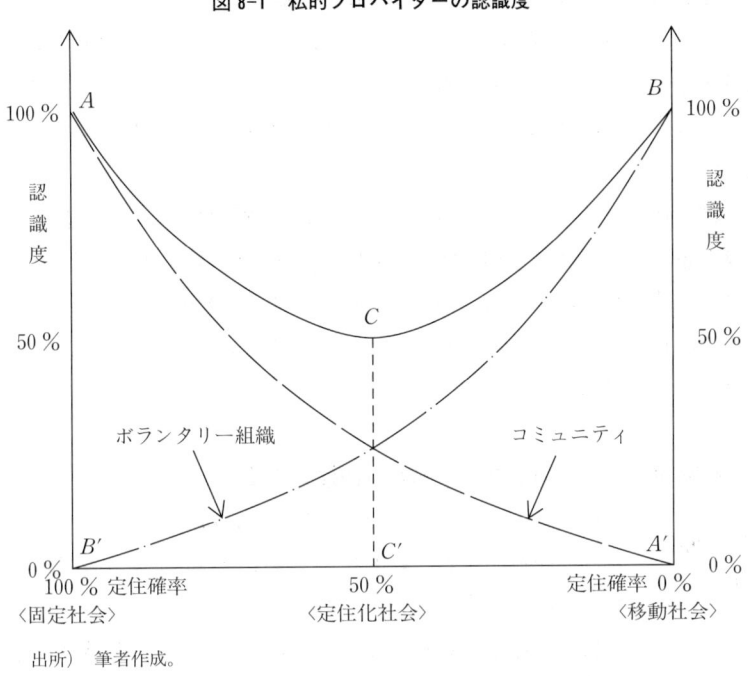

第8章　社会制度による類型化と定住化社会の地方行財政

図 8-1　私的プロバイダーの認識度

```
（縦軸左）認識度　100%（A）〜 50%（C）〜 0%（B'）
（縦軸右）認識度　100%（B）〜 50%〜 0%（A'）
（横軸）100% 定住確率〈固定社会〉 — 50%〈定住化社会〉— 定住確率 0%〈移動社会〉
ボランタリー組織／コミュニティ／C'
```

出所）　筆者作成。

ルな法制度に対し，互恵的慣習やコミットメント（良識的関与）のインフォーマルな内的拘束力で支えられるにすぎない。この「もろさ」が，本来の「私的プロバイダーの失敗」である。

　これに加えて，定住化社会では，個々人が私的プロバイダーの存在を認識できるかどうかの「認識度」あるいは「見える度合い」（visibility）の失敗が，より重要である。この認識度は，図8-1の両極にある固定社会の地縁・血縁コミュニティや，移動社会のボランタリー部門のように，「一元的」であれば，見えやすい。ところが，コミュニティとボランタリー組織は，それぞれ図の AA' 曲線（破線）と BB' 曲線（1点鎖線）のように，定住確率の下落と上昇に伴って，その活動水準だけでなく，認識度も低下するであろう。

　このとき，両方を合わせた私的プロバイダーの認識度（実線）は，図8-1の ACB 曲線のように，定住確率の低下に関して「U字型」で表される。その結果，定住確率の中間に位置する定住化社会では，第1に地縁・血縁コミュニテ

237

ィの崩壊による存在自体への不信感，第2に私的プロバイダーの併存（多元性），第3に活動の非日常性によって，その認識度が最も低い図の CC'（点線）の高さまで低下すると考えられる。

定住化社会では，住縁コミュニティとボランタリー組織のどちらが，おもな自治主体になるかを，一義的に決めることはできない。このため，基礎自治体は，複数の住縁コミュニティで構成されるが，同時にボランタリー組織との協力関係も重視した「条件整備団体」(enabling authority) をめざすことになる。条件整備団体の行政は，これらの自治主体を公共財の私的プロバイダーとして認知・育成し，その活動水準が不十分な分野を政府供給で補完するものである（君村・北村，1993: 42-43）。

2　権能付与方式のねじれと中間政府の総合調整

機能別・包括的権能付与　定住化社会へのローテーションは，住縁コミュニティとボランタリー組織の併存に対応して，フォーマルな法制度に関して新たな「制度変化シフト」を引き起こす。

コミュニティを自治主体とする固定社会の権能付与方式は，表8-2のように，区域別・包括的権能付与（Aa）のため，ヒエラルキー統制が，④従属型を除いて最も強力な［③後見的監督］になる。他方，ボランタリー部門を自治主体とする移動社会の方式は，機能別・限定列挙（Bb）のため，その統制が最も弱い［③規制型］で十分である。

住縁コミュニティとボランタリー組織が併存する場合は，移動社会を出発点とする定住化社会（Ab）と，固定社会を出発点として一時的な移動社会を経験した定住化社会（Ba）の二つが考えられる。

移動社会から出発すれば，ボランタリー部門がすでに存在するので，限定列挙の方式が優先される。また，住縁コミュニティの発生は，内務省による「区域別」統制を重視するので，その権能付与方式は，「区域別・限定列挙」（Ab）になる[5]。

一方，現在の日本は，固定社会から出発し，一時的な移動社会を経験した定住化社会（Ba）である。戦後の高度成長による都市への人口集中（一時的な移動社会）は，多くの地縁・血縁コミュニティを崩壊させた。ところが，大都市

表 8-2　権能付与方式のねじれ現象と地方統制

権 能 付 与	(a)　包 括 的	(b)　限 定 列 挙
(A)　区 域 別 　　　（コミュニティ）	固定社会(Aa) ［③後見的監督］	定住化社会(Ab) ［②補完型］
(B)　機 能 別 　　　（ボランタリー組織）	定住化社会(Ba) ［②補完型：日本］	移動社会(Bb) ［①規制型統制］

注）　■は権能付与方式のねじれ現象を意味する。
出所）　筆者作成。

周辺での定住化傾向は，NPOなどボランタリー組織の設立だけでなく，従来の町内会や自治会を見直す住縁コミュニティの再生につながっている。

　ボランタリー組織は，国レベルでも，公民のプロバイダー選択を行うことができる。このため，権能付与方式は，国の主務官庁による「機能別」が中心になり，区域別に総合調整する内務省の役割が小さくなる。他方，複数の住縁コミュニティで構成される基礎自治体でも，公民のプロバイダー選択が行われる。基礎自治体が，条件整備団体として住縁コミュニティの私的供給を補完するとき，限定列挙の方式では，新たな行政分野に参入できない。このため，それが可能な「包括的」権能付与が必要になる。このように，日本のような定住化社会の権能付与方式は，固定社会の包括的権能付与と，移動社会の機能別を融合した「機能別・包括的権能付与」（Ba）となるため，ねじれ現象に直面する。

中間政府と補完型統制　機能別の特徴である地方出先機関は，国の「④従属的統制」下にあり，意思決定機関ではないので，「ねじれ現象」に対応できない。たとえば，基礎自治体が，包括的権能付与のもとで，新たな行政分野に参入したとき，その分野に関係する国の主務官庁を即座に特定することができない。また，基礎自治体と地方出先機関の間で，プロバイダーを選択する役割分担は，ほとんどない。これに対して，県や州の中間政府は，地方出先機関を吸収しながら，基礎自治体と役割を分担している。定住化社会の中間政府は，国（固定社会の内務省）に代わり，ねじれ現象の総合調整機関として不可欠なのである。

　国は，組織内の地方出先機関を「④従属」させるが，組織外の中間政府に対しては，ヒエラルキー統制を緩和せざるをえない。中間政府は，地方議会の決

定に対して責任を負うが、他方では地方出先機関の整理・縮小に伴う国の委任事務にも責任を負う。しかし、定住化社会の地方政府は、固定社会のような委任機関ではないので、委任事務が少なく、国の「②補完型」統制を受けることになる。

完全二層制への制度変化シフト　定住化社会の地方政府組織は、異なる自治主体が併存するので、プロバイダー選択を明確にするために、可能な限り簡素化される必要がある。定住化社会では、公民のプロバイダー選択のほかに、自治主体の選択が加わる。この選択が複雑になると、自治主体の私的プロバイダーが、ますます見えにくくなり、認識度の下落が、その機能さえも低下させる危険性がある。このため、地方政府組織は、公民のプロバイダー選択が行われる基礎自治体と、機能別・包括的権能付与のねじれ現象を調整する中間政府との「完全二層制」が望ましい。

　以上のような「制度変化シフト」は、移動社会から定住化社会への移行過程であり、つぎのように説明することができる。第1に、私的プロバイダーのローテーションは、フォーマルな制度を機能別・限定列挙（Bb）から機能別・包括的権能付与（Ba）にシフトさせる。このとき、権能付与方式は、「ねじれ現象」に直面する。これに対応するには、第2に、ヒエラルキー統制を①規制型から②補完型に強化する必要がある。第3に、中間政府が、ねじれ現象の総合調整機能を発揮するので、地方政府組織は、移動社会の一層制から定住化社会の完全二層制に「制度変化シフト」する。

　定住化社会は、親・子・孫の三世代が同じ土地に「同居・定住」し続ければ、地縁・血縁コミュニティの固定社会に回帰する。しかし、この「制度変化シフト」は、100年以上の長い時間を要する。このため、各国の地方行財政は、簡略化すれば、固定・移動・定住化の社会制度として三つに類型化することができる。

3　直接限界責任の発揮：政府プロバイダーと良識的関与

公民連携の選択幅の拡大　定住化社会において、公共財のパレート最適に接近するには、「公民連携」（公民のプロバイダー選択）が不可欠である。確かに、定住化社会では、私的プロバイダーが併存しており、見え

にくい。ところが，この「認識度の失敗」を克服すれば，公民連携の選択幅は，一元的な固定・移動社会に比べて，拡大できるかもしれない。定住化社会では，公共財の種類に応じて，住縁コミュニティとボランタリー組織を使い分けることができるからである。

たとえば，固定社会ドイツでは，地縁・血縁コミュニティによって，ゴミの徹底的な分別収集が可能であるが，私立学校のようなボランタリー組織が少ない。このため，「学校選択の自由」が制限される。他方，移動社会イギリスでは，私立学校がボランタリー部門の一翼を担っているが，住縁コミュニティは成立しにくいので，ゴミの分別収集が困難である。これらと比較したとき，定住化社会の日本は，町内会や自治会の住縁コミュニティが，ゴミの分別収集に協力し，他方では，私立学校の充実によって「学校選択の自由」が拡大されつつある。

定住化社会では，親と子どもの二世代が別居型ではあるが，同じ行政区域に定住するので，移動社会ほどには，住民による「行政区域の選択」を期待できない。しかし，孫世代は，転入・転出を繰り返すので，都市間競争に発展するかもしれない。この都市間競争と公民連携による選択幅の拡大は，行政を効率化させるインセンティブになる。住民の選択幅が拡大するほど，行政は，より広い分野で「最小のコストで最大の成果（outcome）をあげているか」が問われるのである。

税率操作権の行使　公民のプロバイダー選択は，直接限界責任の発揮で推進される。これは，地方政府が，税率操作権を行使して，新たな分野への参入やサービス水準の改定を議会に提案することである。「公民連携の限界責任」という原理において，住民や議会が，負担を伴うサービス水準の引上げに反対することは，住民自らが，自治主体による私的供給を選択したことになる。住縁コミュニティやボランタリー組織が，追加的なサービスを自ら提供すれば，行政は実施する必要がない。

ところが，自治主体のインフォーマルな制約が，ねばり強い生命力をもつとしても，その組織は，低い定住確率や信頼の悲観確率に依存して崩壊しやすい。自治主体は，もろい組織で，制度変化シフトの契機的主役にすぎない。住民自らが，そのことを確認すれば，行政の提案に議会を通じて賛成するかもしれな

い。このとき，政府部門の役割は増大するが，公共財の過小供給が改善される。

政府プロバイダーの良識的関与　政府部門は，議会を含む意思決定者であるので，執行者の「行政」と区別するために，「政府プロバイダー」とされる。この政府プロバイダーは，自発的な私的プロバイダーに対して，強制的な課税権をもつため，「良識的関与」にとどめる必要がある。

第1に，政府プロバイダーの良識的関与とは，公民連携の原理に従って，自治主体の私的プロバイダー機能を補完することである。ところが，政府プロバイダーが公共財を過大供給すれば，それは自治主体を崩壊させるので，「制度変化シフト」に対する閉塞的関与（第1章の閉塞型端点解）となる。

第2に，国は，政府プロバイダーの一翼として，私的プロバイダーを補完すべき「基準」を設定する必要がある。これは，地方政府に対する「隠れた拘束力」としての良識的関与である。国は，ある行政分野で，地方に権限を移譲したとしても，その後は「何もしなくてよい」というわけではない。地方政府の意思決定が，最悪のケースでも「コミットメント型端点解」にとどまるように，ナショナル・ミニマムを設定し，これを一般補助金（交付税）で財源保障することは，国の全体責任として残されている。

第3に，地方政府による直接限界責任の発揮は，第1章で解説したように，固定社会における「分権化定理」や移動社会における「足による投票」から派生した理論で，どの社会でも共通する。地方政府による税率操作権の行使は，自治主体の選択や公民のプロバイダー選択を促すので，とくに定住化社会では不可欠な良識的関与であると考えられる。

注
1) 「地方財政学」（local government finance）は，しばしば「地方行財政」と呼ばれるように，「行政学」（public administration）と隣接する研究分野である。たとえば，ノートンは，日本を含む先進9カ国の地方行財政について，13項目にわたる国際比較を行っているが，各国の「類型化」までは至っていない（Norton, 1994）。しかし，「行政学」の分野では，英米型と大陸型の「2分法」のように，各国の多様な制度の「類型化」が試みられてきた。西尾は，その英米型（分権・分離型）と大陸型（集権・融合型）について，両者が相互に接近しつつあるとしている（西尾，1993: 57-66）。このような相互接近は，第7章で示された私的プロバイダー（契機的自治主体）による「制度変化シフト」に対応すると考えられるが，たとえば英米型から大陸型へ

の移行は,「制度変化シフト」ということができる。
2) 包括的権能付与と限定列挙の違いは,山下ほか (1992: 248-49) や西尾 (1993: 60-61) を,総合行政の必要性は,米原 (1977: 118-19) を参照されたい。
3) 分権化定理は,米原 (1977: 111-14) を参照されたい。フライ・ペーパー効果とは,一般補助金と個人所得の増加が地方歳出を引き上げる効果は,理論的には同じ(等価)であるのに対し,実証的には前者のほうが大きい現象をいう。国の補助金は,地方公共財の租税価格が低下したと人々を錯覚させるので,個人所得の増加に伴う需要曲線のシフトよりも,過大供給になるのである (堀場, 1999: 第17章)。NPM は,本間・齊藤 (2001) を参照されたい。
4) ティブーの「足による投票」理論において,住民が行政区域を選択できるためには,住民の「①完全移動性」,歳入・歳出の「②完全情報」,基礎自治体の「③多数性」を必要とする。完全移動性は,とくに「④所得稼得に地理的制限がない」という仮定で補強され,権能付与は,行政区域間で「⑤便益がスピルオーバーしない」地方公共財に限定されている。事実,基礎自治体が「⑥最適人口規模」をめざすという仮定は,合併が容易なサービス提供団体としての合理的な政府行動を意味し,その手段として都市計画などで転入・転出を制限できる「⑦住民数の調整」を仮定したのである。足による投票は米原 (1977: 第9章),クラブ財と地方政府の関係は米原 (1977: 第8章),グループ化問題は本間 (1982: 第6章) を参照されたい。
5) 「区域別・限定列挙」(Ab) は,カナダが事例として考えられるが,第9章で解説する。

第9章

公民連携の限界責任

　見えにくい私的プロバイダーに焦点を当てると，限界責任の核心部分と地方財政全体の骨格が明らかになる。本書のまとめとして，本章の第Ⅰ節では，公民連携の混合経済のもとで，直接限界責任の役割が確認される。間接限界責任について述べられる第Ⅱ節では，各国の多様な地方財政システムが，社会制度と国家制度をもとに，六つに類型化できることが解説される。これらを踏まえ第Ⅲ節では，各国の地方財政は異なるシステムのもとにあるが，ともに市場・政府・私的プロバイダーが協力して，全体責任の確保をめざしていることが明らかにされる。

Ⅰ　直接限界責任によるパレート最適への接近

1　公民連携の混合経済と私的プロバイダー

公民連携の混合経済　サミュエルソンやマスグレイブの示した混合経済は，民間部門の「市場の失敗」を政府部門が修正する統治システムである。また，オーツの示した財政連邦主義は，政府部門の内部において，国と地方が，相互に失敗を修正しあう分権型統治システムである。これらの「統治」とは，経済学的な意味で，「失敗の修正」によるパレート最適への接近と定義できる。

　しかし，現状では，たとえばホームレスや不登校の児童など，行政サービスの対象になりにくい未解決の問題が多くある。これらの問題は，本書の分析範囲を越えるとしても，どの部門で修正できるのであろうか。従来の混合経済で

は，私的利益を追求する民間部門が，このような失敗を修正できないとき，すべて政府部門の責任となり，国が最終的に全体的な責任を確保することになる。ところが，政府部門も完全ではないので，残された最後の1％は，政府が民間部門だけでなく，コミュニティやボランタリー組織などの私的プロバイダーと協力し，限界責任を発揮せざるをえない。これが「公民連携の限界責任」の核心部分である。

これまでの直接限界責任は，補完性（subsidiarity）の原理に従って，おもに政府供給と私的供給の代替的なプロバイダー選択を意味していた。間接限界責任も，私的プロバイダーの形態によって地方政府組織などの選択結果は異なるが，事務配分などでは，国と地方の代替的なプロバイダー選択が中心であった。

ただし，間接限界責任には，国と地方が協力して一つの事務を処理する「機能分担」の考え方がある。この考え方に従えば，直接限界責任にも，民間（市場）・政府・私的プロバイダーの3部門がその機能を分担し，協力して未解決の問題に対処する可能性が開かれる。たとえば，ホームレスは，民間部門が雇用するが，雇用機会の拡大ではボランタリー組織が職業を斡旋し，その活動に政府部門が補助金によって支援するというような機能分担である。

このとき，従来の混合経済は，政府と民間に私的プロバイダーを加えた3部門に拡張され，国と地方の役割分担を決める財政連邦主義も，国・地方・私的プロバイダーの三つの経済主体を考慮する必要がある。つまり，私的プロバイダーを加えた混合経済は，従来のそれと区別するため，「公民連携の混合経済」ということができる。

狭義の公民連携　　公民連携（PPP: public-private partnership）は，最も広く定義すれば，第1に，「新しい行政管理」（NPM）による行政組織の内部市場化の問題も含む。たとえば，第2章で述べた高い人件費などに起因する行政の X 非効率は，「民間委託」などで解消できる。しかし，これは，公共財やサービスの生産（production）における行政の直営部門と民間企業等のプロデューサー選択にすぎない。換言すれば，民間委託は，提供するかどうかを決定するプロバイダー（提供者）が，依然として議会を含む政府部門の側にあるため，公民のプロバイダー選択ではないといえるのである。

第2に，公営企業などの民営化（privatization）問題は，サービスの提供を

政府部門から民間部門に移すので、広義にとらえた公民のプロバイダー選択の一つである。問題は、「民」の定義にある。民間部門の市場では、価格や料金を支払わないと、消費から排除される。この排除性については、クラブ財のメンバーシップ条件を「最適排除」の条件とすれば、民間部門のプロバイダーも、第7章の「公共性（非排除性）のランクダウン」を通じて、地域独占などの「非営利クラブ」から、私的利益を追求する「営利クラブ」まで連続的にとらえることができる。

　たとえば、営利クラブは、劇場やスポーツ・クラブなどであり、非営利クラブは、上・下水道などの公営企業や電気・ガスの公益事業（public utility）などを事例にあげることができる。とくに、非営利クラブは、社会的厚生を最大にする最適排除の条件によって排除性を緩和するが、私立学校などのボランタリー組織への「媒介項」にすぎないので、私的プロバイダーの対象から除外される。

　第3に、本書は、これらの広義の公民連携を否定するものではないが、政府部門の「公」に対して、「地方財政学」の原理としての「民」を、コミュニティやボランタリー組織といった私的プロバイダーに限定することによって、「狭義の公民連携」を重視している。なぜなら、私的プロバイダーは、自治主体（self-governing body）と見なすことができるからである。

　コミュニティの自発的労働奉仕やボランタリー組織への寄付行動は、従来の経済理論の行動規範である「私的利益の追求」では説明しきれない。このため、アマルティア・センは、個々人が個人と集団の中間領域でもなお、私的利益を追求すると想定するのは「合理的な愚か者」とし、自分自身が不利益になることを分かったうえで、何らかの行為をすることを「コミットメント」（良識的関与）としている（Sen, 1982）。この「モラルのランクアップ」によって、私的プロバイダーは、私的利益に反したコミットメントの行為（action）をする集団として、自治主体と見なすことができるのである。

見えにくい私的プロバイダー　実際、ドイツの基礎自治体（村落共同体）は、表9-1のように、いまなおコミュニティを単位に形成されている。固定社会の地縁・血縁コミュニティは、その活動が一定の狭い地区（area）に限定されるが、社会制度として公共財の私的プロバイダーの役割を

第9章 公民連携の限界責任

表 9-1 公民連携の限界責任

財政責任の理論 / 社会制度（基礎自治体）		(A)固定社会 （村落共同体）	(B)移動社会 （一層制団体）	(C)定住化社会 （市町村）
1. 直接限界責任		《公民のプロバイダー選択》		
①基　準《標準化原理》		《ナショナル・ミニマム等》		
②内点解《パレート最適》		〈分権化定理〉	〈足による投票〉	《税率操作権》
③端点解《内部市場化》		《$(t-\bar{t})=(E-\bar{E})/N$》		
2. 間接限界責任		《類型化》		
①地方政府組織《クラブ財》		多層制（郡）	一層制（合併）	完全二層制（権能差）
②事務配分《U字型》		現金給付（社会扶助）	〈福祉移住〉	現金給付（生活保護）
③税源配分《資本税競争》		複数税制（地方所得税）	単一税制	複数税制（住民税）
3. 全体責任		《協調型統治》		
①特定補助金《死重損失》		《$S_i=\theta \bar{E_i}$》		
②財政調整《財源保障》		《$G=\bar{E}-\bar{T}$》		
③私的プロバイダー《自治主体》		コミュニティ	ボランタリー部門	町内会・NPO
国家制度 （中間政府）	(a)単一国家	フランス（州・県）	イギリス（カウンティ）	日本（都道府県）
	《財源保障》		《$G=\bar{E}-\bar{T}$》	
	(b)連邦国家	ドイツ（州）	オーストラリア（州）	カナダ（州）
	《税源調整》	〈$\sum(T-\bar{T})=0$〉		〈$G=(\bar{T}-T)$〉

注）《　》は固定・移動・定住化社会で共通する理論，〈　〉はそれぞれの社会で適用される理論。 の国々は，本書の分析対象外。t と $\bar{t}$ はそれぞれ人口（N）1人当たり実際税率と標準税率，T，E，G はそれぞれ税収，支出，交付金，S_i は i 行政項目の特定補助金，θ は補助率，$\bar{E}$ と $\bar{T}$ は，それぞれ標準支出と標準税収を意味する。
出所）筆者作成。

担う自治主体である。この自治主体と基礎自治体の一致は，たとえば住民が，日本よりもはるかに徹底したゴミの分別収集に協力して公民連携を図っている。この公民連携が，住民と行政が相互にできないところを補い合う「強い自治」，すなわち「協調型統治」（失敗の相互修正）を可能にしているのである。

　イギリスにおけるサッチャー政権の地方財政改革も，たんに政府の規模を縮小するという「小さな政府」をめざしたのではない。移動社会では，ボランタリー組織を私的プロバイダーとするが，この自治主体の活動は地域を越える。その結果，基礎自治体は自治主体と一致せず，サービス提供団体（providing authority）にすぎなくなるため，民間部門やボランタリー組織との協力関係をめざした条件整備団体（enabling authority）が提唱されたのである。それは，国・地方のみならず，ボランタリー組織も公共サービスの提供者として認知し，育成しようとする試みであった。

イギリスの公共サービスに関する意思決定と提供者の多元主義は，ドイツのコミュニティを中心とした公民連携とは形態が異なる。しかし，両者は，従来の政府による一元主義的な意思決定ではない。それらは，個々人の多様な価値観を認め，政府と異なる立場から自発的に社会とかかわることによって，未解決の問題に対する「公民連携の限界責任」の可能性を示唆している。

しかし，私的プロバイダーは，ドイツの地縁・血縁コミュニティ，イギリスのボランタリー部門のように，たとえ一元的であっても，見えにくい存在である。とくに，日本では，一方で旧来の地縁・血縁コミュニティが崩壊しつつあり，他方で自治会などの新たな住縁コミュニティの再生やNPOなどのボランタリー組織の設立が盛んになっている[1]。コミュニティとボランタリー組織の併存は，それらの存在が多元的であるがゆえに，私的プロバイダーが，さらに見えにくい社会になっている。

以下では，本書のまとめである**表9-1**の「公民連携の限界責任」に従って，各章の財政責任の理論・例証・原理を概説する。見えにくい私的プロバイダーに焦点を当てることによって，「公民連携の限界責任」の核心部分と地方財政全体の骨格を明らかにしよう。

2　地方分権の直接限界責任

基準型財政責任　政府部門が公共財を供給すべきかどうかは，集団の社会状態に依存する。ある社会状態（a state of the world）では，コミュニティやボランタリー組織が，公共財を私的に供給できる。しかし，そのような私的プロバイダーを含む社会制度（social institution）であっても，政府部門が公共財のパレート最適をめざすためには，国民や住民に対する先導的なコミットメント（良識的関与）として，社会契約の動機を説明する財政責任（public accountability）の発揮が必要である。

第1部で述べたように，財政責任の理論は，基準型財政責任を起点にし，限

表 9-2　各国の直接限界責任システム《$(t-\bar{t})=(E-\bar{E})/N$》

ドイツ郡 郡独立市	$(r-\bar{r})\times\sum$市需要額＝郡経常歳出－郡需要額測定値 $(t_1-\bar{t_1})\times B_1+(t_2-\bar{t_2})\times B_2$＝経常歳出－需要額測定値	(4-4a: 再掲) (4-4b: 再掲)
イギリス	$(t_{CT}-\bar{t_{CT}})\times DH$＝実際支出－標準支出	(5-6c: 再掲)
日本・目的税	（都市計画税・税率）×課税ベース 　＝（下水道費・実際支出）－（下水道費・需要額）	(6-12: 再掲)

注）　N は人口，それぞれ，t と $\bar{t}$ は実際税率と標準税率，E と $\bar{E}$ は実際支出と標準支出である。それぞれ，r と $\bar{r}$ は郡納付率と標準納付率，不動産税と営業税の（実際税率，最低税率）は$(t_1, \bar{t_1})$，$(t_2, \bar{t_2})$，課税ベースは B_1，B_2である。$(t_{CT}, \bar{t_{CT}})$ はそれぞれ，カウンシル税の実際税率と標準税率，DH は住宅戸数である。(4-4b)式では留保財源を除いている。
出所）　筆者作成。

界責任を経て，全体責任に至る。地方政府（基礎自治体と中間政府）が発揮する限界責任は，家計や企業の税負担に影響を及ぼす直接限界責任と，それらの税負担に直接影響しない間接限界責任に区分される。

　国（上位政府）は，表 9-1 の固定・移動・定住化社会で共通する《標準化原理》に基づいて，ナショナル・ミニマムやシビル・ミニマムの「①基準」を設定する。この最低基準の通りに，地方政府が行財政を運営すれば，基準型財政責任が確保されたことになる。

パレート最適の内点解　直接限界責任システム《$(t-\bar{t})=(E-\bar{E})/N$》は，固定社会に適用されるオーツの〈分権化定理〉や，移動社会に対応したティブーの〈足による投票〉の理論から派生した。なお，ここで《　》は固定・移動・定住化社会に共通する考え方，〈　〉はそれぞれの社会で適用される理論とする。

　地方政府が《税率操作権》を行使するのは，表 9-2 の各国の事例のように，どの社会でも共通している。それは，公民連携の限界責任に従って，コミュニティやボランタリー組織が対処できないとき，地方政府が新たな社会契約の動機を説明することである。地方政府が，それらの最低基準を上回る追加的な行政サービス（$E-\bar{E}$）を行うとき，税率操作権（$t-\bar{t}$）を行使すれば，「直接限界責任」が発揮される。この提案に，地方議会が賛成したとき，表 9-1 で示される「②内点解」の《パレート最適》に接近できる。

　反対に，議会はその提案を否決するかもしれない。だが，それでも直接限界責任は発揮されたことになる。なぜなら，追加的な行政サービスが住民にとっ

て本当に必要であれば，議会の否決は，住民自らが，私的プロバイダーの一員として対処しなければならないことを意味するからである。地方分権の直接限界責任は，実際に税率が引き上げられたかではなく，住民に《公民のプロバイダー選択》を求めることに意義がある。

端点解の領域　　私的プロバイダーは，コミュニティの自発的労働奉仕やボランタリー組織の寄付で支えられるため，崩壊しやすく，もろい存在である。ただし，その持続可能性が低下したとしても，地方政府は，国が定めたナショナル・ミニマムを維持する必要がある。このため，国は，地方に対するコミットメント（良識的関与）として，ナショナル・ミニマムの基準を設定し，一般交付金で財源保障している。その結果，地方政府の公共財は，第1章の**図1-6**で示したように，《コミットメント型端点解》による最低基準の過小供給にとどまるのである。

他方，コミットメントは，それが行きすぎると閉塞的な関与になり，国の一般交付金は，過大な財源保障をすることがある。このとき，地方政府が，税収最大化のリバイヤサン政府の行動をとるならば，コミットメント型端点解と同じ効用水準で，公共財を過大供給することになる。これが，図1-6で示した《閉塞型端点解》である。

地方財政の現状は，これらの過小供給と過大供給の二つの「③端点解」の領域のなかにある。このため，国と地方は，**表9-1**のように，この領域を狭域化することによって，内点解のパレート最適をめざすことになる。

3　端点解領域の狭域化

税率操作権の行使　　ドイツの市町村の税率操作権は，地方所得税の所得税参与では行使できないが，物税の営業税や不動産税の税率が都市と農村自治体で大きく異なり，そこで税率操作権が行使されてきた。しかし，とくにEU統合に伴う資本移動の激化で，営業税の税率引上げは困難な状況にある。たとえば，人口1人当たり社会扶助費が多い180都市では，営業税の税率引上げが1990～94年度に，87団体で平均25％ポイントであるが，不動産税のそれは100団体で平均41％ポイントに及んでいる。ドイツの市町村は，イギリスのように，毎年の予算編成で税率を決める税率操作方式をとってはい

ない。しかし，広域連合に属さない郡独立市は，生活保護の社会扶助を維持するために，市町村税収の約15％を占める不動産税を引き上げて，パレート最適の内点解に接近していると推察される（巻末の**補論**を参照）。

イギリスの選挙民に対する直接限界責任システムの強化は，当初，カウンシル税の税率引上げを困難にさせる「ギア効果」が心配された。ところが，その超過課税は，当初の1993年度で標準カウンシル税の10％程度であったが，標準支出の算定替え直前の2002年度では25％にも達した。この直接限界責任の結果は，公民のプロバイダー選択において，各自治体の選挙民が対人社会サービスのシビル・ミニマムの引上げを選択し，内点解に接近していると推察される。当初，心配されたギア効果は，生じていないようである。

コミットメント型端点解と公民連携　《コミットメント型端点解》は，地方政府が直接限界責任を発揮しようとしても，選挙民や議会が税率引上げに合意しないときに生じやすい。追加的な行政サービスが地域住民に本当に必要であっても，選挙民が行政ニーズを過小表明（ただ乗り）するからである。この過小供給から内点解をめざすには，地方政府が税率操作権を行使する直接限界責任の発揮を繰り返すことしか，方策はない。ただし，選挙民が過小供給を認識すれば，新たな公民連携によって私的供給が拡大する可能性がある。

たとえ，これが不可能であったとしても，地方政府が追加的な行政ニーズに対して，税率操作権を行使すれば，多数決原理の試行錯誤のプロセスを通じて，地域住民の合意を得る可能性がある。このとき，私的供給は，より頑健な政府プロバイダーに移管され，シビル・ミニマムの政府供給になる。また，地方政府は，直接限界責任の発揮で即座に内点解を達成できないとしても，端点解の領域をパレート最適の方向に狭めることができるのである。

閉塞型端点解と内部市場化　基礎自治体が，歳出カットと税率の引下げによって内点解に接近できるとき，より高い税率を選択すれば《閉塞型端点解》になる。この端点解は，国が設定する最低基準が高すぎる場合や，基礎自治体が税収最大化行動をとり，直営部門によるX非効率で行政コストが高すぎる場合に生じる。

国の最低基準が高すぎる場合として，ドイツの人口2万人以上の約500基礎

自治体のうち，1993年度175団体，94年度304団体の小規模自治体では，基準交付金による財源保障の強化によって，不動産税の税率を引き下げて歳出を削減したほうが，内点解に接近しやすいことが示された（巻末の補論を参照）。イギリス，とくにイングランドでも，国が2003年度に標準支出を大幅に引き上げたので，標準カウンシル税に対する超過課税の割合は，2002年度の25％から約5％に低下した。この標準支出の大幅な引上げが，ボランタリー部門の活動を低下させるならば，それは国の「閉塞的関与」と見なすことができる。これに対し，日本では，小規模市町村に対する交付税の財源保障は，制度発足以来，一貫して強化されてきたが，2002年度からの段階補正の見直しで新たな局面を迎えている。

行政のX非効率による《閉塞型端点解》に対しては，**表9-1**のように行政組織の《内部市場化》を必要とする。地方団体が，地域住民から付託された購入者として，直営部門や民間の営利・非営利部門の生産者と契約して公共財を購入すれば，民間委託や強制競争入札などによって行政コストを抑制できる。

とくに，日本の都市自治体は，景気の上昇局面で経常収支比率が健全であるとき，税率操作権を行使しないで福祉サービスの水準を引き上げたり，人件費の引上げで直営部門のX非効率を拡大させる傾向にある。この施策は，需要額に対する実際支出の対比指数の引上げを意味する。この高い対比指数のもとで，景気が下降して交付団体に転落すると，経常収支比率が10ポイント以上も上昇し，深刻な財政危機に直面する。行財政運営は，経常収支比率の指標だけでなく，需要額（または標準支出）と実際支出の乖離に着目する必要がある。地方団体は，この乖離に対して受益者負担や税率操作権を行使する直接限界責任を発揮しなければ，財政危機への悪循環から逃れることはできない。

日本では，都市計画税などの目的税で税率操作権を行使しているが，現行の地方税制には，標準税率と制限税率の間で税率操作権を行使できる「普通税」が多くある。実際，法人住民税は税率操作権を行使しているが，選挙民を対象としたものではない。選挙民を対象とした住民税・所得割では，住民票の移動があるため，超過課税が困難であるというならば，住民税・個人均等割や固定資産税を対象にするほかはない。

ところが，各市町村の固定資産税は，40年間以上も標準税率の1.4％のま

までであり，税率操作権を行使する自治体は，きわめて少ない。その理由の一つは，自治体が直接限界責任によって公民のプロバイダー選択を試みようとしても，定住化社会では住縁コミュニティとボランタリー組織が併存し，私的プロバイダーが見えにくい社会であるためかもしれない。

II　間接限界責任による類型化

1　社会制度と基礎自治体の類型化基準

一層制・多層制・完全二層制の地方政府組織　　地域連携の間接限界責任は，表9-1で示したように，①地方政府組織，②事務配分，③税源配分の選択を意味する。基礎自治体に関する地方政府組織の選択については，《クラブ財》の理論に基づいて規模の経済を追求することになる。その選択は，私的プロバイダーの自治主体が人口分布の固定・移動・定住化社会において変わる「社会制度」によって異なるため，地方政府組織は，それぞれ多層制や一層制，完全二層制に分かれる。

人口分布の固定社会は，たとえばドイツのようにコミュニティを自治主体とするため，合併が容易ではない。基礎自治体のゲマインデンは1万3416団体にも及び，多くの小規模自治体は規模の経済を追求するために，郡などの広域連合を形成し，「多層制」の地方政府組織を選択している。

これに対して，移動社会のイギリスでは，地域を越えるボランタリー部門を自治主体とするので，基礎自治体のディストリクト（238団体）は，サービス提供団体にすぎない。このため，ディストリクトは，合併が比較的容易であり，中間政府のカウンティを廃止して一層制団体（194団体）を形成した。これが，「一層制」の地方政府組織の選択である。

日本のような定住化社会では，コミュニティの町内会とボランタリー組織のNPOが併存する。このため，公民のプロバイダーを選択する政府レベルが，それぞれに必要であり，基礎自治体と中間政府の完全二層制になる。基礎自治体の市町村は自治主体の側面が残っているため，合併が移動社会ほど容易ではなく，町村のような小規模自治体が残存する。他方で，政令指定都市のような大規模自治体もあるので，人口規模に応じて「権能差」を設けて，規模の経済

を追求している。

U字型の支出構造と所得再分配の事務配分

基礎自治体の地方政府組織は、クラブ財の最適人口規模をめざすことになる。だが、基礎自治体は、国土を行政区域で完全分割しなければならないので、どの社会でも、その支出構造は、「面積」要件によって人口規模や人口密度に関する《U字型》が残存する。

たとえば、地方団体が、イギリスのように合併して最適人口規模を確保しても、スコットランドにあるような広大な面積の過疎自治体では、同じサービス水準でも行政コストが高くなる。他方、都市化は、大家族制の家庭内社会保障やコミュニティの相互扶助システムを崩壊させるので、私的供給をシビル・ミニマムとして行政に移管せざるをえない。これが、都市化に伴って行政ニーズが増大するという「ブレヒトの法則」である。人口1人当たりの実際支出は、過疎と過密の両側で高くなるので、《U字型》の構造になる。

また、固定社会や定住化社会では、包括的権能付与のもとで、基礎自治体がそれぞれ、ドイツの社会扶助や日本の生活保護などの所得再分配機能を果たすことができる。これに対し、移動社会では限定列挙の事務配分のもとで、第2章で示した「救貧法の歴史」のように〈福祉移住〉を考慮すると、所得再分配機能を果たすことができない。ただし、保育や高齢者介護の福祉サービスが、所得再分配を目的とした「措置」から、準公共財の性格が強い「契約」制度に移行するとき、地方の役割は増大する。

単一税制と複数税制の税源配分

ドイツの営業税やイギリスの事業用財産税、日本の法人住民税などは、地域間の《資本税競争》が税率の引下げ競争を導くため、地方税としての税率操作権が制限されてきた。また、これらの法人関係税は、税源が都市部に偏在するので、居住地主義への税収分割や事業用財産税の譲与税化などで是正が図られることになる。

固定・定住化社会では、基礎自治体が自治主体であることや所得再分配機能を果たす必要があるので、最も安定した地方税の自主財源を確保する必要がある。このため、ドイツや日本では、それぞれ所得税参与や個人住民税の地方所得税が配分され、これが地方固有の財産税に加わって「複数税制」になる。

これに対し、移動社会の基礎自治体は、自治主体ではなく、所得再分配機能

を果たすことができないため,課税ベースが国税のそれと分離された財産税の単一税制になる。とくにイギリスでは,従来から,レイト(財産税)の単一税制であった。サッチャー政権の地方財政改革でも,事業用財産税を国税にし,居住用財産税を廃止したので,カウンシル税による「単一税制」が維持されたことになる。

以上のように,間接限界責任によって選択された①地方政府組織,②事務配分,③税源配分の多様性は,コミュニティやボランタリー部門の社会制度に依存する。これらの選択によって,各国は,表9-1のように,基礎自治体レベルにおいて《類型化》されるのである。

2 国家制度の中間政府

単一国家と社会制度の影響

単一制と連邦制の国家制度に関しては,憲法で規定されている。このため,単一国家と連邦国家の選択は,「地方財政学」上,与件として取り扱われる。ただし,単一国家において,第2階層(second-tier)の中間政府(middle governments)とその役割は,固定・移動・定住化社会の私的プロバイダーによる社会制度の影響を受けることになる。

単一国家の固定社会では,おもに基礎自治体レベルでコミュニティとの公民のプロバイダー選択が行われるため,中間政府の県が,税率操作権を行使して直接限界責任を発揮するケースは少ない。このため,県は,たとえばフランスのように,基礎自治体や広域連合を補完しながら,中央政府の地方出先機関の役割を担うことになる。

また,単一国家の移動社会では,基礎自治体よりも広域の中間政府が,ボランタリー部門との公民のプロバイダー選択を行う可能性がある。しかし,イギリスのカウンティは,前述の通り,基礎自治体であるディストリクトの合併と一層制化に伴って,約半分の団体が廃止された。

以上のように,単一国家の固定社会や移動社会における中間政府は,それぞれ異なる理由から,その役割がともに小さい。その中間政府は,多くの場合,基礎自治体の税源に対する付加税(surcharge)を財源とし,中央政府が委任事務や特別事務の財源を保障して全体責任を確保している。

これらに対し,単一国家の定住化社会では,中間政府の県レベルにおいて,

ボランタリー組織との公民のプロバイダー選択を行う必要がある。実際，日本の都道府県は，完全二層制の一翼として，基礎自治体の権能差を調整しながら，警察や教育などの固有事務が配分される。これに伴って，県レベルには，基礎自治体と異なる県固有の税源が配分され，中央政府が，標準支出と標準税収の差額を交付税によって財源保障し，全体責任を確保することになる。

連邦国家と社会制度の影響 連邦国家の固定社会では，ボランタリー組織よりも，コミュニティと公民のプロバイダー選択が行われやすいので，中間政府の州が，直接限界責任を発揮するケースは少ない。このため，第4章で示されたドイツのように，共通税（共同税）の所得税・法人税の税率操作権は，連邦と州の共同決定に基づいており，州レベルでは，税率操作権が行使されない。

これに対して，カナダは，フランス系住民が8割を占めるケベック州の固定社会と，イギリス系住民が多いオンタリオ州などの移動社会が混在する（石，1985；岩崎，1985，2002；池上，2003）。したがって，カナダの各州は，コミュニティだけでなく，ボランタリー部門との公民のプロバイダー選択を行うため，所得税や法人税の税率操作権を行使する必要性に迫られるのである。

連邦国家の歴史的な経路依存 連邦国家の州の役割は，社会制度の影響だけでなく，歴史的な経路依存を無視できない。たとえば，第2次大戦後のドイツでは，占領軍によって州の自立性が高められ，所得税と法人税はすべて州税とされた。このため，財政力の強力な州は，弱体な州を水平的財政調整で支え，地域連携の間接限界責任を発揮してきた。その後，連邦政府は，州の所得税と法人税に対する一部要求法によって財源を確保し，その割合を年々引き上げ，1969年の基本法改正による共同税化で協調的連邦主義を確立した。

これに対し，第2次大戦の戦勝国カナダは，敗戦国ドイツと対照的に，大戦中に州の所得税・法人税が連邦に譲渡され，戦後すぐには返還されなかった。戦後は，ケベック州の独立性と発言力の強さによって，憲法で限定列挙された医療保健・教育・福祉の財源として，連邦税に対する州の分与税の割合が高められてきた。

ドイツとカナダはそれぞれ，憲法上の事務配分において州への包括的権能付

与と限定列挙という違いはある。だが，終戦直後の税源配分の違い（それぞれ所得税・法人税のすべて州税，すべて連邦税）は，現実の事務配分の変化に対応して，同じように1対1の方向に近づいている。

しかし，連邦国家の移動社会では，歴史的な経路依存の影響がかなり強く，中間政府の特徴を一義的にとらえることはできない。なぜなら，ボランタリー部門との公民のプロバイダー選択は，州レベルでも連邦レベルでもできるからである。

3 社会制度と国家制度による6類型

固定社会の単一国家　各国の地方財政システムは，**表9-3**のように，社会制度の違いを(A)固定社会，(B)移動社会，(C)定住化社会とし，国家制度の違いを与件として(a)単一国家と(b)連邦国家に区分すれば，六つに類型化できる。固定社会の連邦国家（Ab）としては，ドイツを例証した。その間接限界責任による類型化基準の特徴は，**表9-1**で見たように，①地方政府組織の多層制，②事務配分の所得再分配機能，③税源配分の複数税制であった。

固定社会の単一国家（Aa）の特定化は本来，詳細な例証を必要とするが，あえて事例をあげるとすれば，フランスがそのような特徴をもっている。第1に，2001年の人口が5995万人であるフランスは，基礎自治体のコミューン（commune）が3万6565団体を数える（自治体国際化協会，2002 b）。この小規模自治体が，規模の経済を追求するために，コミューンの分担金等を財源とする事務組合型と，独自の税源をもつ連合型との広域行政組織を形成している。中間政府の県（département）が96団体あり，さらに広域の26州（région）が1982年地方分権法で成立し，コミューン，広域行政組織，県，州の四層制の地方政府組織になった。第2に，事務配分の社会扶助は，国の出先機関である「県保健福祉部」の事務が，1985年に国と県に分割され，県の扶助費が大幅に拡大している（林，1999: 231）。第3に，税源配分は，ドイツのような地方所得税はないが，4直接税（営業税，住居税，既建築地税，未建築地税）を各地方政府レベルが課税し，その他の間接税を含む複数税制になっている。

移動社会の連邦国家　移動社会の単一国家（Ba）は，イギリスを例証したが，その間接限界責任による類型化基準の特徴は，**表9-1**や

表 9-3　社会制度と国家制度による類型化

国家制度(中間政府) ＼ 社会制度(私的プロバイダー)	(A)固定社会 コミュニティ	(B)移動社会 ボランタリー部門	(C)定住化社会 コミュニティ, NPO
(a)単一国家	フランス[5995万人]	イギリス[5976万人]	日本[1億2682万人]
①地方政府組織 （市町村数） 中間政府	多層制 コミューン(3万6565) デパルトマン(県: 96) レジョン(州: 26)	一層制 ディストリクト(238) カウンティ(34) 一層制団体(194)	完全二層制 市町村(1821) 都道府県(47)
②事務配分：現金給付	県(社会扶助)	—	市・県(生活保護)
③税源配分	複数税制(4直接税)	単一税制	複数税制(住民税)
(b)連邦国家	ドイツ[8244万人]	オーストラリア[1897万人]	カナダ[3075万人]
①地方政府組織 （市町村数） 中間政府	多層制(1万3416) 郡(323)・郡独立市(116) 16州	市町村(685) 7州	市町村(4066) ケベック州(1436) 10州
②事務配分：現金給付	郡独立市(社会扶助)	—	—
③税源配分	複数税制(所得税参与)	単一税制	単一税制

出所）自治体国際化協会の各国資料（2000年代前半）より，筆者作成。

表 9-3 のように，①地方政府組織の一層制（合併），②事務配分の〈福祉移住〉，③税源配分の単一税制であった。

　同様の特徴をもつ移動社会の連邦国家（Bb）は，あえて事例をあげるとすれば，オーストラリアであろう。第1に，オーストラリア（7州）は1999年の人口が1897万人にすぎないが，ノーザン・テリトリーを除く（含む）基礎自治体が，76年の890団体から，2003年には合併されて616（685）団体になっている（大浦，1987；自治体国際化協会，2004）。第2に，年金・児童手当等の現金給付は連邦政府が行っており，少なくともドイツの社会扶助のように，基礎自治体レベルで現金給付の所得再分配機能を担うことはない。第3に，基礎自治体の地方税には，免許税があるが，財産税のレイトが95％以上を占めるので，イギリスと同様に単一税制ということができる。

固定・移動社会の混在　定住化社会とは，一つの国でいえば，大都市周辺の衛星都市や地方中核都市を意味するが，農村の固定社会と大都市の移動社会が混在する社会でもある。定住化社会の単一国家（Ca）と

しては，日本を例証した。間接限界責任による類型化基準の特徴は，**表9-1**で見たように，①地方政府組織の完全二層制（権能差），②事務配分の現金給付（生活保護），③税源配分の複数税制であった。

　同様の特徴をもつ定住化社会の連邦国家（Cb）は，あえて事例をあげるとすれば，カナダであろう。第1にカナダ（10州）は，2000年の人口は3075万人にすぎないが，基礎自治体が4066団体を数える。このうち，フランス系住民が8割を占める固定社会のケベック州（人口752万人）だけで，基礎自治体は1436団体に及ぶ（自治体国際化協会，2002a）。これに対して，移動社会のオンタリオ州（1233万人）では，1996年の815団体が2000年までに合併されて447団体になった。第2に，この合併に伴ってオンタリオ州では，生活保護や児童保育等の社会福祉が基礎自治体に移管されたが，州は日本と同様に，高率の特定補助金によって社会福祉の行財政運営に関与している。しかし第3に，基礎自治体の税源配分では，ケベック州を除く移動社会を基調として，財産税の単一税制となっており，この点が国家制度とともに日本とはまったく異なっている。

　カナダの基礎自治体に関する直接限界責任では，教育財産税を除く税率は，それぞれの議会が条例で定め，その算出方法は，歳出見積り額と財産税以外の歳入見積り額との差額を，財産税評価額で割って求められる。この予算編成の「最後に税率が決まる」方式は，イギリスと同様である。

　州政府も，ドイツと異なり，所得税・法人税で税率操作権を行使している。公民連携に関して，岩崎は「カナダ・モデルの特徴は，市民を単に顧客としてではなく，社会の一員としてみていることである。……市民には単にサービスを消費する側にたつだけでなく，サービスの供給にも参画する，つまりボランティアやNPOあるいは個人でも，『公』を担うことへの積極性を奨励している。第二に，政府には，『公』を独占するのではなく，市民セクターとの連携など政府以外のパートナーとの機動的な協力を強化することを求めている」（岩崎，2002: 43）としている。連邦国家の定住化社会では，単一国家の定住化社会と同様に，基礎自治体だけではなく，中間政府の州もボランタリー組織と公民のプロバイダー選択を行う必要があるために，税率操作権を行使して直接限界責任を発揮することになる。

III 全体責任と公民連携の限界責任

1 上位政府の全体責任

特定補助金の死重損失を超える必要性

　第3章で全体責任を、「すべての国民がいつ、どこにあっても、最低限度の公共サービスをニーズに応じて享受できるとき確保される」と定義した。本来ならば、たとえばホームレスや不登校の児童など、行政サービスの対象になりにくい人々も、ニーズに応じてサービスを享受できなければ、全体責任が確保されたとはいえないのである。ただし、分析対象を行政サービスに限定すれば、上位政府の全体責任とは、間接限界責任によってその範囲（地方政府の財源不足）が決定されたうえで、ナショナル・ミニマムやシビル・ミニマムを確保するため、広義の補助金等で財源保障することである。

　表9-1で見たように、使途が限定された「①特定補助金」は、使途が限定されない一般補助金（②財政調整）に対し、地方の裁量権を制限するので、《死重損失》を生み出す。だが、下水道のような地方公共財は、便益が他の地域にスピル・オーバーし、地方の所得再分配は、〈福祉移住〉の危険性がある。これらについては、たとえ《死重損失》を生み出すとしても、強制的な「措置」制度の一環として特定補助金《$S_i = \theta \bar{E}_i$》による財源保障を不可欠としている。

　たとえば、ドイツの市町村に対する経常目的交付金や投資補助金は、使途が限定されている（伊東、1995: 68）。また、イングランドの警察費も、半分が国の特定補助金で賄われている。日本でも、三位一体改革において国庫補助負担金などの特定補助金が整理されたが、義務教育や生活保護については、まだ特定補助金として残っている。

最低基準の財源保障

　国と地方の役割分担について、オーツは、「財政連邦主義」を決定権限の分布と定義した。これは、市町村財政調整の創始者と呼ばれるポーピッツが、「自治」を「決定権限の移譲」（機関委任事務の弱い自治に対する強い自治）と定義したのと相通ずるものがある。

　しかし、財政調整に関しては、両者の見解がまったく異なる。オーツは固定社会の完全対応原理を理想としながらも、人口移動や公共財のスピル・オーバ

第**9**章　公民連携の限界責任

表 9-4　各国の財政調整制度:《$G=\bar{E}-\bar{T}$》

ドイツ市町村	基準交付金＝(需要額測定値－租税力測定値)×90％	(4-1a: 再掲)
ドイツ郡	郡基準交付金＝郡需要額測定値－郡納付力測定値	(4-1b: 再掲)
イギリス	歳入援助交付金＝標準支出－(事業用財産税＋標準カウンシル税)	(5-7b: 再掲)
日　　本	交付税＝需要額－地方税×75％	(6-4a: 再掲)

注) G は交付金, $\bar{E}$ は標準支出, $\bar{T}$ は標準税収である。
出所)　筆者作成。

一の可能性が否定できないので，この不完全対応が修正される「補助金」を消極的な意味で必要と考えていた (Oates, 1972)。これに対して，ポーピッツは「強い集権と強い自治」を実現するために，税源要素の分与税（弱い集権）ではなく，需要要素を含む一般交付金（強い集権）を積極的な意味で不可欠とした。このような「②財政調整」には，総額の決定方法に各国の違い（ドイツのクローズド・エンド型，イギリスのオープン・エンド型，日本の併用型）があるが，特定補助金を除く標準支出の《財源保障》という意味では，表 9-1 の《$G=\bar{E}-\bar{T}$》のように共通している。

第1に，ドイツの市町村の基準交付金は，表 9-4 のようにノルトライン・ヴェストファーレン州の場合，需要額測定値から租税力測定値を引いた差額に調整率（90％）をかけた金額である。郡基準交付金も，郡需要額測定値と郡納付力測定値との差額が交付される。イギリスの歳入援助交付金も，標準支出から，事業用財産税の譲与税額と標準カウンシル税を引いた差額が地方団体に交付される。日本の交付税は，市町村と都道府県が同じ仕組みで，需要額と収入額（地方税×75％）の差額が交付される。

第2に，ドイツの郡独立市と郡所属市町村では，行政権能が大きく異なる。このため，需要額測定値は，行政項目ごとに積算できず，《標準化原理》に基づく補正総人口（補正後の測定単位）に一つの基礎額（単位費用）をかけて算定される。これに対して，イギリスの標準支出や日本の需要額は，行政項目別に《標準化原理》が適用されている。

第3に，ドイツの需要額測定値やイングランドの標準支出は，人口1人当たり金額（$\bar{E}/N$）が，前述のシビル・ミニマムに配慮したブレヒトの法則に従って，それぞれ「人口規模」や「人口密度」の大きな郡独立市や都市自治体ほ

261

ど高くなる。他方，郡所属市町村の需要額測定値に郡基準交付金を加えた人口1人当たり金額は，前述の通り，郡がクラブ財の最適人口規模を達成しても，広大な行政区域の過疎市町村では，面積要件によって行政コストが高くなる。同様に，人口密度の低いスコットランドやウェールズでも，合併によって最適人口規模を達成しているが，標準支出の算定では，面積要件による行政コストの高さが反映されている。したがって，需要額測定値や標準支出は，過疎と過密の両側で高くなる実際支出を反映して，《U字型》の構造で算定されるのである。

　日本の過疎市町村は，たび重なる合併でも，最適人口規模が達成されていないので，人口1人当たり需要額は，人口規模に関して右下がりを中心とした《U字型》になる。都市化するほど需要額が高く算定されるのは，ブレヒトの法則のシビル・ミニマムだけでなく，指定都市などで「権能差」があることにも起因する。他方，都道府県の需要額も，かつては《U字型》であったが，二つの指定都市を有する神奈川県の人口が増加したので，人口規模に関して右下がりの「逓減型」になっている。ただし，大都市圏のシビル・ミニマムは，地方税の25％に相当する「留保財源」で財源保障されていることが，ドイツやイギリスと違う点である。

連邦国家の水平的と垂直的税源調整　単一国家の中間政府を対象とした財政調整制度は，表9-1のイングランドのカウンティや日本の都道府県のように，基礎自治体と同様の財源保障型《$G = \bar{E} - \bar{T}$》である。これに対し，連邦国家の州は，数が少ないので，州間の財政調整制度は，標準化原理に基づく標準支出の算定が困難になる。その財政調整制度は，ドイツやカナダのように，需要要素の財源保障よりも税収格差の調整を中心とした《税源調整》になっている。

　たとえば，ドイツの連邦・州間財政調整では，以下のように，財政力が弱体な州の交付金が，強力な州の拠出金で賄われる。

$$\sum \beta_1 (調整額測定値 - 財政力測定値)$$
$$= \sum \beta_2 (財政力測定値 - 調整額測定値) \qquad (4\text{-}6a: 再掲)$$

ここで，財政力測定値は1970年度以降，州税，市町村税の50％（2005年度から64％），売上税配分の合計である。都市州などでは住民数を補正しているが，

基本的には，財政力測定値（T）の「連邦平均」が調整額測定値（$\bar{T}$）である。このため，両者の測定値は，表9-1の$\langle\sum(T-\bar{T})=0\rangle$のように，連邦全体で一致する。また，財政力測定値が連邦平均よりも低い弱体な州への交付金は，単純化すれば，その差額に交付率β_1をかけた金額である。この交付金は，財政力測定値が連邦平均よりも高い強力な州の拠出金（差額に対する拠出率: β_2）で賄われるため，この財政調整制度は「水平的税源調整」ということができる。

この水平的税源調整は，地域間の税源配分における所得税・法人税の「税収分割」の延長線上にあるため，「間接限界責任」の対象である。他方，財政力測定値の算定において，売上税配分の「補充的配分」とは，州税が連邦平均よりも低い州に対して，連邦と州の共同税である売上税を傾斜配分し，連邦平均の92％までを財源保障するものである。このため，売上税の補充的配分は，特定の州の財源不足を補う連邦補充交付金と同様に，連邦政府の「全体責任」に位置づけられ，州間財政調整の拠出州と交付州の利害対立に対する安定性を確保してきた。

これに対し，カナダの平衡交付金は，以下のように，人口1人当たり税収（市町村税を加えた30種類以上の代表的税目の合計）が，10州のなかで中間に位置する「中位5州平均」に対し，標準税収がそれよりも低い州だけに交付される（Boadway and Hobson, 1993: 56-57）。

$$\text{平衡交付金} = \sum (\text{全国平均税率})_j \times [(\text{中位5州平均})_j - (\text{課税ベース})_j]$$
$$\times \text{人口} \qquad (9\text{-}1)$$

ここで，（中位5州平均）$_j$や（課税ベース）$_j$は，代表的なj税目の人口1人当たり課税ベースであり，各州の平衡交付金は，その差額にj税目の全国平均税率をかけて集計し，各州の人口をかけたものである。また，全国平均税率は，各税目の実際税収をそれぞれの課税ベースで割った値であり，これに課税ベースをかけて各州の標準税収が算出される。

カナダの平衡交付金は，ドイツの連邦・州間財政調整と同様に，税収格差の調整を中心とした《税源調整》である。しかし，平衡交付金は，連邦政府が拠出するので，表9-1の$\langle G=(\bar{T}-T)\rangle$のように，「垂直的税源調整」であり，連邦政府の「全体責任」に位置づけられる。また，各州は，連邦政府が定めた「中位5州平均」の基準を超える追加的な財政需要に対し，所得税や法人税の

税率操作権を行使して財源を確保するので、ドイツと異なり、直接限界責任を発揮している。

2 私的プロバイダーの全体責任

政府プロバイダーの頑健さ　前項では、行政サービス（政府供給）の全体責任を解説したが、以下では、これと対比しながら、行政サービス以外の私的供給について考えてみよう。

プロバイダー（提供者）とは、社会全体を変えようとするのではなく、社会を望ましい方向に修正しようとする集団である。混合経済の「議会」を含む政府部門（government sector）は、市場経済自体の変革ではなく、「市場の失敗」の是正を目的とするために、最も重要な公共財プロバイダーの一つである。

しかしながら、行政としての政府（government）は、裁量権をもつ執行者であるが、目的を決める意思決定者ではない。意思決定者はあくまでも、多数決原理を基本とする「議会」である。政府は、議会の多数派の意思決定に従って執行するため、少数派とのギャップを避けることができない。

従来の混合経済では、公共財の「囚人のジレンマ」に対し、政府部門が唯一のプロバイダーであるので、フォーマルな法制度の「外的拘束力」（たとえば課税権）で形成される頑健な財政システムが不可欠である。しかし、この頑健さゆえに、政府部門自らが社会の変化に対応して制度を改革するには、多大な労力を必要とすることになる。

変幻自在の私的プロバイダー　コミュニティやボランタリー組織の私的プロバイダーは、政府部門の多数派に対し、少数派として抵抗できる自由な人々で構成される。それは、公共財の生産者である必要はないが、意思決定者であり、執行者である。このため、私的プロバイダーは、政府部門と連携して、相互の失敗を修正する「統治」の役割を担う。

J. S. ミルは、自治（self-government）を「各人を他のすべてのものが統治すること」（Mill, 1859: 8, 邦訳: 218）と定義としている。メンバーの互恵的慣習やコミットメント（良識的関与）による自発的秩序が、ある集団に存在するならば、その集団の他のすべては、自発的秩序が私的利益に反した「インフォーマル」なルールであったとしても、各人はそれに従うであろう。このとき、そ

の集団は，各人を他のすべてのものが統治する「自治主体」と見なされる。コミュニティやボランタリー組織の自治主体が，第7章で述べたように，公共財の私的プロバイダーとして容認されるならば，それを含む社会制度は「公民連携の混合経済」と呼ぶことができる。

従来の混合経済では，ルソーの格言「自由になるように強制される」(ルソー，1965: 34) は，「囚人のジレンマ」から自由になるように強制されると解釈されていた (鈴村，1982: 67)。これに対し，公民連携の混合経済では，その格言は，「相互裏切りが起こりやすい」ゆえに強制に合意する，と改めなければならない。なぜなら，自治主体は，つねに協力と裏切りの二つのナッシュ均衡に直面しながら，相互協力の「内的拘束力」(たとえば寄付や自発的労働奉仕) によって成立しうるからである。ただし，互恵的慣習やコミットメント (良識的関与) のインフォーマルな制約は，相互裏切りのナッシュ均衡によって破棄されることも多く，自治主体は崩壊しやすい存在である。しかし，このもろさ (fragility) こそが，本来の役割を終えたら組織を自然に崩壊させ，社会の変化に対応して変幻自在に出没させる原動力となるのである。

公民連携による全体責任の確保　ヨーロッパ地方自治憲章の支柱となった補完性の原理は，コミュニティやボランタリー組織が対処できないときに政府部門が対処し，政府部門内部でも基礎自治体や中間政府が対処できないとき，中央政府が対処するとしている。つまり，政府部門内部では，地方政府が自主財源によってナショナル・ミニマムを維持できないとき，中央政府が財源不足を補助金等で財源保障することによって，全体責任のほとんどは確保される。

しかし，政府部門といえども，行政サービスによって全体責任を確保するには，議会の多数決による費用負担の合意を必要とし，その合意は，つねにまたは即座に得られるわけではない。また，全体責任は，行政サービスだけでは確保できないこともある。たとえば，不登校の児童のように，国民や地域住民のニーズがあっても，学校に行くことができなければ，行政サービスとしての教育を受けることさえできない。

これに対し，コミュニティやボランタリー組織などの私的プロバイダーは，もろいが，変幻自在である。私的プロバイダーは，たとえば不登校の児童を専

門に教育する山村留学や私立学校などのように，政府部門が国民や地域住民のニーズに即座に対処できないとき，公共サービスを提供する可能性がある。このため，私的プロバイダーが，政府部門と連携して協力するとき，公民連携による全体責任が確保できるのである。

3 公民連携の限界責任

契機的自治主体のインフォーマル制約

以下，私的プロバイダーが，国と地方の役割分担を意味する財政連邦主義に及ぼす影響を解説しながら，本書の結論である「公民連携の限界責任」には，プロバイダー選択の代替型と，機能分担という協調型の両側面があることを明らかにしよう。

自治主体のインフォーマルな制約は，ノースが指摘するように，国や地域のねばり強い生命力をもった文化特性を意味する（North, 1990: 44-45, 邦訳: 60）。インフォーマルな制約の変化は，個人と集団の中間領域で，私的利益の追求から，互恵的慣習やコミットメントに至る「モラルのランクアップ」を意味する。この変化は，法制度などのフォーマルなルールの変化に比べて漸進的で長い時間がかかるが，そのルールを修正・補完・拡張する役割を担っている。

つまり，インフォーマルな制約に従う自治主体が，フォーマルな法制度の変化を始動させる契機になるため，制度変化の「契機的主役」（vital trigger）である。補完性（subsidiarity）の原理が政府部門よりも自治主体のほうに高い優先順位を置くのは，後者が制度変化（institutional change）の契機的主役のためである。したがって，コミュニティやボランタリー組織の私的プロバイダーは，制度変化に対して「契機的自治主体」ということができる。

契機的自治主体は，純粋公共財の公共性（非排除性）に対し，排除性を部分的に導入すれば，「公共性のランクダウン」によって，もろさを克服し，持続可能性を探ることができる。たとえば，コミュニティは，区域を限定した排他的集団であるため，区域外の人々は，互恵的慣習による相互扶助システムから排除される。

他方，区域を越えるボランタリー組織の活動は，自発的な寄付によって支えられているが，イギリスのボランタリー部門でも，財源の半分を会費や料金に依存している。この会費徴収は，会員を特別に優遇するという見返りを伴って

おり，ボランタリー組織も，「営利クラブ」と同様に，非会員に対して部分的に排除性を導入している。たとえば，私立学校は，営利クラブである映画館の入場料と同様に，授業料で維持・運営され，利用者はこれを支払わなければ排除される。ただし，私立学校は，社会全体において公立と私立の学校選択の自由を拡大し，「準公共財」としての公共性や建学の精神などに賛同した人々が寄付をする点で，営利クラブの映画館などと明確に異なるのである。

　しかし，契機的自治主体は，無政府状態のように，政府部門に取って代わるものではない。それは，コミュニティやボランタリー組織のように多元的で，変幻自在に出没する。この出没によって，たとえば私立学校が増えれば公立学校を統廃合するように，フォーマルな制度が変化し始める。

　公民連携の限界責任では，これらの私的プロバイダーが対処できないとき，社会契約のプロセスを経て，初めて政府の責任（responsibility）が問われる。この社会契約のプロセスが，フォーマルな制度変化である。したがって，この統治システムが完結するには，「公民の役割分担」というプロバイダー選択のために，社会契約の動機を示す財政責任（public accountability）の発揮が不可欠になるのである。

公民連携の財政連邦主義　オーツの財政連邦主義（fiscal federalism）は，前述の通り，「国と地方の役割分担」を意味する。それは，権力の分割という政治的な連邦主義を経済的に再定義し，「中央と地方の両方が，それぞれの行政区域内住民の需要によって公共財の選択を意思決定する状態」（Oates, 1972: 17-18，邦訳: 16-17）としている。この国と地方の意思決定に対し，コミュニティやボランタリー組織の契機的自治主体が，公民のプロバイダー選択を通じて望ましい方向に修正する。この「公民連携の財政連邦主義」では，契機的自治主体が意思決定分布に加わることになる[2]。

　第1に，契機的自治主体と政府部門の公共財供給に関する意思決定分布は，図9-1のように，「①公民のプロバイダー選択曲線」によって，個々人が相互協力するときの「私的供給」と，相互裏切りによって強制を余儀なくされる「政府供給」に分割される。

　第2に，公民連携の財政連邦主義も，オーツのそれと同様に，政府部門がまったく意思決定に参加しない無政府状態（anarchy）と，中央政府がすべての

第3部 地方財政学の原理

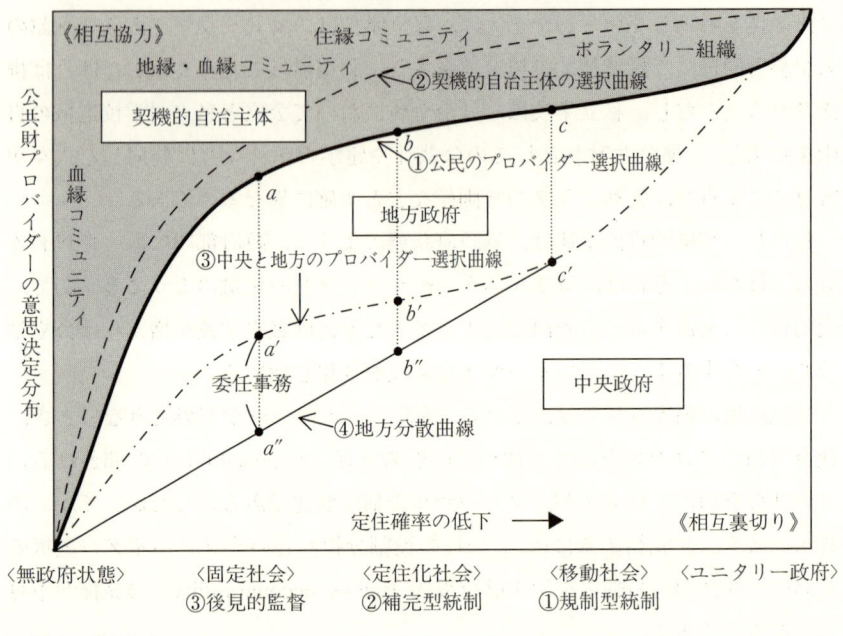

図9-1 公民連携の財政連邦主義

意思決定を行う完全な集権のユニタリー（unitary）政府とを両端とし，1本のスペクトルで表される。これらの両端は，それぞれ，極端に頑健な「血縁コミュニティ」と中央政府が，唯一の公共財プロバイダーであることを意味している。公民連携の財政連邦主義では，その両端を除けば，財政上の連邦構造は，公民のプロバイダー選択と，政府部門内部の中央・地方の意思決定分布に関する「程度」の差で表される。

第3に，制度変化の契機的自治体は，地縁・血縁コミュニティから，前述の「非営利クラブ」を媒介項とするボランタリー組織，そして住縁コミュニティへの回帰というローテーションで，変幻自在に出没する。このローテーションは，図9-1のように定住確率に依存し，私的プロバイダーが，政府部門の制度変化シフトを引き起こす契機になる。このため，財政連邦主義の意思決定分布は，人口の固定・移動・定住化社会によって異なる。

財政連邦主義の意思決定分布の違いについては，第1に「②契機的自治体

の選択曲線」が，定住確率の低下に伴って，コミュニティからボランタリー組織に比重を移す。定住化社会は，定住確率に関して，固定社会と移動社会の中間に位置する。このため，「③中央と地方のプロバイダー選択曲線」は，公民のプロバイダーを選択する政府レベルが，固定社会の基礎自治体から定住化社会の中央と地方，そして移動社会の中央政府に移行するので，定住確率の低下に伴って，中央政府の意思決定の割合が増大する。

第2に，財政的分権（decentralization）度は，図9-1のように，「政府部門内部」の地方の意思決定割合を表し，①公民のプロバイダー選択曲線と，③中央と地方のプロバイダー選択曲線との「距離」で示される。しかし，固定社会の aa'，定住化社会の bb'，移動社会の cc' の距離は，いずれが大きいかを一義的に決定することはできない。

第3に，地方政府に分散（deconcentration）された事務量は，「④地方分散曲線」と①公民のプロバイダー選択曲線との「距離」としてそれぞれ aa''，bb''，cc'' で示され，固定社会が最も大きい。しかし，そのなかには，③中央と地方のプロバイダー選択曲線と，④地方分散度曲線との「距離」で示される「委任事務」（$a'a''$）が含まれる。委任事務は，固定社会の区域別・包括的権能付与から，定住化社会の機能別・包括的権能付与へ移行するときに減少し，移動社会の機能別・限定列挙では消滅するのである。

公民連携の協調型統治　ヨーロッパ地方自治憲章の補完性の原理は，コミュニティやボランタリー組織の活動を前提としているので，静態的な意味では，従来の政府と民間の混合経済に対し，「公民連携の混合経済」ということができる。動態的な意味での「公民連携の限界責任」が，公民のプロバイダー選択を通じて，パレート最適をめざすと考えられるのならば，表9-1の《税率操作権》を行使する直接限界責任の発揮は，固定・移動・定住化社会のすべてに共通しているといえる。

広義の公民連携には，前述の通り，民間委託や民営化問題なども含まれるが，これらは見えやすい存在である。これに対し，「公民連携の限界責任」では，狭義の見えにくい私的プロバイダーに焦点が当てられる。なぜなら，コミュニティやボランタリー組織などの私的プロバイダーは，もろい存在ではあるが，自治主体であり，固定・移動・定住化社会において「制度変化シフト」を引き

起こす契機的主役として位置づけられるためである。
　「公民連携の混合経済」が，自治主体の私的プロバイダーを容認しても，それらは相互協力と相互裏切りの二つのナッシュ均衡（内的拘束力）をもつので，もろい存在である。このため，無政府状態では，相互裏切りのナッシュ均衡がほとんどを占める。これが，「私的プロバイダーの失敗」である。この失敗と見えにくさによって，従来の混合経済では，民間部門の「市場の失敗」（囚人のジレンマ）に対し，政府部門が，公共財の「すべての部分」を占めていた。もちろん，公民連携の混合経済でも，コミュニティやボランタリー組織の活動がほんの少し加わるだけであり，従来のすべての部分が，「かなりの部分」(considerable part) に改められたにすぎない。
　他方，「公民連携の限界責任」は，補完性の原理だけでとらえられるならば，私的プロバイダーが対処できないとき，政府部門が対処するという一方向のプロバイダー選択，すなわち「代替型統治」にとどまってしまう。
　しかし，「公民連携の限界責任」には，その代替型統治の側面だけでなく，「市場や政府の失敗」を修正するという双方向のプロバイダー選択，すなわち「協調型統治」の側面がある。この協調的統治が，公民連携の限界責任の核心部分である。政府部門のフォーマルな法制度は，インフォーマルな制約に従う契機的自治主体が支えるとき，公民連携による全体責任が確保できる。
　第1に，公共財のただ乗り問題という「市場の失敗」は，強制的な課税権をもつ政府部門だけでなく，自発的労働奉仕や寄付による私的プロバイダーも修正することができる。第2に，税収最大化のリバイヤサン政府による過大供給や福祉移住・資本税競争による過小供給などの「政府の失敗」は，最後の1％を民営化による市場や私的プロバイダーが提供することによって修正できる。第3に，もろさという「私的プロバイダーの失敗」は，会費徴収など排除性を部分的に導入した市場性や政府の補助金によって克服できる。
　たとえば，松明(たいまつ)を支える3本の棒は，倒れそうな1本の棒を残りの2本が支え合って，地面に立たせることができる。このように，公民連携の協調型統治において，市場・政府・私的プロバイダーの関係は，それぞれの失敗を，残りの二つのプロバイダーが修正することによって，統治の頑健性を確保できるのである。

また，各国の地方財政システムは，**表9-1**の地方政府組織や事務・税源配分の間接限界責任の発揮を通じて，大きく異なっているが，私的プロバイダーを起点とした固定・移動・定住化社会の社会制度（social institution）によって《類型化》できる。社会制度における私的プロバイダーは，確かに見えにくい存在であり，自治主体としての形態は，理論の上では「定住確率」に依存する。

　ただし，コミュニティからボランタリー組織への「制度変化シフト」には，100年以上の長い時間がかかるので，各国の地方財政システムは，短期的には決していずれかに収斂するというのではない。各国の社会制度は，それぞれの歴史や文化特性の経路に依存したインフォーマル制約に従いながら，公民連携の連続的な「制度変化シフト」の一形態として存続すると考えられる。

　私的プロバイダーという見えにくい存在に焦点を当てると，「公民連携の限界責任」という動態的側面において，直接限界責任による「協調型統治」という核心部分と，間接限界責任によって「類型化」された地方財政全体の骨格が見えるのである。つまり，各国の公民連携の混合経済は，異なる社会・国家制度のもとでも，政府部門が直接・間接限界責任を発揮して公共財のパレート最適を追求しながら，ともに公民連携の限界責任によって全体責任を確保していることが明らかにされたのである。

注
1) かつて橋本徹は，「かえるとねこのはなし」という論文のなかで，日本における地方行政の過剰なサービスの事例をあげ，新興住宅街で見られる初夏のカエルやネコの鳴き声に対する騒音対策として，市職員がカエルを捕獲し，ネコの避妊手術に補助金を出したと書いた（橋本，1990: 228-36，元は『地方財政』1973年9月号）。米原淳七郎は，この指摘を「むしろ，自治会，町内会，といった組織で行った方がよいのではないかという批判である」（米原，1977: 105）としている。もっとも，当時は高度経済成長期のまっただなかにあり，大都市圏は人口急増の移動社会であり，立ち上がったばかりの自治会では対処できなかったのかもしれない。しかし今日，旧来の町内会や自治会を中心とした「地域の絆」を見直す動きと，他方で阪神・淡路大震災や介護保険の導入をきっかけにして，「地域を越える」NPO（特定非営利活動法人）の設立も盛んとなっている。
2) 図9-1の「公民連携の財政連邦主義」は，図3-6の「公民連携の混合経済」を定住確率に依存する構造に置き換えたものである。

[補論] 内点解と端点解の共存：ドイツ市町村の例証

1 直接限界責任システム

合理的政府の財政行動　　税率操作権を行使する直接限界責任は，住民の私的財と公共財の選択に際して，地方政府の財政行動をパレート最適の内点解に導くものである（中井・伊東・齊藤，1997）。しかし，とくに小規模自治体などでは，その行動が中央政府（または州）の財源保障制度や郡などの広域連合の意思決定の影響を受け，端点解に導かれることがある。これらの内点解と端点解は，以下の簡単なモデルで説明できる。

　第i自治体の財政行動が，代表家計の効用を最大化する「合理的政府」とすれば，公共財（X_i）と地方税率（t_i）からなる効用関数 $W(X_i, t_i)$ は，以下のように表すことができる（Barnett, Levaggi and Smith, 1991 b）。

$$W(X_i, t_i), \quad \frac{\partial W}{\partial X_i} > 0, \quad \frac{\partial W}{\partial t_i} < 0 \tag{A-1}$$

直接限界責任システム　　第i自治体の行政コスト（P_i）について，人口1人当たり金額 $p_i(=P_i/N_i)$ が，自治体の人口規模（N_i）によって異なるものとしよう。第i自治体の実際支出が，人口1人当たりについて，課税ベース（B_i）に対する地方税（$t_i B_i$）と一般交付金 $g_i(=G_i/N_i)$ を財源とすれば，以下の予算制約式が導かれる。

$$p_i X_i = t_i B_i + g_i \tag{A-2}$$

ここで，人口1人当たり一般交付金 $[g_i = p_i \alpha_{2i} - \bar{t} B_i]$ は，標準支出（$p_i \alpha_{2i}$）に対して標準税率（$\bar{t}$）の地方税（$\bar{t} B_i$）が不足する金額である。

　直接限界責任は，一般交付金を予算制約式に代入して以下のように表される。

$$(t_i - \bar{t}) B_i = p_i (X_i - \alpha_{2i}) \tag{A-3}$$

ここで，α_{2i} は，中央政府が定めた公共財の最低基準（$\bar{X}$: minimum standard）である。この直接限界責任システムは，「最低基準を上回る歳出は地方税の超過課税で賄うべき」とするイギリスのカウンシル税の決定方式を意味することになる。

273

図 A-1　自治体財政行動の端点解と内点解

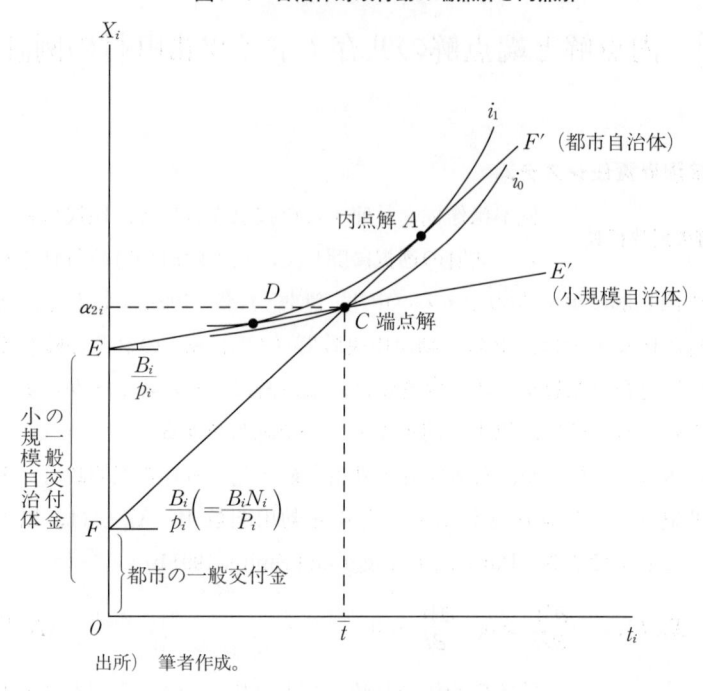

出所）筆者作成。

都市と小規模自治体　図 A-1 のように，予算制約式を公共財と税率の関係で表すと，規模の経済を発揮できる都市自治体のそれは，人口1人当たり行政コストが低いので，線分 OF の一般交付金のもとで，より高い傾き（$B_i/p_i=B_iN_i/P_i$）の予算線 FF' に直面する。このため，都市自治体は，その実際支出（公共支出）が公共財の最低基準（標準支出）を上回るとき，住民の合意に基づく地方税の超過課税によって，無差別曲線 i_1 と予算線が接する点 A の「内点解」に到達しやすい。

これに対し，規模の経済性が独自で発揮できない小規模自治体は，線分 OE の一般交付金を受けるが，人口1人当たり行政コストが高いので，より低い傾きの予算線 EE' に直面する。小規模自治体が図の線分 OE まで財源保障されるならば，税率と公共財が最低基準よりも低い点 D で，無差別曲線 i_1 と予算線が接する効用極大化（内点解）を達成できる。しかしながら，小規模自治体は，中央政府の意思決定に従って標準税率（$\bar{t}$）を採用し，α_{2i} のサービス水準

[補論] 内点解と端点解の共存：ドイツ市町村の例証

を選択するとき，この財政行動は点 C のような「端点解」になる。

2　公共支出関数の特定化

ストーン・ギャリー型効用関数と損失関数

自治体の財政行動が内点解と端点解のどちらにあるかは，データに基づく実証研究の対象であるため，効用関数を以下のようなストーン・ギャリー（Stone-Geary）型で表すことにしよう。

$$W(X_i, t_i) = (1-\beta)\ln(\alpha_{1i} - t_i) + \beta \ln(X_i - \alpha_{2i}) \qquad \alpha_{1i} > t_i, \ X_i > \alpha_{2i} \tag{A-4a}$$

ここで，都市自治体の内点解は，α_{1i} が自治体の意思決定で徴収できる「最大限度」の最高税率（K_1）で達成できるとする。自治体が，（A-2）式の予算制約のもとで効用極大化を図るならば，公共財の需要関数は，第1項の行政需要の地域間格差と，第2項の私的財と公共財の選好率（β）を係数とする公共支出関数として，以下のように表すことができる。

$$p_i X_i = p_i(1-\beta)\alpha_{2i} + \beta(\alpha_{1i} B_i + g_i) \qquad 0 < \beta < 1 \tag{A-5a}$$

他方，小規模自治体の端点解は，点 D の内点解を示すことで実証できるが，そのためには，自治体が損失関数 $[-W(X_i, t_i)]$ の最小化をめざすと想定し，ストーン・ギャリー型のそれは，以下のように表される。

$$-W(X_i, t_i) = (1-\beta)\ln(t_i - \alpha_{1i}) + \beta \ln(\alpha_{2i} - X_i) \qquad \alpha_{1i} < t_i, \ X_i < \alpha_{2i} \tag{A-4b}$$

ここで，公共支出関数は（A-5a）式と同じであるが，α_{1i} は自治体の意思決定で徴収できる「最小限度」の最低税率（K_2）である。

ドイツ市町村の公共支出関数

ドイツ市町村の公共支出関数は，直接限界責任システムを踏まえると，以下のように表され，左辺の被説明変数は，公共支出（実際の経常歳出）から純営業税を引いた人口1人当たり金額である。

$$
\begin{aligned}
(公共支出 - 純営業税) = & a_0 + a_1 \ln(人口) \\
& + \beta[不動産税率(K_1, t_i, K_2) \times 課税ベース + 基準交付金] \\
& + b_1 \mathrm{DUM}(社会扶助費) + b_2 \mathrm{DUM}(財源保障率)
\end{aligned}
\tag{A-5b}
$$

ここで，超過課税の対象となる市町村税は，営業税と不動産税であるが，営業

税は「選挙民」に対する課税ではない。このため，選挙民に対する直接限界責任システムでは，市町村の意思決定で操作できる実際税率（t_i）を不動産税に限定した。

ブレヒトの法則　右辺の説明変数［$a_0+a_1\ln(人口)$］は，行政需要の地域間格差をブレヒトの法則に従って，人口1人当たり公共支出が人口規模に応じて高くなる点を配慮したものである。また，私的財と公共財の選好率（β）は，すべての市町村で同じ値を想定しており，これはマクロ経済学で用いられる消費関数の限界消費性向に相当するものである。

3　内点解と端点解の推定方法と推定結果

社会扶助費と最高税率　郡独立市などの都市自治体は，不動産税の超過課税によって，代表家計の効用最大化となる「内点解」を達成することが予想される。なぜなら，福祉連合に加盟しない郡独立市は，人口1人当たり社会扶助費が1994年度で1000マルク以上に及び，これを超過課税で賄っているからである。

これに対し，人口2万人以上の約500市町村のなかで，約180の小規模自治体は，人口1人当たり社会扶助費が10マルク未満であり，この事務を福祉連合に委任している。このため，（A-5b）式で，社会扶助費の高い都市自治体は，実際税率ではなく，「最大限度」の不動産税率（K_1）を採用すると想定し，同時にこの団体に1，それ以外を0とするダミー変数［DUM（社会扶助費）］を加えた。

財源保障率と最低税率　郡や福祉連合の広域連合に所属する小規模自治体が，税率の引下げで効用最大化の余地を残しながら，基準交付金や郡などへの財源保障によってより高い税率を選択するとき，「端点解」の状況にあるということができる。（A-5b）式では，この「財源保障率」（市町村税と基準交付金との一般財源に対する需要額測定値の割合）が高い市町村ほど，「最低限度」の不動産税率（K_2）を採用する可能性があると想定し，同時にこの団体に1，それ以外を0とするダミー変数［DUM（財源保障率）］を加えた。このため，社会扶助費のダミー変数の係数（b_1）はプラス符号になるが，高い財源保障率は歳出削減になるので，係数（b_2）はマイナス符号が予想される。

[補論] 内点解と端点解の共存：ドイツ市町村の例証

内点解と端点解の共存

市町村財政運営の内点解と端点解は，公共支出関数の回帰分析によって得られる。この公共支出関数は，各市町村の効用極大化行動から導かれたものであるため，回帰分析の決定係数 R^2 が 1（誤差ゼロ）になったとき，すべての団体が内点解のパレート最適を達成したと考えることができる。

まず，超過課税による「内点解」の推定では，各市町村の人口 1 人当たり社会扶助費の大きい順に各年度 500 件程度のデータを並べ直し，上位から 10 団体ごとに実際の不動産税率 (t_i) の代わりに最高税率 [K_1: 530 ％（ニーダーザクセン州のハノーバー市: Hannover)] を代入し，同時に社会扶助費のダミー変数に 1 を適用した。いま，各市町村が，縦軸を（公共支出－純営業税），横軸を [不動産税率(t_i)×課税ベース＋基準交付金] としてプロットされるならば，社会扶助費のダミー変数が適用された団体は，最高税率の代入によって，プロットされた位置が右側にシフトする。このとき，決定係数 R^2 が 1 に近づけば，その団体は将来，不動産税の税率を引き上げると想定したのである。

このような推定を繰り返すと，1994 年度では上位から 180 団体のところで，決定係数が最大となった。これらの都市自治体は，**表 A-1** のように，他の自治体に比べて人口 1 人当たり社会扶助費が 360 マルク高いので，不動産税率を 530 ％に引き上げ，超過課税による内点解をめざすと考えられる。実際，ヘッセン州のフランクフルト（Frankfrut am Main）市は，1993 年度の 400 ％から，94 年度には 530 ％に引き上げている。

他方，小規模自治体が税率引下げで内点解の余地を残すとき，より高い実際税率の選択は「端点解」になる。この端点解は，各市町村の財源保障率が高い順に，上位から 1 ％刻みで，実際税率に代えて最低限度の不動産税率 (K_2) を代入し，同時に財源保障率のダミー変数に 1 を適用した。1994 年度の不動産税の最低税率は，ヘッセン州のレダーマーク（Rödermark）市の 150 ％であり，上位から財源保障率 84 ％の段階で決定係数が最も高い値を示した。これらの 302 団体は税率を引き下げて －115 マルクの歳出削減を可能としているが，より高い実際税率を採用しているので，端点解にあると推定できよう。

表 A-1 のように，社会扶助費の増加を不動産税の超過課税で賄う内点解の都市自治体は，1989 年度の 140 団体から，90～93 年度までは 160 団体，94 年

表 A-1　ドイツ市町村の内点解と端点解の推定結果
[被説明変数: (経常歳出−純営業税)/人口]

年度 (最高税率: 最低税率)	定数項	ln (人口)	(不動産税+ 交付金)/人口	DUM(社 会扶助費)	DUM(財源 保障率)	R^2 $\langle \text{adj}R^2 \rangle$
1994(530 %, 150 %)				[180]	[84 %: 302]	
a. 内点解	−3,304.2	473.2	0.7260	360.0		0.6993
[535]	(−11.6)	(16.6)	(8.05)	(8.00)		⟨0.6976⟩
b. 内点解と端点解	−2,902.3	441.0	0.8268	292.3	−115.1	0.7024
[535]	(−9.49)	(14.7)	(8.40)	(6.04)	(−3.10)	⟨0.7001⟩
1993(530 %, 140 %)				[160]	[88 %: 175]	
a. 内点解	−2,879.7	451.9	0.7945	347.2		0.7095
[534]	(−9.69)	(16.7)	(9.34)	(7.47)		⟨0.7079⟩
b. 内点解と端点解	−2,499.6	412.4	0.9150	295.6	−122.5	0.7182
[534]	(−8.09)	(14.5)	(10.2)	(6.24)	(−3.31)	⟨0.7161⟩
1992(530 %, 140 %)				[160]	[92 %: 13]	
a. 内点解	−2,454.8	409.0	0.6597	383.1		0.6812
[536]	(−8.48)	(15.5)	(7.50)	(8.49)		⟨0.6794⟩
b. 内点解と端点解	−2,415.3	404.9	0.6707	379.3	−146.4	0.6827
[536]	(−8.33)	(15.3)	(7.61)	(8.40)	(−1.43)	⟨0.6804⟩
1991(530 %, 140 %)				[160]	[86 %: 83]	
a. 内点解	−1,362.2	302.4	0.6211	393.3		0.6296
[526]	(−4.93)	(12.0)	(7.50)	(9.66)		⟨0.6275⟩
b. 内点解と端点解	−1,267.6	291.7	0.6715	375.9	−72.9	0.6323
[526]	(−4.54)	(11.4)	(7.77)	(9.11)	(−1.72)	⟨0.6294⟩
1990(440 %, 140 %)				[160]	[99 %: 8]	
a. 内点解	−864.3	244.7	0.6687	427.0		0.6195
[515]	(−3.20)	(9.96)	(7.70)	(10.7)		⟨0.6173⟩
b. 内点解と端点解	−860.4	244.4	0.6677	426.8	−7.8	0.6196
[515]	(−3.18)	(9.93)	(7.67)	(10.7)	(−0.07)	⟨0.6165⟩
1989(440 %, 120 %)				[140]	[94 %: 5]	
a. 内点解	−507.9	203.9	0.7049	442.0		0.6124
[512]	(−1.93)	(8.64)	(8.46)	(11.1)		⟨0.6101⟩
b. 内点解と端点解	−467.4	200.9	0.6959	445.5	−235.9	0.6148
[512]	(−1.78)	(8.52)	(8.35)	(11.2)	(−1.66)	⟨0.6118⟩

注) DUM(社会扶助費)は，人口1人当たり社会扶助費が高い順に1994年度180団体，90〜93年度160団体，89年度140団体を1，これ以外を0とするダミー変数である。DUM(財源保障率)は高い順に，各年度の割合までを1，それ以外を0とするダミー変数である。[　]内はデータ数，(　)は t 値である。

出所) Deutscher Städtetag (1980-2003) より，筆者作成。

[補論]　内点解と端点解の共存：ドイツ市町村の例証

度180団体と，やや増加しているが比較的安定している。これに対して，端点解の小規模自治体は1989〜92年度まで団体数も少なく，年度によって不安定であった。端点解の発生は，基準交付金による財政調整の強化に依存する。これに伴う一般財源の平準化が，端点解の小規模市町村を1993年度に175団体，94年度302団体に増加させ，これらの年度では，内点解と端点解が共存すると考えられる。

◇ 参 考 文 献

青木昌彦（1979）『分配理論』筑摩書房。
足立忠夫（1992）『行政学（新訂）』日本評論社。
足立正樹（1995）『現代ドイツの社会保障』法律文化社。
池上岳彦（2003）「カナダの財政調整制度——連邦・州間における『課税力調整型』の平衡交付金」『立教経済研究』第56巻第3号，45-73。
石　弘光（1985）「カナダの地方分権」『経済学研究』（一橋大学）第26巻，3-69。
石原信雄（1984）『地方財政調整制度論』ぎょうせい。
――――（2000）『新地方財政調整制度論』ぎょうせい。
伊多波良雄（1995）『地方財政システムと地方分権』中央経済社。
伊東弘文（1981-82）「ヴァイマル期ドイツの財政調整制度とJ. ポーピッツの財政調整論（上）(中)(下)」『商経論集』（北九州大学）第16巻第3・4合併号，65-81，第17巻第1号，25-42，第17巻第2・3合併号，69-91。
――――（1986）「ポーピッツとドイツ市町村財政調整論の転換」佐藤進教授還暦記念論文集刊行委員会編『現代財政・税制論』税務経理協会，284-96。
――――（1986-87）「西ドイツ地方財政論の現況（1）(2)(3・完)」『経済学研究』（九州大学）第52巻第1～4合併号，143-53，第53巻第1・2合併号，77-98，第53巻第4・5合併号，143-63。
――――（1988-89）「西ドイツ市町村財政調整の再検討（1）(2)(3)」『経済学研究』（九州大学）第54巻第4・5合併号，95-111，第55巻第1・2合併号，195-230，第55巻第4・5合併号，247-61。
――――（1989）「連邦・州間財政調整をめぐる憲法紛争の発生と解決」原田溥・津守常弘編『現代西ドイツの企業経営と公共政策』九州大学出版会，183-246。
――――（1995）『現代ドイツ地方財政（増補版）』文眞堂。
――――（1997）「水平的財政調整システムの誕生」伊東弘文・徳増倶洪編『現代経済システムの展望』九州大学出版会，29-56。
――――（1999）「『社会国家』と『生活関係の統一性』——ドイツ福祉国家の一側面」坂本忠次・和田八束・伊東弘文・神野直彦編『分権時代の福祉財政』敬文堂，77-86。
――――（2003）「伊東弘文教授略歴および著書・論文目録」『経済学研究』（九州大学）第70巻第2・3合併号，335-50。
伊藤　廉（1976）「西ドイツの邦間財政調整のしくみ」地方財務協会『世界の地方財政制度［II］』1-22。
井堀利宏（1995）「寄付金税制の経済分析」『経済学論集』（東京大学）第60巻，19-41。
今井勝人（1993）『現代日本の政府間財政関係』東京大学出版会。

岩崎信彦（1989）「町内会をどのようにとらえるか」岩崎信彦・上田惟一・広原盛明・鰺坂学・高木正朗・吉原直樹編『町内会の研究』御茶の水書房，3-14．
岩崎美紀子（1985）『カナダ連邦制の政治分析——連邦補助金をめぐる諸問題』御茶の水書房．
─────（1998）『分権と連邦制』ぎょうせい．
─────（2002）『行政改革と財政再建——カナダはなぜ改革に成功したのか』御茶の水書房．
大浦一郎（1987）『オーストラリア財政論』文眞堂．
岡田　章（1996）『ゲーム理論』有斐閣．
岡本全勝（1995）『地方交付税——仕組と機能』大蔵省印刷局．
─────（2002）『地方財政改革論議——地方交付税の将来像』ぎょうせい．
─────（2003）『新地方自治入門——行政の現在と未来』時事通信社．
小野寺和夫編（1994）『小学館 プログレッシブ独和辞典』小学館．
金本良嗣（1997）『都市経済学』東洋経済新報社．
岸本哲也（1986，1998）『公共経済学（新版）』有斐閣．
北村裕明（1998）『現代イギリス地方税改革論』日本経済評論社．
北村　亘（2004）「英国における財政調整制度」『甲南法学』第44巻第3・4号，19-37．
君村昌・北村裕明編著（1993）『現代イギリス地方自治の展開』法律文化社．
久世公堯（2005）『地方自治制度（第6次改訂版）』学陽書房．
神戸都市問題研究所編（1983）『戦後地方行財政資料 別巻1 シャウプ使節団日本税制報告書』勁草書房．
小林　昭（2004）『現代イギリスの地方財政改革と地方自治』日本経済評論社．
齊藤　愼（1989）『政府行動の経済分析』創文社．
─────・中井英雄（1991）「福祉支出の地域間格差——市町村歳出決算の老人福祉費を中心として」『社会保障研究』（社会保障研究所）第27巻第3号，265-73．
─────・─────（1995）「後進地域の地方団体に対する保護政策」八田達夫・八代尚宏編『「弱者」保護政策の経済分析』日本経済新聞社，137-61．
─────・─────（2000）「3.4　過疎・過密化による家庭内福祉サービスの弱体化」松田芳郎・垂水共之・近藤健文編著『講座ミクロ統計分析 第3巻 地域社会経済の構造』日本評論社，219-36．
─────・林宜嗣・中井英雄（1991）『地方財政論』新世社．
佐久間　彊（1954）『英国の地方行政』良書普及会．
佐藤　進（1983）『現代西ドイツ財政論』有斐閣．
─────・伊東弘文（1985）「西ドイツの都市と都市財政」柴田徳衛編『都市経済論』有斐閣，294-319．
─────・宮島洋（1990）『戦後税制史（第二増補版）』税務経理協会．
自治体国際化協会（2002 a）「カナダの地方団体」『CLAIR REPORT』No. 227．

―――編（2002b）『フランスの地方自治』自治体国際化協会.
―――編（2003a）『ドイツの地方自治』自治体国際化協会.
―――編（2003b）『英国の地方自治』自治体国際化協会.
―――（2004）「オーストラリアの政府間財政関係概要」『CLAIR REPORT』No. 255.
柴田弘文・柴田愛子（1988）『公共経済学』東洋経済新報社.
社会保障研究所編（1989）『西ドイツの社会保障』東京大学出版会.
神野直彦（2004）「経済教室：三位一体を問う（上），東京問題は解消」『日本経済新聞社』7月7日付朝刊.
―――・金子勝編著（1998）『地方に税源を』東洋経済新報社.
鈴村興太郎（1982）『経済計画理論』筑摩書房.
関口　智（2005）「シャウプ勧告における財政調整制度」『地方財政』（地方財務協会）4月号，195-215.
曾原利満（1987）「補足給付」社会保障研究所編『イギリスの社会保障』東京大学出版会，127-60.
高田敏・初宿正典編訳（2001）『ドイツ憲法集（第3版）』信山社出版.
高橋　誠（1978）『現代イギリス地方行財政論』有斐閣.
武田公子（2003）『ドイツ自治体の行財政改革――分権化と経営主義化』法律文化社.
―――（2006）「ハルツ法によるドイツ社会扶助改革と政府間財政関係の進展」『経済学部論集』（金沢大学）第26巻第2号，125-55.
田近栄治・油井雄二・佐藤主光（2001）「地方交付税の改革をどう進めるのか――線形移転制度の提案」『税経通信』第56巻第13号，25-43.
田中　彰（1994）『岩倉使節団「米欧回覧実記」』岩波書店.
田端光美（1999）「ボランタリーセクターの動向」武川正吾・塩野谷祐一編『先進諸国の社会保障1　イギリス』東京大学出版会，405-24.
寺尾　隆（2006）「現代ドイツ研究のための印刷・電子メディア」『香散見草』（近畿大学中央図書館報）第34号，27-31.
土居丈朗（2000）『地方財政の政治経済学』東洋経済新報社.
戸谷裕之（2004）「需要額対比指数による財政健全度の逆転」『経済論集』（大阪産業大学）第5巻第2号，55-64.
中井英雄（1988a）「地方交付税の構造変化――市町村を中心にして」『経済研究』（一橋大学）第39巻第2号，141-52.
―――（1988b）『現代財政負担の数量分析』有斐閣［オンディマンド版，2003年］.
―――（1991）「国と地方の役割分担」貝塚啓明・石弘光・野口悠紀雄・宮島洋・本間正明編『地方の時代の財政』有斐閣，271-97.
―――（1993）「イギリスの公益活動と財源調達の動向」本間正明編著『フィランソロピーの社会経済学』東洋経済新報社，149-61.

─── (1995, 2001)「地方目的税の機能と課題」橋本徹編著『21世紀を支える税制の論理 第7巻 地方税の理論と課題（改訂版）』税務経理協会，237-61。
─── (1996 a)「財政責任システムから見た固定資産税制の課題」『地方税』（地方財務協会）第47巻第10号，4-13。
─── (1996 b)「地方単独事業による公共施設整備の功罪──文化芸術施設の偏差値」『商経学叢』（近畿大学）第43巻第1号，69-78。
─── (1997 a)「英国地方自治体の財政責任システム」『経済研究』（一橋大学）第48巻第1号，25-36。
─── (1997 b)「下水道事業の連携可能性──標準化原理の観点から」『経済論集』（大阪学院大学）第11巻第1・2号，19-41。
─── (1999 a)「自治体財政危機の需要額対比表分析──受益と負担の一致をめざして」『商経学叢』（近畿大学）第45巻第3号，1-17。
─── (1999 b)「自治体財政責任の原理──英国・ドイツを事例として」日本地方財政学会編『日本地方財政学会研究叢書5 地方分権と財政責任』勁草書房，33-48。
─── (2000)「コミットメント型社会制度の公民バランス──税率操作権の行使による限界的財政責任の発揮」『商経学叢』（近畿大学）第46巻第3号，173-92。
─── (2001 a)「良識的関与による限界的財政責任の発揮──需要額対比表分析からみた地方交付税」『地方財政』（地方財務協会）第40巻第7号，4-9。
─── (2001 b)「地方財政における補完性の原理」神野直彦編著『分権型社会を創る6 分権型税財政の運営』ぎょうせい，185-229。
─── (2001 c)「水道財政のヤード・スティック──受水選択の中立性と用水供給事業の良識的関与」近畿大学大学院経済学研究科編『現代経済学の展望と課題』177-97。
─── (2003)「公共財プロバイダーの公民連携の原理──財政連邦主義のインフォーマル制約」『商経学叢』（近畿大学）第49巻第3号，245-76。
─── (2005)「地方交付税の変革──ミクロ・マクロの限界責任の発揮と全体責任の確保」伊東弘文編『現代財政の変革』ミネルヴァ書房，233-52。
─── (2006)「地方交付税による全体責任の確保」日本地方財政学会編『日本地方財政学会研究叢書11 三位一体の改革』勁草書房，79-94。
───・伊東弘文・齊藤愼 (1997)「ドイツ地方自治体の財政責任システム」近畿大学商経学部, *Working Paper*, No. 28。
───・齊藤愼 (1995)「イギリスにおける福祉財政の構造──コミュニティ・ケアの自治体財政責任」『社会保障研究』（社会保障研究所）第31巻第3号，207-17。
中村良広 (2002)「ドイツ州間財政調整の改革──基準法の成立とその政策的意義」『商経論集』（北九州市立大学）第38巻第1号，1-21。
西尾　勝 (1993, 2001)『行政学（新版）』有斐閣。
橋本　徹 (1988)『現代の地方財政』東洋経済新報社。

―――― (1990)『昭和をみた一財政学者』清文社。
橋本宏子 (1995)『福祉行政と法――高齢者福祉サービスの実態』尚学社。
林　信明 (1999)「社会扶助」藤井良治・塩野谷祐一編『先進諸国の社会保障6　フランス』東京大学出版会，223-44。
林　正義 (2002)「地方自治体の最小効率規模――地方公共サービス供給における規模の経済と混雑効果」『フィナンシャル・レビュー』（財務省財務総合政策研究所）February, 59-89。
林　宜嗣 (1987)『現代財政の再分配構造』有斐閣。
―――― (2006)『新・地方分権の経済学』日本評論社。
平嶋彰英・植田浩 (2001)『地方債（地方自治総合講座9）』ぎょうせい。
ホッブス，T.（水田洋訳）(1954)『リヴァイアサン』岩波書店。
堀場勇夫 (1999)『地方分権の経済分析』東洋経済新報社。
本間正明 (1982)『租税の経済理論』創文社。
――――編著 (1993)『フィランソロピーの社会経済学』東洋経済新報社。
――――・齊藤愼編 (2001)『地方財政改革――ニュー・パブリック・マネジメント手法の適用』有斐閣。
マッセ大阪 (2003)『地方分権ゼミナール「地方財政研究」報告書――需要額・決算対比分析の理論とその応用：受益と負担の一致をめざして』大阪府市町村振興協会。
宮川公男 (1969)『OR 入門』日本経済新聞社。
持田信樹 (2004)『地方分権の財政学――原点からの再構築』東京大学出版会。
――――編 (2006)『地方分権と財政調整制度――改革の国際的潮流』東京大学出版会。
森　徹 (1996)『公共財供給メカニズムの有効性――実験経済学的アプローチ』多賀出版。
矢野浩一郎 (2003)『地方税財政制度（第7次改訂版）』学陽書房。
山内直人 (1999, 2004)『NPO 入門（第2版）』日本経済新聞社。
山下茂・谷聖美・川村毅 (1992)『比較地方自治――諸外国の地方自治制度(増補改訂版)』第一法規出版。
山田　誠 (1989)『現代西ドイツの地域政策研究』法律文化社。
山本栄一 (1989)『都市の財政負担』有斐閣。
吉岡洋平 (2003)「資本税下の地域間競争による公共財の過小供給――支出競争による産業基盤型の過小度の緩和」『近畿大学経済学論究』第8巻第1・2合併号，69-78。
米原淳七郎 (1977)『地方財政学』有斐閣。
―――― (1995, 2001)「固定資産税の本質と改革の方向」橋本徹編著『21世紀を支える税制の論理　第7巻　地方税の理論と課題（改訂版）』税務経理協会，161-89。
ルソー，J.-J.（平岡昇・根岸国孝訳）(1965)『社会契約論』角川書店。

Axelrod, R. (1984), *The Evolution of Cooperation*, New York: Basic Book. (松田裕之訳(1998)『つきあい方の科学』ミネルヴァ書房)。

Bailey, S. J. (1999), *Local Government Economics: Principles and Practice*, London: Macmillan.

Barnett, R. R., R. Levaggi and P. C. Smith (1991 a), "Accountability and the Poll Tax: The Impact on Local Authority Budgets of the Reform of Local Government Finance in England," *Financial Accountability and Management*, 7, 209-28.

―――, ――― and ――― (1991 b), "Simulating Local Government Expenditure Decisions and Welfare Changes under a Community Charge (Poll Tax) Regime," *Public Finance*, 46, 24-41.

Bayindir-Upmann, T. (1998), "Two Games of Interjurisdictional Competition When Local Governments Provide Industrial Public Goods," *International Tax and Public Finance*, 5, 471-87.

Bennett, R. J. (1982), *Central Grants to Local Governments*, Cambridge: Cambridge University Press.

Bird, R. M. (1999), "Rethinking Subnational Taxes: A New Look at Tax Assignment," *IMF Working Paper*, WP/99/165.

Boadway, R. and F. Flatters (1982), "Efficiency and Equalization Payments in a Federal System of Government: A Synthesis and Extension of Recent Results," *Canadian Journal of Economics*, 15, 613-33.

Boadway, R. and P. A. R. Hobson (1993), *Intergovernmental Fiscal Relations in Canada*, Toronto: Canadian Tax Foundation.

Brennan, G. and J. Buchanan (1980), *The Power to Tax: Analytical Foundations of a Fiscal Constitution*, New York: Cambridge University Press. (深沢実・菊池威・平澤典男訳 (1984)『公共選択の租税理論――課税権の制限』文眞堂)。

Brown, C. C. and W. E. Oates (1987), "Assistance to the Poor in a Federal System," *Journal of Public Economics*, 32, 307-30.

Brueckner, K. J. (2000), "Welfare Reform and the Race to the Bottom: Theory and Evidence," *Southern Economic Journal*, 66, 505-25.

Buchanan, J. M. (1950), "Federalism and Fiscal Equity," *American Economic Review*, 40, 583-99.

――― (1965), "An Economic Theory of Clubs," *Economica*, 32, 1-14.

――― and C. J. Goetz (1972), "Efficiency Limits of Fiscal Mobility: An Assessment of the Tiebout Model," *Journal of Public Economics*, 1, 25-43.

Bucovetsky, S. (1991), "Asymmetric Tax Competition," *Journal of Urban Economics*, 30, 167-81.

Clarke, E. H. (1971), "Multipart Pricing of Public Goods," *Public Choice*, 11, 19-33.

Clotfelter, C. T. (1980), "Tax Incentives and Charitable Giving," *Journal of Public*

Economics, 13, 319-40.
Coase, R. H. (1988), *The Firm, the Market, and the Law*, Chicago: The University of Chicago. (宮沢健一・後藤晃・藤垣芳文訳 (1992)『企業・市場・法』東洋経済新報社).
Collard, D. (1978), *Altruism and Economy: A Study in Non-Selfish Economics*, Oxford: Martin Robertson.
Cornes, R. and T. Sandler (1984), "The Theory of Public Goods: Non-Nash Behavior," *Journal of Public Economics*, 23, 367-79.
─── and ─── (1986), *The Theory of Externalities, Public Goods, and Club Goods*, London: Cambridge University Press.
─── and ─── (1996), *The Theory of Externalities, Public Goods, and Club Goods*, 2nd ed., New York: Cambridge University Press.
Feldstein, M. (1980), "A Contribution to the Theory to Tax Expenditures: The Case of Charitable Giving," in H. J. Aaron and M. Boskin, eds., *The Economics of Taxation*, Washington, D.C.: Brookings, 99-122.
Fischer-Menshausen, H. (1983), Art. 107 (Länderfinanzausgleich), Hrsg. von Ingo von Münch, *Grundgesetz-Kommentar*, Bd. 3, 839, München.
Flatters, F., V. Henderson and P. Mieszkowski (1974), "Public Goods, Efficiency, and Regional Fiscal Equalization," *Journal of Public Economics*, 3, 99-112.
Geske, Otto-Erich (1985), "Der bundesstaatliche Finanzausgleich in Streit der Länder," *DÖV*, 38, 421-30.
Giles, C. and M. Ridge (1993), "The Impact on Households of the 1993 Budget and the Council Tax," *Fiscal Studies*, 14, 1-20.
Groves, T. and J. Ledyard (1977), "Optimal Allocation of Public Goods: A Solution to the 'Free Rider' Problem," *Econometrica*, 45, 783-809.
Hochman, H. and J. D. Rodgers (1977), "The Optimal Tax Treatment of Charitable Contributions," *National Tax Journal*, 30, 1-18.
Hume, D. (1736), *Treatise of Human Nature*, ed. by L. A. Selby-Bigge (1978), Oxford: Clarendon Press. (大槻春彦訳 (1952)『人性論』岩波書店).
Humes, S. (1991), *Local Governance and National Power*, New York: Harvester Wheatsheaf.
James, E. and S. Rose-Acherman (1986), *The Nonprofit Enterprise in Market Economies*, Chur: Harwood Academic Publishers. (田中敬文訳 (1993)『非営利団体の経済分析』多賀出版).
Layfield Committee (1976), *Local Government Finance: Report of the Committee of Inquiry*, Cmnd. 6453, London: Her Majesty's Stationary Office.
Levaggi, R. (1991), *Fiscal Federalism and Grants-in-Aid*, England: Avebury.
Lindahl, E. (1919), "Just Taxation: A Positive Solution," in R. A. Musgrave and

A. T. Peacock, eds. (1958), *Classics in the Theory of Public Finance*, London: Macmillan, 168-77.

Mansoorian, A. and G. M. Myers (1993), "Attachment to Home and Efficient Purchases of Population in a Fiscal Externality Economy," *Journal of Public Economics*, 52, 117-32.

Maynard-Smith, J. (1982), *Evolution and the Theory of Games*, Cambridge: Cambridge University Press. (寺本英・梯正之訳 (1985)『進化とゲーム理論』産業図書).

McGuire, M. C. (1972), "Private Good Clubs and Public Good Clubs: Economic Models of Group Formation," *Swedish Journal of Economics*, 74, 84-99.

─── (1974), "Group Segregation and Optimal Jurisdictions," *Journal of Political Economy*, 82, 112-32.

McLure, C. E., Jr. (1999), "The Tax Assignment Problem: Conceptional and Administrative Considerations in Achieving Subnational Fiscal Autonomy," *Intergovernmental Fiscal Relations and Local Financial Management Program*, Topic 6, World Bank Institute.

Mieszkowski, P. and R. A. Musgrave (1999), "Federalism, Grants, and Fiscal Equalization," *National Tax Journal*, 52, 239-60.

Mill, J. S. (1859), *On Liberty*, ed. by S. Collini (1989), Cambridge: Cambridge University Press. (早坂忠訳 (1967)『自由論』関嘉彦責任編集『ベンサム, J. S. ミル』(世界の名著38) 中央公論社).

Musgrave, R. A. (1959), *The Theory of Public Finance*, New York: McGraw-Hill. (木下和夫監修・大阪大学財政研究会訳 (1961)『マスグレイブ財政理論』有斐閣).

─── (1983), "Who Should Tax, Where and What ?," in C. E. McLure Jr. ed., *Tax Assignment in Federal Countries*, Canberra: Centre for Research on Federal Financial Relations, Australian National University, 2-25.

─── and P. B. Musgrave (1980), *Public Finance in Theory and Practice*, 3rd ed., New York: McGraw-Hill. (木下和夫監修・大阪大学財政研究会訳 (1983)『マスグレイブ財政学──理論・制度・政治 (Ⅰ, Ⅱ, Ⅲ)』有斐閣).

Myers, G. M. (1990), "Optimality, Free Mobility, and the Regional Authority in a Federation," *Journal of Public Economics*, 43, 107-21.

Ng, Y. K. (1973), "The Economic Theory of Clubs: Pareto Optimality Conditions," *Economica*, 40, 291-98.

─── (1974), "The Economic Theory of Clubs: Optimal Tax/Subsidy," *Economica*, 41, 308-21.

Niskanen, W. A. (1971), *Bureaucracy and Representative Government*, Chicago: Aldine-Atherton.

North, D. C. (1990), *Institutions, Institutional Change and Economic Performance*,

Cambridge: Cambridge University Press. (竹下公視訳 (1994)『制度・制度変化・経済成果』晃洋書房).
Norton, A. (1994), *International Handbook of Local and Regional Government: A Comparative Analysis of Advanced Democracies*, England: Edward Elgar.
Oates, W. E. (1972), *Fiscal Federalism*, New York: Harcourt Brace Jovanovich. (米原淳七郎・岸昌三・長峰純一訳 (1997)『地方分権の財政理論』第一法規出版).
―――― (1979), "Lump-sum Intergovernmental Grants Have Price Effects," in P. Mieszkowski and W. H. Oakland, eds., *Fiscal Federalism and Grants-in-Aid*, Washington, D.C.: The Urban Institute, 23-30.
Olson, M. (1965), *The Logic of Collective Action*, Cambridge, Massachusetts: Harvard University Press. (依田博・森脇俊雅訳 (1983)『集合行為論――公共財と集団理論』ミネルヴァ書房).
Pauly, M. V. (1973), "Income Redistribution as a Local Public Good," *Journal of Public Economics*, 2, 35-58.
Posnett, J. and T. Sandler (1989), "Demand for Charity Donations in Private Non-Profit Markets: The Case of the U.K.," *Journal of Public Economics*, 40, 187-200.
Renzsch, W. (1991), *Finanzverfassung und Finanzausgleich: Die Auseinandersetzungen um ihre politische Gestaltung in der Bundesrepublik Deutschland zwischen Währungsreform und deutscher Vereinigung* (1948 bis 1990), Bonn: Dietz. (伊東弘文訳 (1999)『ドイツ財政調整発展史――戦後から統一まで』九州大学出版会).
Ridely, N. (1988), *The Local Right: Enabling Not Providing*, London: Centre for Policy Studies.
Rose-Ackerman, S. (1996), "Altruism, Nonprofits, and Economic Theory," *Journal of Economic Literature*, 34, 701-28.
Runge, C. F. (1984), "Institution and the Free Rider: The Assurance Problem in Collective Action," *The Journal of Politics*, 46, 154-81.
Salamon, L. M. and H. K. Anheiner (1994), *The Emerging Sector*, Maryland: Johns Hopkins University. (今田忠監訳 (1996)『台頭する非営利セクター――12カ国の規模・構成・制度・資金源の現状と展望』ダイヤモンド社).
Samuelson, P. A. (1954), "The Pure Theory of Public Expenditure," *Review of Economics and Statistics*, 36, 387-89.
―――― (1973), *Economics*, 9th ed., New York: McGraw-Hill. (都留重人訳 (1974)『サミュエルソン経済学 (原著第9版)』岩波書店).
Sandler, T. (1992), *Collective Action: Theory and Applications*, Michigan: The University of Michigan Press.
Schleifer, A. (1985), "A Theory of Yardstick Competition," *Rand Journal of*

Economics, 16, 319-37.

Scotchmer, S. (1985), "Profit Maximizing Clubs," *Journal of Public Economics*, 27, 25-45.

Sen, A. K. (1969), "A Game-theoretic Analysis of Theories of Collectivism in Allocation," in T. Majumdar, ed., *Growth and Choice*, London: Oxford University Press, 1-17.

―――― (1975), "Comment," in E. S. Phelps, ed., *Altruism, Morality and Economic Theory*, New York: Russel Sage Foundation, 225-27.

―――― (1982), *Choice, Welfare and Measurement*, Oxford: Basil Blackwell.（大庭健・川本隆史訳（1989）『合理的な愚か者』勁草書房）。

Shibata, H. (1971), "A Bargaining Model of the Pure Theory of Public Expenditures," *Journal of Political Economy*, 79, 165-85.

Stewart, J. D. (1984), "The Role of Information in Public Accountability," in A. Hopwood and C. Tomkins, eds., *Issues in Public Sector Accounting*, Oxford: Philip Allan, 13-34.

Sugden, R. (1982), "On the Economics of Philanthropy," *The Economic Journal*, 92, 341-50.

―――― (1984), "Reciprocity: The Supply of Public Goods through Voluntary Contributions," *The Economic Journal*, 94, 772-87.

―――― (1985), "Consistent Conjectures and Voluntary Contributions to Public Goods: Why the Conventional Theory Does Not Work," *Journal of Public Economics*, 27, 117-24.

―――― (1986), *The Economics of Rights, Co-operation and Welfare*, Oxford: Basil Blackwell.

Taylor, M. (1976), *Anarchy and Cooperation*, London: John Wiley & Sons.

Tiebout, C. M. (1956), "A Pure Theory of Local Expenditures," *Journal of Political Economy*, 64, 416-24.

Warr, P. G. (1983), "The Private Provision of Public Goods is Independent of the Distribution of Income," *Economic Letters*, 13, 207-11.

Weisbrod, B. A. (1975), "Toward a Theory of the Voluntary Non-Profit Sector in a Three-Sector Economy," in E. S. Phelps, ed., *Altruism, Morality and Economic Theory*, New York: Russel Sage Foundation, 171-95.

Wellisch, D. (2000), *Theory of Public Finance in a Federal State*, Cambridge: Cambridge University Press.

Wildasin, D. E. (1986), *Urban Public Finance*, Chur: Harwood Academic Publishers.

―――― (1991), "Some Rudimentary Duopoly Theory," *Regional Science and Urban Economics*, 21, 394-421.

Wilson, J. D. (1991), "Tax Competition with Interregional Differences in Factor Endowments," *Regional Science and Urban Economics*, 21, 423-51.
Zebedee, J. (1993), *Guide to Council Tax 1993-94*, London: SHAC.
Zimmermann, H. (Hrsg.) (1985), *Räumliche Aspekte des kommunalen Finanzausgleichs,* Hannover: Vincentz.
Zodrow, G. R. and P. Mieszkowski (1986), "Pigou, Property Taxation and the Underprovision of Local Public Goods," *Journal of Urban Economics*, 19, 356-70.

〈資料〉
大阪市財政局（2005）『大阪市の財政』。
国税庁編（各年度版）『国税庁統計年報書』大蔵財務協会。
財務省財務総合政策研究所（2005）『財政金融統計月報 租税特集』第636号，国立印刷局。
総務省（各年度版）『地方財政白書』国立印刷局。
総務省自治財政局（各年度版）『地方交付税のあらまし』地方財務協会。
総務省自治税務局（各年度版）『地方税制関係資料』。
地方交付税制度研究会編（各年度版）『地方交付税制度解説（単位費用篇）』地方財務協会。
─────（各年度版）『地方交付税制度解説（補正係数・基準財政収入額篇）』地方財務協会。
地方財政調査研究会（各年度版 a）『地方財政統計年報』地方財務協会。
─────（各年度版 b）『市町村別決算状況調』地方財務協会。
地方財務協会（各年度版 a）『地方財政要覧』。
─────（各年度版 b）『改正地方財政詳解』。
Bundesministerium der Finanzen (1986-2004), *Finanzbericht*, Bonn.
CIPFA (1977-2003: a), *Finance and General Statistics*, The Chartered Institute of Public Finance and Accountancy, London.
─────(1992, 1997-2003: b), *Rating Review*, The Chartered Institute of Public Finance and Accountancy (Scottish Branch), Edinburgh.
─────(1993-2002: c), *Personal Social Services Statistics*, London.
─────(1993-2003: d), *Council Tax Demands and Percepts*, London.
Deutscher Städtetag (1980-2003), *Statistisches Jahrbuch Deutscher Gemeinden*, Kön.
NCVO (2000), *The UK Voluntary Sector Almanac*, London: NCVO (National Council for Voluntary Organisations) Publication.
Society of County Treasures (1979-80), *Rate Support Grant Statistics*.
─────(1981-89), *Block Grant Indicators*.
─────(1990-2002), *Standard Spending Indicators*.
─────(2003-05), *Standard Spending Share Indicators*.

Statistisches Bundesamt (1952-2003), *Statistisches Jahrbuch für die Bundesrepublik Deutschland*, Weisbaden: Metzler Poeschel.
The Association of County Councils (1991,1996,1997), *Revenue Support Grant*.

〈主要なドイツ法令〉
一部要求法 1951 (BGBl. 1951 I S. 864), Gesetz über die Inanspruchnahme eines Teils der Einkommensteuer und der Körperschaftsteuer durch den Bund im Rechnungsjahr 1951: Vom 23, Oktober 1951, *Bundesgesetzblatt*. (連邦法令集, 1951 年, 864 ページ)。

州間財政調整法 1950 (BGBl. 1951 I S. 198), Gesetz über den Finanzausgleich unter den Ländern im Rechnungsjahr 1950: Vom 16. März 1951, *Bundesgesetzblatt*. (他の年度の州間財政調整法などは, 年号とページを本文で示している)。

税収分割法 (BGBl. 1952 I S. 225), Gesetz über die Steuerberechtigung und die Zerlegung bei der Einkommensteuer und der Körperschaftsteuer(Zerlegungsgesetz): Vom 29 März 1952, *Bundesgesetzblatt*.

戦後負担暫定規律法 (WiGBl. 1949 I S. 235), Gesetz zur vorläufigen Regelung der Kriegsfolgelasten im 1949: Vom 6. August 1949, *Gesetzblatt der Verwaltung des Vereinigten Wirtschaftsgebietes*. (合同経済地域法令集, 1949 年, 235 ページ)。

第 1 次施行令案 1950 (BR. Drucks. 453/51), Entwurf einer Ersten Verordnung zur Durchführung des Gesetz über den Finanzausgleich unter den Ländern im Rechnungsjahr 1950: 23 Mai 1951, *Bundesrat*. (連邦参議院, 議事録, No. 453, 1951 年, 他の年度の第 1 次・第 2 次施行令案は番号と年号を本文で示している)。

第 1 次施行令 1950 (BGBl. 1951 I S. 408), Erste Verordnung zur Durchführung des Gesetz über den Finanzausgleich unter den Ländern im Rechnungsjahr 1950: Vom 26 Juni 1951, *Bundesgesetzblatt*.

連邦政府案 1951・52 (BStBl. 1952 I S. 835), Begründung zum Regierungsentwurf des Gesetzes über den Finanzausgleich unter den Ländern in den Rechnungsjahren 1951 und 1952: Vom 8. Oktober 1952 (BGBl. 1952 I S. 665), *Bundessteuerblatt*. (連邦租税法令集, 1952 年, 835 ページ)。

あ と が き
――現場感覚の重要性と謝辞――

　地方財政の現場感覚を得るには，たとえば，最寄りの自治体の財政課を訪ねてみるような「フィールドワーク」が必要である。ただし，その前に行うべき作業がある。その自治体の「決算カード」を総務省のホームページ（以下，HP）で探すことである。この1枚には，人口・面積や産業構造のほか，自治体財政の基礎データが満載されている。

　決算カードの財政用語をすべて覚える必要はないが，経常収支比率や財政力指数などの基礎的用語は理解しておいたほうがよい。なぜなら，財政課はつねに忙しく，何も知らない人に基礎的な財政用語から教えてくれる時間がないからである。より専門的な用語を調べるには，『地方税財政制度』（矢野，2003）が便利であるが，財政課の職員は，たとえば地方財政計画を地財計画（ちざいけいかく）と短縮するので，注意しておこう。

　財政課を訪問する最初の目的は，過去の決算カードを手に入れることである。さしあたって10年か，20年分もあれば，経常収支比率などのデータを表計算ソフトのエクセル（Excel）に入力し，「時系列分析」として自分だけのオリジナルな図表を作成することができる。このオリジナルな図表には，かならず，新たな発見がある。この発見を調べることが，2回目に財政課を訪ねる目的であり，フィールドワークは，「地方財政学」を本当に好きになる第一歩である。

　個々の自治体が1本の木とすれば，全自治体は森といったように，地方財政は，「木と森の関係」にたとえられる。一つの自治体の時系列分析は，木の年輪を調べるようなものである。これに対し，すべての自治体の基礎データを総務省HPや『市町村別決算状況調』などで集めると，ある年度の「クロス・セクション分析」として森の構造が明らかになる。この構造の一つが，本書の第6章で示したU字型である。最寄りの自治体が，U字型の森の「どの木か」を調べてその理由を確認することが，3回目に訪ねる目的であり，そのオリジナルな図表には，財政課の職員も興味をもってくれるはずである。

　また，過去と現在の2時点をクロス・セクション分析で比較すれば，森の構

造変化が，再びオリジナルな図表で明らかになる。より正確な構造変化は，統計学で学んだ「回帰分析」を用いて，U字型を人口の2次関数で推定すれば，その係数の違いによって確認できる。筆者は，回帰分析に統計ソフトのSTATISTACAを用いたが，エクセルでも可能である。

　筆者が基礎データにこだわるのは，外国の調査において，それが予想外の威力を発揮するからである。外国の調査では，英語圏ならまだしも，その他の外国語となると「言語の壁」が大きく立ちはだかる。幸いにして，日本では，『現代イギリス地方行財政論』（高橋，1978）や『現代ドイツ地方財政論』（伊東，1995）といった書籍が刊行され，自治体国際化協会などの各国研究が進んでおり，これらの「基礎研究」が外国の調査に不可欠であることは言うまでもない。しかし，数値データでは，言語の壁が取り払われ，現地（ネイティブ）の研究者と同じ土俵に立つことができる。回帰分析などによる「数量分析」には，基礎研究を補強する力があり，外国の森の構造とその変化を明らかにし，言語の壁を乗り越えたとき，「地方財政学」を本当に好きになるのかもしれない。

　筆者は，故橋本徹名誉教授（関西学院大学）の指導のもとで，大学院生のころから，自治体財政の現場に比較的近いところで研究してきた。そのおかげで，現場感覚によって，イギリスの納税通知書から限界責任を発想できたと，学恩に感謝している。また，自治体の各種委員会の委員に推薦していただいた米原淳七郎名誉教授（追手門学院大学）の『地方財政学』（1977年）は，座右の書であり，近代経済学の視点から日本で最初に地方財政を分析した画期的な「概説書」である。当時，地方財政の基礎理論を中心テーマにすることは，新しい概念の導入などによって，極端な難解さが避けられなかった。この難解さを克服するため，「あえて博士論文を概説書として発表した」と先生から聞いたことがある。本書も，これにならって概説書の形態をとった。本書は，副題の「公民連携の限界責任」を追加した，先生に対する30年後の答案である。

　この答案の誤りはすべて筆者に帰するが，1人で書いたものではなく，20年以上にわたる共同研究者の齊藤愼教授（大阪大学）に負うところが大きい。ドイツの調査では，手とり足とり，伊東弘文会長（地方財政審議会，九州大学名誉教授）にご指導いただいた。両先生には，共同研究の成果を本書に掲載する

ことをご快諾いただいた。多くの挫折に直面したとき，石原信雄理事長（地方自治研究機構，元官房副長官）には，「なお一層の研鑽を」というお葉書を頂き，それを乗り越える勇気を与えていただいた。『フィランソロピーの経済学』(1993年) でボランタリー部門の存在を教示された本間正明教授（大阪大学），関西学院大学の山本栄一教授や林宜嗣教授，書評の機会を頂戴した持田信樹教授（東京大学）や堀場勇夫教授（青山学院大学）には，答案の修正に良い刺激を与えていただいた。さらに，日本財政学会や日本地方財政学会の諸先生にも感謝したい。

　外国の調査に没頭すると，日本に関する現場感覚がくもりがちになるが，マッセ大阪（大阪府市町村振興協会）の10年以上にわたる実務者との研究会は，それを研ぎ澄ませてくれる筆者の財産である。総務省や大阪府・兵庫県，大阪・堺・高槻・守口・河内長野・東大阪など府下市町村の各種委員会，地方行政総合研究センター，そして井上義國座長（元ダイキン工業特別顧問）の関西分権改革推進委員会においても，関西経済連合会や近畿2府7県3指定市の実務者の方々から，現場感覚を取り戻していただいた。とくに，「分権の足音」を連載された故中村征之氏（元朝日新聞編集委員）には，筆者の遅筆のせいで，本書をお見せできなかったことが残念である。

　研究環境を整えていただいた近畿大学経済学部の武知京三学部長や今西芳治経済学科長のほか，有益なコメントを頂戴した礒川曠教授や広岡義昭助教授，藤本正樹助教授など同僚の先生方にも感謝したい。とくに，寺尾隆氏を始めとする近畿大学中央図書館や国会図書館，洋書輸入販売の伊藤書店には，入手しにくい海外の資料をそろえていただいた。

　最後になったが，有斐閣の伊東晋取締役，書籍編集第2部の柴田守氏には，読みやすさのため，草稿の段階から最大限の努力を惜しまれなかったことに，お礼を申し上げたい。

　　　2007年1月

　　　　　　　　　　　　　　　　　　　　　　　　　　　　中　井　英　雄

◇ 索　引

◎ あ 行

アカウンタビリティ（説明責任）　15
足による投票　4, 15, 233, 243, 249
足立忠夫　20
安定均衡　205
イギリスの燈台　214, 216
石原信雄　153, 169
一部要求法　99, 100
1回限りのゲーム　203, 211
一層制　5, 34, 233, 253
　——団体　34, 41, 70, 122
一般会計　191
一般交付金　60, 69, 273
一般財源　60, 141, 185
一般財源充当経費　167
一般財源所要額　179
一般補助金　5, 60, 67
移動社会　15, 44, 50, 70, 127, 173, 230, 253
移動性　48
伊東弘文　85-87, 98, 100
今井勝人　169
インフォーマル制約　206, 208, 266
裏切り　201
売上税　99
　——の補充的配分　106
営業税　91, 95, 102, 275
衛星都市　235
X 非効率　30, 39, 245
NPM　38, 229, 245
NPO　6, 154, 195, 223
応益課税　47, 162
応答責任　20
オーストラリア　258
オーツ（W. E. Oates）　4, 10, 17, 31, 37, 44, 50, 63, 85, 228, 230, 244
オープン・エンド型　67, 130, 145, 168
オルソン（M. Olson）　77, 208, 214

◎ か 行

会員制　216
外形標準課税　159
介護保険　157
外的拘束力　264
会費・料金　121
乖離度　24, 147, 195
カウンシル税　137, 143, 251
　仮定——　138
　実際——　146
　標準——（CTSS）　129, 138
カウンティ　122
価格消費曲線　209
核家族化　193
隠れた拘束力　27, 79, 97, 242
課税台帳　163
課税の十分性　49, 71
課税の補完性　48
過疎対策　173
仮定税率　92
家庭内社会保障　24, 70, 193
カナダ　256, 259, 263
間接限界責任　3, 4, 22, 72, 75, 93, 106, 140, 161, 253, 271
　——の税制　48
完全対応原理　17, 228
完全二層制　6, 35, 42, 71, 155, 240, 253
カント（I. Kant）　213
神戸勧告　40
寛容の精神　206
ギア効果　146, 251
機関委任事務　85
起債　181
起債充当率　182
起債制限比率　183
基準型財政責任　21, 23, 79, 249
基準交付金　5, 66, 89, 90, 279

基準財政収入額(収入額)　168
基準財政需要額(需要額)　167
規制(regulation)型統制　226, 232, 238
基礎額　90
基礎自治体(市町村)　34, 68, 85, 125, 225
機能別　7, 226, 231
機能別限定性　230
機能別・包括的権能付与　239
寄　付　195, 221
規模の経済　34, 41, 68
基本法　100, 102, 105
義務教育　35, 40, 50, 156, 184
逆U字型　193, 217
救貧法　45
給付引下げ競争　42, 44
狭域化　250
協議制　183
供給と生産　37
行政学　242
強制競争入札(CCT)　122
行政区域の選択　233
行政責任の明確化　40, 125
協調型統治　7, 247, 269-271
協調的連邦主義　87, 115
共同税(共通税)　49, 102, 105
協　力　201
居住地主義(課税)　114, 158
居住用財産税　141, 143
拠出金　107
拠出率　110
均等割　157
区域別　7, 226
区域別・限定列挙　238
区域別包括性　225
クラブ
　営利——　215, 216, 246, 267
　非営利——　6, 215, 218, 220, 221, 246
　1人——　217
クラブ財　4, 35, 55, 121, 253
　——の整数問題　216
繰り返しゲーム　203
繰出金　191

グループ化(segregation)　17, 234
クローズド・エンド型　66, 90, 169
郡　5, 34, 42, 68, 85, 228
郡議会　85, 93
郡基準交付金　92
郡所属市町村　69, 85
郡　長　85, 93
郡独立市　34, 86, 251, 276
郡納付金　93
郡納付率　93
郡納付力測定値　92
契機的自治主体　6, 220, 266
警　察　35
経常収支比率　6, 60, 186, 252
　——曲線　185, 187
契　約　5, 47, 229
下水道　191, 249
ゲマインデン　34, 85
限界交付率　135, 136
限界代替率　27-29, 32, 36, 43, 52
限界的財政責任(限界責任)　7, 22
限界費用　208
　——負担　14
限界便益　12, 13, 36, 208
限界変形率　27
源泉地原則(課税)　105, 114
限定列挙　7, 40, 125, 231
権能差　6, 42, 50, 71, 155, 171, 253, 262
権能付与　40, 88, 125
権利論　210
広域議会　123
広域自治体　34, 86
広域連合　86, 89, 92
公益事業　246
公共性　208, 214
　——の下限　218
　——のランクダウン　6, 216, 221, 266
公益法人等　154
攻撃の誘因　202, 210
後見的監督(supervision)　226, 228, 238
公債費負担比率　183
厚生損失　18, 31

索　引

拘束的約束　212
購　入　37
購入者　38, 77
交付金　107
　　居住用レイト軽減補塡──（DG）　132
　　需要要素──（NG）　130
　　税源要素──（RG）　131
交付金閾値（GT）　130
交付金関連支出（GRE）　133
交付金関連税率（GRP）　133, 136, 149
交付税　→地方交付税
　　──総額　167, 169
交付税率　169, 197
　　実質──　170
交付団体　172, 180, 185
交付率（州）　110
公民のプロバイダー選択　22, 148, 221
公民の役割分担　195
公民連携　19, 22, 23, 25, 76, 97, 195, 251
　　──の限界責任　7, 80, 241, 245, 269-271
　　──の混合経済　79, 215, 244, 269, 270
　　──の財政連邦主義　267
　　狭義の──　38, 246
　　広義の──　39, 246
公立学校　148
効率性　40, 65
合理的政府　29, 54, 233, 273
合理的な愚か者　246
国民扶助法　46
国民保健サービス　120
互恵的慣習　203, 205, 209
個人合理性　14, 28, 202
コース（R. H. Coase）　31, 214
国家制度　7, 33, 255
国庫支出金　178
固定資産税　163, 192, 193, 252
固定社会　42, 51, 68, 103, 253, 257
コミットメント（良識的関与）　6, 28, 30, 54, 77, 81, 209, 211, 214, 219, 242, 246, 250
　　合理的──　213
　　無条件──　213
コミットメント型端点解　29, 97, 242, 250

コミュニティ　5, 70, 97, 203, 253, 266
　　住縁──　207, 220, 235
　　地縁・血縁──　206, 220, 225, 230
コミュニティ・ケア　122, 148
コミュニティ・チャージ　137, 143
　　標準──　137
混合経済　11, 214, 244
混雑費用　36, 70

◎　さ　行

財源不足額　168, 169
財源保障（制度）　7, 72, 181, 261
財源保障率　276
最高税率　277
財産税　5, 50, 143
財政外部性　65, 234
財政危機　185
財政基本規範　102
財政錯覚　229
財政責任　21, 143, 248
財政調整　5, 72, 261
　　──効果　141, 151, 162
財政的公平　5, 63, 68, 130, 166
財政的分権　269
財政負担　179, 181
財政力指数　69, 71, 178, 185
財政力測定値　100, 107
財政連邦主義　10, 244, 267
最低基準　19, 260
最低税率　277
最適応答　208
最適施設規模　35, 216
最適人口規模　4, 30, 35, 175, 216
最適人口配分　65
最適排除　246
　　──の条件　216
歳入援助交付金（RSG）　6, 67, 128
ザグデン（R. Sagden）　204, 205, 209, 213
サッチャー政権　119, 127, 145, 158, 247
サービス提供団体　5, 120, 125, 231, 247
サミュエルソン条件　13, 16, 27, 36, 53, 209
産業基盤型公共財　58

299

三世代同居　193, 225
算定替え　137, 146, 148
算定支出シェア(FSS)　137
三位一体の改革　156, 183
J. S. ミルの自治　210
事業税　→法人事業税
事業用財産税　137, 138, 140
　　　国税——(NNDR)　129
施行令　110
自己能力の発揮　23
死重損失　62, 260
自主財源比率　88
支出閾値(TH)　134, 136
支出競争　57
市制・町村制　155
自然法　204
自治主体　34, 50, 85, 88, 125, 204, 213, 217
市町村財政調整　85
市町村財政調整法　90
市町村優先の原則　39
実際支出　24, 133, 185
実際税率　26, 136
実質収支　187
実質収支比率　183
実践的モラル　213
しっぺ返し戦略　204
指定都市(指定市)　6, 42, 50, 71, 155, 171
私的供給　24, 208, 214
私的プロバイダー　3, 5, 22, 23, 39, 75, 195, 201, 246, 266
　　　——の認識度　237
私的利益の追求　208, 214
ジニ係数　141, 151
支配戦略　57, 202
自発的労働奉仕　26, 98, 195, 225
シビル・ミニマム　21, 70, 77, 187, 196, 254
　　　——型公共財　24, 26
　　　——の行政項目　190
資本会計　61
資本税競争　4, 56, 254
資本逃避　51, 133
事務配分　39, 88, 125, 153, 254

シャウプ勧告　39, 41, 155, 157, 163, 165
社会契約(論)　25, 222, 248
社会合理性　13
社会国家　86, 115
　　　——の担い手　86, 105, 111
社会制度　7, 34, 77, 195, 253, 255
社会的厚生関数　217
社会的連邦国家　86
社会扶助　5, 46, 51, 88, 96, 229, 251, 276
州間財政調整　66, 73, 75, 98
州間財政調整法　100, 111
囚人のジレンマ　14, 28, 201, 221
従属(subordination)型統制　226
収入額　172, 185
州補正住民数　102
住民税　157
住民選好　17, 76
受益と負担の一致　4, 16, 25
受託責任　20
主補正係数　90
需要額　170, 185
　　　最低——　175
需要額測定値　89-91
需要額対比表　6, 187, 190, 195
需要要素　73, 109, 115, 133, 175
準公共財　31, 35, 47
純粋公共財　12
純便益
　　　限界——　217
　　　総——　217
　　　平均——　216
準用再建団体　187
小規模住宅地の特例措置　164
条件整備団体　119, 126, 238, 248
小地域の優位性　53
消費譲与税　160
消費の外部性　12
消防　35, 40
譲与税　49, 129, 137, 142, 161
使用料　191
所得消費曲線　208
所得税　99

所得税参与　88, 91, 95, 105
所得補助 (income support)　46, 50, 127
所得割　157, 184
私立学校　148, 267
紳士の精神　205
人　税　91
人頭税　157
信頼の悲観確率　212
水準超過行政　147, 189
垂直的執行　109, 115, 161
垂直的税源調整　73, 263
垂直的税収配分　100, 110
水平的公平　50, 163, 166
水平的財政調整　5, 93, 107
水平的税源調整　75, 263
鈴村興太郎　31, 212, 222
スピル・オーバー　85
生活関係の統一性　86
生活基盤型公共財　58
生活保護　6, 45, 46, 156, 179
税源移譲　184
税源結合　99
税源小結合　102
制限税率　165, 183, 192
税源大結合　105
税源調整　7, 72, 263
税源の重複　157
税源配分　47, 88, 125, 157, 254
税源要素　73, 109, 115, 133, 175
税収分割　139
税収分割法　102, 106
生存権　21, 46
制度変化シフト　6, 219, 224, 232, 240, 268
制度連携　112, 115
政府供給　25
政府プロバイダー　23, 242, 264
税率操作権　4, 25, 95, 130, 166, 192, 241, 249
世帯人員　193
折半ルール　170
説明責任 (アカウンタビリティ)　20
セン (A. K. Sen)　28, 77, 201, 209, 246
全回裏切り　205

選好順序　202, 210, 215
戦後負担暫定規律法　99
全州的財政調整　107, 112, 115
戦勝国　256
全体的財政責任 (全体責任)　4, 23, 59, 71, 75, 106, 111, 130, 260, 271
選択的誘因　218
前年課税方式　158
戦略形　202
総合調整　7, 156, 239
相互扶助　97
測定単位　152, 171
租税基準額　116
租税基礎額　92
租税競争　54, 57
租税協調　50, 54
租税輸出　54
租税力指数　178, 197
租税力測定値　90, 92, 102
租税連合比率　90
措　置　5, 46, 63
損金算入　159
村落共同体　225, 246

◎　た　行

大家族制　193
対称地域　52, 56
対人社会サービス (PSS)　123, 251
代替型統治　270
代替的なプロバイダー選択　245
大都市特例事務　156, 196
第2臨調　178, 181
対比指数　185
　項目別──　190
大ロンドン (GLA)　123
高橋誠　127, 130, 143
多層制　5, 17, 34, 228, 253
ただ乗り　15, 28, 207
多段階調整　109
単一国家　7, 33, 255
単一税制 (単一地方税制)　6, 127, 234, 255
単位費用　152, 171, 179

301

段階補正　171, 175, 176
単段階調整　102
端点解　79, 250, 275, 277
地域収入の原則　105
地域連携　55, 93
地縁団体　154
知　事　156
地方公共財　11, 26, 35
地方交付税(交付税)　6, 30, 168
地方債　181
　　赤字——　183
　　建設——　61, 182
地方債計画　183
地方財政協議会　67
地方財政計画　67, 128, 167
地方財政対策　67, 170, 197
地方自治　25
地方消費税　161
　　——の貨物割　161
　　——の譲渡割　161
地方所得税　5, 49, 51, 71, 127, 229
地方税　26
　　——の原則　47
地方制度調査会　179
地方政府　33
　　——組織　17, 30, 84, 122, 153, 228, 253
地方団体　33
地方中核都市　235
地方出先機関　232
チャリティ委員会　121
中央政府　26, 35
中核市　156
中間州　112
中間政府　7, 33, 35, 40, 72, 239, 255
中立命題　209
超過課税　26, 94, 138, 144, 157, 166, 189, 192, 277
徴収団体　138
調整額測定値　100, 102, 107
調整手段の割当　112
調整率　90, 92
町村合併　30, 155

町内会　6, 154, 195
直営部門　30, 38, 39
直接限界責任　3, 4, 19, 22, 25, 94, 112, 189, 192, 249, 269, 271, 273
　　——システム　26
　　——の税制　48
通常収支　67, 197
　　——不足　170
強い自治　71, 97, 247
強い集権　71, 80, 97
　　——と強い自治　84
定額補助金　60
提供者(プロバイダー)　75, 119
定住確率　6, 203, 206, 210, 271
定住化サイクル　236
定住化社会　71, 155, 207, 235, 253
ディストリクト　34, 122, 125
ティブー(C. M. Tiebout)　4, 15-17, 233
定率補助金　60
当座貸し　99
特定財源　179
特定補助金　4, 45, 60, 260
特別会計　191
特別需要補充交付金　112
独立税　49, 157
特例市　156
都市計画税　190, 192
都市自治体　26, 30
都道府県　156, 158, 172, 176, 185-189

◎ な 行

内国売上税　105, 109
内的拘束力　265
内点解　26, 79, 96, 145, 249, 251, 274, 277
内部市場化　37, 229, 252
ナショナル・ミニマム　19, 21, 26, 27, 77, 97, 187, 196, 250
　　——型公共財　24
ナッシュ均衡　4, 42, 52, 55, 57, 204, 209, 211
ナッシュのゼロ推測　44, 208
任意課税　192
ねじれ現象　239

索引

農村自治体　26, 29, 30
ノース(D. C. North)　266

◎　は　行

排除性　35
敗戦国　256
排他性　225
排他的集団　216
廃藩置県　156
橋本徹　271
パレート最適　4, 13, 25, 28, 249
反応関数　208
ヒエラルキー統制　226
非競合性　12
非協力ゲーム　201
引渡し　109
被制裁的責任　21, 25
非対称地域　53
非ナッシュ推測　209
非排除性　12, 208, 215
ヒュームズ(S. Humes)　226
評価替え　140, 163, 196
評価の統一性　163
表現の自由　22
標準化原理　24, 31, 71, 73, 130, 147, 190, 249, 261
標準財政規模　183, 187
標準支出　24, 68, 71, 125, 128, 145
標準支出(SSA)　129, 130, 152
標準支出対比表　147, 189
標準税収　68, 71
標準税率　136, 163, 165, 183
標準団体　171, 179
標準納付率(郡)　92
標準法　114
比例税率　184
貧困のワナ　29
フィッシャー-メンズハウゼン(H. Fischer-Menshausen)　98
フォーマルな制約　203
付加価値税　106, 157
付加税　49, 255

ブキャナン(J. M. Buchanan)　65, 216
複合戦略　212
福祉移住　4, 42, 45, 55, 127, 133, 234, 254
福祉支出　193
福祉連合　86, 276
複数税制　5, 254
府県制・郡制　155
不交付団体　172, 180, 185
不足額補充交付金　111
負担水準　165
負担調整措置　164
普通税　190, 192, 252
物　税　91
不動産税　91, 95, 102, 116, 252, 275
フライ・ペーパー効果　243
フランス　255, 257
振り子理論　105
ふるさと創生　169, 175, 176
ブレナン(G. Brennan)　54
ブレヒトの法則　70, 89, 93, 124, 145, 193, 254, 261, 276
ブロック・グラント　133, 141
プロバイダー(提供者)　215, 224, 226
分割基準(分割法人)　159
分権化定理　4, 18, 31, 42, 44, 76, 228, 249
分散(deconcentration)　228, 269
平均費用負担　14
平衡交付金　263
　　地方財政──　67, 168
平成の大合併　155
閉塞型端点解　29, 31, 96, 251
閉塞的関与　148, 252
ベスト・バリュー　38, 149
変動係数　177
保育所　192
防衛的誘因　202, 210
包括的権限　7, 227
　　──付与　88
包括補助金　133
防御的誘因　213
法人事業税　158
法人実効税率　55, 158

303

法人税　99
法定受託事務　45, 46
法定税率分　67, 169
報　復　206
ポウリー(M. V. Pauly)　42
補完(subsidiarization)型統制　226, 240
補完性(subsidiarity)の原理　19, 75, 154, 200
保証ゲーム　210, 211
補助金カット　179
補助負担率　179
補正係数　152
補正住民数　100
補正総人口　90
ホーピッツの基準　212
ポーピッツ(J. Popitz)　66, 70, 79, 84, 97, 153, 261
ホームレス　23, 244, 245
ボランタリー組織　208, 215, 220, 231, 266
ボランタリー部門　5, 119-122, 230, 253
本則課税　164

◎ ま 行

マクシミン戦略　212
マクルアー(C. E. McLure, Jr.)　33, 48, 49
マスグレイブ(R. A. Musgrave)　48, 214, 244
ミル(J. S. Mill)　210, 264
民営化(privatization)　245
民間委託　38, 39, 245
民主主義の学校　25
無政府状態　267
メンバーシップ条件　216
目的税　190, 252
モラルのランクアップ　6, 210, 212, 221, 246, 266

◎ や 行

ヤード・スティック　189

U字型　4, 36, 68, 89, 123, 171, 172, 254, 262
　鍋底——　175
　認識度の——　236
ユニタリー政府　268
輸入売上税　99, 105, 109
米原淳七郎　39, 65, 271
ヨーロッパ地方自治憲章　19, 39, 200

◎ ら 行

利害の割合方式　100
利子源泉税　106
利得(pay-off)　201
　短期——　203
　長期——　203
リバイヤサン政府　29, 30, 54, 80, 229
留保財源　92, 94, 138, 167, 190
両極調整　102
良識的関与　→コミットメント
臨時財政対策債　170, 173, 183
リンダール均衡　13, 28
類型化　224, 242, 255
ルソー(J.-J. Rousseau)　222
　——の格言　265
レイト　127, 130, 133, 141, 143
レイト援助交付金　130
レイフィールド委員会　127
歴史的な経路依存　256
連邦議会　87
連邦憲法裁判所　87
連邦国家　7, 33, 86, 256, 258
　——の担い手　102, 105, 111
連邦参議院　87, 99
連邦・州間財政調整法　106
連邦補充交付金　67, 105, 109, 111
ローテーション　6, 201, 219, 221, 268
ローレンツ曲線　141, 151

◇ 著者紹介

中井　英雄（なかい　ひでお）

　1950年　広島市に生まれる
　1974年　関西学院大学経済学部卒業
　1979年　関西学院大学大学院経済学研究科博士課程修了
　1979年　近畿大学商経学部専任講師，同助教授を経て
　1991年　近畿大学商経学部教授
　現　在　近畿大学経済学部教授，経済学博士，日本地方財政学会常任理事
　専　攻　財政学，地方財政学

主な著書
『現代財政負担の数量分析』（有斐閣，1988年），『基本財政学』（共著，有斐閣，1985年〔第4版，2002年〕），『地方財政論』（共著，新世社，1991年），『財政学』（共著，有斐閣，1992年）。

主な論文
「英国地方自治体の財政責任システム」（一橋大学『経済研究』1997年），「イギリスにおける福祉財政の構造」（『社会保障研究』1995年），「ドイツ地方自治体の財政責任システム」（商経学部Working Paper，1997年），「良識的関与による限界的財政責任の発揮」（『地方財政』2001年），「地方交付税による全体責任の確保」（『日本地方財政学会研究叢書』2006年），「公共財プロバイダーの公民連携の原理」（近畿大学『商経学叢』2003年）など。

地方財政学：公民連携の限界責任
The Theory of Local Government Finance: The Marginal Accountability Principles in Public-Private Partnership

2007年3月30日　初版第1刷発行

著　者　中　井　英　雄
発行者　江　草　忠　敬

〔101-0051〕東京都千代田区神田神保町2-17
発行所　株式会社　有　斐　閣
電話　(03)3264-1315〔編集〕
　　　　3265-6811〔営業〕
http://www.yuhikaku.co.jp/

印刷　図書印刷株式会社・製本　株式会社アトラス製本
© 2007, H. Nakai.　Printed in Japan.
落丁・乱丁本はお取替えいたします。
★定価はカバーに表示してあります
ISBN978-4-641-16289-1

R本書の全部または一部を無断で複写複製（コピー）することは，著作権法上での例外を除き，禁じられています。本書からの複写を希望される場合は，日本複写権センター（03-3401-2382）にご連絡ください。